À LA RECHERCHE DE L'ÉCOLE DE PALO ALTO

JEAN-JACQUES WITTEZAELE
TERESA GARCÍA

À LA RECHERCHE DE L'ÉCOLE DE PALO ALTO

ÉDITIONS DU SEUIL
*27, rue Jacob, Paris VIe*

Ce livre est publié sous la responsabilité de Jean-Luc Giribone
dans la collection « La couleur des idées » qu'il dirige
avec Évelyne Cazade-Havas, Jean-Pierre Dupuy et Olivier Mongin

ISBN 2-02-013626-0.

à Elisabeth et Alfred
a Antonio y Clemencia

Remerciements

Nous remercions toutes les personnes qui ont contribué à la réalisation de cet ouvrage. Nos amis Claude Seron, Raymond Kenler, Christine Servais, Daniel et Marie-Noëlle Gerbinet, qui ont accepté de consacrer de longues heures à lire et à critiquer le manuscrit.

Toute notre reconnaissance à Yves Winkin, dont les suggestions, toujours pertinentes, et les encouragements amicaux nous ont aidés à préciser et à structurer notre pensée.

Nous avons une dette toute particulière envers Véronique Servais ; elle ne nous a ménagé ni son temps, ni son soutien dans les moments de lassitude ou de découragement – les soirées passionnées en sa compagnie resteront des souvenirs privilégiés de cette aventure. Une pensée spéciale pour Sébastien Nicaise, qui nous a entourés de réconfort et de sympathie lorsque nous nous battions avec nos ordinateurs.

Nous remercions bien sûr toute l'équipe du Mental Research Institute pour son accueil, sa collaboration à ce projet, et le temps qu'elle nous a consacré. Jules Riskin, Arthur Bodin, Ferøl Larsen, Margaret McCorkle, et l'équipe administrative : Sharon Lucas, Phyllis Erwin et la regrettée Joyce Emamjomeh. Merci à Karin Schlanger pour son accueil, son soutien et son amitié ; à Lucy Gill et Patricia Emard pour nous avoir fait partager leur expérience au MRI.

Il nous faut remercier toutes les personnes qui ont accepté de partager avec nous leurs souvenirs personnels de Gregory Bateson et du MRI : Stewart Brand, Michael Katz, Jerry Brown, Karl

Pribram, Mary Catherine Bateson, Jay Haley. Toute l'équipe des Special Collections de l'université de Santa Cruz (et en particulier Rita Bottoms) : elle nous a facilité l'accès aux Archives Bateson et nous a toujours manifesté sa sympathie.

Merci à William Fry de nous avoir accueillis dans sa propriété de Nevada City pour évoquer ses souvenirs du « projet Bateson » et des débuts du MRI ; à Heinz von Foerster et à son épouse Mai pour la chaleur de leur accueil. Tous nos remerciements à Wendel Ray pour les précieux renseignements sur Don Jackson. *Muchas gracias á Carlos Sluzki por su ayuda, su simpatía y la claridad de su análisis.*

Tous nos remerciements à Jean-Luc Giribone pour la confiance qu'il nous a témoignée et la liberté qu'il nous a laissée tout au long de la rédaction de ce travail.

Enfin, nous tenons à exprimer toute notre gratitude et notre respect aux membres du Centre de thérapie brève : Richard Fisch, grâce auquel nous avons pu participer aux activités du centre pendant deux ans ; John Weakland, pour sa patience et sa gentillesse ; Paul Watzlawick, qui, malgré un emploi du temps surchargé, ne nous a jamais refusé un éclaircissement ou une anecdote sur l'histoire du MRI. Nous leur devons non seulement ce livre mais également un nouveau sens à notre travail.

Avertissement

Cet ouvrage a été réalisé à partir de notre expérience personnelle au Mental Research Institute (MRI) à l'occasion de plusieurs séjours à Palo Alto étalés sur une période totale de dix ans (de1981 à 1991), de recherches bibliographiques, et d'entretiens personnels avec les différents protagonistes que nous évoquerons dans notre récit. La plupart de nos entretiens ont été réalisés entre 1989 et 1991 ; nous n'avons pas jugé utile d'en préciser la date exacte dans nos citations, certaines de celles-ci regroupant des informations glanées à divers moments. A chaque fois, nous avons essayé de préserver l'esprit et le contexte dans lesquels nos interlocuteurs se sont exprimés.

Pour nos sources bibliographiques, nous avons conservé les dates de parution des éditions originales afin que le lecteur puisse situer les documents dans le temps. Par contre, lorsque les textes ont fait l'objet d'une traduction française, les numéros de pages y renvoient. Nous avons traduit nous-mêmes les entretiens personnels ainsi que les citations d'ouvrages non traduits en français.

Nous nous sommes efforcés de suivre de façon chronologique le développement des idées du groupe de Palo Alto. Pourtant, l'intrication des différents contextes ne permet pas une description strictement linéaire. Pour faciliter l'orientation temporelle des lecteurs, nous avons établi, à la fin de l'ouvrage, un tableau chronologique reprenant les publications et les événements personnels principaux qui jalonnent notre récit.

Un dernier avertissement s'impose : si la plupart des idées et des concepts exposés dans cet ouvrage sont l'œuvre des membres du groupe de Palo Alto, il est clair que nous assumons l'entière responsabilité de l'usage et des adaptations que nous en avons faits.

Introduction

Il est de ces lieux dont les noms restent comme des jalons de l'histoire, repères d'une époque, emblèmes d'une génération ou slogans rassembleurs d'un courant d'idées. Palo Alto peut sérieusement prétendre faire partie de ceux-là.

« Étrange attracteur » ou tout simplement fourre-tout du « nouveau paradigme » des sciences sociales ? Bon gré mal gré, cette petite ville californienne a acquis une réputation qu'elle ne mérite probablement pas si l'on s'en tient aux faits historiques. Une série de personnalités s'y sont cependant retrouvées, à des moments divers, pour cristalliser les idées nouvelles de l'air du temps. Et Palo Alto reste, dans l'esprit du grand public (européen en tout cas), un nom quelque peu magique que l'on évoque pour signifier une appartenance. C'est sans doute lui faire trop d'honneur, mais, après tout, on ne prête qu'aux riches. Et il est vrai que Palo Alto s'est construit un beau bas de laine au cours des quatre dernières décennies. En plus de lui attribuer la paternité de la thérapie familiale, on l'associe à la « nouvelle communication [1]», à la cybernétique, à la systémique et, plus récemment, au constructivisme. On la considère parfois comme le porte-drapeau de l'épistémologie systémique et l'on y relie des noms qui, chacun pris séparément, sont déjà des monuments : Gregory Bateson, Paul Watzlawick, John Weakland, Richard Fish, Don Jackson, Milton Erickson, Heinz von Foerster, Jay Haley, Virginia Satir…

Comme pour toute légende, il devient de plus en plus difficile de discerner la trame du tissu de la broderie et, de toute manière, plus on inspecte les détails, plus on trouve de la valeur à l'ensemble. Notre tâche ici ne consiste pas tant à démythifier qu'à multiplier les angles de vue pour affiner l'image. C'est là le sujet de ce livre : démêler le réseau relationnel, faire l'inventaire des richesses et tenter de cerner les faits qui ont permis à Palo Alto de gagner ses lauriers.

Lorsqu'un collaborateur quitte le MRI, on y entend parfois cette réflexion : « Ah, il va peut-être aller fonder le groupe de Palo Alto ! » Boutade sans doute, mais qui reflète bien cette affirmation cent fois répétée de Paul Watzlawick : « Le groupe de Palo Alto n'existe pas. » Si les membres du MRI sont sans doute les mieux placés pour en parler, ceci mérite néanmoins certaines précisions.

Si nous parlons d'un groupe formel, réuni à la fois dans le temps et dans l'espace, et revendiquant ou ayant revendiqué cette appellation, il est certain que rien de tel n'existe ou même n'a jamais existé. Mais, cela dit, les concepts sur lesquels tant Bateson que l'équipe du MRI fondent leurs travaux ont les mêmes origines cybernétiques et systémiques ; ils posent tous le même *regard interactionnel* sur le comportement humain. En tant que construction mentale, on peut découvrir dans ce groupe invisible une sorte de « structure qui relie », une métaphore qui nous permet de mieux cerner la naissance d'une nouvelle conception de l'homme, d'un nouveau « paradigme [2] ». Retracer l'histoire du groupe de Palo Alto, c'est alors cerner un épisode de l'histoire des sciences humaines et exposer l'apparition et l'évolution de l'« épistémologie systémique » dans ce champ particulier de la connaissance.

Épistémologie, paradigme, voilà les grands mots lâchés ! Si grands qu'ils peuvent paraître démesurés et trompeurs. Bien des chercheurs avertis pourront flairer la supercherie, le piège des mots et des idées servant à recouvrir d'un vernis de respectabilité des positions peu rigoureuses. Et il est vrai que l'ensemble des idées que nous développerons dans ces pages soulève encore bien des interrogations, présente de nombreuses imprécisions terminologiques, appelle le débat contradictoire. Le lecteur restera bien sûr seul juge en fin de compte. Nous voulons néanmoins montrer dans ce livre que l'ensemble des travaux regroupés habituellement sous l'appellation (peu contrôlée, nous l'admettons) « groupe » ou encore « école de Palo Alto » révèle les éléments caractéristiques d'un changement épistémologique.

Tout changement fondamental d'optique entraîne nécessairement un profond bouleversement de valeurs et c'est au travers des crises que l'on peut mesurer le chemin parcouru. Nous verrons que ces crises ont été nombreuses à Palo Alto et qu'elles ont permis de préciser et d'affûter les pratiques. Nous essayerons donc, au terme du récit de ces moments importants de l'« école de Palo Alto », de dégager les valeurs essentielles de cette nouvelle approche du comportement et leurs implications sociales, voire politiques.

Notre cheminement personnel nous a conduits à faire, en sens inverse, le parcours que nous proposons dans cette histoire de Palo Alto. C'est l'originalité de la méthode de changement élaborée au MRI qui nous a tout d'abord séduits ; mais l'apparente simplicité du modèle de la « thérapie brève » révèle très vite une caractéristique essentielle de la communication : c'est le contexte qui détient les clés du sens. Nous avons dû partir à sa découverte : les premiers travaux du MRI, les recherches sur la communication, l'hypothèse de la double contrainte... Nouveaux émerveillements, nouveaux casse-tête : Bateson ne se laisse pas facilement apprivoiser. Nous nous sommes heurtés à une masse impressionnante d'allusions et de références : *Gestalt*, cybernétique, systèmes, information... Nous naviguions au jugé parmi les types logiques et soupirions devant le mur du deuxième principe de la thermodynamique. Palo Alto sait se faire désirer, du moins si l'on veut en saisir toute la portée.

Alors, faut-il comprendre Bateson pour faire de la thérapie brève ? Non sans doute, tout comme on peut lire Bateson sans éprouver le moindre intérêt pour l'approche thérapeutique du MRI. Pourtant, nous avons découvert que pour comprendre l'approche interactionnelle du changement, pour en saisir les implications et pouvoir l'utiliser sans risquer de se limiter à une caricature, il vaut la peine de voir ce qui se cache derrière les techniques « magiques » de l'équipe du MRI. De même, si l'on s'intéresse aux considérations épistémologiques de Bateson, il vaut la peine de se pencher sur la vision originale du changement proposée par le

MRI. Ici aussi, l'ensemble offre bien plus que la somme des parties.

Nous avons conçu cet ouvrage comme un outil facilitant l'accès à l'œuvre des différents membres du groupe bicéphale de Palo Alto. Pour ce faire, il nous a semblé important d'éviter les ellipses et les raccourcis, notamment en ce qui concerne les concepts fondamentaux de l'approche interactionnelle.

Notre récit retrace l'évolution des personnes et des idées qui incarnent le groupe de Palo Alto. Il se divise en trois grandes parties qui se succèdent de façon (autant que possible) chronologique. Nous en proposons une rapide vue d'ensemble avant de passer au plan rapproché.

1. Vers une science de la communication. C'est en suivant la trajectoire de Gregory Bateson que nous retracerons les principales étapes de l'avènement d'une conception interactionnelle du comportement. Nous verrons que cette approche plonge ses racines dans la biologie et l'anthropologie et qu'elle prend forme en se nourrissant des concepts de la cybernétique, de la théorie des systèmes et de la théorie de l'information.

2. La double contrainte et au-delà. Nous nous attarderons sur un moment fort du groupe de Palo Alto : le « projet Bateson ». Rencontre de la cybernétique et de la psychiatrie, l'hypothèse de la double contrainte va bouleverser la perspective thérapeutique de l'époque et ouvrir la voie à la thérapie familiale. Elle apportera la célébrité à ses auteurs et précipitera la création du MRI.

3. Le MRI et le Centre de thérapie brève (CTB). En 1959, Jackson fonde le Mental Research Institute à Palo Alto et Bateson reste à la périphérie. L'arrivée de Paul Watzlawick, en 1960, va contrebalancer le départ de Bateson et permettre à l'institut d'acquérir une stature internationale ; il devient très vite le porte-drapeau du groupe de Palo Alto. L'histoire du MRI devient l'histoire de l'évolution d'une conception de la thérapie systémique influencée par les pratiques de Milton Erickson. La trame générale de l'intervention thérapeutique atteint sa version la plus dépouillée avec la naissance du Centre de thérapie brève à la fin des années 60. Nous verrons enfin qu'aujourd'hui l'approche du MRI dépasse le contexte de la psychothérapie pour s'étendre à bien d'autres secteurs de la vie sociale.

Il nous restera alors à dresser un bilan, provisoire, du groupe de Palo Alto. Alors que l'on croyait la rupture entièrement consommée avec le paradigme systémique du départ, les théories constructivistes défendues par Paul Watzlawick font réapparaître la cybernétique (de deuxième ordre) dans les concepts de la thérapie. Même si les travaux ultérieurs de Bateson n'ont plus de lien direct avec la maladie mentale, nous tenterons de montrer cependant que les deux positions finissent par se rejoindre de manière dialectique et qu'elles débouchent sur une vision complexe et très originale de l'homme, de l'esprit et des processus de changement.

L'histoire des idées de ce groupe « invisible » de Palo Alto permettra, nous l'espérons, d'offrir, en fin de compte, une vision unitaire du paradigme systémique. Vision intégrant et transcendant des couples habituellement jugés contradictoires tels que l'individu et le système, la contemplation et l'action. Nous tenterons également de saisir les implications éthiques et politiques de l'approche de Palo Alto. « Penser globalement, agir localement », c'est là un mot d'ordre que l'on entend beaucoup de nos jours, non seulement dans la vie sociale mais également dans les projets de la science moderne. Nous essayerons de montrer comment le groupe de Palo Alto, à travers une synthèse de ses travaux, peut offrir une définition opérationnelle de cette formule.

Carnet de route

Difficile de trouver meilleure illustration du constructivisme que l'arrivée au MRI ! On s'attend si peu à devoir répéter le nom de l'institut au chauffeur de taxi et surtout à le voir hausser les sourcils d'un air interrogateur lorsqu'il est bien sûr de l'avoir compris correctement. On ne connaît pas le MRI, même à Palo Alto – surtout à Palo Alto[1]. « Ça fait partie de l'université de Stanford ? – Non. » Bon, il va falloir se contenter de l'adresse. Et là, c'est le visiteur qui reçoit le choc. Bien sûr, on sait que ce n'est pas un bâtiment immense, mais quand même… Une petite pelouse, un petit écriteau de bois avec les lettres MRI et le numéro, 555. On est sur Middlefield Road, à deux pas de la rue commerçante principale de Palo Alto. « Petite ville californienne », comme on a pris l'habitude de l'appeler ; encore faut-il s'entendre sur les critères de comparaison ! Palo Alto se trouve entre San Francisco et San José, à l'entrée de la Silicon Valley, et ce n'est plus le petit havre de paix où les gens cossus venaient se retirer et profiter du soleil et du ciel bleu, il y a à peine vingt ans. La ville a poussé, le trafic aussi, sans parler du prix des loyers. Il y a fort à parier que sous peu il sera difficile de trouver beaucoup d'espace libre entre les deux villes et de savoir si Palo Alto est dans la banlieue de San Francisco ou dans celle de San José.

L'institut est un petit bâtiment rectangulaire, de trente mètres sur vingt environ ; on y entre par une sorte de porche avec une grille en fer forgé que l'on ferme le soir et qui donne sur un petit patio arboré d'où montent deux escaliers qui mènent au premier (et seul) étage du bâtiment. Voilà pour le décor. Sharon est à la réception et là, on découvre la liste du personnel sur les boîtes à courrier, comme dans n'importe quel bureau, sauf qu'on ressent quand même un petit pincement au cœur en lisant les noms de Bodin, Fisch, Riskin, Segal, Weakland, Watzlawick... Cette fois, pas de doute, on y est !

Généralement, on connaît déjà Karin Schlanger car c'est elle qui s'est occupée de l'organisation de votre arrivée. C'est un véritable soulagement de la rencontrer car elle vous permet de faire une petite pause dans vos efforts désespérés pour retrouver votre anglais (à la sauce américaine, en plus) ; que vous soyez français (sa mère est d'origine belge), allemand (son père vient d'Autriche), espagnol (elle est née en Argentine) ou italien, c'est dans votre langue maternelle qu'elle vous accueille ; rien d'étonnant à ce que Paul Watzlawick en ait fait son assistante. En général, on est tellement soulagé que les mots se bousculent, on veut tout savoir et c'est le moment d'en profiter. En plus de cela, avec le décalage horaire, on ne se sent pas très frais – vite, un plan de la ville, on se trouve un petit motel sur El Camino Real (c'est la grande artère qui relie San Francisco à San José, bordée de magasins et de motels séparés par les McDonalds, Sizzler's ou autres Kentucky Fried Chicken – ça c'est vraiment l'Amérique comme on l'imagine chez nous). Au lit, demain on y verra plus clair.

Mercredi midi. Dick Fisch est dans la salle d'observation du Centre de thérapie brève, il branche la vidéo, vérifie les cassettes avec Karin ; il est plutôt petit, le crâne dégarni, le sourire un peu moqueur, les yeux pétillants de malice, un vrai lutin facétieux qui a toujours une bonne blague à raconter. Il est vrai qu'il a pris des cours de théâtre, ce qui l'aide à proposer aux patients les tâches les plus invraisemblables avec une conviction et un sérieux à toute épreuve. Depuis quelques années, il prend des cours de pilotage (ce qui explique sûrement son gros blouson d'aviateur). Il propose régulièrement à son ami John de l'emmener lui-même à l'autre bout des États-Unis pour un séminaire – offre jusqu'à présent poliment déclinée.

Justement, John Weakland arrive. Il apporte du courrier

d'anciens participants à des séminaires, à des programmes de formation, au programme résidentiel... et il en discute avec Dick. Beaucoup d'humour, les deux hommes sont amis depuis plus de trente ans, et cela se voit. A plus de soixante-dix ans, John est toujours alerte, il éclate d'un rire tonitruant aux blagues de Fisch. Il est curieux, se fait présenter les nouveaux arrivants, leur dit un petit mot gentil de sa voix grave un peu chevrotante, difficilement compréhensible lorsqu'on n'y est pas habitué. Il parle lentement, en faisant de longues poses ponctuées de hochements de tête – langage hypnotique plus vrai que nature –, mais il est toujours comme cela. Une impression générale de vieux sage, de maître zen. On se retient de lui demander de raconter tout son passé de légende : les dix ans avec Bateson, Jackson, les rencontres hebdomadaires à Phoenix chez Erickson, et tout le reste... Il a dû en parler des milliers de fois.

12 h 13. Paul Watzlawick arrive. Grand, mince, bien droit, la distinction germanique. Vêtements classiques un peu vieillots, il salue tout le monde d'un mouvement de la tête, dit un petit mot en espagnol à Karin, un « bonjour » aux visiteurs francophones, dissimule mal son plaisir de poser quelques questions à la nouvelle résidente italienne – il aime beaucoup l'Italie et se délecte à parler italien. Sérieux, très posé, il a toujours du mal à se faire aux pratiques américaines un peu « vulgaires », comme par exemple le fait de s'appeler tout de suite par son prénom (ou, pire, son diminutif) sans même se connaître. Très « vieille France » finalement (vieille Autriche peut-être), mais sans aucune prétention. En tout cas, les « maîtres » n'ont pas la grosse tête – ce qui est plutôt rare dans la profession.

« Qui fait la séance ? » Chacun s'y colle à tour de rôle : les trois *seniors* et les jeunes (Karin Schlanger, Lucy Gill, Patricia Emard[2]). Cette fois-ci, c'est au tour de Lucy. Comme elle n'a pas sa licence californienne de thérapeute, il faut l'accord de la nouvelle patiente. Pas de problème, Fisch lui a présenté Lucy, expliqué le cadre de la thérapie, et la patiente a accepté. La patiente va arriver dans la salle de consultation ; Lucy lui ouvre la porte et en profite pour éteindre la lumière de la minuscule salle d'observation (pour la glace sans tain). Les trois maîtres sont assis côte à côte derrière la glace, les autres se font tout petits et s'assoient où ils peuvent – de toute manière, comme la séance est filmée en vidéo, on peut voir la patiente et le thérapeute sur l'écran du moniteur. Lucy demande les données d'ordre général, réexplique le cadre et fait signer le formulaire d'accord pour l'utilisation des enregistrements à des fins strictement professionnelles – aux États-Unis, on ne badine pas avec ce genre de précautions légales. Et la séance commence : « Qu'est-ce qui vous amène ?... »

Et tout se passe « comme dans les livres ». Le modèle est simple et clair. Lucy est souriante et efficace. Paul Watzlawick est silencieux, souvent tête baissée, la main devant les yeux, semblant se désintéresser complètement de ce qui se passe. John Weakland fait de temps en temps un commentaire à son voisin le plus proche (qui bien souvent ne comprend rien à ce qu'il vient de lui raconter), il sort de la pièce pendant un quart d'heure, revient et semble n'avoir rien perdu de ce qui s'est dit pendant son absence. Fisch est attentif mais saute sur la moindre occasion pour faire un mot d'esprit. Parfois, tout le monde éclate de rire, ce qui agace prodigieusement Watzlawick qui lance un « chuuut » péremptoire. Mais le désordre n'est qu'apparent, chacun sait où va Lucy et la moindre imprécision dans le questionnement suscite un appel immédiat par l'intermédiaire de l'interphone : « Elle vient de dire que ses soirées se passent bien, pourrais-tu lui demander ce qu'elle fait précisément pendant ces moments-là ? » Rien n'est laissé au hasard, il faut que l'on puisse se faire une représentation claire et précise (« comme dans un film vidéo ») du comportement de la patiente et des réactions de son entourage. Et le traitement commence tout de suite, toutes les occasions sont bonnes pour prendre, dès le début de la première séance, le contre-pied des tentatives de solution. Si la patiente est très impatiente (!) de voir disparaître son symptôme gênant, toutes les réponses de Lucy iront dans le sens de prêcher la temporisation : « Il ne faut pas trop se précipiter », « Prenons bien le temps d'envisager tous les aspects de la question », « Excusez-moi, mais je suis un peu lente », etc. Dans la salle d'observation, une affiche posée au-dessus de la glace sans tain proclame

Confusion is our most important product (et en plus elle est à l'envers !). Lucy applique la consigne à la lettre.

La séance n'est pas « flamboyante ». La thérapie brève n'est pas une approche à grand spectacle : pas de larmes, pas d'interventions spectaculaires, pas de révélation surprenante ou d'interprétation géniale ; tout au plus un peu d'humour pour dédramatiser, mais surtout les questions de précision : « Quand ? Comment ? Combien de fois ? Qu'avez-vous répondu lorsque votre mari vous a dit… ? » Non, décidément, le spectacle n'est pas dans la salle, l'entretien est dépouillé, voire austère.

Dans la salle d'observation, chacun cogite et prépare l'injonction, la « tâche » qui sera donnée à la patiente à la fin de la séance. C'est plutôt là que la créativité s'exerce. Quarante-cinq minutes se sont écoulées. Lucy s'excuse auprès de la patiente et lui dit qu'elle va aller consulter l'équipe avant de terminer l'entretien. Rapide discussion, proposition de l'un, amendement de l'autre, on finit par se mettre d'accord. Lucy retrouve sa patiente, lui fait part des réactions de l'équipe (du moins de façon stratégiquement appropriée), propose le « devoir » (*homework*) et indique que la séance est terminée. Le rendez-vous suivant est fixé. La patiente paie[3] et s'en va. Lucy rallume les lumières de la salle d'observation. Tout le monde s'étire et passe dans la salle de thérapie, plus vaste et mieux éclairée, pour la discussion qui suit chaque séance.

Les échanges sont vifs, parfois cinglants s'il y a désaccord. Watzlawick se fâche parce qu'on n'a pas posé de question sur tel ou tel membre de la famille. « J'ignorais qu'on avait changé de modèle ! », lance-t-il vertement à Fisch. « Le problème est suffisamment précisé, il est inutile de le compliquer par des informations supplémentaires », répond ce dernier qui continue ses réflexions sans tenir compte de la remarque. Les « jeunes » et les visiteurs restent cois, quelque peu surpris par le ton. John Weakland attend son heure pour intervenir puis se lance dans une réflexion très calme, très posée, qui, tout en recadrant la question, montre qu'il a bien entendu les deux opinions. Du grand art. Lucy prend des notes. Paul Watzlawick met le doigt sur les paradoxes dans lesquels la patiente s'enferre, John Weakland expose les stratégies générales possibles, et Dick Fisch explique, de manière très concrète et très détaillée, comment Lucy pourrait recadrer la vision du problème de sa patiente. Les jeunes interviennent également dans la discussion ; Karin fait des apartés avec Watzlawick, l'atmosphère se détend un peu. Les visiteurs occasionnels se risquent à émettre quelques opinions. Tout est accepté pour autant que cela soit justifié par des éléments concrets de la séance. On ne se lance pas dans des interprétations sauvages, les idées doivent être argumentées. Et on y réagit. On évoque les solutions possibles, on prépare la séance suivante, « Quelle information faut-il encore ? Comment va-t-on évaluer la tâche ? », etc.

Une demi-heure a passé, le patient suivant est arrivé, on range les chaises dans la salle de thérapie et chacun reprend sa place dans la salle d'observation. S'il n'y a pas eu de désistement, on en verra trois, comme tous les mercredis, selon le même rituel, pratiquement inchangé depuis plus de vingt ans. Paul Watzlawick partira un peu avant la fin : il a une réunion à Stanford.

Pour les nouveaux arrivants, surtout pour ceux qui ont déjà tenté d'appliquer le modèle à partir des livres ou des conférences, assister à une session du Centre de thérapie brève, c'est enfin comprendre ce que les mots veulent dire. Et tout paraît encore plus rapide qu'on l'avait imaginé. On peut donc vraiment faire de la thérapie sans pratiquement poser la moindre question sur le passé ! On n'a encore que quelques bribes d'information sur le contexte que déjà on élabore des tactiques de changement et qu'on les applique, en plus ! On pensait avoir bien saisi le modèle mais voilà que John Weakland nous montre, très poliment d'ailleurs, que nos questions révèlent des survivances de notre formation traditionnelle et que, si on regarde les choses sous un autre angle, elles n'ont plus guère de sens. On se prend une bonne leçon d'humilité mais elle passe sans trop de mal parce qu'on a vraiment le sentiment d'avoir fait un pas de géant[4].

Une semaine à attendre avant la prochaine session du Centre de thérapie brève. Le temps de lire quelques-uns des documents et articles divers qu'on nous a remis. Le temps de se familiariser avec les lieux, d'inspecter les nombreuses cassettes vidéo dont les titres rappellent des moments forts, de découvrir la bibliothèque dans la salle de conférences où une grande photo de Don Jackson rend hommage au fondateur méconnu de l'institut et où tous les numéros de la revue *Family Process* racontent l'histoire de trente années de recherches en thérapie familiale.

Le temps aussi de rencontrer John Weakland, toujours disponible et aussi curieux d'en savoir un peu plus sur vous que vous l'êtes de tout connaître de lui. Dans le petit hall qui conduit à son bureau, une armoire déborde de bandes magnétiques et de classeurs dans lesquels on aperçoit des comptes rendus de réunions du temps du « projet Bateson » et des premières années du MRI... Le bureau n'est pas bien grand non plus et, sur le mur, entourée de dessins chinois [5], trône une belle photo de Bateson en compagnie de Milton Erickson ; photo du mariage de l'eau et du feu, du contemplatif et du guerrier, parabole aux allures de paradoxe pour ce groupe de Palo Alto.

PREMIÈRE PARTIE

Vers une science de la communication

Aujourd'hui, on communique toujours et partout. Au point que l'on peut raisonnablement se demander si, tout compte fait, il est encore possible de faire autre chose (du moins si l'on en croit l'aphorisme de Paul Watzlawick : « On ne peut pas ne pas communiquer »). La reconnaissance de l'omniprésence de la communication a engendré, chez nombre d'hommes de science modernes, une sorte de foi en ce dieu unique bien que multiforme. Qu'elle soit la « structure qui relie » ou la « deuxième révolution industrielle », la communication est en tout cas l'interface entre l'individu et le monde.

Pour certains, la métaphore peut être poussée bien plus loin encore. Prenons le cas de certains physiciens pour lesquels la matière ultime, les « blocs » de construction élémentaires de notre univers, le fondement même du monde matériel, ce dernier rempart de notre existence « réelle », « concrète » et aussi le dernier garde-fou de notre santé mentale (« Vous n'allez quand même pas me dire que cette table n'existe pas ! »), tout cela se dissout dans les notions abstraites d'information [1], « matière » de nos messages, substrat de la communication.

Alors que penser d'un concept aussi démesuré ? Garde-t-il encore quelque vertu explicative ? Un concept qui explique tout ne se trouve-t-il pas condamné à n'expliquer plus rien ? C'est là où nous touchons cependant au plus près l'idée que nous défendons dans ce livre, l'idée d'un bouleversement épistémologique qui apparaît comme inacceptable (dans un premier temps, en tout cas) car en rupture totale avec nos habitudes conceptuelles.

Notre exposé suivra, en partie, le récit chronologique des recherches de Bateson, le premier pilier du groupe de Palo Alto. Nous suivrons son itinéraire personnel, de la biologie à l'anthropologie, de l'étude des relations biologiques à celle des interactions humaines. C'est au moment de la naissance de la cybernétique que Bateson arrive dans la région de San Francisco. Avide de mettre à l'épreuve ses nouveaux outils conceptuels, il va s'attaquer aux problèmes de la communication et des relations humaines et les aborder sous un angle entièrement nouveau, celui de la logique formelle. Abandonnant la métaphore énergétique, base des théories freudiennes et, selon lui, inadéquate pour rendre compte des caractéristiques essentielles des phénomènes vivants, il va participer très activement à l'élaboration d'un modèle très différent dont la pierre angulaire sera la notion d'information, « particule élémentaire » des phénomènes interactionnels et des échanges entre les individus. Cette théorie nouvelle de la communication – qu'il illustrera d'emblée par des exemples empruntés à la psychothérapie et aux psychothérapeutes – révèle des aspects jusque-là ignorés du langage verbal et non verbal et laisse entrevoir des possibilités très sérieuses d'aborder la maladie mentale sous un jour nouveau et prometteur.

1
Gregory Bateson

Il étudie ce que les autres négligent
et redonne au monde ce que des multitudes ont laissé de côté.
Son objet consiste à tout replacer dans son ordre naturel,
mais il n'ose entreprendre aucun pas dans ce but.
Lao Tzeu, *Tao Te King*

1. 1. Le contexte familial et culturel [1]

Lorsqu'on rencontre des personnes qui ont connu Gregory Bateson ou, mieux, qui ont travaillé avec lui, certains traits de sa personnalité sont régulièrement avancés pour décrire l'homme. « Il avait une culture générale et scientifique très vaste », « C'était un homme de la Renaissance » ou encore « Il connaissait personnellement tous les gens importants dans le domaine scientifique ». Bateson n'a jamais fait de distinction entre sa vie privée et sa recherche scientifique : il était didactique avec ses enfants, et les repas familiaux se passaient habituellement à discuter science avec les invités du jour. A Palo Alto, ses collaborateurs, les étudiants intéressés et tout scientifique de passage dans la région étaient invités chaque semaine chez lui pour y passer la soirée à débattre de questions scientifiques et philosophiques.

Mais, en plus de sa passion pour l'étude, certaines valeurs essentielles guideront la carrière professionnelle de Bateson. Nous verrons dans les pages qui suivent à quel point les idées défendues par son père définissent les options fondamentales qui l'ont marqué toute sa vie durant. A quelques rares exceptions près, toutes les recherches menées par Gregory Bateson viseront à apporter des réponses aux grandes interrogations qui ont déjà été à l'origine de la carrière scientifique de son père, et ses positions éthiques resteront dans le prolongement direct de la tradition familiale.

1. 1. 1. Les grandes valeurs familiales

Son grand-père est déjà connu au St John's College de l'université de Cambridge. Il est arrivé dans ce bastion de la science conservatrice et y a introduit des réformes importantes. Sa femme est l'une des premières suffragettes anglaises. Leur fils William (père de Gregory) étudie la zoologie dans la même université, puis y enseigne et devient, selon une formule qui avait encore tout son sens à l'époque, un professeur à la fois craint et respecté.

Nous sommes à la fin du XIXe siècle et Darwin a publié *De l'origine des espèces* (en 1859) avec les retentissements et les bouleversements que l'on sait ; la théorie de l'évolution porte en effet un coup terrible à l'histoire chrétienne de la genèse. Tout scientifique doit prendre part à la querelle, et William Bateson est résolument non chrétien et homme de science avant tout. C'est également un humaniste, grand amateur de peinture et de poésie et extrêmement attentif à ne pas céder aux pressions de la mode et du parti pris pour conserver sa lucidité de scientifique.

La réduction de la complexité de l'homme à une explication de type matérialiste telle qu'elle se dessine pour certains à travers les théories de Newton l'effraie. Il a fait sienne la prière de William Blake : « Que Dieu nous garde de la vision simple et du sommeil de Newton », qu'il aime citer autour de la table de la salle à manger où se retrouvent, chaque dimanche, les artistes et les savants de passage dans la région.

Il n'épousera donc jamais la vision strictement matérialiste de la plupart des intellectuels de cette époque. Il leur préférera les « grands solitaires », ces penseurs marginaux qui refusent d'abdiquer leurs intuitions personnelles devant le progrès scientifique et qui défendent la possibilité d'une vision unitaire de la matière et de l'esprit : Blake, le poète visionnaire, dont la terrifiante gravure *Satan exultant sur Ève* trône sur la cheminée de la maison familiale, et aussi Samuel Butler[2]. Dans son utopie intitulée *Erewhon*[3], il s'en prend à la vie et à la pensée moderne de l'époque. Il y dénonce l'assimilation de l'homme à une machine, la médiocrité des universités dans lesquelles il est indécent d'émettre une opinion personnelle, la soumission aveugle à l'autorité, fût-elle scientifique, etc.

C'est donc autour de la grande table que les enfants assistent aux discussions passionnées de l'élite intellectuelle anglaise de l'époque ; Butler et Blake y sont souvent cités à l'appui des thèses de William Bateson. Tout au long de sa vie, Gregory fera référence à ces deux grands écrivains et reprendra les positions humanistes et l'amour de la science chantés par son père. Butler a notamment soulevé des questions qui hanteront toute son œuvre.

Dans *La Nature et la Pensée*, Bateson insiste beaucoup sur les *relations* entre les choses, sur leur structuration formelle hiérarchisée, sur ce qu'il appelle « la structure qui relie ». Nous l'avons dit, Butler ne pouvait admettre la position matérialiste à laquelle les théories de l'évolution semblaient mener ; pour lui, féru de dialectique, l'esprit restait une entité importante et mystérieuse. Il est difficile de ne pas voir une prémonition de la quête de Bateson dans ces paroles de Butler : « Qui peut dire, demandait-il, que la machine à vapeur n'a pas une certaine forme de conscience ? Où commence la conscience et où finit-elle ? Qui peut tracer la frontière ? Qui peut tracer quelque frontière que ce soit ? Chaque chose n'est-elle pas entremêlée avec toutes les autres ? Les machines ne sont-elles pas reliées à la vie animale d'une infinité de manières différentes[4] ? »

De même, tout comme Butler, Gregory Bateson gardera toujours une grande réticence à appliquer prématurément ses idées, ainsi qu'une méfiance exacerbée à l'égard des « buts conscients » de l'homme (responsables, selon lui, de la grande crise écologique[5] de notre époque[6]). Pour Butler, comme pour Bateson par la suite, les hommes de science et les religieux finissent par se rencontrer : chacun essaye en fin de compte d'imposer ses vues à la société.

Influence du climat culturel de Cambridge donc, mais aussi de la vénération que Bateson père voue aux grands artistes et à l'art en général. Cet athée lit chaque jour la Bible à ses enfants « pour qu'ils ne deviennent pas des athées illettrés » ; ce scientifique infatigable et rigoureux leur fait lire les poètes, les mène dans tous les grands musées et les expositions importantes d'Europe [7] et soutient que « s'il n'y avait pas eu de poètes il n'y aurait pas eu de problèmes, parce qu'il est certain que l'homme de science illettré d'aujourd'hui ne les aurait jamais trouvés [8]».

C'est donc dans cette grande famille intellectuelle anglaise (comme les Darwin, les Huxley, les Russell...) que Gregory Bateson voit le jour le 9 mai 1904. Il a deux frères plus âgés, John (1898) et Martin (1899), sur lesquels tous les espoirs familiaux vont se porter. John accomplit des études brillantes de biologie à Cambridge mais sera tué à la fin de la guerre, en octobre 1918.

Le coup est dur pour le père qui, dès lors, reporte toutes ses attentes sur Martin. Celui-ci est déchiré par les responsabilités familiales qui le poussent vers une brillante carrière scientifique et les élans artistiques qui l'entraînent vers la poésie. La position paternelle est très ambivalente : autant William porte au pinacle les grands artistes, autant il croit l'art hors de portée de l'homme intelligent courant, en tout cas hors de la portée des siens, comme en témoigne la lettre qu'il écrira plus tard à Gregory : « [...] la foi en la grande œuvre scientifique est le degré le plus proche de la religion auquel je sois parvenu et elle procure ce que les gens religieux retirent de la superstition. [...] Bien sûr, il y a la grande œuvre qui n'est pas de la science, le grand art par exemple, qui est peut-être encore plus grand ; mais cela est pour les plus rares et n'est guère à la portée de gens comme nous. Je suis sûr que la science arrive juste après, et elle est tout à fait à notre portée, en tout cas à la tienne j'en suis certain [9]. »

C'est donc avec beaucoup de fermeté que les parents découragent la carrière artistique de Martin. Celui-ci, déchiré après la mort de John dont il se sentait très proche, hésitant sur ses propres talents artistiques et rabroué par une jeune femme qui repousse ses offres de mariage, se suicide en plein Piccadilly Circus, d'une balle de revolver, le 22 avril 1922 à 3 heures de l'après-midi, le jour et l'heure de l'anniversaire de la naissance de John.

La famille est atterrée, et William Bateson ne se remettra jamais vraiment de ce double drame. Dès lors, toute l'attention des parents se portera sur Gregory, qui jusque-là n'avait jamais occupé le devant de la scène familiale. Et, tout naturellement, celui-ci va entreprendre des études de biologie au St John's College de Cambridge. Toute son enfance tourne autour des travaux de son père, et les temps libres consistent à aller se promener dans la campagne pour repérer et observer les plantes et les insectes. A l'école, il avait choisi la course à pied comme activité physique : « Comme ça, il pouvait quitter l'établissement et aller étudier les insectes dans la nature au lieu de courir – personne ne l'a jamais su[10]. »

Avant de passer au contenu même des travaux de William Bateson et à la manière dont ils ont orienté les recherches de son troisième fils, quelques extraits de correspondance ou de conférences achèveront de dessiner la palette des valeurs qui baignèrent l'enfance et l'adolescence de Gregory Bateson et qui teinteront toute sa réflexion ultérieure.

Le respect de la « recherche pure » l'empêchera toujours de s'intégrer dans le moule et les obligations de la science officielle institutionnalisée. L'application prématurée des découvertes scientifiques en est un bel exemple. Rappelons qu'au début du XXe siècle les premières découvertes de la génétique, science toute neuve à l'époque, ouvrirent la voie aux utopies eugénistes. William Bateson en était horrifié et aimait à dire : « Souvenons-nous que le père de Beethoven était un ivrogne et que sa mère est morte de phtisie[11]. » Il défendait une position universaliste et encourageait l'étude scientifique comme moyen d'ouvrir la vision du monde, la science était pour lui « l'unique source de conduite rationnelle... la lumière qui montre l'homme dans sa perspective naturelle[12] ».

L'amour et le respect de la science, cette conception selon laquelle la science bien conçue, avec rigueur et discernement, rejoint le sacré, c'est là un acte de foi auquel Gregory Bateson restera fidèle pendant toute sa carrière. Hors des modes et des courants dominants, dans tous les secteurs scientifiques sur lesquels il se penchera, Bateson gardera comme repères ces piliers de l'indépendance d'esprit que sont Butler et Blake.

1. 1. 2. William Bateson : de la morphologie à la génétique

Après 1859, les biologistes sont tous occupés à essayer de confirmer ou d'infirmer les thèses de Darwin. Deux conceptions assez différentes tentent d'expliquer le phénomène de l'évolution : la thèse darwinienne et celle de Lamarck[13]. Pour Darwin, les changements organiques se produisent au hasard ; pour Lamarck, ils se produisent directement sous l'influence du milieu (c'est ce qu'on a appelé l'hérédité des caractères acquis).

D'abord partisan des thèses lamarckiennes, William Bateson va effectuer des voyages en Égypte et en Russie pour étudier des animaux soumis à des conditions biologiques très changeantes. Ces voyages n'apporteront pas de preuve satisfaisante. Il va dès lors s'intéresser aux questions d'évolution formelle, aux problèmes morphologiques : symétrie, régularité métamérique, etc. « Que nous croyions avec Lamarck que les adaptations sont le résultat direct de l'action de l'environnement ou, avec Darwin, qu'elles sont amenées par la sélection naturelle, il est admis par tous que la progression a dû passer par l'apparition de variations. Ceci est une base commune. Par conséquent, si l'on cherche les étapes dans la séquence de la forme animale, nous devons les chercher à travers l'étude des changements qui se passent maintenant en eux, acquérir une connaissance des modes d'apparition de ces changements et, si possible, des lois qui les limitent[14]. » Il est donc à la recherche des lois qui gouvernent la forme organique. Il considère l'organisme comme un tout intégré et coordonné et non comme un assemblage de « caractères ».

Cette période des recherches de son père aura une influence déterminante sur les outils de réflexion de Gregory Bateson. Comme il dira lui-même plus tard de son père : « [...] il garda toujours une fascination pour les problèmes de la symétrie et du modèle, et ce sont cette fascination-là et la sorte de mysticisme qui l'inspirait que, pour le meilleur ou pour le pire, j'ai fait miens et appelés "science". J'ai acquis là un sentiment plus ou moins mystique, qui m'a porté à croire qu'il nous faut rechercher le même type de processus dans tous les domaines des phénomènes naturels : par exemple, qu'il faut s'attendre à trouver un même type de lois à l'œuvre, aussi bien dans la structure d'un cristal que dans celle de la société [...], qu'en étudiant, par exemple, les modèles des plumes de perdrix on pouvait trouver une réponse (ou une partie de réponse) au problème très embrouillé des structures et de la régularité dans la nature [15]. »

En 1900, William Bateson part à Londres pour donner une conférence sur l'hérédité et l'agriculture. Il emporte avec lui un article qu'il vient de recevoir de son collègue hollandais Hugo de Vries. Il s'agit d'un document écrit trente-cinq ans auparavant par un moine autrichien : Gregor Mendel. Passé inaperçu jusque-là, l'article décrit les résultats de huit ans de croisement de pois d'espèces différentes. On y parle d'hybridation et de caractères récessifs et dominants... C'est une révélation pour William Bateson (lui-même très proche de ces découvertes dans ses propres travaux), qui devient alors le plus grand défenseur de Gregor Mendel en Angleterre. Il passera la majeure partie du reste de sa carrière à développer cette nouvelle science qu'il baptisera lui-même « génétique ». Et c'est en hommage au moine méconnu que William appellera son troisième fils Gregory.

1. 2. De la biologie à l'anthropologie

Comme ses aînés, Gregory entame donc tout naturellement des études de biologie à Cambridge. La pression familiale est lourde, étouffante. Tous les espoirs de la famille reposent désormais sur lui. Bateson est un étudiant brillant mais peu enthousiaste. Il est écrit que lui non plus ne poursuivra pas les travaux de son père.

Gregory a tout juste vingt et un ans lorsqu'un milliardaire lui propose de l'accompagner, comme expert en biologie, dans une croisière aux Galapagos. Son père, avant d'autoriser le voyage, se renseigne sur la durée du séjour dans ces îles qui ont été déterminantes pour l'élaboration de la théorie de l'évolution de Darwin. Apprenant que le séjour sera au moins de six semaines, durée du séjour de Darwin, William Bateson lui accorde son autorisation !

Le voyage, bien que peu satisfaisant du point de vue des découvertes biologiques, sera tout aussi déterminant pour Gregory. Il a l'occasion, lors des escales, d'entrer en contact avec des gens de cultures différentes. Il est intéressé. Son choix est fait : il sera anthropologue[16]. Bien que déçus par la décision de leur fils, les parents, échaudés par le drame de Martin, n'osent s'y opposer.

A cette époque, l'anthropologie sort à peine de l'orientation évolutionniste. Jusque-là, on a essayé de retrouver, comme pour l'évolution des espèces, une sorte d'« arbre généalogique » des sociétés, allant de la plus primitive à... la nôtre, bien entendu. Les travaux se font à partir des données recueillies par les missionnaires ou les explorateurs, car aucun anthropologue digne de ce nom n'irait se mêler à ces populations « primitives »!

Vers 1920, Malinowski et Radcliffe-Brown réagissent contre cette vision ethnocentriste et prônent une étude synchronique anhistorique de la structure des diverses sociétés ou cultures. C'est le début du travail de terrain. Les méthodes restent encore néanmoins assez frustes, comme le raconte l'anthropologue Reo Fortune, premier mari de Margaret Mead : « Malinowski attrapait les indigènes par le cou pour qu'ils ne puissent s'échapper... à mesure qu'ils sont devenus indépendants, on ne pouvait plus faire ça. Cette technique brutale est un aspect de l'impérialisme[17]. »

Venant de la rigueur formelle de la biologie, Bateson est très vite frappé par les lacunes théoriques et la pauvreté des outils méthodologiques de l'anthropologie : « Il est terrible de constater combien est mouvant le terrain sur lequel sont basés les éléments de l'anthropologie ; il est tellement plus difficile d'absorber les faits lorsqu'il n'existe pas de structure théorique à laquelle les raccrocher [18]. » Cette question méthodologique va directement en soulever une autre, plus profonde, qui restera présente dans toutes ses recherches ; on peut la formuler comme suit : « Comment doit-on s'y prendre pour construire un outil qui permette de rendre compte d'un phénomène aussi complexe qu'une société ? Que doit-on observer ? Comment donner à une description une trame théorique qui puisse la rendre intelligible, c'est-à-dire qui puisse l'expliquer ? »

Peu après la mort de son père, en janvier 1927, et en grande partie pour échapper à l'intrusion incessante de sa mère dans ses projets, Gregory part effectuer un travail sur le terrain en Nouvelle-Guinée, chez les Baining, une tribu de chasseurs de têtes. Son expérience y sera extrêmement pénible. Il essaye de participer à la vie culturelle de la tribu, partage leur nourriture, dort dans leurs maisons, etc., mais il ne comprend pas ce qui se passe et, surtout, il ne sait pas quoi observer. Il se rend compte notamment qu'il manque certaines cérémonies importantes, soit parce que les indigènes l'en tiennent à l'écart, soit parce qu'il ne s'est tout simplement pas aperçu de leurs préparatifs. Il suit les « règles » de l'ethnologie de l'époque et, par exemple, mesure le tour de tête des indigènes. Un jour, l'un d'entre eux lui demande pourquoi il fait cela. Il est surpris et, surtout, il ne sait que lui répondre. Il écrit à sa mère : « Je suis une créature dont l'intrusion les offense [19]. »

Il lui arrivera même de perdre patience, ce qui est exceptionnel chez cet homme dont la façon habituelle d'exprimer son agressivité vis-à-vis d'interlocuteurs désagréables consiste à soupirer : « Ça devient ennuyeux. » Haley et Weakland rapportent l'anecdote suivante :

HALEY : Il se trouvait chez ces chasseurs de têtes et, comme il avait un équipement photographique coûteux, il souhaitait pouvoir disposer d'un abri qui lui permette de le protéger de la pluie et de la brume très fréquentes dans la région. Il demanda donc qu'on lui en construise un. Mais le travail n'avançait pas. On avait installé une plate-forme à environ cinq mètres du sol, sur laquelle on devait construire la cabane. Et il était sur cette plate-forme, et les indigènes discutaient, fumaient, racontaient des histoires, etc., et ça traînait. Gregory s'énervait de plus en plus. Un des types se mit à chanter, alors il s'approcha de lui et lui dit d'aller plus vite. L'autre répondit : « Oh, oh… du calme. » Gregory le frappa et le gars tomba de la plate-forme ! Il réalisa alors subitement ce qu'il venait de faire. Le type était par terre et Gregory était entouré de tous ces chasseurs de têtes dont il venait de frapper l'un des principaux guerriers.

WEAKLAND : Il pouvait le faire, il était assez grand pour ça.

HALEY : Oui, il faisait au moins un mètre quatre-vingt-quinze. Il descendit et regarda le type, puis sa montre, et il vit qu'elle était cassée. Il dit alors au guerrier : « Regarde, j'ai cassé ma montre. » Le type se releva et dit : « Oh, comme c'est dommage. » Il s'en sortit comme ça, en faisant du foin avec cette montre. Je crois que c'est la seule fois de sa vie qu'il a frappé quelqu'un, et c'était pour du matériel scientifique[20] !

Néanmoins, pour lutter contre l'ennui, il essaie de réfléchir à une méthode de recherche et d'analyse en tentant d'adapter les analyses formelles auxquelles il a été formé en biologie. « Il est possible maintenant de décrire, botaniquement, du moins dans une certaine mesure, un cocotier, et tous les termes techniques de cette description pourraient se ramener à un anglais très simple, presque biblique. La description ne rendrait pas *l'impression* de beauté ou de monotonie, etc., des cocotiers, mais elle apporterait quelque chose qui mène à la connaissance de l'organisation de la nature. On devrait pouvoir faire ce même type de description pour les choses anthropologiques. Mais je ne le vois pas venir […] Les matières académiques ne semblent pas très réelles en présence des indigènes[21]. »

Il reste huit mois chez les Baining et y réalise une étude de la vie quotidienne, inspirée par le livre de Doughty, *Arabia Deserta* (qui traite de la vie des Bédouins). Après un séjour à Sydney, où il travaille pour Radcliffe-Brown, il part dans une autre tribu, les Sulka, toujours dans la région du Sepik. Il continue à être agacé par sa propre incapacité à décrire la vie indigène. « J'en ai assez de ce voyage et de mettre mon nez dans les affaires des autres races », écrit-il à sa mère. Il attrape la malaria et n'a qu'une envie : retourner en Angleterre. Il reste néanmoins dans la région et, en février 1929, part sur la rivière Sepik à la rencontre de deux autres anthropologues, Fortune et Mead, qui travaillent dans une autre tribu. Il les rate de peu mais découvre les Iatmul ; un mois plus tard, il vient s'y installer et y reste pendant près d'un an. Au printemps 1930, il rentre à Cambridge pour rédiger le compte rendu de ses recherches.

En janvier 1932, il repart chez les Iatmul pour un travail de maîtrise. Après plusieurs mois de solitude et de découragement, il rencontre enfin les deux autres anthropologues. Reo Fortune est néo-zélandais et son épouse, Margaret Mead, américaine. Mead raconte : « Tard dans l'après-midi, la pirogue accosta à Kankanamun, le village iatmul où Gregory Bateson travaillait. Nous avons marché vers cette case délabrée et invraisemblable qui avait un arbre au beau milieu du toit de manière à ce que son chat – et les moustiques bien sûr – pût aller et venir à sa guise [22]. »

Rompant l'ennui et la solitude, cette rencontre enflamme les esprits des trois compères. Les discussions sont interminables. « Nous avons parlé toute la journée et la plupart du temps durant les jours que nous avons passés à Ambunti au beau milieu de cette extraordinaire fête de Noël de Nouvelle-Guinée [23]. » Fortune et Mead sont impressionnés par la rigueur méthodologique de Bateson. « Nous avions soif d'un cadre théorique », dira-t-elle plus tard. Formé à l'école américaine, le couple l'initie alors à l'étude de l'individu, aux questions de personnalité, aux explications de la psychologie de la *Gestalt*, de la psychanalyse, des théories de l'apprentissage. Ils se passionnent tous les trois pour le livre de Ruth Benedict, *Patterns of Culture*, qu'ils reçoivent là-bas.

Ils essayent de comparer les cultures anglaise, néo-zélandaise et américaine en appliquant, sur eux-mêmes, les théories psychologiques de l'époque. L'expérience sera extrêmement bouleversante pour tous les trois, tant sur le plan affectif que sur le plan intellectuel. Des relations de compétition et d'affection se nouent et évoluent : « A ce moment, il y avait des retournements complexes dans nos relations. Certaines fois, Reo et moi avions l'impression que

Gregory avait quelques années de moins que nous. En fait, Reo et lui n'avaient qu'un an de différence et ils avaient commencé leur travail de terrain plus ou moins en même temps. Mais Gregory, qui était très mince, avait gardé un visage d'adolescent, et, de plus, il y avait tellement de choses que nous pouvions lui apprendre sur l'anthropologie. A d'autres moments, cependant, Gregory semblait être notre aîné. Il avait toute l'assurance de son origine anglaise et la certitude intellectuelle de l'éducation de Cambridge en sciences naturelles[24]. »

Lorsqu'ils retourneront à la vie normale, ils se sentiront transformés. Et leur vie privée s'en ressentira fortement : Margaret Mead et Gregory Bateson sont en effet tombés amoureux l'un de l'autre. Mead rentre aux États-Unis et Fortune en Angleterre, ils divorceront en 1934. Bateson, quant à lui, retourne à Cambridge quinze mois plus tard pour y rédiger une thèse de maîtrise qui aura pour sujet une cérémonie rituelle des Iatmul, le *naven*. Au début de l'année suivante, Margaret Mead et Gregory Bateson se marient.

1. 3. L'étude des interactions

En 1936, paraît le premier ouvrage important de Gregory Bateson, *Naven*. Dans le milieu de l'anthropologie, le livre sera accueilli plutôt froidement. Il est vrai que Bateson impose d'emblée une façon très personnelle et originale de rédiger un ouvrage sur une société primitive. Il choisit, en effet, de présenter non pas la « société » Iatmul dans son ensemble, mais une seule cérémonie, le *naven*. On retrouve ici une idée courante en biologie, à savoir que l'étude d'« un seul micro-organisme peut révéler des mécanismes essentiels pour la compréhension de tout organisme vivant[25] ».

Nous n'entrerons pas ici dans une analyse complète de cet ouvrage ni du *naven* en lui-même. Qu'il nous suffise de dire qu'il s'agit d'un rituel de travestissement (les hommes revêtent les habits des femmes et vice versa) se déroulant dans la tribu lorsqu'un enfant ou un adolescent accomplit, pour la première fois, un acte d'adulte dont l'importance peut être très variable (d'un exploit de pêche ou de chasse à l'homicide d'un étranger).

Mais, bien plus que par l'aspect ethnographique proprement dit, l'ouvrage vaut surtout par sa réflexion théorique. Comme le dira Bateson dans l'épilogue écrit lors de la réimpression du livre en 1958 : « *Naven* était une étude de la nature de l'explication. » Les questions méthodologiques, puis épistémologiques, que soulevait pour lui son travail de terrain se retrouvent dans ce livre. En fait, l'ouvrage recouvre trois niveaux différents d'abstraction.

1) Il décrit, de la manière la plus neutre possible, les données de la culture iatmul. Il accumule ainsi quantité de notes qui, dans un premier temps, ne sont absolument pas reliées à une structure explicative et qui sont glanées au fil des rencontres avec ses informateurs ou des observations qu'il peut faire sur le terrain. « Quand vint le moment d'organiser mes observations pour en faire un rapport suivi, je me trouvai en face d'une masse de matériel extrêmement divers et dépareillé [26]. »

2) Ces données sont alors reliées de plusieurs façons en fonction de points de vue différents : émotionnel, cognitif, etc.

Bateson veut, par exemple, rendre compte de l'organisation culturelle des instincts et des émotions de l'individu. Comme c'est là un aspect global qui n'a pas encore été pris en considération en tant que tel dans les écrits des anthropologues, il va créer un terme nouveau, l'*ethos* de la culture, c'est-à-dire « l'esprit caractéristique, la tonalité générale d'un peuple ou d'une communauté, le "génie" d'une institution ou d'un système [27] ». Il va également donner des explications de type structural et cognitif. Par exemple, pour décrire les styles culturels de pensée, Bateson introduit le terme *eidos* : « Après avoir examiné les prémisses de la structure d'une culture particulière, nous pouvons les organiser ensemble en un système cohérent et arriver finalement à un tableau général des processus cognitifs impliqués. J'appellerai ce tableau général l'"eidos" de la culture [28]. »

3) Enfin, il s'attaque au processus même de l'élaboration de ces diverses théories explicatives ; ce processus est analysé et débouche

sur les questions épistémologiques. « La cérémonie du *naven* n'est en fait qu'une étude de la nature de l'explication. [...] Il s'agit là même plutôt d'une tentative de synthèse, d'une étude des manières dont les données peuvent être structurées dans un ensemble, et c'est bien une telle structuration des données que je désigne par "explication" [29]. »

Peu de temps avant la publication du livre, Bateson s'aperçoit qu'il a commis une erreur, très fréquente chez l'homme de science, celle de confondre les catégories explicatives avec la réalité de la vie sociale, c'est-à-dire de « chosifier » les concepts. En rédigeant l'épilogue, et suite à des discussions avec son ami biologiste Waddington qui l'initie aux travaux de Whitehead, Bateson se rend compte que les différentes images descriptives n'ont pas d'autre réalité que celle d'une abstraction agencée, ordonnée par l'homme de science. Il va alors essayer de corriger tout le manuscrit pour réparer cette erreur. Cette première distinction entre « la carte » et « le territoire » mérite d'être signalée car nous la retrouverons désormais présente dans tous les travaux ultérieurs de Bateson. Ceci ne signifie pas que les concepts n'ont que peu d'importance, « ces concepts théoriques relèvent également d'un ordre objectif de réalité : ils sont *réellement* des descriptions de processus de connaissance adoptés par les hommes de science ; supposer que des mots comme *ethos* ou *structure sociale* possèdent une autre réalité, c'est commettre l'erreur que Whitehead appelle "le concret mal placé" [30]. » Cette réflexion épistémologique se poursuivra dans les travaux ultérieurs de Bateson et sera notamment étayée par le recours à la structuration logique hiérarchisée du langage telle que Russell et Whitehead la révéleront dans leur « théorie des types logiques ».

Dans le cadre de cet ouvrage sur le groupe de Palo Alto, il est sans doute important de développer un des concepts que Bateson a « inventés » pour rendre compte de la dynamique de l'équilibre social chez les Iatmul : la *schismogenèse*. Important, car il marquera les débuts de l'analyse interactionnelle du comportement humain. Il nous permettra aussi de voir un bel exemple de cette méthode d'« abduction » qui est un trait caractéristique de la pensée batesonienne.

Tout d'abord, en quoi consiste cette méthode abductive ? Il s'agit d'une forme de raisonnement par analogie : après avoir mis en évidence une certaine structure relationnelle qui rend compte de l'évolution d'un phénomène, on cherche d'autres phénomènes qui révèlent le même type de structure. Ceci permet donc d'établir des liens entre des faits parfois très éloignés et, finalement, d'en déduire des caractéristiques de notre propre manière d'expliquer les choses, de notre vision du monde, de ce que Bateson appelle notre « épistémologie » avec un petit é. Voyons l'exemple du raisonnement qu'il a suivi pour arriver à formuler le concept de schismogenèse [31].

Lorsque Bateson essaye de formaliser l'organisation sociale des Iatmul, il constate tout d'abord que ceux-ci ne connaissent pas l'autorité hiérarchique ; le contrôle des individus se fait par ce qu'il appelle des « sanctions latérales » plutôt que par des sanctions venant d'une autorité supérieure. Il tente donc de voir comment les différents éléments de la société sont en relation les uns avec les autres, quel type d'*organisation formelle* est révélé par ce phénomène. Or ce type d'explication formelle tient une place importante en biologie, notamment pour rendre compte du processus du développement embryologique. Dans ce dernier, il est nécessaire de tenir compte des relations entre les différentes parties d'un organisme ; cette organisation, cette structure relationnelle reste en effet constante au cours du développement. Bateson part de la différence entre les animaux à *symétrie radiale* (méduse, anémone de mer, etc.) et les animaux à *segmentation transversale* (ver de terre, homard, être humain, etc.). On sait notamment que chez les animaux à segmentation transversale il y a une relation symétrique entre segments successifs : « Chaque segment, s'il le pouvait, formerait une tête [...] mais le segment antérieur l'en empêche. [...] A l'opposé, chez les animaux à symétrie radiale, les segments qui s'organisent autour du centre, comme le feraient les secteurs d'un cercle, sont généralement semblables [32]. » Ces connaissances des processus embryologiques peuvent-ils apporter un nouvel éclairage à l'organisation sociale des Iatmul ? « Je constatai que mon "intuition" collait : pour ce qui concernait l'opposition, le contrôle, etc., entre clans, leurs relations réciproques étaient raisonnablement symétriques [33]. »

Il poursuit alors son analogie dans une autre direction : « Frappé par les phénomènes de différenciation métamérique, je fis l'observation que dans nos sociétés, avec leurs systèmes hiérarchisés [...], lorsqu'un groupe se sépare de la société mère, la ligne de scissiparité entre le nouveau groupe et l'ancien marque une différenciation des mœurs. [...] En revanche, dans le cas des Iatmul, lorsque, dans un village, deux groupes se brouillent et que l'un des deux s'en va fonder ailleurs une nouvelle communauté, les mœurs, des deux côtés, demeurent identiques. Dans nos sociétés occidentales, la scissiparité a tendance à s'accomplir de manière hérétique (recherche d'autres mœurs) ; chez les Iatmul, elle est plutôt schismatique (recherche de nouveaux chefs sans changement de dogme)[34]. »

Il a ainsi trouvé un modèle explicatif qu'il peut alors, de manière analogique, appliquer aux faits de la vie sociale des Iatmul. Il observe des phénomènes d'interdépendance du comportement des uns et des autres. Il constate notamment que certains comportements (aussi bien des hommes que des femmes) tendent à maintenir le *statu quo* dans les normes culturelles, alors que d'autres amèneraient des changements s'ils n'étaient réprimés : « J'ai tendance à concevoir le *statu quo* comme un équilibre dynamique, où des changements se produisent continuellement : d'un côté, des processus de différenciation qui tendent à accentuer le contraste éthologique, de l'autre, des processus qui contrarient continuellement cette tendance à la différenciation. Je désigne ces processus de différenciation du nom de "schismogenèse"[35]. »

Ce concept de schismogenèse fait franchir à Bateson un pas extrêmement important : pour comprendre le comportement d'un individu, il faut tenir compte des liens entre cet individu et les personnes avec lesquelles il est en relation ; la conduite d'un être humain est également déterminée par la réponse de l'autre. L'explication du comportement humain passe ainsi d'une vision intrapsychique à une prise en considération du système relationnel de l'individu, l'unité d'analyse devient l'*interaction*. La définition de la schismogenèse que donne Bateson est on ne peut plus explicite : « processus de différenciation dans les normes de comportement individuel résultant d'interactions cumulatives entre des individus[36]». Il va préfigurer les études ultérieures sur les interactions en redéfinissant le domaine de la psychologie sociale et en amorçant déjà le glissement du champ de la pathologie de l'individu vers le système interactionnel : « [...] il est de plus certain que la schismogenèse joue un rôle important dans la formation des individus. Si l'on veut échapper à tout mysticisme, il faut donner pour objet à ce que l'on désigne du terme vague de psychologie sociale l'étude des *réactions des individus aux réactions des autres individus*. [...] L'objet de la recherche ainsi défini, il faut considérer la relation entre deux individus comme capable de se modifier de temps à autre, même sans intervention extérieure, et examiner non seulement les réactions de A au comportement de B, mais aussi comment ces réactions affectent la conduite de B et l'effet de cette dernière sur A[37]. » Et, plus loin, ces réflexions prémonitoires pour sa carrière : « Bien que je n'aie aucune expérience personnelle de la psychiatrie, il me semble qu'en plus de la pathologie individuelle le psychiatre ferait bien de prendre en compte les relations que l'individu entretient avec son entourage[38]. » Dans la même optique, il poursuit : « La schismogenèse est sans aucun doute un facteur important dans la névrose comme dans la psychose, et on pourrait élaborer une nouvelle psychanalyse en suivant cette voie, qui apporte une contribution particulière aux systèmes employés actuellement. En analyse freudienne comme dans les systèmes qui en dérivent, l'accent est mis sur l'aspect diachronique de l'individu, et la cure dépend dans une large mesure de l'aptitude du patient à concevoir sa vie en ces termes. [...] Mais il devrait aussi être possible de conduire le patient à appréhender ses réactions à l'égard de son environnement en termes synchroniques : il comprendrait et contrôlerait ainsi la schismogenèse qui s'effectue entre lui et ses amis[39]. »

Nous voyons donc que la formation biologique de Bateson, tout en lui procurant des outils méthodologiques ayant déjà fait leurs preuves, l'amène à considérer les différents éléments d'une société non pas comme des êtres isolés mais comme des parties d'un tout organisé et dont le comportement ne peut se comprendre que dans la mesure où on prend en considération les individus ou les groupes d'individus avec lesquels il est en interaction. Bateson dira lui-même plus tard que son peu de connaissance des explications psychologiques de l'époque lui a probablement permis d'éviter le recours à des explications de type symbolique : « [...] j'eusse été tiré vers une orgie interprétative de symboles, ce qui eût eu comme effet une occultation des problèmes plus importants soulevés par les processus se déroulant entre individus et groupes différents. [...] la tentation d'analyser ce symbolisme eût fait obstacle à l'analyse des relations[40]. » Nous sommes alors en 1936, et Bateson a déjà posé les premiers jalons de ce qui deviendra l'approche interactionnelle de la psychothérapie !

Mais poursuivons son approche de la schismogenèse. Dans son étude du changement, de l'évolution de la dynamique sociale, Bateson distingue deux types de configuration interactionnelle schismogénétique :

1) *La schismogenèse complémentaire :* il a remarqué que, lorsque les hommes se livrent à des comportements spectaculaires, la présence des femmes, qui forment en quelque sorte un auditoire, a un effet important sur leur conduite. Il se rend compte de la circularité du processus : les encouragements des femmes renforcent l'exhibitionnisme des hommes, ce qui entraîne plus d'encouragement, donc plus d'exhibitionnisme, et ainsi de suite. Dans ce type d'interaction, le comportement d'un individu ou d'un groupe d'individus est le *complément* de l'autre ; comme dans les couples autorité-soumission, faiblesse-assistance, exhibitionnisme-voyeurisme, etc.

2) *La schismogenèse symétrique :* ici, au contraire, le comportement d'un individu ou d'un groupe d'individus est le *reflet en miroir* de l'autre. « Si, par exemple, la vantardise constitue le modèle culturel de comportement d'un groupe et si l'autre groupe y répond aussi par de la vantardise, une situation de compétition peut se développer dans laquelle la vantardise mène à une surenchère et ainsi de suite[41]. » C'est là une configuration interactionnelle que l'on retrouve notamment dans les relations agression-agression, compétition-compétition, etc., et qui est la structure évolutive que l'on retrouve, entre autres, dans la course aux armements ou dans le déclenchement des guerres.

Nous le voyons, Bateson n'hésite pas à créer un terme nouveau afin de rendre compte d'un phénomène relationnel, celui-ci devant inclure la description non pas d'un seul individu mais du lien qui unit deux ou plusieurs individus. Si le terme même de schismogenèse va peu à peu tomber en désuétude, nous verrons plus loin que Paul Watzlawick et ses collègues vont en utiliser le principe explicatif dans leur « pragmatique de la communication », sous l'appellation simplifiée de « relations complémentaires » et « relations symétriques »[42].

1. 4. L'étude du « caractère »

En 1935, Bateson épouse Margaret Mead et ils décident de partir ensemble[43] à Bali pour entreprendre un travail sur le terrain. Ils réalisent d'abord un film, *Trance and Dance in Bali*, puis se lancent dans l'étude d'un petit village de montagne. Pour la première fois, le film et les photos sont utilisés en tant qu'outils de recherche à part entière. Gregory Bateson prend les photos et filme pendant que Margaret Mead prend des notes sur le comportement des villageois. C'est ainsi qu'ils filment de nombreuses séquences de la vie quotidienne et culturelle des Balinais. L'ouvrage qu'ils publient en 1942, sous le titre *Balinese Character : A Photographic Analysis*[44], définit « une nouvelle méthode pour décrire la relation intangible entre des types différents de comportement culturellement standardisé en disposant côte à côte des photographies mutuellement pertinentes[45]».

Après une brève introduction, le livre montre, à chaque page, une série de photos décrivant une séquence de comportement ou d'interaction : la relation entre mère et enfant lors de l'allaitement, la position des mains dans la danse, l'attaque dans la transe, etc. Ces photos sont toutes commentées. La collaboration est parfaite entre Mead et Bateson, dans leur effort commun de recherche d'outils méthodologiques à la fois scientifiques et capables de rendre la tonalité particulière de la culture étudiée. Comme l'indique le titre de l'ouvrage, les diverses interactions culturellement structurées permettent aux auteurs d'expliquer le « caractère » ou la personnalité des Balinais. L'apprentissage relationnel définit un certain type de personnalité propre aux membres d'une culture. Il est intéressant de noter que les auteurs font un rapprochement entre le type de caractère des Balinais et le type de personnalité que l'on appelle schizoïde dans notre société [46].

« La culture balinaise est, sous de nombreux aspects, moins semblable à la nôtre que toute autre culture décrite jusqu'à présent. C'est également une culture dans laquelle l'adaptation habituelle de l'individu ressemble formellement au type d'inadaptation que, dans notre propre contexte culturel, nous appelons schizoïde. Comme le taux de *dementia præcox*, dans notre propre population, continue à croître, il devient de plus en plus important pour nous de connaître les bases qui prédisposent à cet état dans l'expérience de l'enfant et nous devons savoir comment semblable prédisposition peut être gérée culturellement afin qu'elle ne devienne pas inadaptation [47]. »

Mead et Bateson sont persuadés que le « caractère » des individus est façonné par la culture et notamment par les interactions cumulatives entre la mère et l'enfant. Pour expliquer la manière dont se produit ce phénomène, Bateson va développer une théorie de l'apprentissage en plusieurs niveaux hiérarchiques. Bien que les premières versions de cette théorie de l'apprentissage remontent au début des années 40, Bateson y reviendra plus tard, la développant alors à partir des concepts issus de la cybernétique. Nous y reviendrons donc après avoir exposé la « grande aventure » de la cybernétique à laquelle Mead et Bateson vont participer.

2

Les « conférences Macy » : la révolution conceptuelle

On ne peut exposer les idées du groupe de Palo Alto, ou même évoquer l'application de la théorie de la communication aux relations interpersonnelles, sans aborder la *cybernétique*. Gregory Bateson n'ira-t-il pas jusqu'à affirmer que les deux événements les plus importants du XXe siècle sont le Traité de Versailles et la naissance de la cybernétique [1]? Nous n'aborderons pas ici la question du Traité de Versailles [2], mais, pour ce qui est de la cybernétique, nous essayerons d'éclaircir la prise de position de Bateson dans ce chapitre.

Pourquoi un tel enthousiasme ? De quoi s'agit-il exactement et à quels destins mirifiques Bateson soupçonnait-il que la cybernétique était promise ? Sans avoir la prétention d'épuiser le sujet et, surtout, sans utiliser le langage mathématique qui lui donne son ossature, c'est à ces questions que nous allons essayer de répondre dans cette section. L'essentiel, pour notre propos, est, bien sûr, d'arriver à préciser les concepts principaux que Bateson d'abord, l'équipe du MRI par la suite vont utiliser pour aborder leur « approche interactionnelle » du comportement humain [3].

2. 1. Les mécanismes à feed-back

A leur retour de Bali, en 1942, Bateson et Mead sont invités à une rencontre interdisciplinaire organisée par la Fondation Macy [4].

Ils y participent aux réflexions sur l'« inhibition cérébrale ». Pour comprendre ce qui amenait ces différents chercheurs à vouloir se rencontrer, il nous faut remonter quelque peu en arrière.

Au début du siècle, Claude Bernard avait remarqué l'analogie entre le processus de régulation de la machine à vapeur et celui des organismes vivants confrontés à des changements externes ou internes qui pouvaient perturber leur métabolisme. Il avait observé que certaines substances du corps conservaient un taux de concentration extrêmement stable, ce qui le conduisit à postuler la stabilité du « milieu interne »[5] comme l'une des conditions élémentaires de la vie. Walter Cannon donnera le nom d'« homéostasie » à cette tendance au maintien de l'équilibre interne[6]; elle est rendue possible grâce aux processus autorégulateurs complexes qui garantissent une constance relative du niveau de concentration du sucre dans le sang, de la pression osmotique, de la température du corps, etc.

Vers la fin des années 30, Norbert Wiener, un mathématicien du Massachusetts Institute of Technology (MIT), Arturo Rosenblueth, un neurophysiologiste de l'Istituto de Cardiología de México, et Walter Cannon se réunissent régulièrement à la Harvard Medical School pour discuter de leurs travaux. Ils ont le sentiment d'être confrontés à des problèmes semblables – circuits de computation, système nerveux, homéostasie biologique – mais n'arrivent pas à trouver un langage qui permettrait d'établir des ponts entre leurs différentes disciplines et donc de bénéficier de leurs découvertes réciproques.

A cette époque, Wiener participe aux recherches qui permettront la mise au point des ordinateurs modernes. Mais l'Amérique entre en guerre et, comme les autres scientifiques, il doit participer à l'effort commun de lutte contre l'ennemi. Les progrès en aéronautique, et notamment l'augmentation de la vitesse des avions, ont rendu obsolètes les pièces d'artillerie anti-aérienne. Wiener est chargé d'étudier la question. Il se rend compte qu'il est « nécessaire *d'intégrer à l'appareil de contrôle* le traitement de toutes les opérations nécessaires[7]» (c'est nous qui soulignons). C'est ainsi que, avec l'aide de l'ingénieur américain Julian Bigelow, Wiener s'attelle à construire un appareil qui permettrait de tenir compte du déplacement de l'avion-cible (et des caractéristiques de prévision que cela nécessite), ainsi que de la réduction de l'erreur du tir. « Monsieur Bigelow et moi-même en sommes arrivés à la conclusion qu'un facteur extrêmement important de l'activité volontaire est ce que les ingénieurs du contrôle appellent feed-back (ou rétroaction)[8]. » Lorsqu'on souhaite qu'un mouvement suive un modèle donné (par exemple, une trajectoire définie pour qu'un missile atteigne une cible), l'*écart* entre ce modèle et le mouvement réellement effectué est utilisé comme une nouvelle donnée (feed-back) pour amener la partie qui se déplace à suivre une trajectoire plus proche du mouvement prévu par le modèle.

Très vite, Wiener et Bigelow font le parallèle entre ce type de phénomène et les mouvements volontaires chez l'homme ; ce qui se produit lorsque nous voulons, par exemple, atteindre un objet avec la main. Là aussi, comme c'est le cas pour l'interception d'une cible par un missile, nous effectuons une série continue de rectifications (conscientes ou inconscientes) qui amènent la main vers l'objectif fixé ; pour accomplir ce geste avec succès, nous devons, au cours de la réalisation de notre mouvement, réduire sans cesse l'écart entre la position de notre main et notre « cible ». Aussi, lorsque les ingénieurs constatent que le feed-back doit répondre à certaines conditions, notamment de délais mais aussi d'amplitude (tout feed-back trop brusque risque en effet d'amener la partie régulée à faire un écart plus important dans l'autre direction et ainsi de suite jusqu'à entrer dans une oscillation sauvage), ils se tournent vers le docteur Rosenblueth pour lui demander si, chez ses patients, il n'aurait pas constaté certaines des « pathologies » auxquelles les mécanismes à feed-back sont confrontés. La réponse va entièrement dans le sens entrevu par Wiener : effectivement, des patients atteints de certaines lésions ou malformations du système nerveux ont des comportements analogues à ceux des machines décrites par Wiener. Les chercheurs sont emballés par ces indices prometteurs ; ils souhaitent confronter les données dont ils disposent et poursuivre leurs échanges méthodologiques avec d'autres scientifiques intéressés par des questions touchant aux processus circulaires. C'est dans ce cadre qu'en 1942 la Fondation

Macy organise sa première conférence sur le thème de l'« inhibition cérébrale ».

En plus des trois personnes citées plus haut, participent à cette rencontre : les mathématiciens John von Neumann (l'inventeur de la « théorie des jeux ») et Walter Pitts, le neurophysiologiste (et mathématicien) Warren McCulloch, le psychologue Lawrence Franck, le psychanalyste Laurence Kubie et les anthropologues Margaret Mead et Gregory Bateson. On discute beaucoup de l'hypnose pendant ces deux journées ; Laurence Kubie a en effet également invité l'hypnothérapeute Milton H. Erickson, dont il admire les méthodes de travail.

En 1943, le journal *Philosophy of Science* publie un des articles dérivés de cette rencontre : « Behavior, Purpose and Teleology » (« Comportement, but et téléologie »), écrit par Wiener, Rosenblueth et Bigelow. Il s'agit d'un article important car il jette les bases d'une nouvelle démarche scientifique : les auteurs proposent une approche comportementale des phénomènes et reconsidèrent la question de la téléologie.

L'étude comportementale ne cherche pas à analyser l'organisation interne des entités qu'elle étudie, leur structure ou leurs propriétés. Au contraire, elle se propose d'en examiner le comportement observable, les réactions, les *outputs* (les « produits de sortie » des données) en relation avec les *inputs* (les « entrées » des données), sans spéculer sur les caractéristiques internes de l'entité (que l'on assimile à une « boîte noire »). Les auteurs exposent également un point de vue commun affirmant que *le concept de feedback est la clé de l'explication de tout comportement intentionnel.*

La Seconde Guerre mondiale met momentanément un terme à ces rencontres interdisciplinaires qui ne devaient reprendre qu'en 1946. Mais Bateson a été intéressé par les discussions sur le feedback négatif. On se souviendra que, lorsqu'il étudiait le comportement des Iatmul, il avait noté la complémentarité ou la symétrie du comportement des sous-groupes en présence ; par exemple, plus les femmes encourageaient les hommes pendant le *naven*, plus ces derniers en « rajoutaient », en quelque sorte. Il en avait déduit qu'il s'agissait d'un processus devant mener à un « schisme » entre les différents groupes. Comme il n'était pas encore question de feed-back négatif à l'époque, il n'avait pu trouver une explication cohérente au retour à la normale des relations entre les différents sous-groupes. En réalité, on peut dire qu'il n'avait décrit que le principe du *feed-back positif* et c'est à l'occasion de cette première rencontre qu'il découvre celui du *feed-back négatif*, base du phénomène d'autorégulation. Même s'il éprouve certaines difficultés à « traduire » le langage des mathématiciens et des ingénieurs, il a pressenti que ces discussions pourraient lui permettre de se lancer dans une approche plus rigoureuse des phénomènes sociaux.

Mais les États-Unis sont en guerre et c'est la tête pleine de ces réflexions que Bateson doit alors partir pour le Pacifique-Sud pour travailler à la « désinformation » des troupes japonaises [9]. Il revient en 1945 et n'a qu'une envie : participer au développement de ces notions formelles concernant les mécanismes autocorrecteurs. Il contacte Frank Fremont-Smith à la Fondation Macy et ce dernier lui apprend qu'une série de conférences sur ces questions est d'ores et déjà prévue, Warren McCulloch étant chargé de les organiser. Bateson et Mead se retrouvent ainsi de nouveau au nombre des participants.

2. 2. Les « conférences Macy [10]» et la cybernétique

Le groupe de Harvard et les autres participants de la conférence de 1942 souhaitent approfondir la nouvelle voie de recherche qui semble se dessiner. La Fondation Macy se charge une nouvelle fois de l'organisation d'une série de rencontres qui devaient déboucher sur la mise au point d'une *science du contrôle :* la cybernétique. Shannon viendra y exposer sa théorie de l'information (dont nous parlerons plus loin) et participer à la réflexion.

En 1946, la première rencontre est intitulée « Mécanismes téléologiques et systèmes causaux circulaires ». En plus de certains des premiers participants de la conférence de 1942, sont également invités des physiciens, des mathématiciens, des ingénieurs en électronique, des physiologistes, des neurologues, des psychologues (dont Kurt Lewin et Donald Marquis), des psychiatres, des sociologues et des anthropologues. Tous les membres du groupe partagent la croyance selon laquelle on peut et on doit tenter de communiquer au-delà des frontières qui séparent les différentes sciences. Cet espoir de dialogue interdisciplinaire était lié, nous l'avons dit, à l'effet unificateur de certains problèmes clés qui préoccupaient tous les participants : les problèmes de communication et les mécanismes à causalité circulaire.

Il y aura deux réunions en 1946, puis le groupe (dont les participants restent sensiblement les mêmes) constitue le noyau d'un symposium formel sur les « Mécanismes téléologiques » organisé par la New York Academy of Sciences. En 1947, la troisième conférence, puis les quatrième et cinquième, en 1948, gardent le même titre. La cinquième traite surtout de considérations sur la structure du langage.

En 1948, Wiener publie son ouvrage *Cybernetics*[11]: il s'agit d'une synthèse de nombreuses recherches dans les domaines les plus divers, et l'ouvrage expose, notamment, les acquis des discussions des premières conférences Macy. Aussi, lorsqu'il est question d'une nouvelle conférence Macy au printemps 1949, ce mot s'impose à tous comme un symbole de leurs recherches communes[12] et c'est à l'unanimité que les participants décident de l'adopter comme titre de cette conférence et des trois autres qui suivront. C'est également en 1949 que Heinz von Foerster, un jeune physicien autrichien à peine débarqué d'Europe, fait son entrée dans le cercle restreint des habitués.

Ces conférences soulèveront un enthousiasme exceptionnel chez tous les participants qui diront, après coup, que chacun d'entre eux avait le sentiment de participer à un événement historique : la création d'« un nouveau cadre de référence conceptuel pour l'investigation scientifique des sciences de la vie[13]». Bateson est emballé par les perspectives qui se dégagent de ces discussions.

2. 3. Mead, Bateson et la cybernétique

A la lecture des ouvrages de Bateson, il n'est pas toujours aisé de se faire une bonne représentation de la façon dont la cybernétique a vu le jour et a influencé les travaux de Mead et de Bateson et les sciences humaines en général. Bien des années plus tard, Stewart Brand [14], conscient de ces lacunes, s'est adressé directement aux intéressés et leur a demandé de raconter leur histoire de la cybernétique. Voyons comment Mead et Bateson se souviennent de cette époque d'espoirs et d'enthousiasme des fameuses « conférences Macy » :

STEWART BRAND : Si cela ne vous ennuie pas, j'aimerais avoir certaines informations sur la façon dont cette aventure « Macy » a démarré, sur l'enchaînement des événements.

GREGORY BATESON : Il y a d'abord eu cette rencontre « Macy » en quoi, 42 ?

BRAND : Qui l'a lancée et sur quel sujet ?

BATESON : C'était une rencontre intitulée « Inhibition cérébrale » qui, en fait, était une réunion sur l'hypnose. « Inhibition cérébrale » était un nom respectable pour l'hypnose. La plupart de ce qui a été dit sur le feed-back l'a été pendant les heures de repas.

MARGARET MEAD : Mouais, je sais que c'est ce que tu racontes toujours aux gens, mais je n'étais pas assise à la même place aux repas et j'ai entendu ce qui a été dit à la conférence. Mais à cette conférence-là, celle où Milton Erickson a hypnotisé ce psychologue de Yale, c'est à la fin de cette conférence que tu as vraiment perçu ce qu'il fallait faire. [...] A ce moment-là, Kubie était une personnalité très importante.

BATESON : Oui, Kubie était un pont important parce qu'il avait respectabilisé Milton. Il y a toute une série d'articles qui sont de Kubie et Erickson. En fait, ce sont des articles d'Erickson.

MEAD : Et Kubie ne savait même pas ce qu'il y avait dedans. Ça c'est vrai.

BATESON : Mais Kubie avait bien compris le problème de l'énergie. Il a été la première personne qui a vraiment pris l'« énergie » de Freud et qui a dit : « Regardez, regardez, ça n'a pas de sens. » Il y a un très bon article de Kubie sur les erreurs de la théorie énergétique freudienne. *(Il va chercher la référence.)* Heuh… Kubie : « Utilisation fallacieuse des concepts quantitatifs en psychologie dynamique. »

MEAD : Bon, c'était quand ?

BATESON : C'était… devine.

MEAD : Non, pas ça.

BATESON : Publié en 47. *Psychoanalytic Quarterly*. Il s'est pratiquement fait éjecter de l'église pour cet article. Il ne l'a plus jamais dit.

MEAD : C'était difficile d'éjecter Kubie de l'église parce qu'il était neurologue et ils en avaient tous peur. Bon, où est l'article de Rosenblueth, Wiener et Bigelow ? Le premier grand article sur la cybernétique [15].

BATESON : Rosenblueth, Wiener et Bigelow, « Comportement, but et téléologie », *Philosophy of Science*, 1943. […]

BRAND : Quelle était l'expérience que l'article décrivait ?

BATESON : Il n'exposait pas une expérience, il parlait surtout du caractère formel des mécanismes de recherche d'un objectif. Les mécanismes autocorrecteurs comme les missiles. Le missile mesure l'angle qui existe entre sa propre direction et la cible qu'il vise et utilise cette mesure pour se corriger lui-même.

MEAD : Mais en utilisant certaines expériences de neurophysiologie très simples que Rosenblueth avait faites à l'université de Mexico.

BRAND : Vous souvenez-vous de ce qui vous a tellement excités à cette époque ?

BATESON : C'était une solution au problème du but. Depuis Aristote, la cause finale avait toujours été un mystère. On ne se rendait pas compte à ce moment-là (du moins pas moi, bien que McCulloch en ait peut-être eu conscience) qu'il faudrait reconstruire l'ensemble de la logique à cause de la récursivité. Lorsque je suis rentré, en 45, le deuxième ou le troisième jour, je suis allé voir

Frank Fremont-Smith et j'ai dit : « Faisons une conférence "Macy" sur le sujet. »

[...]

BRAND : Quelles furent les différences entre la première rencontre et la deuxième ?

MEAD : Il n'y avait pas de terminologie utilisable. Dès le départ, nous avons appelé cette chose « feed-back » et les modèles qu'on nous a présentés à ce moment-là étaient les missiles guidés à la recherche d'une cible. Mais il y eut un autre événement qui mérite d'être signalé. Wiener avait écrit un article dans *The Atlantic* ou *Harper's* refusant de donner au ministère de la Guerre des données concernant les missiles guidés. Tu t'en souviens ?

BATESON : Oh oui.

MEAD : Il avait travaillé pendant toute la guerre et, évidemment, s'ils avaient voulu, ils auraient pu avoir tout le matériel, mais ils ont commis l'erreur de lui demander certaines informations et il a dit qu'il ne les leur fournirait pas ; la guerre était finie et ces informations ne pouvaient servir qu'à des fins guerrières. Il n'a pas voulu les donner. [...]

Ils ne parlaient pratiquement que du feed-back négatif. A cette époque, Wiener et Bigelow et Johnny von Neumann, bien sûr, faisaient partie du groupe, et Rosenblueth et Kurt Lewin, Molly Horrower, Evelyn Hutchinson, Leonard Savage, Henry Brosin et ce Hongrois qui savait toujours qui couchait avec qui, et c'était d'ailleurs la seule chose qui l'intéressait – j'ai oublié son nom. Mais ce n'est pas grave, la liste a survécu. Il y avait trois groupes de personnes. Il y avait les mathématiciens et les physiciens – des gens formés aux sciences exactes qui étaient très très précis quant au genre de réflexions qui les intéressaient. Il y avait un petit groupe dont nous faisions partie, les anthropologues et les psychiatres, qui étaient suffisamment formés à la psychologie de groupe pour savoir ce qui se passait, pouvoir l'utiliser ou le rejeter. Et, au milieu, il y avait deux ou trois bavards qui avaient beaucoup d'intuitions très vagues et aucune discipline dans ce qu'ils faisaient. En un sens, c'est la plus intéressante des conférences auxquelles j'ai pu assister parce que personne ne savait comment il fallait prendre ces choses.

BRAND : Donc vous étiez un groupe de personnes travaillant avec un autre groupe à un niveau qui ne leur était pas habituel.

MEAD : Oui, et le fait de devoir faire des allers et retours entre ces deux niveaux et essayer que tout reste clair, c'est ça qui était très intéressant. C'est ainsi que nous avons utilisé le modèle « feed-back », et Kurt Lewin – qui ne comprenait aucun langage connu mais devait toujours les ramener aux concepts – s'est emparé de l'idée de feed-back et l'a utilisée d'une manière différente (comme lorsque vous faites quelque chose avec un groupe, vous y revenez plus tard et leur dites ce qui s'est passé). C'est ainsi que le mot « feed-back » a été introduit de manière incorrecte dans les conférences de type UNESCO où il est resté depuis.

BATESON : Dans le culte du petit groupe, feed-back signifie maintenant soit dire aux gens ce qu'ils ont fait, soit répondre.

MEAD : Oui. « Je n'ai pas reçu de feed-back de ta part » ou « Je ne peux pas continuer sans un feed-back ». Ça n'aurait pas survécu si Kurt n'était pas mort[16]. Il aurait sans aucun doute rectifié.

BRAND : J'aimerais avoir un peu plus de détails sur le début, lorsque vous avez su que vous aviez trouvé quelque chose d'important.

BATESON : Oui, nous le savions. Bon, pour moi j'avais étudié les Iatmul de la rivière Sepik dans *Naven* et j'en avais retiré le fait qu'il existe des relations qui doivent s'accumuler.

BRAND : C'était la schismogenèse ?

BATESON : C'est la schismogenèse, c'est ça. On l'avait appelée comme ça en 36. [...] Ensuite, il y eut les « Politiques étrangères généralisées » de L. F. Richardson. [...] Les mathématiques de la course aux armements. Comment construire les mathématiques d'un système dans lequel ce que je fais dépend de ce que vous faites et ce que vous faites dépend de ce que je fais – et nous nous lançons dans quelque chose ensemble. Richardson a mis une limite en invoquant la « fatigue ». Il a commencé par deux simples équations différentielles avec la prémisse que mon taux d'armement pourrait être une fonction linéaire de votre puissance ; et vice versa. Ceci conduisait immédiatement à un emballement exponentiel. Il a ajouté un facteur de « fatigue » représentant le drainage de mes ressources et des vôtres. La question était de savoir si le système pouvait se stabiliser. [...] Il avait développé l'idée à partir de la relation entre deux nations, où chacune est stimulée par l'avancée de l'autre partie. C'était évidemment symétrique – la schismogenèse des Iatmul de la Sepik –, pas vrai ? Je lui ai alors écrit à ce moment-là et je lui ai dit : « Que se passe-t-il dans l'autre cas, quand c'est la faiblesse de l'autre qui vous stimule à agresser ? » Ce qui est la schismogenèse complémentaire, d'accord ? Il fit tous les calculs pour ce cas et me répondit : « C'est très peu prometteur. Je ne recommande pas que les nations aillent dans ce sens. Ils risquent d'aller vers des niveaux d'instabilité extrêmement graves. »

BRAND : Parce que cela accélèrerait la différence plutôt que de la réduire ?

BATESON : Oui.

BRAND : La plupart de ces choses concernent la guerre. La cybernétique aurait-elle vu le jour sans la guerre ? La course aux armements de Richardson, les missiles de Wiener...

BATESON : Sans un biologiste, Wiener ne l'aurait pas fait.

MEAD : Wiener travaillait sur le matériel de Rosenblueth. Richardson est un personnage assez spécial. Il était professeur de maths et quaker. Il a fait tout le travail de base sur les prédictions météorologiques. On l'a utilisé pendant la Seconde Guerre mondiale et on ne lui a jamais dit à quoi ses recherches étaient destinées, par mesure de sécurité. Il est mort sans savoir. [...] En plus, on parlait d'autres choses ; entre autres, de ce qu'on appelait un cercle vicieux. Milton Erickson avait écrit un article sur une fille qui se disputait et qui avait des maux de tête et s'éloignait des autres, ce qui amenait d'autres disputes, etc.

BATESON : Oui, tout le matériel du feed-back positif était prêt. Et cela entraînait le problème suivant : pourquoi tous ces systèmes n'éclatent-ils pas ? Et, au moment où ils ont amené le feed-back négatif, on a pu dire pourquoi ils n'éclataient pas. [...] Déjà dans *Naven* il y a une phrase qui dit que la schismogenèse complémentaire neutralise la symétrique et vice versa. S'il y a un contraste trop grand entre patrons et travailleurs (ce qui est une schismogenèse complémentaire), vous les mettez tous sur un terrain de cricket et vous les faites jouer, ce qui les met dans une situation symétrique. Et peu importe qui gagne le match, vous savez.

BRAND : Tant qu'il sont dans cet autre mode…

BATESON : Ou bien, s'ils sont dans une rivalité symétrique comme un mari et une femme qui se chamaillent, lorsque l'un des deux se fait une entorse, on voit apparaître la complémentarité et la dépendance. Ils se sentent subitement mieux.

BRAND : Peu importe qui a l'entorse.

BATESON : Peu importe, bien sûr.

BRAND : Vous aviez donc une certaine idée du fait que ces diverses pathologies étaient structurellement semblables ?

BATESON : Non, structurellement reliées, qu'il y avait un domaine de recherche défini par elles. Vous voyez, ce qui est fantastique, c'est qu'en 1856, à Ternate, en Indonésie, Wallace eut une expérience psychédélique – à la suite d'une crise de malaria – pendant laquelle il inventa le principe de la sélection naturelle. Il écrivit à Darwin et lui dit : « Regardez, la sélection naturelle est juste comme une machine à vapeur avec un régulateur. » Le premier modèle cybernétique ! Mais il a cru que ce n'était qu'une illustration ; il n'a pas réalisé qu'il venait probablement de formuler l'idée la plus importante du XIXe siècle.

MEAD : Seulement personne ne le savait.

BATESON : Personne ne le savait. […] Personne ne l'a reprise. Donc, il y avait la machine, le régulateur lui-même. Il y avait les mathématiques de la machine avec régulateur réalisée par Clarck Maxwell en 1868 – personne ne savait comment dessiner les plans de ces foutues machines ; elles partaient dans des oscillations. Ensuite il y eut Claude Bernard, vers 1890, avec le « milieu interne » – le contrôle de la température du corps, le contrôle du sucre et tout ça.

BRAND : Qui, plus tard, est devenu l'homéostasie ?

BATESON : Qui plus tard est devenu l'homéostasie chez Cannon. Mais personne n'a mis tout ça ensemble pour dire que ce sont les mêmes relations formelles qui se manifestent dans la sélection naturelle, dans la physiologie interne, pour le but, pour un chat qui essaie d'attraper une souris, pour moi qui prend la salière. Ce sont Wiener, Rosenblueth, McCulloch et Bigelow qui ont réalisé tout cela. Quant à savoir qui a vraiment trouvé le fil, je n'en sais rien, et toi ?

MEAD : Moi non plus. Wiener et McCulloch ont d'abord été partenaires dans cette réflexion et puis sont devenus rivaux lorsque McCulloch est parti au MIT. Tant que McCulloch est resté en Illinois et Wiener au MIT, ils travaillèrent très bien ensemble. Lorsqu'ils se sont retrouvés tous deux au MIT, ils sont devenus complètement étrangers et puis Walter Pitts a été impliqué. Il était le plus jeune membre du groupe.

BATESON : Oh mon Dieu, il était si intelligent. Vous lui donniez un problème, vous savez, et il se prenait les cheveux, faisait quelques petites tresses qu'il tournait sans arrêt et disait : « Bon, vous voyez, euh, si vous dites que, euh, vous voyez, euh, alors vous voyez », et il mettait tout au point avec ses cheveux.

MEAD : C'était un garçon très bizarre. Maintenant, un des points importants de cette époque, comme l'a dit Gregory, c'est qu'un langage mathématique interdisciplinaire était disponible. Nous ne sommes jamais allés très loin avec ça parce que tout ce que vous pouviez sortir de quelqu'un comme Wiener, c'était : « Il vous faut plus de perspective. » Nous les agacions, parce qu'ils ne voulaient pas vraiment prendre en considération les *patterns*. Ce qu'ils voulaient, c'était un très grand ensemble de données.

BATESON : Des données quantitatives essentiellement.

MEAD : Des données quantitatives, et on n'a jamais vraiment réussi à leur faire prendre en considération le problème du *pattern*. C'est von Neumann qui s'en est approché le plus.

BATESON : Oui, il était dans la théorie des jeux, vous voyez.

BRAND : Combien parmi vous pensaient que vous aviez trouvé une certaine solution générale ?

MEAD : Gregory le pensait et Larry Frank, Evelyn Hutchinson ; nous avions fait venir Ross Ashby ; et Savage, qu'en penses-tu ?

BATESON : Je ne crois pas, non. Tu vois, Stewart, un des points essentiels pour comprendre tout ça résidait dans le fait d'avoir été élevé à une époque où cela n'existait pas, quand le but était un mystère total. *Naven* est un livre bien discipliné, écrit sans téléologie. La règle était de ne pas invoquer la téléologie. Alors, des gens comme Savage, qui était mathématicien, n'avaient jamais été confrontés à des données biologiques. Il ne réalisait pas à quel point il est mystérieux d'avoir un nez entre les deux yeux – qu'il n'y a pas de nez dehors, là-bas. Tout ce genre de mystère ne faisait pas problème pour lui. Alors si vous dites à quelqu'un comme ça : « Pourquoi la trompe de l'éléphant est-elle un nez ? », il ne peut pas répondre – sans une suée terrible – que c'est parce qu'elle se trouve entre les deux yeux ; ils n'ont jamais été confrontés au puzzle formel.

MEAD : Je me souviens d'avoir entendu Robert Merton dire que, dans ce pays, il n'y avait pas une seule personne – qui réfléchissait vraiment à des problèmes – qui n'avait pas, quelque part, une chemise intitulée « Systèmes circulaires » ou quelque chose d'approchant. Le livre de Karen Horney *La Personnalité névrotique de notre époque* parle du cercle vicieux, de l'intervention dans le cercle et de l'effet de l'intervention. L'article de Milton sur cette fille qui avait des migraines et qui se disputait avec ses amis… Il y avait beaucoup de données, partout…

BATESON : Sur le feed-back positif.

[…]

BATESON : Le joint avec les sciences sociales s'est fait très lentement – il n'a d'ailleurs pas encore été vraiment fait. Les cybernéticiens, dans le sens étroit du terme, se sont tournés vers l'input-output (entrée-sortie).

BRAND : Ils sont allés vers l'informatique.

BATESON : L'informatique c'est input-output. Vous avez une boîte et vous avez cette ligne qui délimite la boîte – et la science, c'est la science de ces boîtes. Alors que l'essence de la cybernétique de Wiener est que la science c'est la science du circuit entier. Vous voyez le diagramme…

Ingénieur

MEAD : Tu ferais bien de commenter le diagramme s'il doit être sur la bande.

BATESON : Les électriciens ont un circuit et un événement ici est rapporté par un organe des sens quelconque et affecte quelque chose qui entre ici. Alors vous le coupez ici et ici et vous dites qu'il y a un input et un output. Alors, vous travaillez sur la boîte. Ce que Wiener dit, c'est que vous travaillez sur tout l'ensemble du tableau et ses propriétés. Maintenant, il peut y avoir des boîtes ici à l'intérieur, comme ceci, de toutes sortes, mais essentiellement votre écosystème, votre organisme + l'environnement doit être considéré comme un seul circuit.

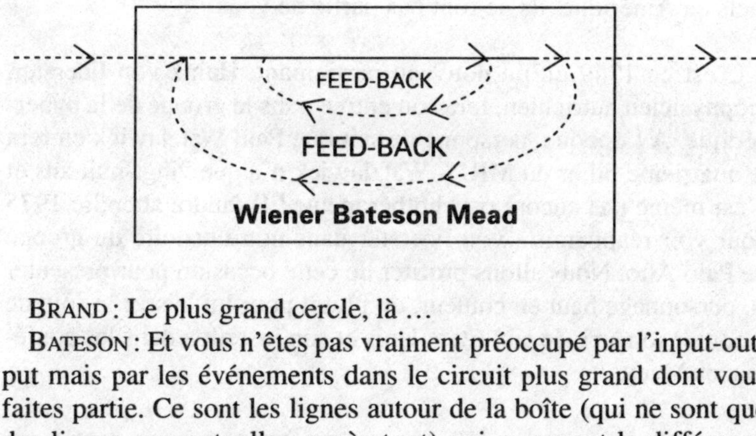

BRAND : Le plus grand cercle, là …

BATESON : Et vous n'êtes pas vraiment préoccupé par l'input-output mais par les événements dans le circuit plus grand dont vous faites partie. Ce sont les lignes autour de la boîte (qui ne sont que des lignes conceptuelles, après tout) qui marquent la différence entre les ingénieurs et…

MEAD : …et les gens des systèmes et de la théorie générale des systèmes aussi.

BATESON : Oui.

BRAND : Une espèce de coupure martin-bubérienne « Je - Ça », dans laquelle ils essayent de rester de manière à être en dehors de ce qu'ils étudient. L'ingénieur est hors de la boîte… et Wiener est dans la boîte.

BATESON : Et Wiener est dans la boîte, je suis dans la boîte…

MEAD : Je suis dans la boîte. Tu vois, Wiener a baptisé la chose et, bien sûr, le mot « cybernétique » vient du mot grec qui veut dire « gouvernail ».

BATESON : En fait, le mot existait déjà avant Wiener – c'est un mot du XIXe siècle.

MEAD : Oui, mais il a écrit le livre *Cybernetics* et a en quelque sorte « déposé » l'idée.

BRAND : On dirait que quelque chose est allé de travers. Que s'est-il passé ?

MEAD : Les Américains aiment les machines.

BATESON : Ils aiment les outils.

BRAND : Les outils matériels plutôt que conceptuels.

BATESON : Les outils conceptuels ne sont pas des outils conceptuels en Amérique, ils ne font pas partie de vous.

C'est en 1949 qu'un nouveau participant, Heinz von Foerster, biophysicien autrichien, fera son entrée dans le groupe de la cybernétique. A l'époque, personne ne sait que Paul Watzlawick en fera le quatrième pilier du MRI – Watzlawick n'a que vingt-huit ans et n'est même pas encore psychothérapeute ! Il faudra attendre 1975 pour voir réapparaître von Foerster dans notre histoire du groupe de Palo Alto. Nous allons profiter de cette occasion pour présenter ce personnage haut en couleur, ou plutôt pour lui laisser le soin de raconter son arrivée aux États-Unis et son insertion dans les conférences Macy.

2. 4. Heinz von Foerster

« Un de mes amis m'avait invité aux États-Unis en 1949. On m'avait donné un visa de touriste qui me permettait de rester deux mois. Je suis arrivé par bateau, il n'y avait pas d'avion pour traverser à l'époque. Ça coûtait 175 dollars pour traverser l'Atlantique avec le *Queen Mary*! Je logeais chez des amis : j'avais beaucoup d'amis qui s'étaient installés aux États-Unis après avoir fui la guerre, Hitler, la persécution des juifs. Moi-même je suis en partie juif et beaucoup de membres de ma famille ont été tués par Hitler. Donc, j'écris à mes amis pour leur dire : "Voilà je suis aux USA, je suis en vie, ma famille aussi." J'avais écrit, à l'époque, un petit article théorique sur la mémoire, dans lequel je disais que la mémoire devait avoir une base moléculaire puisqu'il est assez extraordinaire de voir la quantité de choses que nous pouvons reconnaître, comprendre… J'avais développé cette notion moléculaire sur des bases quantiques ; cette théorie cadrait bien avec mes idées sur le fonctionnement de la mémoire. Mes amis de Vienne l'avaient appréciée, alors, quand je suis arrivé, j'ai donné l'article à toutes les personnes que je connaissais et qui pouvaient être intéressées par ces questions scientifiques. Des amis de Chicago m'ont envoyé un télégramme qui disait : "Heinz, tu dois venir immédiatement à Chicago [je n'étais à New York que depuis deux ou trois jours]. Il y a quelqu'un qui veut te parler de ta théorie de la mémoire." Vous vous rendez compte ! Moi qui venais de Vienne, occupée par les Russes, où l'on ne pouvait même pas sortir dans la rue ! J'ai pris un vol de nuit Capitol Airlines qui coûtait 18 dollars, et je suis allé voir mes amis à la Medical School de l'université d'Illinois. Ils m'ont dit : "Bon, maintenant on doit te faire rencontrer le monsieur qui voulait te voir concernant la théorie de la mémoire." Et c'était Warren McCulloch. Nous nous sommes donc rencontrés. A cette époque, mon anglais était nul, je ne connaissais que vingt ou trente mots ; l'allemand de Warren était pire, il ne connaissait que cinq ou dix mots, au grand maximum ! Mais ce qui est curieux, quand vous rencontrez des personnes qui s'intéressent au même type de problèmes que vous, c'est que le langage n'est pas un obstacle ; vous pouvez vous faire comprendre par les gestes, en montrant du doigt, etc. J'ai passé un moment merveilleux.

« Alors j'ai appris quelque chose. Ma théorie de la mémoire était basée sur des données très anciennes, sur la répétition des syllabes, etc., bref, à partir de là, j'étais arrivé à certaines conclusions. En attendant, aux États-Unis, ils avaient fait beaucoup d'expériences avec des données qui, elles, étaient quantifiées, mesurées, mais ils n'avaient pas de théorie pour les expliquer. Et ces données s'accordaient tout à fait avec le résultat de mes considérations théoriques. Alors, quand Warren a lu mes idées, il s'est dit : “Voilà un homme qui a une théorie qui tient compte des données que nous avons.” C'était tellement intéressant de pouvoir échanger avec lui !

« Pendant notre discussion, j'avais l'impression d'entendre mon nom prononcé par un haut-parleur ; j'avais le sentiment très net que c'était bien mon nom mais “anglicisé”. Alors, je demande à Warren : “Cette annonce, est-ce qu'elle me concerne ? – Non, non, ne faites pas attention.” Le haut-parleur recommença peu de temps après, jusqu'à ce que je dise : “Écoutez, ça c'est mon nom, il faut faire quelque chose. – Non, non, ce n'est rien, il y a un séminaire qui va commencer ou quelque chose comme ça. – Un séminaire, dites-vous, et qui est le conférencier ? – Mais c'est vous, le conférencier ! [Rires] – ...M... moi !?” Rendez-vous compte : j'avais eu mon vol de nuit de New York à Chicago ; à Chicago, la réunion avec McCulloch tôt le matin ; nous avions mangé à midi et, à deux heures... le séminaire sur la théorie de la mémoire ! Je me suis dit : “Que puis-je faire d'autre que le mieux que je peux ?” Ce qui était merveilleux, c'est qu'à l'époque, à l'université de Chicago, à l'école de médecine, il y avait tellement d'Allemands et d'Autrichiens immigrés que je n'ai pas eu de difficultés majeures : quand je n'arrivais pas à traduire quelque chose, j'avais deux ou trois personnes qui le faisaient à ma place. Alors ça s'est très bien passé.

« Le lendemain, je suis reparti à New York et Warren m'a dit : “Vous devez présenter la théorie sur la mémoire à un groupe qui se réunit une fois par an à New York.” J'étais enchanté. “Cette réunion aura lieu la semaine prochaine, c'est la ‘Josiah Macy Foundation conference’ sur les mécanismes à feed-back et à causalité circulaire dans les systèmes biologiques et sociaux. J'ai dit : “Quoi ? Je ne sais même pas prononcer le nom de la conférence ! – Oui, oui, nous t'attendons à neuf heures.”

« Puisque j'étais à New York, j'y suis allé, et, évidemment, j'étais un des premiers présentateurs ! A ce moment-là, j'étais à New York depuis une semaine, je connaissais déjà cent mots d'anglais, alors j'ai présenté mes idées sur la mémoire. Encore une fois, plusieurs personnes connaissaient l'allemand et ils m'ont beaucoup aidé. Un peu plus tard dans la journée, ils m'ont appelé et m'ont dit : “Cher monsieur von Foerster, votre exposé nous a beaucoup intéressés, c'est fascinant ; mais la manière dont vous l'avez présenté... Votre anglais est abominable ! – Bon, vous savez il n'y a que quelques jours que je suis arrivé et... – Nous comprenons très bien et justement nous nous demandions : ‘Comment faire pour qu'il apprenne l'anglais un peu plus vite ?' Alors voilà, nous vous faisons secrétaire de la conférence.” C'était l'Amérique de cette époque ! L'Amérique qui offrait toutes les chances. Alors voilà, je suis devenu le secrétaire et, quelques semaines plus tard, je recevais un tas de papier énorme et je devais corriger Gregory Bateson, Warren McCulloch, Margaret Mead, Julian Bigelow, etc., toutes ces personnalités qui, en plus, étaient de brillants orateurs [17]. »

2. 5. Nouveaux concepts pour les sciences humaines

L'interaction de l'homme avec son environnement au sens large se fait au travers de la communication, de l'échange d'informations à de multiples niveaux. Ces échanges se structurent, des règles relationnelles s'instaurent, que ce soit dans notre famille, dans nos groupes d'appartenance, dans notre milieu professionnel, dans notre groupe culturel, etc. Nous sommes influencés par les personnes de notre entourage et nous les influençons. Tout comportement (ou communication au sens large) s'inscrit dans ces boucles ou dans ces réseaux d'interactions. La cybernétique a donc représenté, pour certains, l'espoir d'une impulsion extraordinaire pour l'étude des systèmes vivants complexes, en particulier à travers l'utilisation d'isomorphismes [18].

Selon Wiener, la cybernétique offrait un modèle pour l'étude de la pathologie et de la « normalité » dans le comportement humain [19]. Bien sûr, les participants aux conférences Macy étaient déjà conscients du fait que l'application de tous ces travaux à l'homme et à la société devait se faire avec prudence : « Nous savons tous qu'il nous faut étudier les organismes et non les ordinateurs si nous voulons expliquer l'organisme. Les différences de niveaux d'organisation peuvent être plus que quantitatives. Pourtant, on admettra que, sous certains aspects, ces modèles offrent des fac-similés assez convaincants des processus organiques ou sociaux[20]. » Wiener considérait que, s'il était presque impossible d'arriver à une application mathématique de la cybernétique dans les sciences humaines, il était néanmoins tout à fait possible d'y appliquer ses concepts formels : « La clarification conceptuelle des aspects formels des relations sociales peut apporter une contribution positive à la science de la société[21]. » Tous les travaux ultérieurs de Bateson iront dans cette direction.

Avant d'aborder l'étude de la communication humaine, nous allons donc faire le point sur les concepts essentiels sur lesquels les membres du groupe de Palo Alto fonderont leur approche interactionnelle du comportement humain. Nous examinerons les processus à causalité circulaire, la théorie des types logiques, et nous terminerons par un exposé un peu plus détaillé de la notion d'information.

2. 5. 1. Les phénomènes à causalité circulaire

Un des principes de la science « classique », formalisée notamment dans le fameux *Discours de la méthode* de Descartes[22], consistait à considérer que, si nous voulons arriver à comprendre la complexité de notre univers, il nous faut d'abord en comprendre les éléments constitutifs. Il faut donc diviser : disciplines d'étude bien séparées, champs d'investigation précis, variables bien définies et contrôlées par l'expérimentateur, qui doit déterminer l'importance relative de chacune des variables en les testant successivement tout en maintenant les autres constantes. Le chercheur se doit de rester « objectif » et d'arriver à une quantification des variables.

La cybernétique et la théorie générale des systèmes vont défendre une vision bien différente de l'approche des phénomènes complexes en soutenant qu'une analyse de chaque élément d'un système ne permet pas de saisir les caractéristiques de l'ensemble. Le fonctionnement d'une cellule, par exemple, ne peut se comprendre en étudiant *uniquement* et séparément chacun des éléments qui la constituent. L'ensemble possède des propriétés qui ne sont pas réductibles à celles de ses éléments pris séparément. « Dans les systèmes simples, la cybernétique a peu d'intérêt. Tant qu'on peut faire varier un seul facteur à la fois, l'ancienne méthode marche, mais lorsque les systèmes et les variables sont tellement dynamiques et interconnectés que le changement d'un facteur entraîne automatiquement l'altération d'un ou plusieurs autres facteurs, alors la méthode traditionnelle ne tient plus. Jusqu'à présent, la science tendait à éviter ce genre de phénomènes, se focalisant sur le simple, le particulier, le réductible[23]. » Une des caractéristiques principales de ces systèmes est qu'ils obéissent à des règles de causalité différentes des phénomènes simples étudiés par la physique classique.

Si le système dans son entier répond à une certaine logique, notamment s'il tend vers une norme de fonctionnement stable, il est clair que l'on ne pourra comprendre le sens du comportement d'un de ses éléments que si nous le replaçons dans le contexte de l'ensemble dont il fait partie, car il est « contrôlé » par l'ensemble. Donc, il est nécessaire de distinguer deux niveaux de description et d'analyse : si nous nous plaçons au niveau d'un élément précis, on peut avoir le sentiment que son comportement est une réaction à une cause déterminable, mais si l'on se place avec un certain recul, de façon à pouvoir observer l'ensemble du système, le système de causalité linéaire ne tient plus : lorsque différents éléments sont en interaction, *en n'importe quel point du système*, le comportement d'un élément est une « cause » pour l'élément qui le suit dans la boucle ou le circuit d'interaction, la causalité devient donc « circulaire ».

La ligne droite cause (passé) —> effet (futur) est devenue un cycle d'influence mutuelle :

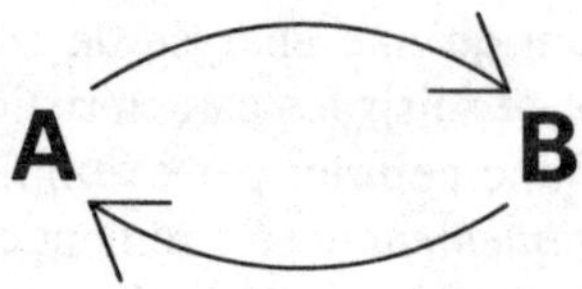

Quand on se trouve face à des variables multiples interdépendantes, la situation exige le recours à de nouveaux outils conceptuels et à de nouvelles méthodes de traitement. On aura recours à la « modélisation » et à la « simulation », c'est-à-dire que l'on s'efforcera d'arriver à une représentation (mathématique, graphique, verbale...) du système à décrire et de son fonctionnement. Le modèle sera certes simplifié par rapport à la situation concrète, mais il devra respecter les liens formels entre les variables, la structure, et, en faisant varier le modèle, en simulant le phénomène à étudier, on pourra obtenir des informations sur la dynamique du système modélisé. C'est donc à un raisonnement de type analogique que la systémique va recourir, avec les avantages et les inconvénients de ce type d'approche : perte de précision quantitative, difficultés du choix d'un modèle adéquat pour la situation étudiée, mais respect des qualités propres aux phénomènes complexes et des interactions entre les éléments.

2. 5. 2. La théorie des types logiques

Nous venons de voir que, lorsque l'on étudie des systèmes d'éléments en interaction, il est nécessaire de distinguer les niveaux d'analyse : les paramètres qui concernent le circuit dans son ensemble ne peuvent être considérés sur le même plan que les paramètres qui concernent les différents éléments du circuit ; ils doivent faire l'objet d'un traitement différent. Si nous désirons par exemple modifier certaines *normes* de fonctionnement du système entier, comme, par exemple, la température moyenne d'un système de chauffage ou la vitesse moyenne d'un moteur, nous devons avoir recours à un type d'information différent de celle qui est véhiculée par les feed-back. Ces derniers permettent bien une régulation du système par rapport à ces normes, mais ils ne peuvent modifier la norme elle-même. Pour ce faire, il faut « recalibrer » le système entier. Régler le bouton du thermostat, changer de vitesse en voiture (et non pas seulement accélérer ou décélérer à l'aide de la pédale d'accélérateur, ce qui constitue une simple activité de régulation par rapport à la vitesse souhaitée), voilà quelques exemples de « calibrage », terme utilisé par Bateson pour désigner une modification de la norme.

« Dans la mesure où ceux qui font des recherches dans ce champ si diversifié – que j'appelle ici d'un seul nom : "sciences du comportement" – ignorent encore les problèmes soulevés dans *Principia Mathematica*, ils s'offrent tout simplement le luxe de la désuétude, voire d'une soixantaine d'années de retard[24]. » La formule situe bien l'importance que Gregory Bateson accordait à l'ouvrage monumental de Bertrand Russell et Alfred Whitehead, deux philosophes et mathématiciens anglais. C'est entre 1910 et 1913 que fut publiée cette œuvre impressionnante (d'ailleurs pratiquement illisible pour qui ne dispose pas d'une connaissance approfondie de la logique et du raisonnement mathématique) qui s'attaquait au « traitement mathématique des principes des mathématiques ». Willam Fry et John Weakland, deux collaborateurs de Bateson dans le projet de la « double contrainte », se souviennent encore des longues heures qu'ils ont dû consacrer, sous la houlette de Bateson, à la lecture des trois tomes volumineux remplis de signes cabbalistiques que seul un Champollion des sciences humaines aurait pu reconnaître pour ce qu'ils étaient, à savoir des symboles et des équations de logique formelle.

Mais Bateson était loin d'avoir une formation mathématique solide, et ce ne sont pas les longues démonstrations logiques qui l'intéressaient dans l'ouvrage. C'est une distinction faite par les auteurs qui attira son attention, et celle-ci se rapportait à des considérations d'une portée bien plus générale que le raisonnement mathématique. Cette distinction concernait la procédure de l'abstraction. Ce que Russell et Whitehead mettaient en lumière c'est que, lorsque l'on a affaire à des *éléments* particuliers qui sont membres d'un *ensemble* d'éléments, il est absolument impérieux de distinguer le discours qui concerne les éléments individuels de celui qui concerne l'ensemble, la globalité des éléments. Impérieux car, si on les confond, le raisonnement qui sera tenu par la suite risque d'être inéluctablement entaché de conclusions paradoxales. Dans cet ouvrage, les auteurs proposaient donc un moyen de résoudre ce problème des paradoxes qui avait tenu les philosophes et les mathématiciens en haleine depuis plus de deux millénaires.

Le petit dessin ci-dessous illustre l'un des paradoxes les plus célèbres, celui d'Épiménide le Crétois qui disait « Tous les Crétois sont des menteurs ».

Brant Parker et Johnny Hart, *The Wizard of Id* (by permission of J. Hart and Creators Syndicate, Inc.).

Ce qui est intéressant dans ce dessin, c'est que les deux types logiques y apparaissent très clairement et explicitement : la banderole est une information qui concerne toutes les personnes qui vont prendre la parole dans cette réunion, la bulle étant l'affirmation du pauvre Fred… ou Frank ? Une affirmation concernant l'ensemble des Crétois ne peut être assimilée à une affirmation concernant Épiménide, par exemple.

Ce n'est pas tant la « solution » du paradoxe qui intéressa Bateson, mais la distinction apportée par Whitehead et Russell : l'existence d'une structuration hiérarchique des propositions du langage [25]. Lorsque l'on formule un énoncé sur un ensemble, cet énoncé est d'un ordre d'abstraction supérieur aux énoncés émis sur les éléments particuliers de cet ensemble. Autrement dit, on ne peut par exemple considérer sur le même plan logique un individu précis (un homme) et « l'homme » en général (la classe des êtres humains) : ce dernier est le résultat d'une abstraction des qualités communes aux différents individus qui composent l'espèce humaine. Pour arriver à la classe, il nous faut passer par une opération mentale d'abstraction et de généralisation. Nous quittons par conséquent la chose elle-même pour passer au *nom de la chose* : On ne peut pas toucher, voir, sentir l'« homme », de même que, comme disait Bateson, le mot « chat » ne miaule pas. Cette distinction semble aller de soi, mais n'oublions pas que dans notre mode de communication le plus habituel, le langage verbal, la différence entre ces deux niveaux logiques n'apparaît pas, et, en tout cas, nous n'avons pas conscience de ce qu'une distinction de syntaxe s'impose lorsque nous passons d'un niveau à un autre. Nous l'avons déjà remarqué, Bateson a toujours été très attentif à ne pas confondre les niveaux d'abstraction. Un terme servant à décrire un phénomène général est d'un niveau d'abstraction supérieur au phénomène décrit, et le chercheur doit garder présente à l'esprit cette distinction sous peine d'attribuer à l'abstraction les propriétés du phénomène lui-même et de lui conférer un ordre de réalité qu'elle ne peut en aucun cas revendiquer. La théorie des types logiques lui offrait donc un outil scientifique pour éviter certains amalgames sémantiques inadéquats.

Il faut cependant signaler que les dangers de confusion entre les différents niveaux d'abstraction du langage avaient déjà été signalés par Alfred Korzybski dans son célèbre ouvrage *Science and Sanity*[26]. Korzybski avait d'ailleurs mis au point une méthode thérapeutique conçue pour que les individus puissent arriver à une prise de conscience de certaines confusions logiques. C'est à lui que l'on doit le célèbre énoncé qui résume parfaitement la théorie des types : « La carte n'est pas le territoire », formule que Bateson reprendra bien souvent dans ses travaux[27].

Pourquoi Bateson fut-il fasciné ? Parce que, si nous considérons que l'individu est amené à traiter, à classer, à généraliser les informations qu'il reçoit du monde, il est très possible que des erreurs puissent se glisser dans ce traitement des informations, que certaines soient attribuées à un certain niveau logique alors qu'elles sont d'un type différent. Que peut-il donc survenir dans ce cas ?

Peut-on imaginer que l'individu puisse à certains moments se retrouver dans l'impossibilité de « fonctionner » adéquatement ? Nous verrons, dans les chapitres qui suivent, que c'est précisément à cette conclusion que devaient le mener ses recherches sur la communication.

Mais pour bien comprendre le changement de point de vue apporté par la cybernétique, il faut aborder la notion d'« information » qui devient la base, la « particule élémentaire » à partir de laquelle tout le raisonnement, tout le processus explicatif du comportement pourra s'élaborer. Nous nous efforcerons d'être le plus clair possible sur toutes les implications de ce concept mais, que le lecteur en soit averti tout de suite, nous ne réussirons pas complètement à mener notre tâche à bien. C'est, en effet, « le plus vicieux des caméléons conceptuels », comme le dit Heinz von Foerster. Mais cela ne doit pas nous effrayer ; lorsque la science tente de cerner les « blocs de construction » de notre monde, qu'il s'agisse de la matière, de l'énergie ou, dans ce cas-ci, de l'information, il est somme toute assez heureux qu'elle doive finir par déclarer son impuissance. Cela ne signifie pas pour autant que ces concepts ne sont pas utiles, au sens propre d'« outils » permettant de faire progresser notre connaissance du monde.

2. 5. 3. *L'information*[28]

Tout comme sa « sœur » la communication, la notion d'information couvre un champ sémantique énorme et, alors que nous avons tous le sentiment de savoir assez clairement ce qu'elle signifie, nous la voyons se dissoudre et se ramifier à mesure que nous tentons de la préciser. Nous allons essayer d'en définir la place dans l'ensemble des concepts de base de la science moderne, puisque c'est là le titre qu'elle revendique actuellement.

Pour bien saisir l'importance de l'apparition du concept d'information dans le corpus explicatif des sciences, il est nécessaire de raconter son histoire, qui se raccroche à des notions que les amateurs de sciences humaines ont plutôt tendance à vouloir oublier. Il nous faut en effet remonter à nos cours de physique, et plus particulièrement aux lois de la thermodynamique, énoncées par Clausius en 1865 ! « Le soi-disant spécialiste en sciences du comportement, qui ignore tout de la structure fondamentale de la science et de trois mille ans de réflexion philosophique et humaniste sur l'homme – qui ne peut définir, par exemple, ni ce qu'est l'entropie ni ce qu'est un sacrement –, ferait mieux de se tenir tranquille, au lieu d'ajouter sa contribution à la jungle actuelle des hypothèses bâclées [29]. » Honte sur nous ! Si nous ne voulons pas être laissés sur la touche, il ne nous reste plus qu'à combler ces lacunes au plus vite.

Mais, tout sarcasme mis à part, nous allons tenter de montrer que ce lien avec les sciences « dures » jette une lumière nécessaire à la bonne compréhension de ce concept particulièrement labile.

a) La thermodynamique et l'information

Une précaution s'impose pour commencer : nous ne sommes pas physiciens. Aussi notre ambition se limitera-t-elle à présenter ces notions d'une façon accessible à un public non spécialisé. Nous n'aurons pas recours à des formulations mathématiques mais notre souci sera d'éviter les erreurs d'interprétation afin de permettre aux lecteurs intéressés par la question de pouvoir faire les rapprochements nécessaires sans se heurter aux impasses d'une terminologie trop laxiste.

La première des deux lois de la thermodynamique[30] énoncées par Clausius définit le principe de conservation de l'énergie ; elle affirme que « l'énergie du monde est constante ». Elle concerne donc la *quantité* de l'énergie du monde : celle-ci peut se transformer, mais elle reste globalement et quantitativement la même.

C'est la deuxième loi qui nous intéresse plus particulièrement car elle se rapporte à la *qualité* de l'énergie. La deuxième loi introduit en effet la notion d'*entropie* et affirme : « L'entropie du monde tend vers un maximum » ou encore, dans une terminologie plus explicite : « La propagation de la chaleur tend toujours à établir une distribution homogène de température dans le corps où elle se produit. »[31] L'énergie totale du monde se dégrade qualitativement de façon continue jusqu'à ce qu'elle ne puisse plus être utilisée pour obtenir un effet quel qu'il soit, ou encore, pour utiliser le langage du physicien, jusqu'à ce qu'elle ne puisse plus être convertie en « travail ». Nous rencontrons ici l'idée selon laquelle *seules les différences peuvent produire des effets* et, comme le disent Prigogine et Stengers pour expliquer le principe d'entropie : « Les différences productrices d'effets ne cessent de diminuer au sein de la nature ; le monde, de conversion en conversion, épuise ses différences et se dirige vers l'état final [...], l'état d'équilibre thermique où aucune différence ne subsiste plus qui pourrait produire un effet[32]. »

Toujours dans la deuxième moitié du XIXe siècle, Ludwig Boltzmann va reprendre les travaux de Clausius et tenter d'en donner une explication mécanique, comme Newton l'avait fait pour le mouvement. Il utilise pour ce faire les travaux de Maxwell qui avait montré qu'il était possible d'obtenir des informations sur le comportement d'un gaz dans son ensemble, par exemple sur la température d'un gaz dans un récipient (ou, encore, des propriétés comme la pression ou la viscosité qui ne sont pas réductibles aux qualités des particules qui composent le gaz), en calculant les vitesses les plus probables des particules de gaz pour une certaine température. Nous n'avons plus affaire ici à une loi absolue, mais à une loi statistique. Donc, Boltzmann va utiliser ces travaux et les appliquer au principe d'entropie. Il affirme que l'entropie est en fait une propriété d'un énorme nombre de particules et que, si l'ensemble des particules tend vers un désordre de plus en plus grand, cette tendance n'est que probable, mais que la probabilité est si forte qu'on peut la considérer, à toutes fins utiles, comme certaine. Illustrons ces propos à l'aide d'une petite expérience. Imaginons un récipient hermétiquement fermé et divisé en deux parties égales par une cloison. Dans la cloison, il existe un petit orifice que l'on peut ouvrir ou fermer à volonté. Introduisons un gaz à une température de 60 degrés dans un des compartiments et la même quantité de gaz mais à 20 degrés dans l'autre, la porte de communication étant fermée. Nous avons vu que les températures représentent des moyennes statistiques liées à la vitesse de chacune des particules de gaz : il existe une probabilité beaucoup plus importante de trouver une particule se déplaçant rapidement dans le premier compartiment que dans le deuxième. La différence de température des deux compartiments rend donc plus aisée la localisation d'une particule donnée. Il existe un certain ordre, une certaine organisation au sein du récipient : en moyenne, les particules les plus rapides se trouvent dans le premier compartiment, les plus lentes dans le second. Si maintenant nous ouvrons la porte de communication, le gaz des deux compartiments va, petit à petit, se mélanger et atteindre une température moyenne. Les différences vont s'atténuer et la température finira par être uniforme dans tout le récipient. La localisation d'une certaine particule va alors s'avérer tout à fait impossible, la probabilité qu'elle soit située dans n'importe quelle portion du récipient devenant égale. Nous pouvons donc dire que nous disposons de moins d'« information » quant à la position d'une particule de gaz à l'intérieur du récipient. Nous voyons ainsi se profiler le lien qui existe entre la tendance à l'entropie et la notion d'ordre, ou plutôt de désordre. « Le désordre qu'elle indique est en partie celui du mouvement de la chaleur, en partie celui qui consiste en ce que différents types d'atomes ou de molécules soient mélangés au hasard, au lieu d'être bien séparés[33]. » Lorsqu'on parle de tendance à l'entropie, il s'agit donc de la tendance au chaos, dans le sens d'absence de tout ordre quel qu'il soit.

On trouve, dans le deuxième principe de la thermodynamique, plusieurs choses intéressantes pour notre propos.

La notion d'ordre prend une importance capitale : l'accent n'est plus mis sur la quantité (la quantité d'énergie reste la même, comme l'affirme le premier principe) mais sur *la qualité*, *l'organisation*, *l'ordre*. C'est cette qualité qui se dégrade : toute chose, si on la laisse à elle-même, tend à devenir moins ordonnée (bien que restant quantitativement constante).

Il y a des limites à ce que des observateurs peuvent savoir de l'état d'un système comprenant de nombreux éléments : ils ne peuvent en faire que des prédictions plus ou moins *probables*.

Il existe des processus irréversibles ; le *temps* a une importance considérable dans les phénomènes naturels. Ceci représentait une rupture par rapport aux lois de Newton qui, elles, n'étaient pas liées à la « flèche du temps », les équations permettant des prédictions absolues et identiques dans le passé et dans le futur.

Implicite également dans cette loi, nous trouvons le germe d'une approche relationnelle de la science. En effet, l'entropie n'est pas un concept uniquement « objectif » parce que la probabilité est liée à l'esprit humain : « Elle opère à la frontière entre la matière et l'esprit, là où l'une est nouée à l'autre et réagit sur elle[34]. » Déjà, en 1894, Boltzmann avait fait le lien entre l'entropie et l'information en remarquant que l'entropie était liée à « de l'information manquante », et cela marque un tournant décisif dans l'évolution des sciences. A moins qu'intervienne une source d'énergie supplémentaire, l'entropie ne fera qu'augmenter. Elle nous donne donc un indice du passage unidirectionnel et irréversible du temps et influence ce que nous pourrons arriver à connaître du futur. C'est en cela que l'entropie marque une rupture très nette avec les lois physiques héritées de Newton, en vertu desquelles tout processus physique était réversible, donc atemporel ; cela signifiait que la connaissance de l'état d'un système à un moment donné pouvait suffire à voir « le passé et le futur devant nos yeux[35] ». Ainsi que l'a remarqué Oswald Spengler dans *Le Déclin de l'Occident*: « Comme la chronologie, la statistique ressort du domaine de l'organique, de la vie fluctuante, du Destin et de l'Incident, et non pas du monde des lois et de la causalité intemporelle… Comme chacun sait, la statistique sert surtout à caractériser les développements politiques, économiques, c'est-à-dire historiques. Dans la mécanique "classique" de Galilée et Newton, elle n'aurait pas eu sa place. Et si soudain maintenant le contenu de ce champ ne peut se concevoir et être compréhensible que sous l'angle de la Probabilité… qu'est-ce que cela signifie ? Cela signifie que l'objet de compréhension est nous-mêmes[36]. »

C'est donc dans ce sens qu'on a pu dire que la deuxième loi est anthropomorphique car elle en dit plus sur les limites que la nature impose à l'homme dans sa connaissance de la nature que sur cette nature elle-même. Nous le voyons, le fossé qui s'ouvre devant le scientifique est vertigineux : implicite dans le principe d'ordre de Boltzmann se profile l'idée selon laquelle l'étude du monde extérieur se transforme insensiblement en une étude de l'interaction entre ce « monde extérieur » et l'observateur qui l'étudie, une espèce d'« interface » mystérieuse.

Mais, à l'époque de Boltzmann, le monde scientifique n'était pas prêt pour semblable mutation. L'importance de l'introduction des lois statistiques ne souleva pas d'emblée ces réflexions épistémologiques. Il nous faut arriver en 1948, c'est-à-dire l'année où paraît l'ouvrage de Wiener sur la cybernétique, pour voir à nouveau l'entropie rapprochée du concept d'information.

b) Shannon et l'entropie

C'est Claude Shannon qui établira entre les deux concepts non seulement un lien mais une identité. Shannon étudiait le passage d'information entre un émetteur et un récepteur. En cherchant les moyens de quantifier l'information afin de pouvoir l'utiliser pour ses applications technologiques, il remarqua qu'il fallait établir un lien entre le degré d'incertitude d'un message et l'information que celui-ci pouvait véhiculer. Le lien est statistique. Parler d'un élément de communication de manière absolue n'a pas de sens. Que ce soit un signal, une lettre, un point, etc., toute information n'existe que si l'émetteur dit quelque chose qui change la connaissance du récepteur, qui réduit son incertitude.

En s'efforçant de trouver une façon de quantifier ce passage d'information, Shannon aboutit finalement à la formulation d'une équation, et quelle ne fut pas sa surprise de constater que celle-ci était exactement la même que celle qui mesurait le degré d'entropie d'un système ! Au début, Shannon hésitait à faire un lien explicite : après tout, les phénomènes étudiés n'avaient aucun rapport direct. Il préférait parler de degré d'« incertitude » d'un message plutôt que d'entropie. C'est le mathématicien John von Neumann qui le fit changer d'avis, comme le rapporte Myron Tribus qui en parla personnellement avec Shannon en 1961. Voici comment Shannon raconte l'anecdote : « Ma plus grande préoccupation consistait à savoir quel nom lui donner. J'avais pensé l'appeler "information" mais le terme avait été sur-utilisé, j'ai donc décidé de l'appeler "incertitude". Lorsque j'en ai discuté avec John von Neumann, il eut une meilleure idée. Il m'a dit : "Tu devrais l'appeler entropie et cela pour deux raisons. D'abord, ta fonction d'incertitude a été utilisée en mécanique statistique sous ce terme, elle a donc déjà un nom. Ensuite, et plus important encore, personne ne sait ce qu'est réellement l'entropie, alors, dans un débat, tu auras toujours l'avantage."[37]» Ceci devrait rassurer les lecteurs qui ont le sentiment de s'être égarés dans les considérations qui précèdent !

Il faut signaler que, indépendamment de Shannon, Norbert Wiener était arrivé à une idée semblable de manière intuitive. On raconte qu'en 1947 déjà il pressentait le lien : tirant sur son cigare, il se rendait dans le bureau d'un de ses collaborateurs puis disait brusquement : « L'information c'est l'entropie », puis retournait à son travail. En fait, pour Wiener, il faut considérer que l'information est l'inverse de l'entropie : « Tout comme la quantité d'information dans un système est une mesure de son degré d'organisation, l'entropie d'un système est une mesure de son degré de désorganisation : l'une est tout simplement le négatif de l'autre[38]. » Bateson et d'autres garderont cette définition et c'est pourquoi on parle indifféremment d'information ou de « néguentropie », c'est-à-dire d'entropie négative.

Wiener va également essayer de définir, de manière scientifique, une mesure mathématique de cette notion d'information, d'en donner une formulation opérationnelle : « Qu'est-ce que cette information et comment la mesure-t-on ? L'une des formes les plus simples, quasi unitaire de l'information, est l'enregistrement d'un choix entre deux alternatives simples également probables, dont l'une doit se réaliser – par exemple, le choix entre pile ou face dans le lancement d'une pièce de monnaie. Nous appellerons un choix de cette sorte une décision[39]. » La quantité d'information est donc celle qui transmet une décision unique entre des alternatives également probables.

Plus il y a d'échanges entre les différents éléments d'un système, plus il est en quelque sorte soumis à des contraintes qui limitent la distribution aléatoire des éléments, donc l'entropie. Il est intéressant de noter que l'information est donc vue comme une *restriction*, une *contrainte* du système, qui permet le contrôle et la prévision : « C'est la fonction de ces mécanismes de contrôler la tendance mécanique à la désorganisation, en d'autres termes, de produire un renversement temporaire et local de la direction normale de l'entropie[40]. »

c) Information et énergie

Donc, pour expliquer les phénomènes qui présentent une organisation, il faudra se baser sur le deuxième principe de la thermodynamique, c'est-à-dire la tendance à l'entropie, plutôt que sur le premier principe qui, lui, ne peut rien nous apprendre sur les questions d'ordre, de différences, de contrôle ou d'organisation. Mais en quoi cela nous concerne-t-il pour notre étude du comportement ? Eh bien, l'individu, la famille, les groupes structurés, les sociétés... tous les systèmes vivants ont justement cette caractéristique d'être composés d'éléments en interaction, d'être des entités complexes et organisées. Tous les raisonnements que nous tiendrons pour expliquer leurs comportements doivent par conséquent s'appuyer sur cette deuxième loi plutôt que sur la première.

« Pendant les deux cents dernières années, depuis Newton jusqu'à la fin du XIXe siècle, le point de mire de la science fut l'enchaînement de causes et d'effets qui se rapportent à la force et à l'impact. [...] La pensée scientifique doit s'accorder avec les grandes lois de la conservation. La description de tout événement examiné par un physicien ou chimiste doit se fonder sur un budget de masse et d'énergie, et cette règle a donné une sorte de rigueur particulière à l'ensemble de la pensée dans les sciences "classiques". Les pionniers de la science du comportement ont commencé, non sans de bonnes raisons, leurs "relevés" en souhaitant qu'une rigueur similaire guide leurs spéculations. La longueur et la masse étaient des concepts qui ne pouvaient que difficilement être utilisés pour la description du comportement (bien que c'eût été possible) : le concept d'énergie sembla plus approprié. [...] Les hommes de science du XIXe siècle, notamment Freud, qui ont essayé de jeter un pont entre les données du comportement et les "fondamentaux" des sciences physiques et chimiques avaient sans doute raison d'insister sur la nécessité de ce pont, mais ils ont eu tort, je crois, de choisir l'"énergie" comme fondement de leur tentative[41]. »

Mais il nous faut maintenant montrer en quoi cette discussion abstraite peut avoir des conséquences importantes sur l'étude du comportement et des phénomènes sociaux. Comme le montre la citation ci-dessus, Bateson a beaucoup insisté sur le fait que prendre l'énergie comme base de l'explication du comportement humain revenait à utiliser une analogie physique inadéquate pour les phénomènes étudiés. En effet, les notions d'énergie, de forces, etc., utilisées en psychologie dynamique représentent en fait des quantités relativement précises en physique (l'énergie est égale à la masse par la vitesse par exemple) et servent d'explication pour les phénomènes tels que le déplacement des planètes ou la trajectoire d'une boule de billard heurtée par une autre, etc. Dans ce type d'explication, aucun feed-back n'est possible : la boule de billard ira peut-être refrapper la première, mais celle-ci ne va pas pouvoir utiliser ce nouvel impact pour, par exemple, modifier l'impact suivant ! Dans ce cas, il s'agit bien d'une *quantité d'énergie* qui a été *transmise*. Le déplacement de la deuxième boule est uniquement déterminé par la force de l'impact.

Par contre, lorsque nous avons affaire à des éléments en interaction régulée, le comportement d'un élément n'est pas seulement lié à une quantité d'énergie transmise mais à d'autres facteurs déterminants et contrôlants qui définissent l'organisation, l'ordre, les contraintes du système. L'explication cybernétique est une explication de type négatif, c'est-à-dire qu'elle considère l'ensemble des événements qui auraient pu se produire, et montre alors pourquoi c'est ce cas particulier qui se réalise, en fonction des restrictions auxquelles il est soumis.

Dans ce débat, les questions d'énergie ne jouent pratiquement aucun rôle – on considère qu'elles vont de soi. Que le système soit ouvert ou fermé à l'énergie n'est pas important, l'important est de savoir dans quelle mesure le système est soumis à des facteurs déterminants et contrôlants. Donc, aucune information ou signal ou facteur déterminant ne peut aller d'une partie à une autre du système sans qu'on l'enregistre comme événement significatif. On peut donc, en fait, définir la cybernétique comme l'étude des systèmes « liés par l'information[42] ».

Alors, que peut-on dire des questions d'énergie par rapport à ces phénomènes néguentropiques ? Il n'est évidemment pas question de les nier. Comme Bateson aimait à le dire, si on donne un coup de pied à un chien et que le coup est assez fort, on peut l'envoyer sur orbite. De même, il est clair que tout organisme a besoin d'énergie pour se mouvoir, se développer, etc., et cette énergie lui est procurée par son métabolisme. Mais, dans tous les phénomènes d'interaction concernant des organismes vivants, l'élément capital qui déterminera les réactions, le comportement de l'individu, ne peut être réduit à un passage d'énergie : c'est le passage d'informations ainsi que tous les processus qui sont impliqués dans son traitement (le codage, la classification, le mode d'organisation, etc.) qui devront servir de base à l'explication. Il est vrai qu'une source d'énergie reste nécessaire, mais elle ne permettra de rendre compte que d'aspects plus prévisibles de la réaction, tels que l'abaissement ou le relèvement des seuils de perception de l'information. De toute façon, surtout à mesure que nous montons dans l'échelle phylogénétique, le rôle des processus d'échange d'énergie s'amenuise.

Cette question concernant le changement de « particule élémentaire » pour une explication du comportement humain n'est pas triviale. Elle représente un bouleversement total du domaine de la psychologie. Étonnamment, bien qu'hybride de disciplines « matérialistes » (ingénieurs) ou « organicistes » (neurophysiologistes), la pierre angulaire de la psychologie a perdu toute « matérialité » et a permis, comme nous le verrons plus loin, d'aborder le domaine des processus mentaux, de l'esprit, de la pensée, des idées, en transcendant le dualisme corps/esprit, ou monde de la matière/monde des idées.

Si ce changement ne s'est pas encore véritablement répandu dans les milieux de la psychologie, c'est peut-être parce qu'il signifie une rupture définitive avec l'explication psychodynamique traditionnelle et qu'il nécessite donc une refonte drastique de tous les concepts explicatifs, tant dans le milieu de la recherche que dans le grand public.

Il peut être utile de préciser ici que, pour les théories psychodynamiques, l'énergie n'est pas considérée comme une quantité physique « réelle ». Elle est prise dans une acception analogique : « Le comportement humain peut s'expliquer en faisant *comme si* nous considérions que son moteur est une quantité d'énergie mentale ou psychique (la libido, la bio-énergie...). » L'analogie avec l'énergie physique est alors prolongée, et on parle, par exemple, d'énergie bloquée ou déchargée, de sa canalisation, de réservoir de pulsions, etc. C'est bien de cette analogie que la systémique a voulu se dégager. Pour les systémistes, l'analogie avec la théorie de l'énergie en physique traditionnelle ne permet pas de rendre compte des caractéristiques spécifiques des organismes vivants, notamment des processus récursifs. Donc, prendre cette analogie comme base de l'explication du comportement revient à user d'un outil inadéquat, ce qui risque alors non seulement de devoir laisser dans l'ombre une grande quantité de phénomènes importants, mais également d'induire des images erronées qui, à leur tour, entraîneront des applications aux conséquences imprévues.

Nous ne prendrons qu'un exemple pour illustrer notre propos : nous avons tous entendu parler du « potentiel d'agressivité de l'individu » ; la plupart du temps nous ne questionnons même pas cette image : elle semble « aller de soi ». Pourtant, lorsque nous nous mettons à établir des diagnostics individuels basés sur cette image, nous commençons à réifier ce concept, à lui accorder une réalité quasi matérielle. En se basant sur les principes de la dynamique des fluides, on cherche un moyen pour « vider ce trop-plein d'énergie » et on envisage des activités susceptibles d'y parvenir : on préconisera à la personne concernée de faire du sport, des arts martiaux, ou même d'essayer les douches froides... Et voilà que nous la traitons exactement comme si elle n'était plus « psychique » mais bien physique. Nous le voyons, nos principes explicatifs orientent automatiquement nos pratiques et les limitent. Et nous pouvons alors nous demander quelles possibilités nous resteraient si, par malheur, nos recommandations n'étaient pas suivies des effets escomptés... Gare alors à la personne concernée, car il ne nous restera plus qu'à nous protéger de cette énergie néfaste en isolant l'individu derrière des murs ou des barreaux ! La métaphore a révélé ses limites. Malheureusement, comme elle est passée dans le langage courant, ce n'est pas elle qui sera revue, mais c'est l'individu qui sera puni pour n'avoir pas pu y correspondre. Le choix d'un modèle explicatif est important ; et, même si celui-ci permet des explications et des applications utiles, il reste capital de pouvoir revenir sur ses prémisses de la manière la plus explicite possible.

Avant de poursuivre notre présentation des concepts systémiques, il nous a paru intéressant, pour clôturer ce long exposé sur l'information et l'énergie, de citer un extrait des discussions des fameuses conférences Macy. Il s'agit d'une certaine manière d'un document car c'est probablement la première fois que l'on a remis en question l'utilisation de la métaphore énergétique en psychologie. Nous avons choisi quelques extraits d'une discussion qui réunissait Kubie, Hutchinson, Brosin, Fremont-Smith, McCulloch, Abramson et Wiener[43] :

MCCULLOCH : Il m'a toujours semblé que la question de l'énergie psychique serait mieux quantifiée si l'on pensait non pas en termes d'énergie, ce qui est certainement erroné pour le système nerveux, mais en termes de quantité d'information, qui peut être traitée – et qui l'est – par les éléments du circuit qui sont encore libres de fonctionner. Au lieu de parler d'une « certaine quantité d'énergie bloquée » dans une névrose, pourquoi ne pas penser à un certain nombre de relais qui sont bloqués dans le processus ?

[…]

MCCULLOCH : Ce n'est certainement pas à l'énergie de nos muscles, de nos glandes, etc., qu'on se refère quand on dit énergie psychique. C'est certainement à certaines propriétés de l'organisation du mécanisme nerveux.

WIENER : J'ai toujours eu la même réaction, c'est de toute façon une mauvaise dimension.

[…]

WIENER : Ce que je dis c'est que, considérée comme « dimension », l'énergie est une très mauvaise idée. Par l'analyse dimensionnelle, nous savons qu'ils utilisent des termes incorrects en parlant d'énergie dans ce cas. Ça ne correspond pas à l'énergie en physique…

Ce que je dis, c'est que nous sommes arrivés à la conclusion que la notion d'entropie, strictement comme elle est considérée en physique, est transférable à l'étude de l'information, à l'exception d'un facteur négatif… On a montré que les dimensions de notre problème, qui ne change pas spécialement, est un logarithme négatif d'une probabilité, un logarithme zéro. L'analyse dimensionnelle n'est pas suffisante. […] Ce que je veux dire c'est que la vraie difficulté réside ici dans le fait que les qualités auxquelles on a affaire dans ce cas-ci sont essentiellement sans dimension[44].

ABRAMSON : A l'époque de l'évolution de la psychodynamique, les psychiatres utilisaient souvent des termes physiques, comme énergie, force de la motivation, la puissance des pulsions, la dynamique, la thermodynamique, etc., pour prêter une signification physique, préciser le sens par la métaphore et donner un poids quantitatif à leurs idées. En fait, ils éprouvent encore le besoin d'utiliser des expressions physiques pour leurs exposés techniques. Il est intéressant de remarquer qu'à cette conférence, organisée spécialement pour promouvoir la communication entre les disciplines, des malentendus se produisent entre représentants aussi bien de la même discipline que de disciplines différentes, parce que les quantités sont décrites par des termes qui ont un sens dimensionnel précis. Le manque de clarté et de précision de sens mène nécessairement à des difficultés de communication, à l'incertitude et souvent à l'hostilité.

WIENER : L'information mesurée en nombre de décisions, entre deux alternatives également probables. Voilà une quantité parfaitement définie et nous pouvons la déterminer dans les systèmes de communication, c'est ce que nous faisons tout le temps.

3
L'étude de la communication

« On peut envisager le monde comme une myriade de messages "A Celui Que Cela Peut Intéresser" », affirmait Norbert Wiener. Sans communication, pas de connaissance, pas de contact, pas de relation, pas de vie. Cette notion s'applique donc à l'explication de tout phénomène, elle s'oppose à l'entropie, au chaos, à la mort. Elle est le lien entre les particules subatomiques (interactions fortes et faibles, notion de « champ »), entre les molécules « organiques », base de la vie, c'est le fondement du « code » génétique, des échanges intracellulaires, le ciment des organes et du corps humain, la pierre angulaire de notre esprit et de notre pensée, la substance de notre vie sociale (nos liens interpersonnels, familiaux, culturels) directe ou « médiatisée »…!

Mais laissons là les envolées stratosphériques. Nous ne nous occuperons ici que d'un seul aspect de cette structure globale, celui qui concerne l'individu et ses relations directes. Nous le verrons, la communication s'accommode mal des frontières entre disciplines ; la division ne peut plus se faire en fonction de catégories préétablies, mais en fonction de la question qui est posée, du problème à résoudre.

Essayons donc de définir notre question. Parmi cette myriade de messages, quels sont ceux qui permettent d'exprimer le comportement de l'individu dans son environnement social ? Et comment considérer ces messages de manière à pouvoir en rendre compte ?

Le mouvement se diffuse à travers les États-Unis. Des chercheurs issus de diverses disciplines des sciences sociales approchent le processus communicationnel selon des angles particuliers. Ils partagent cependant tous la même conception de la communication et la volonté de préserver dans leurs travaux la nature profondément complexe de la communication interpersonnelle. Nous donnerons une rapide vue d'ensemble des recherches de ce « collège invisible » qui se forme aux États-Unis dans les années 50.

Petit à petit, le groupe de Palo Alto va formaliser son approche. Nous en préciserons les fondements à partir de la notion d'information qui nous servira de fil conducteur. Nous envisagerons la façon dont cette information est codée par l'être humain, et les différents types de « traitement » qu'elle subit. Nous aborderons enfin la manière dont elle est organisée et structurée dans la communication, et le type de liens que celle-ci tisse dans notre vie sociale.

Une remarque s'impose : les recherches sur la communication relient Bateson et le MRI. Nous verrons que, si le premier a jeté les bases de l'approche interactionnelle dans les années 50, Paul Watzlawick et ses collègues l'ont systématisée et enrichie dans les décades qui ont suivi. Notre exposé représente donc une synthèse qui n'aurait pas été possible sans l'apport de l'équipe du MRI et, en particulier, de l'ouvrage *Une logique de la communication* [1], dont la clarté permit une large diffusion d'idées souvent complexes chez Bateson. Il est impossible actuellement de distinguer clairement les influences réciproques, mais, après tout, est-ce vraiment nécessaire ? Lorsqu'une même notion aura subi différentes formulations au cours de leurs travaux, nous en proposerons la dernière version pour éviter les confusions, et nous tenterons de signaler les glissements de sens éventuels.

3. 1. Bateson : communication et psychiatrie

A l'époque des conférences Macy, Bateson enseigne l'anthropologie à la New School for Social Research de New York et donne des cours à l'université Harvard. Mais sa situation familiale se détériore. La relation symétrique avec Margaret Mead devient difficilement supportable aux deux partenaires, dont le mariage part à la dérive. Ils se séparent et, en 1948, Bateson accepte la proposition de Jurgen Ruesch, un psychiatre d'origine suisse installé à San Francisco, de le rejoindre pour étudier la communication en psychothérapie. Ce sera le premier vrai contact de Bateson avec la psychiatrie.

La collaboration entre les deux hommes n'est pas commode : Ruesch a des responsabilités vis-à-vis de ses patients, il doit répondre à l'urgence, alors que Bateson s'efforce de mettre au point des fondements théoriques à une approche systémique de la communication. De plus, il a du mal à se plier à un horaire strict et aux conditions de travail de l'hôpital. Ruesch doit se montrer tolérant[2]. Mis à part leurs différends organisationnels, les deux hommes passent des heures à discuter épistémologie et à jeter les bases d'une étude des relations interpersonnelles. Ils ambitionnent de combler une lacune de la psychiatrie : pour eux, la notion de communication y est centrale, et ils s'étonnent qu'on n'y parle que de « personnalité ».

De cette collaboration délicate sortira un livre, *La Communication : matrice sociale de la psychiatrie*[3], publié en 1951, dont les différents chapitres sont écrits (à l'exception de deux d'entre eux) par l'un ou l'autre auteur. Il s'agit, pour Bateson, de tenter une première application, au monde des sciences humaines, des idées développées pendant les conférences sur la cybernétique. Wiener, avec qui Bateson a toujours des contacts fréquents, admire les efforts des deux hommes, bien qu'il reste très prudent quant aux possibilités d'une telle démarche. Le monde des relations humaines est tellement complexe qu'il lui paraît difficile, sinon impossible, d'en cerner toutes les composantes d'une façon rigoureuse. Bateson partage cette retenue. Il explore cette complexité avec ses nouveaux outils conceptuels mais, pour lui, il est plus important de poser les questions sur des bases nouvelles que d'en attendre des réponses immédiates. Nous pouvons dégager trois directions principales dans sa recherche.

1. Expliciter les fondements épistémologiques du travail des psychiatres, et leurs conséquences sur la façon d'envisager le traitement.

2. Poser les premiers jalons d'une approche interactionnelle du comportement, d'une théorie de la communication.

3. Tester la pertinence de la théorie des types logiques pour l'étude des échanges interpersonnels.

1. Psychiatrie et épistémologie. Nous l'avons vu, dans les discussions du groupe Macy, il était apparu que les sciences humaines s'appuyaient sur une épistémologie calquée sur les théories énergétiques de la fin du XIXe siècle. On ne tenait pas compte de la circularité des échanges interpersonnels ni de l'implication des conceptions du thérapeute dans le travail avec ses patients. Aussi Bateson entame-t-il une recherche sur les prémisses des médecins de l'hôpital dont Ruesch est le directeur. A la manière anthropologique, Bateson questionne cette « tribu » de psychiatres et tâche de mettre en évidence les prémisses de leurs interventions thérapeutiques : leur définition de la réalité et de la normalité, leur conception de la causalité et les conséquences de ces prémisses sur les traitements qu'ils dispensent[4].

Les résultats de ces nombreux entretiens ne seront jamais publiés dans leur intégralité, mais certaines conclusions apparaîtront dans l'un des chapitres de l'ouvrage cité plus haut[5]. Relevons quelques réflexions illustrant certaines positions nouvelles.

La reconnaissance de l'importance des prémisses du psychiatre dans la mise en œuvre de son travail de thérapeute. « L'homme vit en fonction de propositions dont la validité dépend de sa croyance en ces propositions[6]. »

Une critique « constructive », mais néanmoins acerbe, des théories analytiques freudienne et jungienne. « Que le corps humain contienne de nombreux circuits interdépendants et autocorrecteurs, nous le savons maintenant et nous connaissons la nature générale de ces circuits. Il est par conséquent facile d'imaginer, à la place d'entités telles que le Ça, le Moi et le Surmoi, d'autres réseaux plus complexes auto-optimisants et autocorrecteurs. Avec les métaphores énergétiques de Freud, cependant, on ne peut rien faire, sinon reconstruire presque entièrement la théorie, en repartant des considérations sur l'entropie[7]. »

Avant de voir comment il envisage cette reconstruction, il est intéressant de remarquer un autre constat de Bateson : la réflexivité de la tâche du thérapeute. Dès cette époque, Bateson signalait que, tout comme c'était le cas dans les autres domaines scientifiques, il fallait que la psychiatrie inclue l'observateur et le théoricien dans le système étudié. En ce sens, il ne faisait là que réaffirmer une position assez répandue chez les analystes qui savaient depuis longtemps que l'état mental de l'analyste est prépondérant pour la bonne marche de son travail thérapeutique. Cependant, il semble que les systémiciens aient quelque peu perdu de vue cette évidence au fil des années et que ce ne soit que tout récemment, avec l'apparition de la « cybernétique de deuxième ordre », que le thérapeute systémicien a redécouvert l'importance de cette réflexivité (le fait que le thérapeute fait partie du système qu'il tente de modifier). Notons certaines réflexions de Bateson sur ce thème : « Le fait que le psychiatre envisage la psychiatrie comme une science réflexive ou non déterminera les aspects les plus profonds de l'éthique et de la pratique de son activité – ou sera déterminé par ces aspects. [...] Pour le thérapeute statique, la découverte de toute erreur qu'il peut faire sera une menace ; pour celui qui est dynamique, la découverte de l'erreur est porteuse de la promesse de nouveaux progrès[8]. » On le voit, sa réflexion a des accents éminemment modernes.

2. *Vers une théorie interactionnelle de la communication.* Il s'agit d'appliquer les principes de la cybernétique à la communication humaine et de poser ainsi les premiers jalons d'une nouvelle « science de la communication », point de convergence des différentes disciplines des sciences naturelles. Nous l'avons dit à plusieurs reprises, le point de vue de Bateson repose sur trois piliers : la biologie, l'anthropologie et la psychiatrie ; ce regard multiple sous-entend la recherche de principes très généraux, et, de plus, le contact avec des ingénieurs, mathématiciens et même physiciens, lors des conférences Macy, a renforcé chez Bateson le souci de rigueur dans la définition de concepts opérationnels. C'est ainsi

que, même si le niveau d'analyse des phénomènes humains ne permet guère un usage direct des concepts cybernétiques, Bateson veillera à ce que les métaphores utilisées soient formellement compatibles avec les nouveaux fondements des sciences dures. Nous verrons donc Bateson insister sur une définition des termes tels que « information », « redondance », « codage », etc., extrêmement proches du sens que leur attribuent les fondateurs de la cybernétique et de la théorie mathématique de la communication.

« Comment entreprendre une étude du comportement humain (et de ses pathologies) à partir de ces nouvelles prémisses de la science ? » Voilà comment on pourrait résumer la quête de Bateson au début des années 50. Et il tâtonne, il explore. Il a déjà, depuis *Naven* et la schismogenèse, envisagé le processus évolutif des interactions humaines dans une perspective systémique synchronique, il a construit une théorie de l'apprentissage en relation avec les nouveaux concepts épistémologiques, il va maintenant focaliser son approche sur la relation interpersonnelle proprement dite, sur l'échange d'informations entre les individus. Il prendra comme point de départ l'un des phénomènes fondamentaux de la théorie de la communication de Shannon : le codage. Nous y reviendrons après avoir abordé le troisième aspect important des recherches de Bateson et Ruesch.

3. Communication et types logiques. Nous avons vu comment le raisonnement suivi par Whitehead et Russell avait éveillé l'attention de Bateson. Le risque de réification des concepts explicatifs, risque auquel Bateson était très sensible, s'apparentait déjà à cette confusion entre « carte » et « territoire » sur laquelle la théorie des types attirait l'attention. Bateson soupçonnait aussi que les êtres humains (et peut-être aussi de nombreux animaux) arrivent à reconnaître les signaux qu'ils échangent comme étant justement des signaux. Voici comment on peut résumer la réflexion de Bateson :

Les mathématiques recèlent des niveaux d'abstraction différents ; il faut donc passer à un niveau de discours plus abstrait, parler de « métamathématique », lorsqu'on étudie la structure du langage mathématique proprement dit.

Or la communication entre les êtres humains (et probablement entre les animaux) paraît comporter une hiérarchie du même type dans la mesure où ceux-ci peuvent reconnaître un signal pour ce qu'il est.

On doit donc envisager que, dans le courant des échanges entre individus, il leur devient loisible de se fier ou non à ces signaux, de les nier ou pas, de les amplifier, de les corriger, etc.

Nous sommes capables de parler des signes eux-mêmes ; ce nouveau discours est donc du même ordre que le discours que les mathématiciens peuvent avoir *sur* les mathématiques et que l'on appelle métamathématique. La communication humaine (et peut-être animale) renferme donc une hiérarchie de niveaux d'abstraction : « La communication verbale peut opérer – et, en fait, a toujours opéré – à plusieurs niveaux d'abstraction opposés qui se rangent suivant deux directions, à partir du niveau dénotatif, apparemment simple ("le chat est sur le paillasson"). Une première rangée (ou série) de ces niveaux plus abstraits inclut les messages explicites ou implicites où l'objet du discours est le langage. Ces niveaux, je les appellerai métalinguistiques (par exemple : "Le son verbal *chat* vaut pour n'importe quel membre de telle ou telle classe d'objets" ou "Le mot *chat* n'a pas de fourrure et ne peut pas griffer"). L'autre série, je l'appelle métacommunicative : "Vous dire où trouver le chat était amical", ou "Ceci est un jeu". L'objet de discours y est la relation entre les locuteurs[9]. »

La présence simultanée de différents niveaux d'abstraction dans la communication devait donc laisser supposer la possibilité que viennent se glisser des confusions de niveaux dans l'échange, donc des paradoxes de type russellien. L'exploration de ces paradoxes devait constituer le pas suivant dans la quête de Bateson[10].

3. 2. La communication selon Palo Alto

Précisons d'abord l'avertissement que nous lancions au début de ce chapitre : ces concepts ont changé à mesure que la pensée de

Bateson se précisait. Nous ne pouvons ici retracer toute l'évolution que les différents concepts subiront pendant les trente années qui vont suivre, que ce soit sous la plume de Bateson [11] ou sous celles de ses « disciples » du Mental Research Institute.

A ce point de notre récit, il nous faut donc faire un choix. Nous avons décidé de sacrifier la chronologie au profit de la clarté de l'exposé. Aussi allons-nous commencer par exposer la conception plus récente de Bateson concernant l'information, avant de reprendre le raisonnement tenu à l'époque des recherches avec Ruesch sur les niveaux de communication, le phénomène de codage et les premières réflexions sur les risques psychologiques entraînés par certaines caractéristiques de la communication interpersonnelle.

3. 2. 1. « La différence que fait la différence »

C'est là la formule un peu mystérieuse que Bateson a utilisée pour définir la particule élémentaire à partir de laquelle il pourrait bâtir sa théorie de la communication et proposer également une nouvelle approche des phénomènes mentaux. Elle signifie que, s'il existe une infinité de différences potentielles dans notre environnement, ne deviendront « informations » pour nous que celles qui auront un « effet » sur notre organisme, compte tenu des limites de nos organes sensoriels. La notion est donc fondamentalement interactionnelle.

Pourquoi des « différences » ? Parce que, répond Bateson, c'est là tout ce que nous pouvons percevoir. Imaginez que vous vous trouviez dans un milieu absolument uniforme, vos organes des sens ne seront très vite plus du tout stimulés, vous ne percevrez plus rien. Introduisez un élément quelconque et vous pourrez alors le percevoir. Et encore, vous ne pourrez le percevoir que si cet élément se déplace ou si vous vous déplacez par rapport à lui. Pour illustrer ce phénomène, Bateson avait l'habitude de dessiner un point à la craie sur un tableau noir. Si l'on se contente de poser le doigt dessus, on ne le perçoit pas par le toucher. Par contre, si on glisse le doigt sur le tableau en passant par le point, on peut le percevoir. Pour percevoir (voir) des choses immobiles, nous bougeons nos globes oculaires avec une très légère oscillation qu'on appelle *mycronystagmus*. Et l'image bouge dans les millions de terminaisons sensorielles de la rétine. Si nous n'avions pas cette capacité, nous ne verrions rien. Néanmoins, il ne suffit pas qu'une différence existe entre les choses ou dans le temps, il faut aussi que cette différence déclenche la volée de stimuli décrite plus haut. Donc, cette différence doit faire une différence pour nos organes sensoriels.

Poursuivons le raisonnement de Bateson. Qu'est-ce donc qu'une différence ? Il est clair que vous percevez les différences entre ce livre et le reste de votre environnement. Mais peut-on localiser ces différences ? Se trouvent-elles dans le livre ? Dans l'environnement ? Si vous jetez le livre ou le renvoyez à l'éditeur, la différence n'en subsistera pas moins ! La conclusion est, bien sûr, que la différence ne se *situe* nulle part, elle est une relation entre les choses, et cette relation est… une abstraction ! Et voilà pour la nourriture de notre esprit, les « blocs élémentaires » à partir desquels il fonctionne : des abstractions. « Je vous avais prévenu… que nous rencontrerions le vide, et nous le rencontrons en effet. L'esprit est vide. Il n'est "rien" (ce n'est pas une "chose")[12]. »

Les terminaisons nerveuses reçoivent en permanence des nouvelles des événements qui correspondent aux contours du monde visible. Nous traçons des distinctions, nous les faisons apparaître, nous les explicitons. Il faut remarquer qu'il est difficile de détecter un changement graduel parce que notre sensibilité au changement rapide s'accompagne du phénomène d'accoutumance. Pour illustrer cette remarque, pensons au phénomène de dégradation progressive de notre environnement : ce n'est que lorsque la catastrophe écologique est devenue imminente que les gens se sont aperçus des divers dégâts déjà occasionnés ; ce n'est qu'alors que les différences de notre environnement ont fait une différence dans nos esprits.

Il faut noter que le nombre de différences potentielles entre des événements est infini. Peu d'entre elles deviendront des différences effectives (c'est-à-dire des éléments d'information) dans le processus mental d'une unité plus vaste (ici, l'environnement plus l'individu). Donc, pour résumer, *l'information consiste en des diffé-*

rences qui font une différence[13]. Voilà défini l'élément de base qui permettra, selon Bateson, une étude de l'esprit, de la pensée, dans l'optique plus large de la coévolution : « Nous parlons d'un monde de significations, un monde total dans lequel certaines particularités et différences, grandes et petites, qui existent dans certaines de ses parties, sont représentées dans des relations existant entre d'autres parties de ce monde total. Un changement au niveau de mes neurones ou des vôtres doit représenter tel changement dans la forêt, la chute de cet arbre : non pas l'événement physique, mais seulement l'idée de l'événement physique. Et l'idée ne se situe pas dans l'espace ni dans le temps, uniquement peut-être dans l'idée de l'espace et du temps[14]. »

Voilà donc le substrat de l'approche des processus mentaux que Bateson oppose aux phénomènes purement matériels. Pour distinguer plus clairement ces deux « mondes », il reprendra une distinction de Jung qui, lui-même, l'avait empruntée aux gnostiques : le *pleroma* (la matière, le non-vivant) et la *creatura* (les êtres vivants). Pour Bateson, la différence capitale concerne, d'une part, les systèmes qui peuvent traiter l'énergie seulement et, d'autre part, ceux qui peuvent aussi traiter l'information. Le *pleroma* réagit aux forces, aux impacts et aux échanges d'énergie. Dans l'univers, il correspond aux événements astronomiques, aux objets, à la matière inerte, dont les mouvements peuvent s'expliquer uniquement par des transferts d'énergie. L'exemple le plus parlant est le choc et les déplacements de deux boules de billard : la boule A frappe la boule B et, ce faisant, transmet une certaine quantité d'énergie ; on peut calculer la trajectoire de B en ayant des données précises sur la force, la trajectoire et le point d'impact ; donc, le comportement de B peut s'expliquer entièrement par le passage de l'énergie venant de A.

Les membres de la *creatura* utilisent également de l'énergie, mais celle-ci leur vient de leur métabolisme, et les êtres plus complexes l'utilisent pour se déplacer, avoir une action sur leur environnement matériel, etc. Mais, en plus de pouvoir réagir à la transmission d'énergie, tous les membres de la *creatura* sont capables de traiter les différences, l'information. C'est là la particularité du monde des processus mentaux. Nous le voyons, pour Bateson, le monde des idées ne se limite pas à l'homme, mais bien à tous ces circuits composés d'éléments pouvant traiter l'information, que ce soit une forêt, un être humain ou une pieuvre [15].

Restons-en à l'explication causale. Dans le monde matériel, la « cause » d'un événement est une certaine force, ou impact, exercée sur une partie du système matériel par une autre partie de celuici : une partie « agit » sur une autre. Par contre, dans le monde des idées, il faut une relation, soit entre deux parties, soit entre une partie dans un premier temps et cette même partie dans un deuxième temps, pour activer une troisième partie (récepteur). Ce à quoi le récepteur réagit, c'est à une différence ou à un changement.

Mais la différence perçue n'est pas celle qui l'a provoquée ! Au mieux, il s'agit d'une *transformation* de celle-ci, une version « codée » de la différence originelle. Notre perception visuelle d'une pomme n'est pas la pomme elle-même, mais bien une image de pomme. Il devenait donc important d'étudier le processus de transformation lui-même, les différents types de codage possibles, leurs avantages et leurs inconvénients. Tout comme on peut reproduire un son par des techniques analogiques ou digitales, qui, toutes deux peuvent révéler des caractéristiques différentes du son original, Bateson se demanda si l'organisme humain lui aussi disposait de manières différentes de coder les événements extérieurs [16].

3. 2. 2. Le « codage » de l'information

Nous l'avons dit, c'est inspiré par la théorie de Shannon et Weaver que Bateson s'attaqua à cette question du codage. Un des points clés de cette théorie consiste en effet à pouvoir définir la façon dont les événements du monde extérieur sont transformés en informations symboliques transmissibles – comment, donc, ils sont *codés*. Le principe de base est que, pour obtenir un message codé adéquat, il faut que le codage préserve les relations formelles existant entre les divers éléments des événements transmis.

Pour mieux visualiser ce processus, nous pouvons prendre un exemple : les différentes transformations que doit subir un certain événement de la vie quotidienne dans un certain endroit du monde pour arriver jusqu'à notre esprit par l'intermédiaire de notre journal habituel. Description verbale de l'événement par un journaliste (que perçoit-il ? Comment le rapporte-t-il ? – les « erreurs » potentielles sont ici évidentes), transcription du récit sur un ordinateur par exemple (transformation en bits d'information, puis en caractères d'un certain type – avec des erreurs possibles dans la traduction digitale, les coquilles, etc.), l'impression du journal, codage dans notre propre pensée, etc. La question semblait donc de la première importance, le ou les modes de codage utilisés par l'être humain pouvant révéler certaines « erreurs » entraînant des difficultés pour son adaptation à l'environnement.

Tout message qui voyage dans un circuit subit des transformations. L'arbre qui se trouve « là-bas », dans le monde extérieur, ne peut se retrouver « ici », dans notre esprit, qu'en subissant une transformation, et c'est donc ce processus de transformation que nous appellerons « codage ». La question a fait l'objet de nombreux débats lors des conférences Macy, quand il s'est agi de mettre au point des machines qui devaient transmettre de l'information. Le codage est une transformation d'un certain type entre les données de l'input et celles de l'output d'un circuit. Le type de codage est donc le *type de redondance* qui s'établit entre deux ensembles, c'est ce qui distingue (et relie !) la carte et le territoire. Nombre de caractéristiques (notamment ses limitations et les erreurs possibles) d'un système dépendent donc du type de codage utilisé. Si, par exemple, en voyant un feu rouge vous en déduisez que vous pouvez traverser la rue, vous risquez fort de mettre votre survie en péril. Nous le verrons, certaines erreurs de codage expliquent ces erreurs épistémologiques dont les conséquences peuvent s'avérer dramatiques pour la survie de l'espèce ou de l'individu.

Les textes de Bateson ont sensiblement varié en ce qui concerne les différents types de codage utilisés par l'être humain. Au départ, il s'est surtout focalisé sur les codages digital et analogique (à l'époque des conférences Macy, il existait deux types d'appareils traitant l'information : les machines analogiques et les machines digitales). Il en a cependant, à de nombreuses occasions, énuméré un certain nombre d'autres types. Il nous a semblé important, dans cette histoire globale des idées de Palo Alto, de retourner à la source du concept. Voyons donc comment Bateson pose cette question de la transformation, ainsi que les conséquences que les divers types de codage peuvent entraîner pour l'individu.

a) Le codage analogique

Il repose sur la quantité et la mesure : une certaine *quantité* d'un certain **x** sera utilisée pour prédire une certaine *quantité* d'un certain **y**. En principe, la variation pourra donc être continue. Un exemple clair en est le thermomètre à mercure : toute augmentation de température est transformée en une élévation de la colonne de mercure. C'est donc le principe des maquettes ou des modèles. Si l'on connaît les règles de transformation (les relations entre le modèle et l'objet modélisé), les données recueillies à partir du modèle permettront de tirer des enseignements sur l'événement modélisé. Pour la communication humaine, l'ampleur d'un geste, le ton de la voix, etc., représentent des analogies pour l'expression d'un sentiment par exemple.

Il faut noter que, dans la communication humaine, ce type de codage ne se limite pas aux comportement non verbaux. Nous avons également recours à l'analogie dans la communication verbale, notamment l'usage des métaphores et des analogies linguistiques. Remarquons que ces dernières sont également considérées comme des relations, des rapports. Par exemple, l'analogie bien connue d'Aristote : « La vieillesse est à la vie comme le soir est au jour » ou, sous sa forme mathématique :

$$\frac{\text{vieillesse}}{\text{vie}} = \frac{\text{soir}}{\text{jour}}$$

ou encore celle de Spencer entre organisme et société.

Le degré de précision de ce type de codage dépend du degré d'exactitude de la construction du modèle. De plus, pour bien des gestes ou mimiques, il y a un degré plus ou moins important de conventions culturelles, de nombreuses erreurs de décodage sont donc possibles (et d'ailleurs fréquentes).

b) Le codage digital (numérique)

Il repose, lui, sur le comptage : à l'origine, on comptait sur les doigts, d'où l'appellation « digital ». Il est synonyme de codage numérique. L'information est ici transformée en grandeurs discrètes, c'est-à-dire en unités distinctes. Avec l'apparition du système binaire, ces unités se résument au choix entre 0 et 1. La différence sera perçue ou pas. L'exactitude dépend de la précision des distinctions. Comme dans le cas de la photographie, plus le grain est fin, plus la photo est nette.

Une des questions débattues lors des conférences Macy visait à déterminer le type de codage du système nerveux. Les neurones, répondant par une réaction de type « tout ou rien », laissaient supposer que l'on avait affaire à un codage digital, mais la modification possible des seuils de réaction, liée à l'augmentation ou à la diminution de certaines substances (les hormones, par exemple) dans l'organisme, ainsi que l'énorme multiplication du nombre des neurones stimulés en même temps conféraient au résultat l'allure d'une réaction continue. Les conclusions allèrent donc dans le sens d'une interpénétration des deux types de codage [17].

Mais l'organisme, si l'on peut le comparer à une machine pour les besoins de clarté d'un exposé, ne doit en aucun cas y être assimilé. Limiter les types de codage de l'homme à ces deux seuls aspects paraissait un peu réducteur à Bateson et, bien que les autres catégories soient moins précises et changent au cours de ses écrits, nous allons néanmoins en citer quelques-unes.

c) Le codage iconique

Dans ce type de codage, l'information est organisée sous la forme d'une « image » qui, même si elle est en fait constituée d'une grande quantité de bits d'informations digitales, est néanmoins perçue dans sa globalité. A certains moments, Bateson assimile ce type de codage à la perception de *Gestalten*. Il s'agit là, apparemment, d'un mécanisme économique pour la survie de l'individu ; l'image synthétise en effet une très grande quantité d'information d'une seule fois. Le danger étant bien sûr que l'on attribue une trop grande crédibilité à ces images, oubliant alors qu'il s'agit d'une transformation.

d) La « partie pour le tout »

D'après Bateson, il s'agirait là du type de codage le plus courant. En effet, nous n'avons jamais la possibilité de voir l'entièreté de quoi que ce soit : nous voyons une partie d'un arbre, d'une personne, etc., et nous en déduisons le reste. Les travaux de Shannon sur la redondance du langage sont des démonstrations de ce type de codage.

De plus, Bateson assimile ce phénomène à ce que les éthologistes appellent les mouvements d'intention des animaux. « D'une manière générale, toute la catégorie de messages que les éthologistes appellent "mouvements d'intention" est composée de postures et de contractions musculaires qui, si elles étaient complétées, seraient des conduites agressives, sexuelles, de retrait, alimentaires, de construction de nid, etc. Dans tous ces cas, il est important que, alors que l'ensemble d'une séquence d'action est évoquée par le mouvement d'intention, ce mouvement ne soit pas l'ensemble lui-même et se produise dans des contextes où l'action dans son entièreté serait extrêmement inappropriée. Utiliser une partie d'un comportement de combat comme menace d'une possibilité de combat est très différent d'engager une attaque directe [18]. » Le plus grand danger de ce type de codage est d'attribuer la partie à un tout qui n'y corresponde pas.

e) Le codage « holographique »

C'est surtout par les travaux de Karl Pribram [19] que Bateson a eu connaissance de ce type de codage. Contrairement au codage digital ou iconique, le lien entre l'objet et l'information codée n'est pas facilement précisable. Si nous établissons un parallèle entre le procédé photographique traditionnel et le procédé holographique, nous pourrions dire que, dans le premier, chaque partie de l'objet correspond à une partie bien définie de la photo ; par contre, dans une plaque holographique, chaque partie contient de l'information sur la totalité de l'objet représenté. Or, certains neurophysiologistes (dont Pribram) affirment maintenant que, si l'information se transmet de manière digitale par les neurones, il existerait dans certaines zones de jonction neuronale un type de distribution très différente de l'information qui s'apparenterait au procédé de l'holographie. Les « images » mentales ainsi construites tiendraient plus de l'écho ou de la résonance que de la composition d'un ensemble de points.

Pour donner une idée un peu plus concrète de ce qu'est le procédé holographique, nous pouvons proposer l'analogie suivante. Imaginez un étang dont la surface est bien plane. Si quelqu'un lance une pierre dans l'eau, nous verrons se former une série de cercles concentriques, d'ondes, qui donnent l'impression de se déplacer vers les bords de l'étang. Imaginons maintenant que nous jetions des centaines de cailloux à la fois. L'onde correspondant à chaque pierre lancée se déplacera du point d'impact vers le bord ; en fait, chaque endroit de l'étang recevra de l'« information » sur chacune des pierres lancées (les ondes provenant de chacune des pierres passent théoriquement par chaque point de l'étang). Les ondes se déplaçant sur l'étang formeront alors une espèce de figure complexe, résultat des additions et des soustractions des différents entrecroisements d'ondes. Si, à ce moment-là, l'étang gelait subitement, sa surface représenterait en quelque sorte une plaque holographique de l'événement.

Une plaque holographique possède des propriétés étonnantes : si on la casse, chaque morceau « contient » des informations sur l'ensemble de l'événement ou de l'objet que l'on reproduit. Si l'on fait des hologrammes de différentes personnes, par exemple, le résultat final sera une représentation holographique d'un personnage fictif, sorte de « moyenne » des différents modèles utilisés. De plus, comme on le sait, la reproduction holographique permet un examen du modèle selon trois dimensions et semble occuper un volume dans l'espace tout en possédant des qualités de ressemblance exceptionnelle avec le modèle. Toutes ces caractéristiques, et d'autres encore, ont conduit certains scientifiques à proposer un modèle de fonctionnement de la mémoire, et même du cerveau dans son ensemble, sur des bases holographiques. Nous ne nous étendrons pas sur ces théories, mais signalerons seulement que Bateson considère que l'homme pourrait fort bien coder les événements selon un système semblable.

Il prend l'exemple d'un aveugle qui entre dans une pièce qui lui est familière et de laquelle on a retiré un meuble sans l'en prévenir. Il arrive que l'aveugle « sente », d'une certaine manière, qu'un changement s'est produit dans la pièce. Ces phénomènes de résonance pourraient apparaître notamment comme la résultante d'une multiplication de systèmes perceptifs, une sorte de qualité émergente (à rapprocher de la vision en relief produite par les deux yeux, ou encore la stéréophonie, les *patterns* de « moiré », etc.).

« Il y a de plus en plus de données qui s'accumulent et qui suggèrent que, dans le cerveau des mammifères, de tels systèmes résonants pourraient jouer un rôle important dans le recouvrement de l'information (c'est-à-dire le rappel). On ne sait pas encore si de tels modèles, comme la résonance, sont importants dans les phénomènes de l'évolution, de la morphogenèse et de l'écologie, mais c'est probable[20]. »

On verra peut-être, dans un proche avenir, la science rendre justice aux « branchés » des années 60, si sensibles aux « bonnes vibrations » des situations sociales ! Plus sérieusement, ce type de codage pourrait peut-être éclairer des notions assez vagues telles que l'intuition, par exemple.

Nous le voyons, cet aspect de la communication est très riche car son étude permet de dégager les « prémisses » du comportement d'un individu ou même d'un groupe social. Il est dommage que les recherches n'aient pas été plus poussées dans ce sens, car elles pourraient probablement déboucher sur une approche plus rigoureuse de la genèse de problèmes psychologiques et sur la mise au point de techniques spécifiques de changement.

3. 2. 3. L'interaction

Nous avons beaucoup parlé d'interactions[21] entre les éléments d'un système, de l'échange d'informations, donc des liens, des relations au sein d'un ensemble structuré. Voyons ce que la systémique nous apprend sur la façon d'aborder ces processus de communication entre éléments d'un système.

a) Choix et ensemble de référence

« Toute communication représente un choix, une sélection parmi un ensemble de possibilités. » Un point ou une barre envoyés par télégraphe n'ont de sens que s'ils représentent un choix parmi un ensemble de possibilités – dans ce cas, l'ensemble du code Morse. Tout message doit toujours être considéré non en lui-même et pour lui-même, mais en référence à un ensemble. Distinguer, dans un discours, entre « ironie » ou « sarcasme » n'aura de sens que si les auditeurs possèdent une connaissance de la langue française, c'est-à-dire partagent un ensemble de référence commun. Mais cet exemple nous laisse entrevoir certaines difficultés potentielles : un ensemble n'est pas figé une fois pour toutes, et il est lui-même bien souvent divisé en sous-ensembles, ce qui rend l'échange peu défini. En effet, si l'émetteur d'un message choisit un terme par rapport à un ensemble de référence précis pour lui, il n'est pas du tout évident que les récepteurs du message vont lui attribuer le même ensemble. Imaginons, par exemple, la situation typique d'un mari qui rentre chez lui avec un bouquet de fleurs. Quel sens son épouse va-t-elle attribuer à ce geste ? Tout dépendra probablement du contexte dans lequel cet acte se produit, mais il n'empêche que la femme devra pallier les lacunes du contexte et attribuer le geste soit à l'ensemble « comportements destinés à se faire pardonner quelque chose », soit à l'ensemble « comportements visant à me mettre dans de bonnes conditions pour me demander quelque chose », soit encore à l'ensemble « conduites visant à me montrer son amour », etc. Il est certain en tout cas que, si l'ensemble de référence auquel l'épouse va attribuer le message diffère de celui envisagé par le mari, le couple risque de passer une soirée plutôt orageuse !

Nous pouvons donc proposer deux caractéristiques de tout message :

L'information véhiculée par un message dépend de l'ensemble dont il provient (ou auquel on l'attribue).

L'ensemble de référence est une notion subjective et relativiste : c'est le point de vue de l'émetteur du message qui permet de préciser cet ensemble.

Cette deuxième propriété a des conséquences pragmatiques importantes. En effet, si nous ne réalisons pas l'aspect éminemment idiosyncrasique de tout message, nous risquons fort de nous laisser aller à supposer que tout le monde partage *notre* propre ensemble de référence. Or il est clair que c'est loin d'être le cas. Des phrases telles que « je voudrais mieux communiquer avec mon mari », « mon fils va mal tourner », « je suis malheureux », « mon couple est une catastrophe », etc., sont pratiquement dénuées de sens si nous ne prenons pas la précaution de demander à l'émetteur du message de préciser la signification qu'il lui attribue, c'est-à-dire si nous ne cherchons pas à savoir à quel ensemble de référence il correspond pour la personne qui s'exprime. Nous verrons plus loin quels sont les liens entre cette notion et celle de contexte.

b) Diversité, redondance et règles interactionnelles

Si nous considérons une interaction entre deux personnes, chacune d'entre elles a à sa disposition un répertoire de conduites extrêmement étendu. Pourtant, lorsqu'on observe deux individus en interaction fréquente, disons un couple, tout observateur extérieur va très vite s'apercevoir que certains comportements apparaissent de manière bien plus fréquente que d'autres : des habitudes sont prises, des tabous explicitement ou implicitement observés. A un certain comportement de l'un va répondre une certaine réaction de l'autre. Tout se passe comme si certaines *contraintes*, certaines restrictions, étaient imposées à la diversité potentielle des comportements des deux partenaires. C'est exactement ce qui se passe et ce phénomène a été étudié par Claude Shannon sous le nom de « redondance ». On dira qu'il y a redondance entre deux ensembles en interaction si l'apparition d'un élément du premier ensemble entraîne une restriction dans la liberté ou la possibilité d'apparition de n'importe quel élément dans le second ensemble. Autrement dit, l'apparition d'un élément x dans le premier ensemble impose une contrainte au deuxième ensemble.

Reprenons l'exemple du couple mais cette fois lors de leur première rencontre. Imaginons que la jeune fille soit sensible au charme du garçon et décide d'attirer son attention. Elle va devoir limiter en quelque sorte la diversité des partenaires potentiels du jeune homme par ses conduites de séduction. Prenons le cas où l'attrait est réciproque et poursuivons notre histoire d'amour cybernétique. Lorsque tous deux décideront de vivre ensemble, il y aura une période de tâtonnements (au sens propre comme au figuré) pendant laquelle chacun des deux partenaires devra prendre certains risques, oser certaines conduites qui seront alors suivies de réactions de la part de l'autre ; cette période d'essais et d'erreurs permettra à chacun de mieux se connaître, d'apprendre quels comportements sont appréciés et lesquels le sont moins, d'éviter ce qui provoque une réaction non souhaitée, etc. C'est ainsi que vont se construire les habitudes de vie commune dans les domaines les plus divers : sexualité, alimentation, loisirs, éducation des enfants, etc. L'hésitation des premiers contacts a peu à peu cédé la place à l'assurance : chacun est devenu plus « prévisible » pour l'autre. Nous n'insisterons pas ici sur les risques qu'une telle prévisibilité peut entraîner pour le couple, mais ils ne sont pas négligeables, comme chacun sait. Ce que nous voudrions faire remarquer cependant, c'est que la redondance n'est pas forcément dommageable, même dans le couple. Sans redondance, aucun apprentissage ne serait possible et ne serait d'ailleurs d'aucune utilité puisque rien ne serait jamais prévisible. La science ne serait d'aucune utilité, elle qui cherche à rendre compte des redondances de notre univers : les lois de la nature ou de la matière représentent la systématisation de ces redondances. Imaginez un instant que vous appreniez à jouer du piano avec un instrument où chaque touche produirait des notes différentes et ceci de manière aléatoire...! Si l'image d'une relation débarrassée de toute contrainte peut sembler romantique (et idéaliste) appliquée à une relation de couple, la vie commune risquerait cependant fort d'être épuisante, surtout en ce qui concerne les décisions à prendre ; il suffit de penser aux moments où l'on se retrouve dans un groupe de personnes qui nous sont totalement étrangères.

C'est grâce aux redondances que nous arrivons à nous y retrouver, dans le monde où nous vivons. La redondance a une importance vitale pour l'adaptation de l'individu à son environnement. Sans elle, il n'y aurait que chaos. L'évolution des différentes espèces et leur adaptation au milieu, ce que Bateson appelle la « coévolution », sont le résultat des restrictions mutuelles, des redondances induites par les interactions entre les différentes espèces d'animaux et de plantes.

Nous le voyons, le champ d'application de cette notion de redondance est extrêmement général, mais nous le développerons surtout dans le domaine des relations interpersonnelles. Nous l'avons vu avec notre couple, la redondance définit en quelque sorte les *règles de la relation* entre les deux partenaires. Mais le champ des relations humaines est loin de présenter le degré de prévisibilité des lois physiques ou chimiques. Si nous pouvons affirmer, avec une certitude quasi absolue, que si nous jetons une pierre du haut d'une tour elle ira s'écraser sur le sol (et nous pouvons même en calculer à l'avance le temps de chute, la vitesse et le point d'impact), il n'est guère possible d'afficher pareille certitude en ce qui concerne les réactions de notre conjoint lorsque nous arrivons en retard à un rendez-vous !

Dans le monde du vivant, qui comporte des mécanismes adaptatifs continuels, les redondances nous permettent d'en savoir plus sur ce qu'il faut éviter que sur ce qu'il faut faire. Notons que les habitudes sont bien souvent à l'origine de difficultés relationnelles : beaucoup d'entre nous y attribuent un degré de prévisibilité excessif et font dès lors l'économie des ajustements nécessaires à l'évolution de leurs relations.

Nous aurons largement l'occasion de revenir sur cette notion de règles relationnelles lorsque nous retracerons l'évolution de la thérapie familiale.

3. 2. 4. Communication et relations

Les bases du traitement de l'information étant posées, il nous reste à voir comment l'échange d'informations s'organise et se structure dans la communication humaine, et les liens que celle-ci noue dans notre vie sociale.

a) Symétrie et complémentarité

Si une relation comporte deux points de vue, celui de chacun des partenaires, il est intéressant de voir ce que peut nous apporter une vision extérieure, stéréophonique en quelque sorte, de la situation relationnelle. Peut-on caractériser le *pattern* d'interaction que nous appelons relation, et, si oui, comment ?

Nous l'avons vu plus haut, déjà lors de son travail chez les Iatmul, Bateson avait cherché à définir l'évolution de *patterns* relationnels, appelant ce processus la schismogenèse, c'est-à-dire la possibilité de ruptures relationnelles par l'accumulation d'une différenciation basée sur le principe du feed-back positif. Que les relations fussent fondées sur la différence (schismogenèse complémentaire) ou sur l'égalité (schismogenèse symétrique), les relations semblaient mener inéluctablement à l'éclatement du système. Avec le concept de feed-back négatif, Bateson se rendit compte que certains comportement pouvaient éviter l'emballement et maintenir une homéostasie. Bateson, puis Watzlawick, Beavin et Jackson ont donc gardé cette typologie des relations. Ces derniers ont abandonné le terme un peu barbare de « schismogenèse » (qui s'adressait d'ailleurs plus aux relations entre groupes sociaux qu'aux relations entre individus) pour parler tout simplement de relations symétriques et complémentaires.

b) La ponctuation

Le monde ne nous apparaît pas comme un flux continu dans lequel rien ne se distingue du reste. Nous « découpons » notre univers en ensembles distincts, tant d'un point de vue spatial (objets, personnes, etc.) que temporel (séquences causales, par exemple). Comme nous l'avons signalé pour le « codage », il est pratiquement acquis que ce découpage possède un fondement génétique. Nous percevons des séquences dont les divers éléments nous paraissent reliés d'une manière causale. L'apprentissage culturel vient se greffer sur cette base pour la prolonger.

Le fait que nous apprenions à nous considérer comme les « spectateurs » de notre environnement nous amène bien souvent à nous exclure des processus de causalité circulaire, et à nous considérer plutôt comme des « réactants » : comme l'autre a fait telle chose, alors nous nous conduisons de telle ou telle manière. Il est clair que pour un observateur extérieur, capable de voir les deux (ou plus) personnes en interaction, il est plus aisé de percevoir les *patterns* interactionnels répétitifs et donc d'envisager le phénomène à partir d'une explication causale circulaire, un circuit dont il est dérisoire de chercher *le* point de départ. La ponctuation d'un phénomène consiste donc à découper les séquences interactionnelles, la plupart du temps pour « repérer » (ou plutôt « décider » quels sont) les effets et les causes d'un phénomène quelconque.

c) Niveaux d'un message

Reprenant une observation de Warren McCulloch, Bateson avait montré que tout message comporte deux aspects : il est à la fois « rapport » et « commande ». Il a un aspect informatif à proprement parler (en gros, il est « différent » d'un autre) et est également un stimulus pour la réaction (en ce sens, on pourrait dire que la perception est déjà une action : la réception d'un message implique une réponse[22]). Cela recouvre, en partie, le premier axiome énoncé par Watzlawick : « On ne peut pas ne pas communiquer » ou encore la formule un peu ésotérique de McCulloch : « Nothing never happens » (« Il n'arrive jamais que rien n'arrive »). Elle montre l'aspect inéluctable de la communication[23].

Revenons-en à la question des aspects « contenu » et « relation » d'un message, comme l'ont formulée Watzlawick et ses collègues du MRI. En plus du contenu proprement dit (donc le fait qu'un message n'est pas autre), tout message contribue à la définition de la relation entre les deux interlocuteurs : il « désigne la manière dont on doit entendre le message, et donc, en fin de compte, la relation entre les partenaires[24] », il est donc également métacommunicatif.

Pour illustrer cette distinction, nous pouvons prendre un exemple somme toute assez fréquent dans les réunions de travail. Il arrive bien souvent que, lorsqu'une équipe se trouve confrontée à une difficulté qui s'éternise et que, disons, un stagiaire propose une solution, la discussion qui s'ensuivra n'aura que peu de rapport avec le contenu de la proposition. On assistera à un ergotage sur des points de détail, et l'idée nouvelle risque d'être rejetée avant même d'avoir été essayée. Dans ce cas, l'enjeu des discussions n'est pas le « contenu », mais bien la « relation » entre le stagiaire et le reste de l'équipe, relation complémentaire au départ, mais qui pourrait devenir plus égalitaire si sa suggestion était acceptée.

Notons que ce ne sont pas là des types particuliers d'informations, certaines étant des informations de « contenu » et d'autres de « relation » ; il s'agit de deux aspects d'un même message, des deux faces d'une même pièce. Selon le contexte de l'échange, un message pourra être plus ou moins important pour la relation, mais les deux aspects sont néanmoins toujours présents. Il serait abusif de croire, par exemple, que les messages non verbaux sont uniquement relationnels et les messages verbaux du « pur contenu ».

La métacommunication. Après avoir fait la preuve de son utilité en mathématiques, le préfixe *méta-* allait entrer dans le langage des théoriciens de la communication. On constata en effet, que le langage humain possédait lui aussi une structure hiérarchique. On peut faire certaines propositions telles que « Je me sens bien », ou « Il fait beau aujourd'hui », etc., et ajouter, par exemple : « Si je te dis ça, c'est pour que tu te sentes à l'aise. » Cette dernière proposition parle, en fait, de l'ensemble des propositions particulières faites précédemment (et même parfois ultérieurement), elle est donc un *commentaire sur* un ensemble d'énoncés. On parlera, dans ce cas, d'un « métalangage » ou d'une « métacommunication », c'est-à-dire d'une communication *sur* une communication. Si nous parlons de hiérarchie, c'est que l'échelle ne s'arrête pas là : on peut également faire des commentaires sur la métacommunication, et ainsi de suite ; dans ces cas-là, on pourra parler de méta-métacommunication, etc.

La métacommunication concerne un ensemble de messages et les classifie. Elle est donc extrêmement importante en cas d'incertitude quant au sens de certains autres messages : elle précise dans quelle catégorie les messages qui ont été émis (ou qui vont l'être) doivent être classés. Imaginons, par exemple, qu'un mari rentre du travail et trouve sa femme occupée à regarder la télévision ; il lui dit bonjour et elle lui répond d'une manière distraite. Le mari peut classer ce comportement dans la catégorie « marques de désintérêt » ou encore « signaux de mauvaise humeur », etc. Si l'épouse vient ensuite près de lui et lui dit : « Excuse-moi, mais ce film était passionnant et je ne voulais pas rater la fin », elle précise comment elle souhaite que son mari décode son comportement.

Il existe des métamessages encore plus explicites, comme dire, par exemple : « Je plaisante », ou encore : « Ceci est un avertissement », « C'est un ordre », etc. On peut également métacommuniquer non verbalement, « faire un clin d'œil » à quelqu'un avant de dire quelque chose par exemple, ou encore prendre certaines poses dont l'aspect métacommunicatif est clair dans la culture (s'installer profondément dans son fauteuil en écoutant quelqu'un, ou froncer les sourcils, etc.).

C'est là une caractéristique importante de la communication, notamment lorsqu'un malentendu ou un conflit surgissent. C'est aussi le moyen de communiquer sur les prémisses du comportement : « Ah mais je n'ai pas voulu te vexer, je disais ça pour te montrer à quel point ce genre de réflexion m'insupporte. » Nous pourrions multiplier les exemples à l'infini.

Une remarque s'impose néanmoins : les mots utilisés pour métacommuniquer sont les mêmes que ceux que l'on utilise dans le langage courant. Il n'est donc pas toujours facile de distinguer ces deux niveaux de communication, et cela peut aussi mener à des escalades. Par exemple, si le mari n'accepte pas de considérer l'explication de sa femme comme une métacommunication, cette remarque pourra être prise comme un affront supplémentaire : « Oui, oui, continue, je vois bien que tu as décidé de m'ennuyer ce soir ! » Métacommuniquer n'est donc pas une panacée pour la résolution des conflits. Notons encore que métacommuniquer implique que nous puissions prendre un certain recul par rapport au discours, le contenu de la métacommunication devient interactionnel : on parle de la relation entre soi et l'autre. Nous sommes bien à un niveau logique supérieur, nous touchons le domaine des règles relationnelles. Le partenaire peut refuser de laisser l'autre exercer un « contrôle » sur la relation. Toutes les conditions sont alors réunies pour une escalade, tant que les règles n'auront pas été renégociées.

d) Les paradoxes

Nous l'avons vu, la question des paradoxes avait été abordée dans les discussions sur la cybernétique. Partant des théories de Whitehead et Russell, Bateson poursuit le raisonnement dans le domaine de la communication. A partir du moment où des énoncés peuvent être métacommunicatifs, et qu'il n'est guère facile de les distinguer dans le discours, Bateson signale, dès 1951, que « la psychologie et l'étude de la communication humaine ne peuvent jamais prétendre édifier un système autonome et cohérent qui ne soit autocontradictoire. [...] En pratique, cela veut dire qu'il faut nous attendre à trouver dans les grands domaines créatifs de la communication humaine – le jeu, l'art, la religion, l'épistémologie et la théorie psychiatrique – des paradoxes généraux comme celui contenu dans l'énoncé "Je mens", et il nous faut les accepter [25] ».

On le voit, Bateson subodore les difficultés psychologiques que les paradoxes pourraient engendrer chez l'être humain. A cette époque, rien de plus précis n'apparaît dans l'ouvrage mais la voie se dessine : Bateson veut tester son idée, il veut étudier les effets des paradoxes dans la communication humaine et il veut le faire en toute liberté, sans les contraintes d'un patron ou d'un cadre institutionnel. Il part à la recherche d'un organisme susceptible de reconnaître l'intérêt de cette investigation au point de subventionner une équipe de recherche sur ce thème...

Avant d'en arriver à ce projet, nous allons abandonner quelque peu le sytème et les interactions pour revenir à l'individu, à qui, il faut bien le reconnaître, nous n'avons guère accordé une grande attention jusqu'ici. Or, si nous avons vu la façon dont les systèmes se régulent par le jeu des interactions, on peut se demander comment ces redondances se manifestent au niveau personnel. Dans ses contacts répétés avec son environnement, la personne change, évolue, elle apprend. Voyons comment Bateson a envisagé cette question de l'apprentissage et celle de contexte, dont on ne peut la dissocier.

4
Apprentissage et contexte

Nous allons donc envisager les modifications que les processus de communication entraînent au niveau de l'individu, en abordant le phénomène de l'apprentissage dans une optique interactionnelle. Pour ce faire, nous devrons tenter d'éclairer quelque peu le concept très glissant, mais indispensable, de « contexte ». Pour suivre l'évolution de ces notions chez Bateson, il nous faut revenir quelques années en arrière.

Nous l'avons vu, après leurs travaux anthropologiques en Nouvelle-Guinée, puis à Bali, Mead et Bateson se penchent sur la façon dont les individus des diverses cultures acquièrent ce que l'on nomme habituellement leur « caractère ». Lorsque l'on qualifie les personnes de « dépendantes », de « passives », de « manipulatrices », etc., tous ces attributs se réfèrent à des caractéristiques très abstraites, qui vont au-delà de la description comportementale. La question est donc de leur donner une signification opérationnelle : « comment les individus sont-ils eux-mêmes modifiés par les contacts avec leur environnement ? ». La question est d'intérêt dans le cadre d'une approche systémique, car nous nous situons ici au niveau de l'individu qui, bien que membre d'un système plus large, n'en est pas moins lui-même un système bénéficiant d'une relative autonomie par rapport aux autres éléments. Sans musiciens, pas d'orchestre. Nous rencontrons la dynamique du système : si ce dernier « impose » des contraintes aux comportements des individus, ceux-ci y introduisent la nouveauté, par leurs contacts avec l'extérieur, et peuvent donc en modifier le fonctionnement global.

C'est pour répondre à cette question que Bateson, dans les années qui suivent son retour de Bali, tente de formuler une théorie de l'apprentissage. Une première mouture est publiée en 1942 ; elle subira plusieurs modifications jusqu'à aboutir à une version extrêmement générale qui est décrite dans son ouvrage *La Nature et la Pensée* (nous évoquerons cette synthèse impressionnante dans la dernière partie de cet ouvrage). Pour l'instant, nous nous limiterons à exposer l'état de la question tel qu'il apparaissait après le contact de Bateson avec la cybernétique.

4. 1. Dimensions de l'apprentissage

On peut définir l'apprentissage comme « un accroissement de la redondance entre celui qui apprend et son environnement[1]», et la communication comme le moyen même d'établir cette redondance : « L'essence et la raison d'être de la communication c'est la création de la redondance, de la signification, du modèle, du prévisible, de l'information et/ou de la réduction du hasard par la "restriction"[2]. »

Comment s'effectue cet accroissement de la redondance ? Pour Bateson, on ne peut le réduire à une augmentation linéaire, à une simple accumulation quantitative : les phénomènes de généralisation, de compréhension soudaine, les changements d'habitude et d'attitude, etc., tout cela paraît plaider pour une organisation plus complexe du phénomène de l'apprentissage. Sa description va prendre la forme d'une structuration hiérarchisée ; il va distinguer quatre niveaux d'apprentissage différents.

4. 1. 1. L'apprentissage de niveau zéro

Il s'agit du cas le plus simple, où les effets d'un stimulus sont, pour une raison ou une autre, stéréotypés. Dans ce cas, le phénomène ne comprend pas de possibilité d'essai-et-erreur ; l'individu ne pourra jamais utiliser le résultat d'une de ces expériences pour améliorer ses performances futures. Cette spécificité de la réponse peut provenir d'une programmation génétique ou encore de cas où la réponse à un stimulus est devenue fortement stéréotypée. « Dans le langage courant, non technique, le mot "apprendre" s'applique souvent à ce que nous appelons ici "apprentissage zéro", c'est-à-dire à la simple réception d'une information provenant d'un événement extérieur, d'une façon telle qu'un événement analogue se produisant à un moment ultérieur (et approprié), transmettra la même information : par la sirène de l'usine, j'apprends qu'il est midi[3]. »

4. 1. 2. L'apprentissage de niveau 1

C'est le type d'apprentissage qui a été le plus étudié dans les laboratoires de psychologie expérimentale. Nous en trouvons de nombreux exemples dans les travaux sur le conditionnement pavlovien et skinnérien. Considérons de plus près ces deux formes d'apprentissage surtout du point de vue du contexte dans lequel elles se produisent. Dans le conditionnement pavlovien, nous avons une séquence temporelle rigide : le stimulus conditionné (habituellement une sonnerie) précède le stimulus inconditionnel (la viande) d'un laps de temps déterminé. L'animal ne peut rien faire pour changer cette séquence, il doit la subir. Par contre, dans les expériences de conditionnement instrumental (skinnérien), la séquence va dépendre du comportement de l'animal. En général, le stimulus inconditionnel est plus difficilement précisable ; ce peut être un stimulus interne, la faim par exemple. L'expérimentateur choisit de « renforcer » un comportement précis de l'animal : si ce dernier l'accomplit, il sera récompensé. Bateson précise d'ailleurs ce qu'il faut entendre par le terme « renforcement » : « Un événement extérieur sera considéré comme une "récompense", si son apparition corrige un changement "interne" qui, en lui-même, serait une "punition"[4]. »

Les phénomènes étudiés sont d'un niveau plus élevé que ceux du premier ordre d'apprentissage. La question que l'on se pose n'est pas : « quel changement se produit chez le chien lorsqu'il entend un sifflet ? », mais bien : « quels sont les changements qui se sont produits dans le changement qu'un chien vit lorsqu'il entend un sifflet ? » [5].

Mais ces apprentissages se produisent toujours dans un contexte et il n'est pas simple d'y repérer les éléments essentiels ; ceux-ci peuvent être définis de façon arbitraire par l'expérimentateur qui décide, par exemple, que la sonnette constitue le stimulus à la réponse de salivation. Pourtant, on a pu constater que le lien entre le stimulus conditionnel et le comportement renforcé n'est pas forcément aussi précis que les expérimentateurs aiment à le penser. On raconte par exemple qu'un jour, alors que l'expérimentateur habituel était absent, un assistant se chargea de l'expérience de conditionnement pavlovien qui était en cours ; il installa le chien dans son harnais habituel puis s'approcha de la sonnette, mais, avant même qu'il ait pu la toucher, le chien se mit à saliver ! Il est clair que, pour l'animal, le stimulus conditionnel ne se limitait pas à celui défini par la procédure expérimentale !

Pour Bateson, ce sont les éléments déterminant le contexte d'une situation d'apprentissage qui sont les indicateurs permettant de repérer le caractère de similitude entre les différentes situations. Ces indicateurs de contexte signalent que, si un comportement spécifique est exécuté, une récompense suivra. Ceci implique d'ailleurs une autre prémisse importante des phénomènes de communication : l'expérience que nous avons de notre relation à notre environnement est segmentée, ponctuée en sous-séquences ou en contextes que nous pouvons comparer ou différencier. « Lorsque l'expérimentateur dit que la sonnerie est le “stimulus” dans une séquence donnée, son affirmation comporte une hypothèse sur la façon dont l'organisme ponctue cette séquence [6]. »

Nous voyons donc que, dans l'apprentissage de niveau 1, l'individu se trouve au départ dans une situation qui permet une grande diversité de conduites, puis, petit à petit, par une série d'essais consécutifs, il va corriger ses « erreurs » et finir par donner un certain type de réponse avec une probabilité beaucoup plus grande. (Nous retrouvons ici l'explication de type « négatif » de la cybernétique.)

4. 1. 3. L'apprentissage de niveau 2

Si l'apprentissage de niveau 1 consiste en un changement dans la spécificité de la réponse, l'apprentissage du niveau supérieur doit consister en un changement dans le processus d'apprentissage lui-même, ce que Bateson appellera « apprendre à apprendre », « apprentissage secondaire » ou encore « deutéro-apprentissage ».

Imaginons, par exemple, que l'environnement d'un individu comporte de nombreuses séquences d'apprentissage de type pavlovien. Lorsqu'il sera confronté à une expérience entièrement nouvelle de ce type-là, il lui faudra moins d'essais pour parvenir à l'apprentissage demandé par la situation. Il aura acquis une certaine « habileté » face à ce type de contexte. Le changement auquel on fait référence ici peut se décrire à la fois comme un changement des attentes de l'organisme et comme un changement dans ses habitudes d'apprentissage. Si l'on parle en termes d'attentes, on dira que l'organisme s'attend avant tout à ce que l'univers de son expérience soit ponctué selon des séquences qui ressemblent au contexte pavlovien, c'est-à-dire des séquences dans lesquelles certaines perceptions peuvent être utilisées comme base de prédiction pour des événements futurs. Ou, alors, si l'on parle d'habitudes d'apprentissage, on dira que cet organisme va répondre à la prévision de ce qui doit arriver (par exemple en salivant) mais ne va pas essayer de changer le cours des événements. En un mot, l'animal est devenu « fataliste » et l'étude des caractéristiques formelles du contexte d'apprentissage nous a procuré une définition formelle d'un type particulier de fatalisme. De même, si l'individu est soumis à des contextes d'apprentissages de type skinnérien, c'est-à-dire dans lesquels il doit *faire* certaines choses pour obtenir une satisfaction, il apprendra à manipuler son environnement et deviendra en quelque sorte plus « manipulateur ». « On peut s'attendre à un transfert d'apprentissage du contexte A au contexte B si le contexte B ressemble au contexte A dans le sens qu'il requiert du sujet des "attitudes" semblables ou encore un "caractère" semblable, c'est-à-dire une évaluation semblable de soi-dans-le-contexte. Le deutéro-apprentissage est donc l'acquisition de caractéristiques comme le “fatalisme”, la “dépendance”, le “voyeurisme”, l'“astuce”, le “cynisme”, une “personnalité passive-agressive”, le “détachement”, la “confiance”, etc., y compris des combinaisons de tout ça[7]. »

Lorsque Bateson travailla à Hawaii, vers 1965, pour y étudier la communication chez les dauphins, il eut l'occasion d'assister à une expérience qui mettait bien en évidence le passage d'un apprentissage de type 1 à une expérience de deutéro-apprentissage. L'expérience était structurée selon la procédure suivante : lorsque le dauphin arrivait dans le bassin de démonstration, l'expérimentateur attendait l'apparition d'un certain comportement A (disons par exemple que le dauphin se redresse en sortant la tête de l'eau), qu'il renforçait alors grâce à la récompense habituelle, un poisson ; en très peu de temps, le dauphin reproduisait le comportement voulu par l'entraîneur. Lors de la deuxième séance, l'expérimentateur ne récompensait plus le comportement A, mais attendait l'apparition d'un nouveau comportement B (disons un coup de queue sur l'eau), qui était alors récompensé. Les séances suivantes se déroulaient selon le même schéma, les comportements antérieurs n'étaient plus récompensés, mais l'expérimentateur attendait à chaque fois l'apparition d'une conduite nouvelle pour la récompenser. Ces changements de programme ne semblaient pas du goût du dauphin qui, à chaque changement, manifestait sa « mauvaise humeur » mais finissait par produire, par hasard, un comportement différent qui lui permettait donc de recevoir une nouvelle récompense. Il était parfois tellement troublé que l'expérimentateur, désireux de maintenir une « bonne relation » avec le dauphin, devait lui donner quelques poissons immérités. C'est entre la quatorzième et la quinzième séance que devait se produire l'événement qui venait étayer la théorie de Bateson. Tandis que l'animal se trouvait dans son bassin de repos, il sembla tout à coup extrêmement excité. En entrant dans le bassin pour sa quinzième séance, il se mit alors directement à exécuter une série de figures très compliquées comprenant huit mouvements nouveaux (quatre d'entre eux d'ailleurs inconnus chez cette espèce auparavant).

Comment Bateson rend-il compte de ce changement subit chez

l'animal ? Pour lui, le dauphin a en quelque sorte « compris » que le contexte des séances était : « on renforce les comportements nouveaux ». Pour y arriver, il lui fallait d'une certaine manière comparer les informations sur les échantillons de contextes (comportements – renforcements), et en abstraire une information sur la classe, sur les caractéristiques communes aux contextes spécifiques des différentes séances ; le dauphin avait donc fait un apprentissage d'un niveau logique supérieur.

Une autre expérience nous permettra de saisir l'importance de la structuration de l'apprentissage en niveaux logiques, elle concerne cette fois le conditionnement des rats. Les rats ont une tendance naturelle à explorer leur environnement. Pour mieux en comprendre le fonctionnement, des expérimentateurs ont imaginé de mettre au point une procédure expérimentale destinée à amener une extinction de cette conduite d'exploration. Différentes boîtes étaient disséminées sur le parcours du rat et, à chaque fois que l'animal avançait le museau vers les boîtes, il recevait une décharge électrique. Mais, contrairement aux attentes des expérimentateurs, ces renforcements négatifs ne diminuaient en rien la tendance du rat à explorer son environnement. Pour Bateson, ceci n'a rien de surprenant ; en effet, la tendance à l'exploration est une conduite d'un niveau logique supérieur à l'approche des différentes boîtes. Même si son approche des boîtes lui procure un effet désagréable, ce renforcement négatif du comportement précis en question se transforme en renforcement positif si l'on se place au niveau supérieur : lorsque le rat reçoit une décharge, son exploration a été fructueuse, il connaît maintenant les boîtes qu'il vaut mieux éviter.

Nous le voyons, la théorie de l'apprentissage hiérarchisée en niveaux logiques permet d'établir des distinctions capitales qui remettent en question beaucoup d'idées reçues quant à la façon de modifier les comportements ou les attitudes des individus au sein de la société. « Il est intéressant d'examiner la nature d'un concept comme le "crime". Nous agissons comme si on pouvait supprimer le crime en punissant certains aspects de ce que nous considérons comme des actions criminelles, comme si le "crime" était le nom d'un certain type d'acte, ou d'une partie d'un certain type d'acte.

Mais le vocable “crime”, comme celui d’“exploration”, désigne plus exactement une façon d’organiser des actes : il est donc très peu probable qu’en punissant l’acte on supprime le crime. Depuis des millénaires, la prétendue science criminologique n’a pu éviter une simple confusion de types logiques[8]. »

4. 1. 4. L’apprentissage de niveau 3

Il était logique de poursuivre le raisonnement et d’envisager la possibilité d’apprentissages de niveaux plus élevés encore. Bateson a donc tout naturellement postulé l’existence d’un apprentissage de niveau 3. Il est cependant bien plus difficile d’en donner des exemples précis parce que, apparemment, cette possibilité semble se ramener aux expériences que vivent certains mystiques ou autres personnes « hors du commun ». Si nous repensons à l’apprentissage comme à un accroissement de la redondance entre l’individu et son environnement, nous pourrions peut-être envisager le passage à ce troisième niveau comme une transcendance des diverses contraintes qui constituent en quelque sorte nos « prémisses » sur le monde, nos habitudes de penser et d’agir, nos valeurs fondamentales, etc. Comme un maître zen l’avait fait remarquer à Bateson : « C’est une chose terrible que de s’habituer à quoi que ce soit. » On peut donc spéculer que le passage du deuxième au troisième niveau s’accompagnerait d’une modification extrêmement drastique de notre relation à notre environnement et, probablement, également d’un bouleversement de notre concept de « soi », comme l’ont notamment suggéré bon nombre de philosophies orientales. « Ce qu’on appelle le “soi” est un produit ou un agrégat d’apprentissages 2. Dans la mesure où un individu parvient à l’apprentissage 3 et apprend à percevoir et à réagir en fonction de contextes de contextes, son “soi” deviendra pour ainsi dire hors de propos. Le concept de “soi” ne fonctionnera plus comme un point nodal dans la ponctuation de l’expérience[9]. » Avec ce dernier niveau d’apprentissage, Bateson touche à des questions fondamentales de la nature humaine, à savoir la lutte perpétuelle entre, d’une part, le désir de sécurité, la peur de la nouveauté, la volonté de tirer des leçons de l'expérience passée afin de pouvoir mieux se préparer à affronter les changements continuels de notre relation au monde, et, d'autre part, la disponibilité de l'homme face aux changements perpétuels de son environnement, la créativité. L'hypothèse de ce troisième niveau constitue, en quelque sorte, l'espoir du dépassement, de la transcendance de toute rigidité de notre système de pensée, la perspective d'une relation au monde qui puisse être découverte permanente. Mais nous arrêterons là les spéculations métaphysiques et ferons nôtre la prudence de Bateson qui a toujours hésité à se jeter « dans la gueule du loup », dans ces territoires où « même les anges n'osent s'aventurer » [10].

Avant d'en terminer avec cette théorie de l'apprentissage et de passer au « projet Bateson » et à la formulation de la double contrainte, il est utile de voir comment nous pouvons cerner un peu mieux la notion de contexte que nous avons utilisée et que nous utiliserons encore à de nombreuses reprises.

4. 2. L'exploration du contexte

Tout comme la notion de système, celle de contexte est aussi nécessaire qu'elle est difficile à définir avec précision. Si elle recouvre certains aspects objectivables, elle est néanmoins dépendante du point de vue à partir duquel on considère un événement quelconque, elle est donc également éminemment subjective. Mais elle est inévitable pour toute personne intéressée par les phénomènes de communication.

4. 2. 1. La psychologie de la Gestalt

Les gestaltistes, que l'on peut situer parmi les précurseurs du paradigme systémique, étudièrent le phénomène de la perception et découvrirent que le « tout » qui est perçu est différent de la somme de ses parties. La perception d'une forme géométrique ou d'une mélodie ne peut se ramener à la somme de la perception de différents points ou de différentes notes ; la forme et la mélodie sont des exemples de ce qu'ils appelèrent déjà des propriétés émergentes : les qualités de l'ensemble d'une expérience ne sont pas inhérentes à ses composantes [11].

Un autre aspect important de l'organisation perceptuelle concerne la distinction entre la « figure », c'est-à-dire la forme qui se distingue à l'avant-plan, et le « fond », ou arrière-plan perceptuel [12]. Les gestaltistes découvrirent que certaines structures déterminent un cadre de référence en fonction duquel d'autres objets sont perçus. Beaucoup de personnes ont rapporté des exemples de tels phénomènes, appelés « mouvements induits », lorsqu'un train voisin se met doucement en branle, donnant l'impression que notre propre train a commencé à bouger dans la direction opposée bien qu'il soit toujours immobile. Ou encore lorsqu'un observateur se trouve dans une pièce inclinée : les murs de la pièce définissent les axes verticaux et horizontaux du cadre, donnant l'impression qu'un chandelier est de travers ou que le corps de l'observateur lui-même est incliné alors que les deux sont en fait parfaitement alignés avec la gravité. Dans chaque cas, le système visuel choisit une grande structure avoisinante pour définir la normalité perceptuelle – immobilité ou verticalité – et construit d'autres objets, dont le « soi », selon ces normes.

Un dernier aspect du concept gestaltiste d'organisation concerne ce que l'on a appelé la « prégnance » : lorsque des stimuli sont ambigus, la perception sera aussi « bonne » (c'est-à-dire simple, régulière et symétrique) que le permettent les « conditions qui prévalent ». Ces conditions font référence à l'information enregistrée par la rétine. Il est clair que le système visuel ne convertit pas chaque configuration en la forme la plus simple. Un triangle irrégulier, par exemple, n'est pas vu comme un cercle parce que la perception doit rendre compte de la nature de l'image rétinienne. Mais dans les cas où l'image est ambiguë, comme dans le cas d'une figure partiellement cachée, *la personne tend à percevoir la forme la plus simple cohérente avec l'information disponible.*

4. 2. 2. L'aspect subjectif du contexte

Considérons le contexte simple de l'échange d'un message entre un individu et un autre. Comme nous l'avons vu plus haut, le contenu du message pour l'émetteur est fonction de l'ensemble de référence dont ce message est un élément. C'est le rapport entre l'élément choisi et cet ensemble qui permet de définir le « sens » du message, du moins du point de vue de l'émetteur. Quant à savoir si le message sera compris de la même manière par le récepteur, voilà qui dépend du système de référence de ce dernier. Ces considérations ne se limitent d'ailleurs pas aux messages verbaux : une poignée de main, une accolade ou un baiser ne signifient rien si nous ne pouvons faire des hypothèses sur l'ensemble de référence dont ils sont des éléments. Mais la plupart des échanges interpersonnels ne permettent pas une discussion sur l'ensemble de référence des messages échangés. Il suffit pour en être convaincu d'avoir assisté à un débat télévisé !

Que peut-on dire sur les liens entre ensemble de référence et contexte ? Prenons un exemple simple. Vous rentrez chez vous et votre mari vous embrasse distraitement. Comment pouvez-vous interpréter ce message ? Comment pouvez-vous le « nommer », c'est-à-dire le classer dans une catégorie de comportements qui permette de lui attribuer un sens ? Dans un premier temps, vous allez probablement essayer de trouver certains indices supplémentaires autour de vous (sa mine, ce qu'il fait tout de suite après, vos souvenirs de situations semblables, etc.), des éléments de contexte qui, en relation avec le message précis, dessineront en quelque sorte ses contours. Ceux-ci peuvent néanmoins rester flous après ce premier travail personnel ; vous pouvez vous trouver devant plusieurs hypothèses concernant l'ensemble de référence : « il a eu une mauvaise journée au travail », « j'ai dû faire quelque chose qui lui a déplu », « il ne fait plus attention à moi », etc. Une autre manière de procéder consiste à demander des indices supplémentaires à l'intéressé : « Quelque chose ne va pas ? » Ce genre de question va amener une réaction, donc des indices supplémentaires sur le contexte du message. Lorsque tous ces indices formeront une *Gestalt* cohérente pour vous, le message vous deviendra « signifiant ». Il faut remarquer que nous faisons habituellement un tri dans tous les éléments du contexte et que nous retenons ceux qui contribuent à donner une *Gestalt* qui a une « bonne forme », les autres étant considérés comme non pertinents, comme du « bruit », pour faire une analogie avec la théorie de l'information. Mais il faut ajouter que, si certaines situations similaires se produisent périodiquement, il peut arriver que les bruits répétés des *Gestalten* précédentes peuvent subitement révéler une structure nouvelle qui peut même modifier complètement la classe à laquelle les messages antérieurs avaient été attribués (on connaît l'histoire de l'épouse qui, après des années d'habitude des rentrées tardives de son mari « tellement pris par son travail », à la suite d'une information qui, à elle seule n'aurait peut-être guère eu de signification, se rend subitement compte que c'est une rivale qui profitait des heures supplémentaires ! Tout le reste paraît alors « tomber dans les bonnes cases », l'ensemble des indices soit « oubliés », soit attribués à un autre contexte redessine complètement le comportement du mari). Il y a fort à parier que, moins bonne est la forme des perceptions, plus les bruits resteront « pendants », c'est-à-dire pas complètement retournés au chaos mais « en attente » d'informations supplémentaires qui pourront apporter la cohérence ou une cohérence plus satisfaisante. Si nous prenons, par exemple, l'expérience du dauphin dont nous avons parlé plus haut, nous dirons qu'après la première séance sa « compréhension » est très précise. Au début de la deuxième séance, cette cohérence reçoit un coup important jusqu'au moment où le deuxième comportement est récompensé : le premier comportement récompensé pouvant être mis au placard, il redevient du « bruit ». Après les quelques autres séances, le même schéma se reproduit, mais les « bruits » sont de plus en plus nombreux et perturbants : les informations non classées s'accumulent et ne présentent toujours aucune cohérence, aucune structure permettant de les relier. Jusqu'à la quatorzième séance, où l'éclair de compréhension se produit qui, d'un seul coup, offre une image totalement différente de la conduite renforcée ; la modification de la perception du contexte conduisant à l'attribution d'une classe nouvelle et ne laissant plus d'indices non étiquetés. Il faut noter que « ne pas comprendre » est bien souvent douloureux (potentiellement dangereux pour la survie ? Si quelque chose n'a pas de sens, quelle réponse lui apporter ?), ce qui laisse supposer que le doute, l'hésitation, etc., représentent des états peu satisfaisants pour les individus [13]. En ce sens, la compréhension d'un problème est accompagnée d'un sentiment de satisfaction ou de plaisir [14].

Le parallèle est également évident avec la suggestion de Bateson d'indiquer clairement les questions qui restent sans réponse, de les signaler par un petit drapeau blanc. Cela force le chercheur à ne pas ignorer purement et simplement les exceptions ou les incohérences, fussent-elles mineures, et donc à éviter de « rigidifier » démesurément la théorie. Il ajoutait même qu'il est toujours possible que la réponse à une de ces questions pendantes puisse recevoir une réponse qui rendra caduque l'ensemble de la théorie antérieure, qui fera percevoir une *Gestalt* plus large qui restructurera entièrement les données. En ce sens, répondre aux questions revient à les fermer, à les cristalliser, c'est-à-dire probablement à les sursimplifier. Répondre par une question plus large, plus englobante, est une technique batesonienne qu'il faut probablement comprendre dans cette optique.

Un autre parallèle consiste à définir la structuration mentale des données comme un système. Si une structure s'instaure, fixant en quelque sorte les liens entre les diverses idées, on a alors affaire à un système. Comme tout système, il tendra à maintenir une homéostasie, à réagir aux idées nouvelles en s'en protégeant (par exemple en les ignorant) ou en les assimilant à la structure existante. Il est possible que, moins un système est fermé, cohérent et structuré de façon rigide, plus l'individu sera susceptible de se saisir des éléments d'information nouveaux pour les intégrer et en tenir compte. Plus le système de pensée sera loin d'une position d'équilibre stable, plus il pourra se saisir du « chaos » de l'environnement en perpétuel changement pour créer des structures nouvelles plus adaptées.

Le contexte est donc un concept éminemment relativiste : si c'est bien l'émetteur d'un message qui « choisit » un élément dans un ensemble de possibilités, le récepteur va l'interpréter selon son propre système de référence, c'est-à-dire le classer dans l'ensemble de référence qui lui semblera approprié.

4. 2. 3. Les aspects consensuels et individuels du contexte

Il est clair que nous arrivons malgré tout à nous comprendre suffisamment pour nous organiser et vivre en société. Les membres d'une même culture partagent ainsi, grâce au processus de la socialisation et à l'éducation en général, ce que nous pourrions appeler un ensemble de référence commun : langage, mœurs, habitudes culturelles, etc. Mais il n'empêche que chaque individu, par son expérience personnelle, son milieu socio-économique, son groupe d'amis, ses rencontres fortuites, etc., se construit, au fil des années, un système de référence, une « grille de décodage » idiosyncrasique. C'est ainsi que, alors que de nombreux éléments du contexte nous semblent consensuels ou objectifs, d'autres sont indéniablement subjectifs. Le contexte révélera donc toujours des ambiguïtés que seules la métacommunication explicite ou, encore, des informations sur l'ensemble de référence de l'émetteur permettront de lever, du moins en partie.

Si tout message peut comporter une part d'ambiguïté qui soit un obstacle à une « bonne » communication interpersonnelle (surtout si l'on n'est pas conscient des différences individuelles !), cette ambiguïté offre, en même temps, la richesse et l'espoir d'évolution et de créativité dans nos échanges.

4. 2. 4. Le contexte et l'apprentissage sous l'angle de la « Gestalt »

Nous venons d'évoquer la socialisation ou plutôt l'acculturation. Il s'agit là de phénomènes qui concernent les apprentissages que fait l'individu dans son groupe culturel par l'intermédiaire de ses échanges avec les autres membres de sa culture. « Le courant communicationnel est une suite de contextes d'apprentissage et d'apprentissage à apprendre [15]. » Tous les éléments qui entrent en jeu dans une situation d'apprentissage (stimuli, réponses, renforcements, etc.) sont structurés en un tout, en une *Gestalt*. Ces *Gestalten* se répètent, se modifient et sont parfois transcendées par des *Gestalten* plus englobantes, comme nous l'avons vu dans l'expérience avec le dauphin. Elles sont, en fin de compte, une création des individus, c'est-à-dire le produit des manières dont ceux-ci perçoivent et ponctuent ce qui se passe dans leur univers. « Si nous supposons que le sujet n'acquiert pas seulement le comportement particulier qui est appris mais également l'attente que l'univers sera, dans une certaine mesure, structuré de la même façon que le contexte dans lequel l'apprentissage s'est produit, alors il s'ensuit que, en examinant attentivement ces contextes, nous pouvons obtenir des indices sur la *Weltanschauung* [16] de l'individu [17]. »

On n'a guère étudié la façon dont ces *Gestalten* évoluent, se transforment, sont englobées dans des *Gestalten* plus larges, etc. Nous verrons cependant plus loin que les psychothérapeutes utilisent ce phénomène pour modifier le sens d'un comportement. Pour bien saisir la façon dont peuvent se modifier les *Gestalten*, donc le contexte, il n'est peut-être pas inutile d'utiliser une analogie qui, bien qu'approximative, permettra de poser le problème et d'envisager certaines des difficultés que la question soulève. Le contexte d'un événement donné peut être comparé aux informations dont dispose le spectateur d'un film au cinéma. Imaginez que le film commence par le gros plan d'un couple enlacé. Le spectateur est censé utiliser les éléments d'information à sa disposition pour comprendre la scène et l'apprécier. Maintenant, la caméra recule et voilà qu'apparaît dans le champ une troisième personne, dissimulée derrière un muret et qui semble observer la scène avec attention. A ce stade, la perception de la scène prend une autre dimension. Si la caméra recule encore et laisse apparaître plusieurs personnes supplémentaires mais celles-là bien en vue du couple, la perception du sens de la scène se modifie encore, même s'il n'est peut-être guère aisé de s'en faire une représentation bien définie. Il suffit alors qu'apparaisse un caméraman dans le champ pour que la scène prenne une signification moins ambiguë (et probablement assez différente de l'impression première). On pourrait, bien sûr, étendre le nombre d'informations supplémentaires à l'envi et, de plus, le contexte de la scène n'est pas seulement spatial mais également temporel ; un flash-back pourrait par exemple nous apprendre qu'il s'agit en fait du premier bout d'essai d'une jeune actrice (le partenaire passant alors à l'arrière-plan), etc. En dépit de ces restrictions, il est possible que la perception du contexte d'un événement réponde à des lois semblables à celles qui ont été repérées par les psychologues de la *Gestalt* pour la perception des formes. Ces différentes caractéristiques devraient pouvoir être étendues et adaptées de manière à pouvoir englober les caractéristiques du contexte autres que les aspects perceptuels proprement dits.

Il est fort probable que la perception de *Gestalten* signifiantes possède des fondements biologiques ; la capacité à repérer certains contextes essentiels à la survie de l'espèce est probablement inscrite dans le code génétique : alimentation, sexe, conduites d'autodéfense, etc. Comme le souligne Bateson, un lion ne doit pas apprendre qu'une gazelle est « mangeable ». Il est également possible que cette « préprogrammation » serve de substrat à partir duquel peuvent s'opérer des généralisations, des amalgames, etc. Ceci pourrait expliquer le fait que nous avons tendance à classer toute information nouvelle, tout contexte nouveau, dans une catégorie qui lui donne, dès lors, une sorte de « valence », quelque chose comme une position sur une échelle dichotomique bon-mauvais [18]. Pour qu'ils puissent acquérir un sens, les contextes nouveaux doivent, semble-t-il, être ramenés soit à des expériences anciennes qui, elles, possèdent déjà une signification pour l'individu, soit être vécus directement comme « bons » ou « mauvais » et créer en quelque sorte une nouvelle catégorie. Cette dernière manière d'agir ne semble malheureusement guère développée au sein de nos cultures : nous avons plutôt tendance à ramener le nouveau à l'ancien, et à nous fier aux significations établies, qu'à faire confiance au témoignage de nos sens. « Vous n'êtes qu'une poignée de réponses vieillies », disait Samuel Beckett ! Et cela rejoint bien la remarque du maître zen à Bateson citée plus haut.

Nous venons de passer en revue différentes implications de la notion de contexte dans le domaine de la communication interpersonnelle. Nous avons pu constater à quel point elle est fuyante : ou bien nous devons nous contenter de rester à un niveau très général, ou bien les contours en deviennent flous à mesure que l'on tente de la préciser. Elle n'en garde pas moins une importance pragmatique considérable : elle est la clé tant de la signification des échanges que des apprentissages des individus, et donc de leurs comportements sociaux.

Les similitudes entre les concepts de « contexte » et de « système » sont flagrantes. Tous deux sont à la fois subjectifs et objectifs. Si un observateur extérieur peut, dans les deux cas, en épingler certaines caractéristiques tangibles, c'est en dernier ressort la relativité du point de vue des acteurs qui en détermine les contours et l'impact.

Nous avons à présent défini tous les éléments de notre puzzle conceptuel. C'est armé de cette boîte à outils méthodologiques que Bateson va entreprendre ses grands travaux de recherche sur les paradoxes de l'abstraction dans la communication humaine…

DEUXIÈME PARTIE

La double contrainte et au-delà

Les idées de Bateson sont à mille lieues des préoccupations des praticiens qui, pour la plupart, ne comprennent rien aux folles théories de cet anthropologue marginal. Aux psychiatres qui parlent de pulsions, d'inconscient, de traumatismes infantiles, il répond niveaux logiques, paradoxes, cybernétique. L'écart est démesuré, son discours incompréhensible. Sans l'appui inopiné d'un personnage influent dans la Fondation Rockefeller, il est fort à parier qu'aucun organisme n'aurait osé financer un projet intitulé : « L'étude du rôle des paradoxes de l'abstraction dans la communication »... !

L'hypothèse de la « double contrainte » va marquer le tournant du « groupe de Palo Alto ». C'est la première concrétisation scientifique de cette nouvelle conception des sciences humaines : elle définit la maladie mentale comme un trouble de la communication, changeant ainsi fondamentalement la perspective thérapeutique. C'est le début de la thérapie familiale.

5

Chroniques d'un projet

On ne peut sous-estimer l'importance de ce qui sera appelé très vite le « projet Bateson ». Cette recherche qui s'étala sur dix années, de 1953 à 1962, va en effet procurer une ossature à l'école de Palo Alto. C'est elle qui reliera les travaux de la cybernétique, la théorie des systèmes, les recherches sur la « nouvelle communication », la théorie de l'apprentissage et les débuts de la thérapie familiale, portant un coup décisif aux approches traditionnelles de la maladie mentale. Que faut-il en retenir près de quarante ans après ? Il n'est pas aisé d'en faire un bilan. Même si c'est au titre d'hypothèse de travail que l'histoire retiendra la théorie de la double contrainte, nous souhaiterions montrer qu'il s'agit en fait d'une époustouflante synthèse de réflexions épistémologiques d'une portée extrêmement générale dont le catalyseur sera un événement fortuit : l'installation de l'équipe dans le bureau d'un hôpital psychiatrique. L'image en est presque surréaliste : la rencontre d'un anthropologue et d'un ordinateur dans une chambre capitonnée ! En fait, il est possible de lire l'histoire du projet Bateson comme une belle illustration du changement d'état d'un système, d'une « structure dissipative[1] ». Les idées foisonnantes de Bateson, au sortir du cycle de conférences sur la cybernétique, possèdent toutes les caractéristiques d'un système loin de sa position d'équilibre : des tas d'idées se heurtent, se transforment, perturbant l'équilibre des théories antérieures. Mais la stabilité tarde à s'instaurer. Les morceaux ne se structurent pas, la *Gestalt* ne possède pas les qualités de « bonne forme » auxquelles aspirent les éléments en interaction. Nous le verrons, le début du projet voit les différentes personnes partir dans tous les sens : on s'efforce de relier les bribes et d'en former un tout cohérent. Puis c'est finalement une question, un problème concret qui favorisera la précipitation de ces différents éléments, les structurant en une théorie explicative de la schizophrénie.

Que les différentes personnes concernées l'admettent ou non, c'est également cette théorie de la double contrainte qui relie les deux équipes qui se suivront à Palo Alto : le groupe Bateson d'une part, le Mental Research Institute de l'autre. Nous verrons d'ailleurs que, si les deux équipes n'ont jamais réellement collaboré, tous les membres du groupe de Bateson (sauf Bateson lui-même) se sont retrouvés au Mental Research Institute par la suite.

Retracer l'histoire et l'évolution du projet Bateson revient donc à saisir le moment de la concrétisation d'un nouveau modèle de référence, le surgissement des idées interactionnelles dans le champ des sciences humaines. Nous présenterons les différents acteurs, en montrerons les premiers errements ; nous tisserons la toile des influences dont ils étaient l'objet. Nous montrerons comment les « hasards » de leurs contacts et rencontres se sont mêlés aux nécessités de leur recherche pour engendrer cette idée originale que représente la théorie de la double contrainte. Au chapitre suivant, nous montrerons rapidement comment cette nouvelle idée a dû, elle-même, subir les pressions de son environnement et s'y adapter.

Commençons par le récit des événements.

5. 1. Un petit gars de la campagne

La sonnerie se mit à retentir à l'autre bout du téléphone. John se demandait déjà comment il avait eu l'audace d'appeler ce professeur à son domicile privé. C'est vrai que son numéro se trouvait dans l'annuaire et qu'il avait trouvé son nom dans le fascicule de l'école, mais il n'empêche, cela ne lui ressemblait pas d'appeler quelqu'un sans même le connaître.

– Allô ?

– Oui, excusez-moi de vous déranger, pourrais-je parler à M. Bateson ?

– C'est moi-même, de quoi s'agit-il ?

La voix était amicale bien que l'accent nettement anglais laissât transpirer l'éducation aristocratique de Cambridge.

– Eh bien voilà… Je m'appelle John Weakland[2], je suis ingénieur chimiste et j'aurais souhaité avoir quelques renseignements sur les cours que vous donnez à la New School for Social Research.

– Ingénieur, comme c'est intéressant ! Pourquoi ne passeriez-vous pas me voir tout de suite chez moi ?

Complètement abasourdi, John reposa le téléphone. Effectivement, ce M. Bateson n'habitait pas très loin : Perry Street, c'était à quelques blocs de là. Chemin faisant, il essaya de rassembler les maigres connaissances qu'il avait en sciences sociales. Son parcours n'avait pourtant pas débuté dans cette voie-là.

Il était né, en 1919, en Virginie-Occidentale (à ne pas confondre avec la Virginie tout court ! La Virginie c'est le vieux Sud, et la Virginie-Occidentale s'est séparée de cette dernière pendant la guerre civile). C'est un pays de montagnards assez pauvres. Même sa capitale, Charleston, est encore une petite ville. C'est là qu'il était né, à Charleston, c'est là qu'il avait grandi[3]. Son père était un homme d'affaires dont la famille était d'origine irlandaise, donc catholique : il gagnait bien sa vie en travaillant pour le chemin de fer et dans la construction de routes. Les parents de sa mère étaient d'origine allemande. John avait quitté sa famille pour entrer à l'université de Cornell. Là, il avait fait des études de chimie et obtenu un diplôme d'ingénieur, sans trop savoir pourquoi. Ou plutôt si, son frère n'avait-il pas fait des études d'ingénieur ? Et ils avaient un cousin qui avait fait les mêmes études, dans la même institution, et puis tout le monde pensait alors que quand on était bon en mathématiques et en physique on devenait ingénieur. Alors, on l'avait poussé dans cette direction et il y était allé. Après tout, c'était un bon petit gars de la campagne.

Après cinq années d'étude, il était tout naturellement retourné à Charleston où, toujours sous l'influence de son père, il avait travaillé dans une petite firme pendant un an. Il avait alors reçu d'autres propositions et était parti dans le New Jersey, à 25 kilomètres de New York. Une compagnie moyenne avec deux ou trois usines travaillant dans le cadre de l'effort de guerre. D'une part, on y faisait des explosifs et, d'autre part, le patron avait reçu de l'argent pour produire massivement de la pénicilline. Il avait dû mettre au point les récipients. Ça avait marché ! Il se souvenait avec plaisir d'avoir pu participer à ce qui fut probablement une des premières productions en masse de pénicilline.

Mais le cœur n'y était pas. C'est alors qu'il avait éprouvé le besoin de faire le point et avait pris trois mois de congé pendant l'été. Les relations humaines ne semblaient pas être son fort et il se sentait bien démuni dans sa vie personnelle et familiale. Il ne lui restait d'ailleurs plus que son père. La solitude lui pesait aussi de plus en plus. Il y avait plusieurs raisons à cela. Sa mère l'avait toujours traité un peu comme un enfant malade : n'avait-il pas un problème de tension artérielle ? C'était l'enfant à protéger. Et, comme il était toujours deux à trois années plus jeune que ses condisciples, ce n'était pas simple de se faire des relations, tant avec les garçons qu'avec les filles. Et puis il n'avait jamais été très intéressé par les sports. Il était donc plutôt solitaire, pas asocial mais solitaire. En gros, le monde lui semblait curieux. Non seulement les autres jeunes gens, mais aussi le monde des ingénieurs ; les gens passaient plus de temps à rédiger des rapports « politiques » qu'à s'occuper de leur travail, ça aussi c'était bizarre. Ils passaient beaucoup de temps à expliquer que s'il y avait une erreur ce n'était pas de leur faute mais celle du voisin. En fin de compte, c'est peut-être là qu'il avait commencé à s'intéresser à la sociologie des ingénieurs !

Il était donc parti trois mois à Princeton. Tous les matins, il allait à la bibliothèque de l'université et lisait tout ce qui pouvait être intéressant en sciences humaines et en psychologie. Dont Freud, bien sûr. La plupart des après-midi, il parcourait la campagne du New Jersey, ça avait été une belle expérience, un grand été !

Mais il lui fallut bien reprendre le collier. Très vite, cependant, le travail lui avait pesé et il était parti travailler dans une des plus grandes raffineries de pétrole du monde, dont les bureaux étaient situés au centre de Manhattan ! Il y resta deux ans, en eut assez et partit.

Que faire ? Il s'était accordé trois mois de pause à New York. Il prenait le métro et allait jusqu'au bout de la ligne en se demandant ce qu'il pourrait bien faire par la suite. Comment il avait décidé de reprendre des études dans les sciences sociales, c'était difficile à dire. Probablement à la suite de ses lectures à la bibliothèque de Princeton. Il avait donc commencé à regarder les programmes des cours des écoles de la région de New York et c'est alors qu'il était tombé sur celui de la New School for Social Research, dans le centre ville, entre la 5e Rue et la VIe Avenue. C'était un bâtiment construit dans les années 20, et la plupart des professeurs étaient des émigrés européens qui avaient fui les nazis. En regardant le programme des cours, il avait été intéressé par les cours d'anthropologie donnés par un certain Gregory Bateson. Il s'était dit : « Ça a l'air intéressant mais je voudrais en savoir un peu plus avant de m'inscrire. » Il avait cherché dans l'annuaire : Gregory Bateson, Greenwich Village, Perry Street, et il avait osé téléphoner. Et il était en chemin pour le rencontrer, chez lui...!

John était très content de lui. L'entretien s'était très bien passé. Le professeur avait été charmant, bien que son invitation immédiate ait été plus le fruit d'une mauvaise interprétation de ses compétences que d'une hospitalité spontanée. En fait, il s'était très vite avéré que Bateson avait cru trouver, chez son jeune interlocuteur, un expert en mathématiques, ce qui était malheureusement loin d'être le cas. Si on avait parlé d'anthropologie pendant cette rencontre, la conversation avait régulièrement glissé sur des sujets que John Weakland était loin de s'attendre à discuter avec un anthropologue : il avait été question de conférences sur la cybernétique, de Norbert Wiener et d'autres *big shots* de la Bell Company. Apparemment, Bateson participait à ces rencontres durant lesquelles on parlait pas mal de mathématiques, au grand dam de l'anthropologue qui n'arrivait pas toujours très bien à suivre. En fait, il s'était imaginé que le jeune ingénieur pourrait éclaircir les choses pour lui. C'était malheureusement une complète illusion. Depuis Cornell, les maths étaient bien loin pour lui. Mais, malgré cela, l'entretien s'était bien passé, les deux hommes s'étant mutuellement appréciés.

C'est ainsi qu'en 1947 John Weakland commence à suivre les

cours d'anthropologie du professeur Gregory Bateson à la New School for Social Research.

Aujourd'hui encore, il évoque le souvenir de ces cours et du type de professeur qu'était Bateson :

« Les cours étaient très intéressants mais pas faciles à suivre. Il donnait deux cours différents : il y en avait un plus théorique et l'autre plus pratique, mais Gregory ne faisait aucune distinction. Il parlait de ce qu'il avait en tête à ce moment-là. C'était un bon professeur mais un professeur difficile, très stimulant. Il donnait beaucoup de faits épars sur le travail de terrain et, au début, on était désorienté mais, peu à peu, les choses se mettaient en place. Je me souviens d'une expérience assez concrète dans laquelle les étudiants étaient les anthropologues et l'informateur Gregory Bateson ; la société qu'il fallait étudier étant les étudiants de première année de l'université de Cambridge, qui était un monde en elle-même. Dans la deuxième moitié du cours, il nous a emmenés faire un travail sur le terrain à New York, étudier différents groupes culturels. J'étais très intéressé à ce moment-là par la perception du temps et j'étudiais les feuilletons radiophoniques. A Chinatown, j'ai aussi étudié un processus de socialisation par le jeu d'échecs.

« Dans les deux cours que j'ai suivis, on parlait un peu de ceci, un peu de cela et encore un peu d'autre chose et alors, à la fin, je me suis dit : "Je vais mettre les morceaux ensemble, les choses s'agencent bien." J'avais l'impression d'avoir fait une bonne synthèse. Assez fier, je suis allé porter mon travail à Gregory qui a dit merci, l'a mis de côté et ne l'a plus jamais regardé. Il a dit merci, il l'a déposé et c'est la dernière chose que j'ai entendue à ce sujet. C'était typique de Gregory [4]. »

5. 2. « Des divorces et des mariages »

John Weakland a donc attrapé le virus des sciences sociales, et il décide ensuite de poursuivre sa formation à la prestigieuse université Columbia, là où enseignent Margaret Mead et Ruth Benedict. Pour Mead, il reste avant tout « l'élève de Gregory », ce qui l'arrange bien d'ailleurs : « C'est pour ça qu'elle ne faisait pas pression sur moi comme elle le faisait avec ses étudiants. Ce fut d'une grande aide pour moi, parce que, quand elle faisait pression sur les gens, c'était assez écrasant. Elle était exigeante pour les cours mais pas au-delà, elle pouvait être terrible pour les autres étudiants du doctorat. » Comme il cherche à gagner un peu d'argent, Mead lui suggère d'aller proposer ses services à Ruth Benedict qui vient de recevoir des subsides importants pour mener une recherche sur l'étude des cultures « à distance ». Déjà intéressé par la culture chinoise, il va tout naturellement poursuivre ses recherches dans ce domaine.

« Nous avons fait de nombreuses choses dans ce projet : nous travaillions sur six cultures différentes. Avant tout, nous lisions des travaux interprétatifs et descriptifs sur les sociétés que nous étudiions, mais nous lisions aussi au moins autant de romans, avec l'idée qu'ils vous apprennent des choses que les travaux scientifiques ne disent pas. [...] Il y a énormément de Chinois aux États-Unis, des immigrés comme des étudiants. Nous avons donc pris des informateurs parmi eux, nous faisions des réunions en groupe pour discuter nos découvertes et les écrire, et organiser des rapports et, à la fin, graduellement, vous commencez à vous faire une représentation.

« [...] Nous étions surtout intéressés par ce que la connaissance de la culture chinoise pouvait nous apprendre sur la politique chinoise, surtout à un moment où ils étaient au bord d'une révolution[5]. »

Peu après le démarrage du projet, Bateson quitte la région de New York et devient « professeur invité » à Harvard pendant quelque temps. Weakland garde malgré tout encore quelques contacts avec lui, mais il n'est plus aussi proche.

Lorsque le projet touche à sa fin, John Weakland décide de partir faire un bref travail de terrain chez les Navajo et les Hopi, au Nouveau-Mexique. Il passe d'abord à Harvard, juste avant de partir dans le pays navajo, en partie pour rendre visite à Bateson et, aussi, parce que l'un des professeurs de Harvard n'est autre que Clyde Cluckhon, le plus grand spécialiste de la culture navajo; celui-ci s'était offert à aider le jeune anthropologue dans la préparation de son travail de terrain.

A ce moment de sa vie, notre étudiant a fait de nets progrès dans l'art de se socialiser, au point d'épouser Anna Wu, l'une de ses informatrices chinoises, étudiante à Columbia.

En 1949, comme nous l'avons vu précédemment, Bateson a été engagé par Jurgen Ruesch pour participer à une recherche sur la communication. Comme son mariage avec Margaret Mead bat de l'aile, il est tout heureux de quitter la côte Est et part donc s'installer dans la région de San Francisco. Les deux hommes jettent les bases d'une approche interactionnelle de la communication humaine. Mais Bateson se sent à l'étroit dans le carcan d'une institution psychiatrique. Il rêve de pouvoir tester les nombreuses pistes ouvertes par la cybernétique en organisant lui-même un projet de recherche sur les « paradoxes de l'abstraction dans la communication ». Ses nombreuses relations lui ont fait rencontrer Chester Barnard, un grand ponte de la Rockefeller Foundation dont le livre de chevet se trouve justement être le *Naven* de Bateson (!). C'est lui qui va aller défendre ce projet impossible auprès des autorités décideuses.

Nous sommes alors en 1952. John Weakland est lui aussi à un tournant de sa vie, jeune anthropologue aux prises avec une thèse de doctorat qui ne veut pas prendre forme. « Et alors, Gregory est venu à New York pour voir s'il allait obtenir l'approbation de son budget. Il a logé chez nous, dans notre appartement de Greenwich Village, pendant quelques jours, et, un après-midi, il arrive à la maison en disant : “Ils ont accepté mon projet”, ce qui voulait dire, essentiellement, que Barnard l'avait habilement piloté à travers la bureaucratie du “Rockefeller”. Nous avons décidé de fêter ça et nous sommes allés dans un restaurant italien, une rue plus loin. Et, pendant que nous mangions de la “langouste à la diable” tout en buvant du soave, Gregory m'a demandé : “Aimerais-tu venir en Californie pour travailler dans mon projet ?” Et, surtout dans les circonstances où je me trouvais à ce moment-là, je lui ai répondu :

"Bien sûr que cela m'intéresse !" Et nous avons tout arrangé à New York, nous avons fait nos valises et nous sommes venus en Californie. »

5. 3. Jay Haley : de l'importance du conflit...

« Après tout, peut-être que cet anthropologue anglais pourrait m'aider à analyser ce film... » Dans le laboratoire de l'université de Stanford où il prépare une maîtrise en communication, Jay Haley n'a pas choisi la voie la plus simple : c'est la première fois que quelqu'un essaye d'analyser un film sous l'angle de la communication. Enfin, pas la toute première fois apparemment, puisqu'on vient de lui signaler qu'il y a un chercheur au Veterans Administration Hospital[6] qui a publié une étude anthropologique d'un film de l'Allemagne nazie, *Hitlerjunge Quex*[7].

Les films constituent en quelque sorte un retour aux premières amours pour ce jeune étudiant. C'est le théâtre qui l'avait d'abord passionné. Il a donc quitté son Wyoming natal pour s'inscrire à l'université de Californie à Los Angeles. Et puis il y eut ce cours sur la communication et la découverte d'un nouvel intérêt. C'est pour poursuivre cette nouvelle passion qu'il a décidé de monter à Palo Alto, là où est située l'université de Stanford, pour y obtenir un diplôme de maîtrise en communication. Non pas que la course aux diplômes le motive énormément, mais il faut bien en passer par là.

En tout cas, on verra bien ce que ce Bateson peut lui apporter...

Il vient de sortir de la VA et il n'arrive toujours pas à réaliser ce qui s'est passé !

On ne peut pourtant pas dire que l'entrevue s'est déroulée sans problème. Bateson et lui n'avaient apparemment pas les mêmes vues sur l'analyse d'un film. L'anthropologue lui avait tout de suite montré le film qu'il avait étudié des années auparavant. Pour Haley, il était pourtant évident que le thème de la castration était un des éléments primordiaux de ce foutu film. Et ce Bateson s'évertuait à en sous-estimer l'importance. Il ne paraissait tenir compte que des aspects structuraux : les relations entre les deux groupes politiques, les interactions entre les membres de la famille, etc. Et puis toutes ces nouvelles théories sur la formation du caractère nazi, sur l'apprentissage secondaire, sur les relations figure/fond... il y avait de quoi s'y perdre. Pourtant, l'homme était passionnant et il ne craignait pas le débat. C'est le moins qu'on puisse dire d'ailleurs parce que, à maintes reprises pendant la discussion, le ton avait monté.

Mais c'est surtout la conclusion de cette première rencontre qui l'avait stupéfié. Vous connaissez beaucoup de personnes qui, après s'être disputé pendant des heures avec quelqu'un qu'ils ne connaissent ni d'Ève ni d'Adam, lui proposent un emploi de chargé de recherche à temps plein dans leur équipe ? C'était pourtant comme ça que les choses s'étaient passées ! Aussi, et bien qu'il ne connaisse ni son futur collaborateur (un ingénieur chimiste !) ni même le sujet précis de la recherche, Jay n'avait pas hésité un instant : la thèse pouvait bien attendre, il ferait partie de ce fameux projet de deux ans avec ce personnage fascinant.

5. 4. Un ethnologue dans un nid de coucous

C'est à la VA de Palo Alto que William Fry, alors étudiant en psychiatrie, faisait son internat. L'hôpital avait une excellente réputation. Notons d'ailleurs, en passant, que c'est là que Ken Kesey travaillera quelques années plus tard ; il publiera son expérience (« fortement romancée », nous rassurera William Fry !) d'infirmier dans cet hôpital sous le titre *Vol au-dessus d'un nid de coucous*[8].

L'orientation de la formation en psychiatrie était évidemment essentiellement clinique, mais on y était tenu de suivre certains cours. Des cours de psychiatrie traditionnelle, mais aussi ceux qu'y donnait un ethnologue excentrique, un certain Gregory Bateson.

Ce dernier est alors le seul ethnologue à travailler dans un hôpital psychiatrique. On lui a confié ce poste surtout pour éviter certaines bavures courantes après la Seconde Guerre mondiale. En effet, si l'intégration des différents groupes culturels continue à poser de sérieux problèmes à la société américaine, l'armée ne s'arrête pas aux préjugés raciaux : un soldat est un soldat, qu'il soit blanc, noir ou... rouge. Mais, lorsqu'il s'est agi d'apporter de l'aide à ceux qui avaient souffert sur le front, les médecins psychiatres durent revoir leurs diagnostics, surtout lorsqu'on les surprit à mélanger allégrement les différences culturelles et les critères de santé mentale. On leur fit savoir qu'il fallait quand même cesser de confondre sans arrêt les Indiens et les malades mentaux ; il est vrai qu'à la fin, même dans un hôpital psychiatrique, ça fait désordre. On avait donc pris la précaution d'engager un anthropologue pour les aider à séparer la mauvaise graine de l'ivraie.

C'était en 1950, et le contrat de Bateson stipulait qu'il devait donner un cours aux étudiants en psychiatrie. Dans ses écrits ultérieurs, et en particulier dans la première partie de *La Nature et la Pensée*, Bateson fera bien souvent allusion à ces cours et à la façon très personnelle dont il les envisageait. L'expérience vécue par William Fry permet d'en apprécier la saveur « de l'intérieur », puisqu'il les a suivis en tant que résident. « Son approche était très détendue, plutôt informelle par rapport aux autres instructeurs qui, eux, étaient très didactiques, avec un programme et des séminaires de cas, etc. Gregory faisait des exposés sur des sujets qu'on ne s'attendrait pas à trouver dans une formation à la psychiatrie : histoire naturelle, comportement animal, des séminaires sur *Les Anneaux du roi Salomon* de Lorenz, récemment publié à l'époque ; et surtout des discussions sur ces différents sujets, des discussions philosophiques. Beaucoup de résidents n'avaient que des intérêts cliniques sans grande relation avec l'orientation que Bateson proposait, mais ils admiraient quand même ses connaissances et son intelligence, même s'ils n'appréciaient pas pleinement la portée des paroles de Bateson. Il est certain qu'il allait bien plus loin que le niveau de conceptualisation que l'auditoire pouvait avoir. Il était très respecté, mais pas par ceux qui se consacraient à la clinique seulement. Il y avait beaucoup de blagues qui circulaient sur Bateson, notamment parce qu'il était toujours très peu formaliste, très "relax" et, à côté de cela, toujours préocuppé par de grandes idées philosophiques. Les blagues tournaient autour du fait que, pour comprendre Bateson, il fallait être un peu marteau [Rires][9]. »

Mais, en tant qu'enseignant, Bateson aimait susciter l'émulation intellectuelle autour de lui. Il vivait à cette époque avec sa deuxième épouse, Betty, la secrétaire que Ruesch lui avait choisie. Ils habitaient une maison non loin de l'hôpital, avec leur fils John, et, une fois par semaine, il y avait une réunion chez eux : « Il servait du thé et du café ; c'était une réunion informelle où tout le monde était invité : les résidents, des étudiants, le staff, des amis de la communauté, et il essayait de lancer des discussions sur les sujets que les gens amenaient. Et, si personne n'avait rien de spécial, lui avait toujours des sujets à proposer. C'était un provocateur[10], son but était d'être stimulant en jouant avec des idées et des sujets controversés, ou en abordant des domaines obscurs que les résidents ne connaissaient pas bien. »

A cette époque dans sa deuxième année de résidence, Fry faisait de la recherche en physiologie ; il étudiait la fonction des glandes surrénales et leur lien avec la maladie mentale, une des hypothèses nouvelles de l'époque pour rendre compte de l'origine de la schizophrénie. « Au milieu de ma troisième année, il [Bateson] m'écrivit pour me dire qu'il avait reçu des fonds pour un projet de recherche et il m'a demandé si l'étude du rôle des paradoxes dans le comportement m'intéressait. Évidemment que ça m'intéressait ! La psychiatrie clinique ne me satisfaisait pas assez pour ne faire que ça. En fait, avant d'aller à l'armée, en 43-44, j'avais fait des études littéraires et, avant ça, j'étais dans le journalisme. J'avais un *background* littéraire, et rester dans un registre de clinicien seulement me semblait fort insatisfaisant. Aussi, l'idée de travailler avec Gregory, avec la diversité de sa connaissance et ses bases philosophiques, m'attirait énormément[11]. »

Bateson n'avait pas assez d'argent pour en faire un collaborateur à temps plein, mais Fry entrera néanmoins dans l'équipe comme chercheur à temps partiel.

5.5. Le « Don » [12]

C'est en 1920 que Donald DeAvila Jackson naît à Oakland, ville industrielle voisine de San Francisco dont elle est séparée par le Bay Bridge. Sa mère est d'origine portugaise et son père voyageur de commerce pour une firme pharmaceutique. Il termine ses études secondaires à l'âge de seize ans et, après avoir voyagé pendant six mois en Australie, il entre à l'école de médecine de la prestigieuse université de Stanford à Palo Alto. Il se spécialise ensuite en psychiatrie et est fasciné par la psychanalyse et par les travaux de Laurence Kubie et Milton Erickson sur l'hypnose.

Dès le début de sa carrière professionnelle, Jackson recherche activement toutes les méthodes et techniques qui permettent d'arriver à des résultats concrets et se montre prêt à les incorporer à sa pratique personnelle. Il passe deux années à se spécialiser en neurologie dans l'armée américaine puis, en 1947, il part se former à Chesnut Lodge, dans le Maryland, l'un des plus célèbres instituts analytiques des États-Unis. Là, il travaille sous la supervision de Harry Stack Sullivan et Frieda Fromm-Reichmann [13] notamment. Il sera très fortement influencé par l'approche de Sullivan dont une des prémisses est nettement interpersonnelle ; pour lui, l'étude de la personnalité humaine « ne peut jamais être isolée du complexe de relations interpersonnelles dans laquelle la personne vit et existe [14]».

En 1950, Jackson retourne dans la région de Palo Alto et devient très vite un psychothérapeute très apprécié dans les milieux huppés des environs. Il continue de se faire superviser par l'Institut de psychanalyse de San Francisco, mais éprouve de plus en plus de difficultés à respecter l'interdit des contacts avec la famille de ses patients, comme le recommande l'approche analytique de l'époque. N'oublions pas que cela se passe avant le grand boom des ordinateurs et que Palo Alto n'est encore qu'une petite ville résidentielle et universitaire, et non pas, comme aujourd'hui, un des centres importants de la Silicon Valley.

La période qui va de 1951 à 1954 sera très créative pour Jackson, toujours à la recherche d'outils de travail plus performants. Un jour, alors qu'il a entamé le traitement d'une jeune femme mariée de dix-huit ans, il reçoit un coup de téléphone de la mère de celle-ci qui lui annonce que sa fille est une menteuse hors pair et qu'il ferait mieux de ne pas croire un mot de tout ce qu'elle pourra lui dire. Il est d'abord choqué par cette intrusion dans la vie privée de sa patiente mais, finalement, il s'avérera que c'est à partir de ce cas précis que va prendre forme pour lui l'orientation thérapeutique qu'il défendra par la suite. Voici comment il rend compte de ses réflexions de l'époque : « Aussi longtemps que la jeune femme était en difficulté, les parents fonctionnaient comme une équipe soudée. [...] Le comportement des parents à son égard était mis en relief par leurs réactions aux changements qui se manifestaient pendant la thérapie. Les deux parents furent très perturbés, se disputèrent ouvertement et violemment pour la première fois, et passèrent de leur attitude restrictive antérieure à une ignorance complète vis-à-vis de leur fille[15]. »

En janvier 1954, Jackson est invité à une des conférences organisées par Frieda Fromm-Reichmann au Veterans Administration Hospital de Palo Alto, là où est basée l'équipe de Bateson. Il y présente l'article aujourd'hui célèbre, « La question de l'homéostasie familiale[16]». Le titre a été choisi par analogie avec les concepts développés par Claude Bernard et Walter Cannon pour expliquer la constance des processus physiologiques du corps. Jackson y défend l'idée que la famille est une unité et que les interactions entre ses différents membres tendent à maintenir une certaine constance relationnelle de type homéostatique.

Bateson est très intéressé par l'exposé. William Fry ayant quitté l'équipe pour rejoindre la Navy, il n'y a plus personne qui possède les connaissances nécessaires à leur approche de la communication chez les schizophrènes et leurs familles ; Bateson propose donc à Jackson de se joindre à eux, comme consultant dans un premier temps, puis comme membre de l'équipe de recherche.

« Par une pâle journée de janvier 1954, je donnais une des conférences “Frieda Fromm-Reichmann” au Veterans Administration Hospital à Palo Alto. Dans l'auditoire, il y avait Gregory Bateson et il s'est approché de moi après la conférence. Mon sujet était la question de l'homéostasie familiale, et Bateson trouvait que le thème abordé était en rapport avec les centres d'intérêt qu'il étudiait avec son équipe composée de Jay Haley, John Weakland et William Fry.

« A partir de ce moment, je me suis rapproché plus des sciences sociales que de la psychiatrie. Je n'ai jamais regretté cette décision[17]. »

Jackson représente un tournant capital dans l'évolution du groupe. C'est un thérapeute de génie, comme le soulignent toutes les personnes qui l'ont côtoyé[18]. En plus de cela, c'est également un homme d'action et un travailleur acharné : « Il était toujours occupé par au moins quatre activités différentes en même temps. En plus de ça, il jouait au tennis, faisait du bateau, etc.[19]. »

Bateson l'initie aux travaux de la cybernétique et aux notions systémiques qui cadrent à merveille avec ses propres réflexions théoriques. Jackson, quant à lui, apporte la crédibilité clinique au groupe de recherche et l'introduit, par la grande porte, dans les milieux de la psychiatrie. Il sera le premier à vouloir publier le fameux article *Vers une théorie de la schizophrénie*, arguant que le groupe a mis au point un concept révolutionnaire et qu'il est capital de publier pour se faire reconnaître. Bateson (nous aurons l'occasion d'y revenir) lui reprochera toujours son empressement.

Mais n'anticipons pas. L'image finale ne doit pas nous faire oublier les hésitations de la construction du puzzle qu'a constitué l'élaboration progressive et hésitante de la théorie de la double contrainte.

5. 6. Collage : « Atmosphère, atmosphère... »[20]

FRY: Au début, en 1953, l'équipe était déjà au complet, nous étions quatre. Nous travaillions dans le bureau de Gregory, une suite avec quatre chambres (ancien logement du staff). Nous avions des réunions deux fois par semaine, nous travaillions séparément, chacun dans son bureau. [...]

Gregory est arrivé avec une liste de dix à vingt sujets qu'il considérait comme des domaines où les paradoxes avaient le plus de chances de se rencontrer activement dans la communication. Je me souviens du théâtre, du zen, de l'humour, de la psychothérapie, de la communication schizophrénique, de l'entraînement des chiens d'aveugles, du jeu, de l'hypnose et d'autres thèmes encore que j'ai oubliés. J'ai choisi l'humour très spontanément, j'ai toujours aimé l'humour, un "rafraîchissement mental".

HALEY : Nous travaillions tous les jours ensemble, nous avions des réunions journalières, des séminaires ensemble. Au moins une heure par jour on se retrouvait ensemble. J'étais à temps plein ainsi que John Weakland et Bateson. On peut dire que pendant dix ans nous avons passé quarante heures par semaine ensemble.

WEAKLAND : Nous observions énormément de choses qu'on peut appeler « communication » et d'autres qu'on peut appeler « changement, thérapie » ; nous participions à de nombreuses conférences, mais quand nous nous intéressions à quelque chose nous n'hésitions pas à aller voir directement sur le terrain.

HALEY : La première difficulté, à l'intérieur du groupe, consistait à savoir si les paradoxes de l'abstraction étaient pertinents pour quoi que ce soit d'important dans la vie des hommes [21].

WEAKLAND : Nous allions « sur le terrain ». Nous sommes allés plusieurs fois au zoo. Gregory avait déjà fait des travaux là-bas ; je crois qu'à l'époque il avait déjà fait son film sur les loutres de rivière, sinon il l'a réalisé peu de temps après le début du projet. On allait voir les loutres et les singes, et on essayait de voir et de filmer la façon dont ils communiquaient. Nous voulions voir comment ils communiquaient à plusieurs niveaux, les messages qui modifient les messages, quand ils semblaient se battre et ne faisaient que jouer, alors il devait y avoir un message qui disait « ceci est un jeu ». [...] Nous avons fait des films sur les mères qui baignaient les enfants et des films avec des familles où il y avait des schizophrènes... et des films sur des entretiens structurés dans lesquels nous posions une série de questions fixées. On prenait des choses qui semblaient intéressantes selon les intérêts du moment.

[...] L'idée était que la communication n'était pas simple et unitaire ; on ne pouvait pas dire « voilà le vrai message ici ». Elle était plus complexe que ça, alors on devait prendre en compte la complexité, sinon on sursimplifiait dès le départ d'une manière qui ne permettait pas d'aller très loin par la suite. Avec Bateson, nous étions dans une ambiance tranquille ; nous n'étions pas trop pressés d'arriver quelque part, nous pouvions prendre le temps de réfléchir bien plus que dans n'importe quelle recherche que j'ai vue depuis lors. Même au MRI.

On s'asseyait et on parlait de nos voyages, des idées sur la communication. Nous passions deux matinées par semaine à parler. Même avec le ventriloque. Nous avons même repris l'idée des gestaltistes « foreground » (avant-plan) et « background » (arrière-plan) et nous avons joué avec cette idée, jusqu'à parler du cadre et de la relation. Nous lisions aussi pas mal ; Jay et moi essayions même de lire Whitehead et Russell, ce qui n'était pas évident. Gregory parlait des patients qu'il voyait et de ce qui se passait avec eux. Je ne sais plus quand nous avons nous-mêmes commencé à voir des patients, mais nous discutions de tous nos patients en termes non pas cliniques mais communicationnels.

[Bateson était en contact avec des patients à l'hôpital.] Ce n'était pas vraiment obligatoire, mais il se disait que l'hôpital verrait cela d'un bon œil, en plus de son intérêt personnel pour ces rencontres.

Il y a également pas mal de gens qui venaient nous voir. Pendant la période où nous nous sommes intéressés à la schizophrénie, nous avons beaucoup lu sur la psychothérapie, surtout sur ceux qui travaillaient avec les schizophrènes ; nous sommes allés voir [John] Rosen... Nous voulions savoir ce qu'ils en disaient mais surtout observer ce qu'ils faisaient vraiment avec leurs patients. Alors, nous allions sur le terrain, que ce soit pour voir les entraîneurs de chiens ou bien pour aller observer Rosen ou encore pour rendre visite à Milton Erickson. Nous n'étions pas dans une tour d'ivoire.

Encore une histoire typique de Bateson : Jay et moi avions entendu dire qu'un fameux hypnothérapeute venait donner un séminaire dans la région de Palo Alto. Du point de vue de la communication, le phénomène de l'hypnose était intéressant à étudier, aussi avions-nous pensé que nous pourrions aller le voir. Nous avons donc parlé à Gregory, nous nous demandions si nous étions qualifiés pour assister à ce séminaire. Il décroche alors le téléphone, compose un numéro et dit à son interlocuteur : « Allô, Milton ? Ici Bateson. Il y a deux de mes collaborateurs qui souhaitent assister à ton séminaire, pourrais-tu les rencontrer ? »

Vous imaginez notre stupeur...! Mais ça c'était tout Bateson, il connaissait tout le monde.

[...] Bateson faisait aussi des réunions chez lui, avec des résidents ; nous nous y joignions souvent. Il recevait aussi des amis et des connaissances. Les réunions étaient d'ordre intellectuel, les résidents avaient (moins qu'aujourd'hui mais quand même) des lignes de pensée assez étroites, mais on essayait d'ouvrir les perspectives, les idées. C'était moitié social, moitié professionnel.

Assez vite, nous avons commencé à lire et à discuter avec Alan Watts, le promoteur occidental du zen. On parlait de la communication et du zen, des différences et similarités avec la psychothérapie occidentale, et des aspects psychothérapeutiques du zen.

FRY : John a même rencontré Suzuki, il est allé au Japon pour interviewer des bouddhistes japonais à propos du zen, à la fin des années 50 ; il est revenu et a fait une présentation. C'était après la guerre de Corée.

HALEY : J'ai rencontré Alan Watts, l'année où j'ai connu Erickson, en 1953. Il était enthousiasmé par les idées de Bateson et nous passions beaucoup de temps à parler avec lui des paradoxes, de la communication et du zen. A cette époque, la seule théorie importante dans notre domaine était la théorie psychodynamique, il n'y avait aucune autre théorie psychothérapeutique, et le zen m'intéressait : je pensais que le zen pouvait constituer une théorie de psychothérapie, de plus, ça ressemblait au travail d'Erickson. C'est ainsi que j'ai commencé à faire des liens entre les deux.

FRY : Il y avait tellement de sujets à l'époque... En fait, l'argent donna une direction à la recherche et c'est à ce moment-là que Gregory commença à travailler sur des problèmes cliniques. [...]

Sa femme Betty tomba malade aussi à l'époque, malade d'un point de vue nerveux ; ceci a eu probablement un impact sur l'intérêt de Bateson pour les problèmes de santé mentale. Sa deuxième grossesse se passa mal et elle fit une fausse couche ; ceci l'affligea énormément, le mariage ne marchait pas bien. Les problèmes émotionnels de Betty tracassaient beaucoup Bateson.

[...] Gregory et nous parlions des paradoxes et de l'humour, alors j'ai lu les *Principia Mathematica* et cela m'a donné une idée sur les paradoxes.

Il y a eu un rappel des médecins par l'armée, en 1954, et, en automne, je suis parti à la Navy où je faisais fonction de psychiatre. [...] J'ai un peu perdu mon temps mais j'ai revu ma manière de concevoir la maladie mentale ; après cette expérience, je n'acceptais plus les diagnostics ou les théories freudiennes selon lesquelles les problèmes de l'enfance étaient la cause des problèmes psychologiques, la cause unique. Cette vision n'était sûrement pas contraire à la vision qui était en train de se développer dans le groupe Bateson.

Avant que je parte pour l'armée, on avait déjà épuisé l'argent des subsides et ils avaient fait appel à une autre fondation, cet argent était déjà destiné au travail sur la schizophrénie et son traitement. La schizophrénie était *le* problème majeur à l'époque, en matière de maladie mentale.

[...] Quelques mois avant mon départ pour la Navy, j'avais établi un contact avec Don Jackson ; je l'ai engagé comme consultant. [...] La formation que j'avais reçue était très pauvre, à cause des lacunes de ma formation et de ma méconnaissance des problèmes humains, j'avais l'impression de tromper les gens ; je pensais que j'avais besoin d'une vision supplémentaire. A la VA, nous avions des professeurs consultants, j'avais eu deux ou trois patients à l'époque et les consultants avaient été d'une grande aide. Tout le monde parlait de Jackson comme de l'un des plus intelligents, qui avait les concepts les plus intéressants, avec une optique plus interactionnelle qu'il avait acquise à Chestnut Lodge ; et puis il avait lui-même suivi deux psychanalyses. Il paraissait être le plus sage et le plus compétent ; j'étais aussi désireux d'avoir une nouvelle perspective sur les relations. A cette époque, il affichait son appartenance à l'école sullivanienne et se sentait très proche de Fromm-Reichmann (l'école de psychanalyse de Washington). En 54, il avait déjà des assistants psychiatres. Il semblait naturel que, partant pour un an et demi, je recommande à Gregory de le prendre comme consultant psychiatre de l'équipe. Jackson avait en commun avec Bateson le fait d'aborder un sujet d'une manière complexe intégrant une multitude de contenus.

[Au VA] il y avait des commissions pour les thérapies physiques, comme les lobotomies ; ils se réunissaient une fois par mois et descendaient deux ou trois patients pour la lobotomie. Il y avait encore des groupes très conservateurs à l'époque. Gregory était contre, d'un point de vue philosophique. Gregory ne s'exprimait pas sur ce qui lui plaisait ou le dérangeait, mais il faisait des blagues comme pour la dianétique, qu'il trouvait ridicule. Quand il n'aimait pas quelque chose, il faisait des remarques humoristiques, pas ironiques. Il avait une manière très intéressante de s'exprimer, très créative, il prenait un aspect d'une situation et le retournait pour voir l'autre côté de ce qui était étudié. Un autre facteur qui fit pencher le projet du côté clinique est que Bateson aimait s'intéresser à des sujets différents – les problèmes de maladie mentale lui en donnaient l'occasion –, mais ça ne fut jamais un sujet d'étude prioritaire, pour lui.

HALEY : Finalement, nous avons essayé de savoir de quoi Bateson parlait !

[Les membres de l'équipe, de plus en plus dépassés par la diversité des contenus étudiés et par les étranges réflexions de Bateson sur la schizophrénie, décident de louer un chalet dans la montagne et d'y amener Bateson pour le forcer à préciser ses idées.]

HALEY : Nous étions tous assis dans ce chalet... Nous voulions vraiment découvrir ce dont Bateson parlait. Et il n'arrivait pas à nous le dire... Nous demandions : « Comment peux-tu savoir qu'un schizophrène est un schizophrène parce qu'on le punit pour avoir été puni avant ? » Ça nous a pris six ou huit heures et, finalement, il a dit : « Eh bien, c'est ce genre de chose qui doit se produire. » Nous savions dès lors de quoi il parlait... Il n'avait jamais aucune donnée. C'était vraiment une hypothèse, une hypothèse que

Gregory était allé décrocher du ciel après avoir regardé la manière dont les gens communiquaient[22].

5. 7. « Le chemin se fait en marchant... »

Bateson et son équipe avaient une façon très particulière de travailler. D'un côté, quelques grands principes théoriques : les niveaux de la communication, les types logiques, etc., de l'autre, des données brutes très spécifiques et concrètes, bien qu'assez disparates ; le problème de l'équipe revenant à tenter de cartographier les secondes à l'aide des premiers. Ce n'est pas simple pour les autres membres de l'équipe qui, nous le verrons, après deux années de fonctionnement, ont toujours certaines difficultés à digérer les *Principia Mathematica* de Russell et Whitehead (ce qui devrait rassurer les lecteurs qui, à ce point de l'ouvrage, ont toujours du mal à saisir que les types logiques ne sont pas forcément des gars raisonnables).

Les exemples de paradoxes semblaient artificiels et difficilement définissables dans le cadre de la communication animale et humaine. Une autre partie de la difficulté consistait, selon Haley, à tenter de développer un langage commun pour décrire les niveaux de communication. Beaucoup de termes différents étaient utilisés comme synonymes : types logiques, niveaux de communication, niveaux d'abstraction. Le pas suivant dans la classification des messages commença avec l'idée qu'un message sert « de cadre » à un autre.

Essayons d'établir certains jalons.

5. 7. 1. « Ceci est un jeu »

Déjà, début 1954, deux articles[23] avaient été présentés à la réunion de l'Association psychiatrique américaine à Mexico. Les deux articles traitaient du jeu et Bateson y suggérait que la communication humaine fonctionne à plusieurs niveaux d'abstraction contrastés, la plupart des messages métacommunicationnels restant implicites. Il affinera encore ses idées pour le texte de sa présentation lors des conférences Macy sur les processus de groupe, l'année suivante. « Lorsqu'on réfléchit à l'évolution de la communication, il paraît évident qu'une de ses étapes les plus importantes est atteinte lorsque l'organisme cesse graduellement de répondre de façon "automatique" aux signes indicatifs d'humeur de l'autre et qu'il devient capable de reconnaître le signe pour un signal : c'est-à-dire de reconnaître que les signaux, tant les siens que ceux des autres, ne sont précisément que des signaux auxquels on peut se fier ou pas, qu'on peut falsifier, dénier, amplifier, corriger, etc.[24]. »

Pour savoir si les animaux ont franchi ce stade évolutif, Bateson observe des singes en interaction au zoo de San Francisco. Il voit que les animaux jouent. Ce jeu est « une séquence interactive dont les unités d'action, ou signaux, étaient analogues mais non pas identiques à ceux du combat[25] ». Le jeu ne peut exister que si les animaux savent échanger des messages métacommunicatifs. Le métamessage « ceci est un jeu » contient les éléments d'un paradoxe russellien ou du type d'Épiménide. D'autres contextes doivent probablement présenter un signal métacommunicatif : l'humour, le rituel, la menace... Bateson termine son article par quelques réflexions sur les paradoxes et la thérapie : « Entre le processus de la thérapie et le phénomène du jeu, les ressemblances sont, en fait, très profondes : thérapie et jeu se produisent tous deux à l'intérieur d'un cadre psychologique défini, une délimitation spatiale et temporelle d'un ensemble de messages interactifs, dans l'un et dans l'autre, les messages entretiennent un rapport particulier et spécial, avec une réalité plus concrète et plus fondamentale : [...] le pseudo-combat ludique n'est pas un vrai combat [...] le pseudo-amour ou la pseudo-haine de la thérapie ne sont pas un vrai amour ou une vraie haine. [...] Pour nous, le processus psychothérapeutique est une interaction cadrée entre deux personnes, où les règles sont implicites, mais susceptibles de changer. Un tel changement ne peut être proposé que par une action expérimentale ; cependant, chaque action expérimentale qui contient implicitement une proposition de changement de règles est elle-même une partie du jeu en cours[26]. » C'est bien cette combinaison qui donne à la thérapie son caractère de système évolutif en interaction. On peut penser qu'un animal « pathologique » pourrait mal interpréter les signaux de « ceci est un jeu » et s'engager dans un combat. Ainsi, les schizophrènes semblent éprouver des difficultés à jongler avec les métaphores, donc les messages métacommunicatifs précisant le mode de communication. Haley signale l'exemple d'un patient qui disait avoir été tellement en colère « qu'il était monté au plafond » ; il montrait alors l'endroit de sa tête qui avait cogné le plafond, comme s'il avait une bosse.

Donc, en général, pendant cette période, le projet consistait à analyser différentes activités humaines et animales extrêmement complexes en termes de niveaux, en soulignant l'aspect du conflit possible qui peut avoir lieu entre un message et un métamessage, provoquant l'émergence d'un paradoxe. L'évidente confusion des types logiques dans le discours des schizophrènes semblait indiquer qu'un terrain de recherche intéressant se profilait.

5. 7. 2. Un ordinateur « schizophrène »

Depuis les conférences Macy, Bateson est resté en contact avec Wiener. Dès qu'il envisage une application des concepts cybernétiques à la communication humaine ou animale, il cherche confirmation de la justesse de son raisonnement auprès du mathématicien. En 1952, par exemple, il lui écrit pour lui demander ce qui se passerait si un ordinateur « souffrait d'un défaut – disons une idée fixe[27], un souvenir enraciné ou une surspécialisation erronée... N'est-il pas concevable que le fait de poser un paradoxe aux machines puisse être thérapeutique ?... Tout ceci nous amène à la possibilité que le psychothérapeute, s'occupant d'un patient, pourrait être capable d'améliorer ses méthodes... Il pourrait être capable de choisir la catégorie de paradoxes qui débloquerait cette partie qui est justement "coincée" chez ce patient particulier, en supposant toujours que le diagnostic soit suffisamment précis[28]».

En fait, Bateson cherchait toujours à trouver des indices sur la maladie mentale en suivant les réflexions de Wiener sur les ordinateurs. Il écrira d'ailleurs à Steve Heims que c'est lors d'une discussion avec Wiener que ce dernier lui avait signalé que l'on pourrait qualifier un central téléphonique de « schizophrène », dans un sens formel, s'« il confondait les chiffres mentionnés dans la conversation entre les abonnés avec les numéros des abonnés eux-mêmes [29]». Bateson dira plus tard que l'idée de la double contrainte est née en réfléchissant à la question « comment pourrait-on amener un central téléphonique à commettre ce genre d'erreur ? ».

Quoi qu'il en soit, alors que le projet a démarré depuis près de deux ans et que l'équipe s'aprête à vivre des moments difficiles car les premiers subsides touchent à leur fin, en avril 1954, Bateson écrit une nouvelle lettre à Wiener. Cette lettre est particulièrement intéressante puisque, cette fois, c'est le premier jet de ce qui deviendra la théorie de la double contrainte que Bateson adresse à Wiener : « La confusion des types logiques aboutit au paradoxe quand le message et le métamessage contiennent des négations. On peut imaginer, sur ce principe, la naissance des paradoxes dans un système de deutéro-apprentissage quand un organisme fait l'expérience d'une punition suite à une faute commise [30]. » Un exemple d'un type de système de deutéro-apprentissage de ce genre serait celui où un homme est puni parce qu'il montre sa crainte face à la punition possible, la deuxième fois qu'il commet la même faute. Bateson continue : « Beaucoup de jeux physiques organisés et d'autres types de jeux moins organisés qui simulent le combat ont cette caractéristique même – apprendre à l'enfant à devenir un homme en pénalisant son attente des punitions [31]. »

Il en arrive ainsi à une classification des signaux en trois catégories : d'une part, ceux qui dénotent un dérangement physiologique interne et sont perceptibles de l'extérieur, rougissements, larmes, etc., ensuite, la simulation de ces signaux dans certains contextes tels que le jeu, le rituel, l'humour ; enfin, il doit y avoir une possibilité de savoir si les signaux envoyés sont du premier ou du second type : il faut donc faire l'hypothèse de signaux d'un troisième type, indiquant par exemple que « ceci est un jeu ».

« La subvention était accordée pour deux ans seulement, Chester Barnard avait pris sa retraite et, dans l'esprit des membres de la direction de la fondation, les résultats de nos recherches n'en justifiaient point le renouvellement. Cependant, même sans être payés, mes collègues sont restés à mes côtés et notre travail avança ; quelques jours seulement après la cessation de la subvention (je me rappelle avoir écrit ce jour-là une lettre désespérée à Norbert Wiener, pour lui demander conseil à propos d'une éventuelle aide financière !), l'hypothèse de la "double contrainte" *(double bind)* trouva une formulation explicite.

« Finalement, ce fut Frank Fremont-Smith, de la Fondation Macy, qui nous sauva ; par la suite, nous avons bénéficié de subventions venant du Fund for Psychiatry et du National Institute for Mental Health[32]. »

La meilleure « justification » à une demande de subvention, dans l'état où se trouvaient leurs recherches, concernait la maladie mentale et son traitement. Nous l'avons vu, trois membres de l'équipe sur quatre (quatre sur cinq, si l'on y inclut William Fry, qui à cette époque revient pérodiquement participer aux discussions du groupe) se passionnent pour le sujet. De plus, la schizophrénie était probablement le problème majeur pour la psychiatrie américaine à cette époque. Et, même si Bateson continue de vouloir généraliser le contenu de leurs recherches à la communication animale, en illustrant notamment ses réflexions théoriques puisées chez d'autres mammifères, lui-même doit céder aux contraintes budgétaires : « Notre prochaine tâche, quand nous aurons de l'argent, consistera à investiguer l'utilisation des signaux du type 3 par les schizophrènes et les psychothérapeutes et d'essayer d'acquérir une compréhension formelle de ce qui se passe là[33]. »

Finalement, l'argent arriva de la Macy Foundation pour deux années de recherche dans le domaine de la communication chez les schizophrènes. La recherche démarre sur deux généralisations : le fait que les schizophrènes ont des difficultés à discriminer entre « réalité » et « fantasme », et le fait qu'ils ont des difficultés à utiliser des signaux non verbaux ou implicites, appelés « indicateurs de réalité » ou « signaux précisant le mode »[34].

La complexité de la communication devenait de plus en plus apparente. On pouvait déceler « au moins quatre “canaux” de communication (les mots, la voix, les mouvements corporels, le contexte) où chaque message, qui en qualifie un autre, est d'un type logique différent et, à l'intérieur de chaque canal, n'importe quel message qui en qualifie un autre appartient lui aussi à un type logique différent[35]». Les métaniveaux semblaient infinis.

5. 7. 3. Le contexte familial

En 1955, on peut trouver quelques mots sur la première hypothèse du groupe concernant l'étiologie des psychoses. Ils en arrivent à penser que la base d'une psychose peut s'établir si l'enfant a affaire à une mère qui, à la fois, le punit pour certains actes et le punit également lorsqu'il montre qu'il a appris qu'une punition suivra ses actes. Le terme « paradoxe » est peu à peu abandonné pour celui de « double contrainte », qui rend mieux compte des différents niveaux d'apprentissage impliqués.

La description la plus complète de cette époque comporte l'idée selon laquelle, lorsqu'une personne communique à une autre des messages de niveaux différents, qui se qualifient l'un l'autre et qui sont en conflit, la personne qui reçoit le message se trouve dans une situation telle qu'elle ne peut pas y répondre sans violer l'une ou l'autre des injonctions, se trouvant donc toujours dans l'erreur. La situation est d'autant plus intolérable que la « victime » ne peut ni fuir la situation, ni faire de commentaires sur ses difficultés.

Les différents morceaux commencent à se mettre en place. Jackson, en particulier, a le sentiment que l'équipe a mis le doigt sur une approche révolutionnaire de la maladie mentale. Contrairement à Bateson, pour qui toutes ces idées n'en sont qu'au stade de l'ébauche et qui considère que la prudence s'impose avant de les cristalliser dans une publication. Jackson et Haley, préoccupés par la nécessité de publier pour que les subsides puissent suivre, poussent les autres pour qu'ils jettent leurs idées sur le papier. Le projet Bateson est sur le point d'accoucher de son premier article commun.

6
La double contrainte

De la folie, mais qui ne manque pas de méthode.
Shakespeare, *Hamlet.*

6. 1. La théorie

En 1956, l'équipe publie donc finalement son premier article commun, *Vers une théorie de la schizophrénie*, c'est-à-dire le premier article sur la double contrainte. Dans cet article, après avoir présenté les bases communicationnelles de la théorie de la double contrainte, les auteurs précisent six conditions nécessaires à l'apparition d'une situation de ce type, le contexte familial susceptible de l'engendrer, ses effets, et, finalement, les implications thérapeutiques de l'hypothèse.

Voyons d'abord les « ingrédients » d'une double contrainte [1]:

1. Deux personnes ou plus. L'une sera appelée la « victime » et l'autre (ou les autres) la « personne contraignante » (la mère seule, ou la mère plus un autre membre de la fratrie et/ou le père).

2. Une expérience répétitive. La double contrainte doit être un thème récurrent dans la vie relationnelle de la « victime », de manière que cette structure soit habituellement « attendue ». Une seule expérience traumatique de ce genre ne peut pas être considérée comme une double contrainte.

3. Une injonction négative primaire. Cette injonction peut prendre deux formes.

« Ne fais pas ceci, sinon je te punirai », ou « Si tu ne fais pas ceci, je te punirai ». Les auteurs font remarquer que le contexte d'apprentissage est un contexte d'évitement de la punition et non un contexte de recherche de la gratification, et qu'il est probable qu'aucune raison formelle ne puisse rendre compte du choix de ce type d'apprentissage. Les punitions qui peuvent être mises à exécution sont : le retrait d'amour, l'expression de haine ou de colère, ou l'abandon que peut ressentir l'enfant face à une attitude parentale d'impuissance.

4. Une injonction secondaire qui entre en conflit avec la première mais à un niveau plus abstrait et qui, comme la première, est sanctionnée par des punitions ou des signaux qui mettent en péril la survie. Cette deuxième injonction est souvent transmise par des moyens non verbaux et est difficile à cerner de façon précise puisqu'elle peut concerner n'importe quel élément de la première injonction : « Ne considère pas cela comme une punition » ; « Ne me vis pas comme l'agent de la punition » ; « Ne te soumets pas à mes interdictions » ; « Ne pense pas à ce que tu ne dois pas faire »... On y signale également qu'un des parents peut, à un niveau plus abstrait, nier l'injonction de l'autre [2].

5. Une injonction négative tertiaire qui interdit à la victime d'échapper à la situation. Cette injonction n'existe pas toujours sous une forme séparée des autres. Souvent, le renforcement des deux premières est une menace suffisante pour la survie, et le fait que nombre de situations de double contrainte débutent pendant l'enfance rend toute échappatoire impossible. Mais la fuite est souvent empêchée par les promesses d'un renforcement positif, comme l'amour par exemple.

6. Il n'est pas nécessaire que toutes les composantes ci-dessus soient réunies, une fois que la victime a appris à structurer son monde à partir des schémas de double contrainte. N'importe quelle partie (ou injonction) de la séquence peut alors déclencher une réaction de rage ou de panique. La structure de la double contrainte peut même persister sous forme d'hallucinations auditives [3].

La partie la plus « faible » de ce premier article est probablement celle qui décrit la situation familiale. C'est ce thème qui suscitera le plus de divergences au sein de l'équipe et qui est le plus critiquable du point de vue de la théorie de la communication et des systèmes. La situation familiale, telle qu'ils la présentent, est analysée de manière interactionnelle, mais contient également énormément de descriptions des états « internes » des différentes personnes, surtout de la mère, et énonce quelques hypothèses plutôt individuelles sur la cause de ces états.

L'exemple utilisé dans le texte est celui d'une mère qui dit à son enfant d'aller dormir « puisqu'il a l'air fatigué », au moment où il se rapproche d'elle. La raison de repousser l'enfant paraît être la protection maternelle, alors qu'en fait, la mère veut que l'enfant s'éloigne ; si l'enfant réussit à identifier correctement les métasignaux de cette séquence, il devra subir une punition : non seulement sa mère ne veut pas de lui, mais elle le trompe sur ses sentiments. Mais accepter d'être trompé par elle force l'enfant à se tromper lui-même sur son état interne, par exemple, la fatigue. La situation devient d'autant plus grave que, s'il ne discrimine pas, il se rapprochera de sa mère pour être vite rejeté. On peut donc voir qu'ainsi l'enfant est puni s'il discrimine correctement et également s'il n'y arrive pas. La seule manière de pouvoir se sortir d'une telle situation consisterait à pouvoir métacommuniquer sur les contradictions, mais ceci n'est pas possible pour l'enfant car, dans ce cas, la mère se sentirait accusée de ne pas être « une bonne mère » et punirait l'enfant, tout en remettant probablement en question la perception de celui-ci. Tout commentaire sur les messages serait vécu comme menaçant (ce qui ratifie les observations sur l'incapacité des schizophrènes à métacommuniquer).

Dans ce survol de la famille, on peut constater que les autres membres de la famille sont tenus à l'écart de la théorie, comme s'ils n'avaient rien à voir dans la situation, et que l'enfant semble être une victime passive de toute cette séquence. Nous verrons plus loin qu'une révision de cette « image familiale » viendra changer la description du type d'interaction mère-enfant et introduire la possibilité d'une influence des autres membres de la famille.

Une autre hypothèse formulée par le groupe est que n'importe quel individu qui se trouve confronté à une situation de double contrainte verra s'effondrer sa capacité à discriminer entre des types logiques différents. A partir de là, l'équipe de recherche considère que le comportement du schizophrène ne devrait pas être considéré comme un cas très éloigné du comportement des personnes dites « normales ». Les contextes où des situations de double contrainte surgissent sont sinon courants, du moins vécus à un moment ou un autre par tout être humain. Deux types particuliers de contexte sont signalés dans l'article : l'un est l'hypnose (nous l'avons vu dans les échanges de la réunion d'équipe), et l'autre les techniques zen.

L'hypnose. Les liens avec l'hypnose furent étudiés surtout par Weakland et Haley pendant leurs rencontres avec Milton H. Erickson. La réunion d'équipe est éloquente à cet égard, certaines injonctions hypnotiques se prêtaient à merveille à une analyse interactionnelle selon les types logiques et les niveaux de communication. Les ressemblances ne s'arrêtaient pas à cette seule interaction entre l'hypnotiseur et le sujet, mais s'étendaient également aux conséquences comportementales pour ce dernier, aux « symptômes » fréquents en état de transe hypnotique et ressemblant étrangement à ceux des patients schizophrènes : amnésies, délires, hallucinations, distorsions temporelles, etc.

Lorsqu'on examine le phénomène de l'hypnose, on peut voir que les sujets sont placés, par l'hypnothérapeute, dans une situation comparable à la double contrainte ; certains réagissent en changeant de niveau logique, en hallucinant par exemple, c'est-à-dire en acceptant les réalités intérieures ou extérieures indiquées par l'hypnologue : « Prenez ce verre d'eau (fictif) » ou « Vous vous sentez très fatigué » ; ou encore, en donnant des réponses littérales à des affirmations métaphoriques.

Le zen. Nous avons déjà signalé plus haut que Bateson, Weakland et Haley avaient beaucoup cotoyé Alan Watts et que celui-ci voyait de nombreux liens entre les théories de Bateson et l'expérience du disciple zen face à son maître spirituel. Les techniques du *kôan*, notamment, créent pour le disciple un contexte semblable à celui de la double contrainte. Le *kôan* est « un thème, une proposition ou une question qu'on donne à résoudre à l'étudiant du zen, et dont la solution doit le conduire à une vision intérieure spirituelle[4]». L'exemple cité dans l'article est celui du maître qui dit au disciple : « Si vous dites que ce bâton existe, je vous frappe avec. Si vous dites qu'il n'existe pas, je vous frappe avec. Si vous ne dites rien, je vous frappe avec[5]. » Mais, si les données interactionnelles sont semblables, l'issue est ici sensiblement différente. Les *kôan* ne permettent pas de solution logique mais ils n'en conduisent pas pour autant le disciple à la confusion. Haley considère que la différence la plus importante se trouve dans la réaction du maître zen à la réponse de l'élève : le maître ayant vraisemblablement d'autres intentions que les mères des schizophrènes. Nous reviendrons plus loin sur cette analogie avec le zen, l'équipe du Centre de thérapie brève du MRI continuera, en effet, à l'utiliser pour exposer certaines de ses techniques de changement.

Il n'est pas exagéré de dire que l'article fit l'effet d'une bombe dans les milieux de la psychothérapie. Cette nouvelle façon de poser le problème de la schizophrénie ne pouvait manquer d'attirer l'attention des psychiatres. Une attention pas toujours bienveillante naturellement, car l'hypothèse allait en effet à contre-courant des idées établies, mais de nombreux chercheurs virent là se profiler un nouvel horizon de recherches et des perspectives passionnantes pour le traitement. Nous verrons bientôt que l'hypothèse venait également à son heure puisque l'idée d'inclure les membres de la famille du patient dans le traitement commençait à se répandre de manière insidieuse parmi les thérapeutes. « C'était la première fois que l'on affirmait que la schizophrénie pouvait être considérée comme un phénomène communicationnel et qu'elle était le produit des relations familiales. Et c'était une idée nouvelle dans le monde ; les gens n'avaient jamais pensé à ça, alors ils sont venus pour en savoir plus[6]. »

6. 2. La croisée des chemins

A la suite du succès croissant de l'article sur la double contrainte, les publications tant individuelles que conjointes foisonneront au cours des six années qui vont suivre. Si l'article représente la convergence des divers domaines d'étude de la communication ainsi que de la masse de concepts théoriques amenés par Bateson, ce sera aussi le point de divergence du groupe. Chacun des membres de l'équipe va alors s'orienter vers son centre d'intérêt privilégié tout en restant fidèle aux idées essentielles du projet. L'approche communicationnelle semblait très bien adaptée à l'étude des phénomènes sociaux ou psychologiques et l'équipe a continué à élargir l'étude du comportement sur ces mêmes bases. En gros, tous les travaux ultérieurs développeront l'un ou l'autre aspect déjà abordé dans l'article de 1956. Nous pourrions, un peu arbitrairement, les regouper en quatre grandes catégories :
– l'analyse interactionnelle du contexte familial ;
– la thérapie familiale ;
– l'hynose et les thérapies brèves ;
– la généralisation du contexte d'application de la double contrainte.

6. 2. 1. Analyse interactionnelle du contexte familial.

Comme nous l'avons signalé dans notre exposé de la théorie originelle, les premiers écrits sur la double contrainte restent imprégnés par l'explication psychologique de type individuel de l'époque. La double contrainte y était définie soit comme quelque chose qui arrive, tout simplement, ou alors comme ayant une fonction individuelle (pour la personne qui « contraint ») : la mère punit son enfant et ne veut pas être considérée comme « méchante », la mère ne supporte pas la proximité mais ne veut pas être considérée comme « froide », etc. La double contrainte était le produit des motivations individuelles et, surtout, semblait être une transaction unidirectionnelle : les parents imposaient des injonctions conflictuelles (une double contrainte) à l'enfant. Ce « mélange » dans les théories explicatives ne satisfaisait pas l'équipe : ils souhaitaient arriver à remplacer l'explication historique individuelle par des concepts interactionnels rendant compte de l'évolution d'un système de relations persistantes, telles que celles que l'on rencontre dans un système familial.

Quelque temps après, lorsque apparut une description en termes relationnels, l'équipe fut amenée à inclure le fait que la mère imposait des injonctions conflictuelles à l'enfant en réponse à ce que l'enfant faisait. Si l'on a tendance à décrire la situation de double contrainte comme une histoire entre une « victime » et une personne « contraignante », il est important de savoir que cette imposition se produit très tôt dans la relation. A partir d'un très jeune âge, la « victime » utilise des modèles d'interaction semblables – soit en envoyant elle-même des doubles messages, soit en réagissant à pratiquement tous les messages comme si ceux-ci comportaient une double contrainte. Ainsi, non seulement la famille maintient et exacerbe ce type des messages mais le thérapeute, lui aussi, sentira une pression à utiliser ce type d'échanges avec le patient. Nous touchons ici au problème de la description d'un phénomène circulaire avec un langage qui doit, par la force des choses, rester linéaire.

On commença alors à décrire le système familial comme un système cybernétique, selon des structures de feed-back et de calibrage. Les voies de la recherche allaient dans trois directions principales :

– dégager un modèle descriptif du système familial ;

– dégager des critères permettant de différencier les familles « schizophrénogènes » d'autres types de familles ;

– arriver à une description évolutive de la schizophrénie en montrant qu'il s'agit en fait d'un comportement adapté à un type particulier de système familial.

En 1958, Bateson tente de préciser un « nouveau cadre conceptuel pour la recherche comportementale »[7]. En fait, il cherche un modèle pour décrire la famille du schizophrène, et celui qui lui semble le plus adéquat est celui de la théorie des jeux qui offre un modèle mathématique interactionnel [8].

Mais Bateson restait cependant prudent dans son application de la théorie des jeux. Le modèle était loin d'être parfait, les automates différant des hommes sur des points très importants : ils ne deviennent jamais schizophrènes et, surtout, ils ne sont pas capables d'apprentissage. Or, ce sont justement ces deux caractéristiques qui rendent le jeu si douloureux pour les êtres humains. « [...] les danseurs abstraits de von Neumann n'éprouveront jamais la douleur que ressent un être humain à qui l'on prouve systématiquement qu'il a tort chaque fois qu'il a raison [9]. »

Les recherches visant à corroborer, de manière quantitative, l'hypothèse de la double contrainte se soldèrent cependant par des échecs. Haley, notamment, s'efforça de trouver des critères permettant de différencier les familles dont un membre était schizophrène des autres – en vain. Ceci ne surprit pas Bateson, mais renforça son sentiment d'avoir publié l'article prématurément. Tout comme il avait critiqué sa propre tendance à la réification des concepts lors de la parution de *Naven*, Bateson devait à nouveau en faire la remarque en ce qui concerne la première mouture de la double contrainte. Lors d'une conférence donnée en 1969, il reconnut :

« Notre premier exposé de la double contrainte contenait de nombreuses erreurs, dues tout simplement au fait que nous n'avions pas encore examiné, de façon articulée, le problème de la réification. Nous y traitions de la double contrainte comme s'il s'agissait d'une chose et comme si une telle chose pouvait être comptabilisée. C'était là, évidemment, pure absurdité.

« On ne peut pas compter les chauves-souris dans une tache d'encre, pour la simple raison qu'il n'y en a pas. Mais quelqu'un qui a l'esprit “porté” sur les chauves-souris pourra en “voir” plusieurs. Y a-t-il donc des doubles contraintes dans l'esprit ? C'est là une question qui est loin d'être futile [10]. »

Les critiques adressées à la théorie de la double contrainte ne tinrent jamais compte des « amendements » apportés par la suite. On reprocha toujours à Bateson le manque de données quantitatives à l'appui de son hypothèse. Pourtant, ces amendements relativisaient également l'importance étiologique de la double contrainte pour la schizophrénie. Bateson reconnaissait en effet que, si le contexte de la double contrainte pouvait entraîner des conséquences pathologiques pour les individus, il pouvait aussi déboucher sur d'autres issues : « La théorie de la double contrainte affirme que l'expérience du sujet joue un rôle important dans la détermination (l'étiologie) des symptômes schizophréniques et des structures de comportement similaires comme l'humour, l'art, la poésie, etc. On notera que notre théorie n'établit pas de distinctions entre sous-espèces. Pour elle, rien ne peut permettre de prédire si un individu deviendra clown, poète ou schizophrène, ou bien une combinaison de tout cela[11]. » Cette fois encore, les critiques ne devaient pas relever la précision.

En 1961, Bateson fit éditer l'autobiographie de John Perceval, le fils d'un Premier ministre anglais du début du XIXe siècle, qui avait écrit ses réflexions sur une crise psychotique à l'origine de son internement pendant près de quatre années. Bateson voulait en faire une illustration de la double contrainte dans une famille, dans les institutions psychiatriques, ainsi que dans les voix accusatrices du schizophrène lui-même. Perceval raconte, par exemple : « Je me sentais déchiré par les ordres de ce que j'imaginais être l'Esprit saint m'ordonnant de dire certaines choses, acte pour lequel, à chaque fois que je tentais d'obéir, on m'assaillait de reproches parce que je parlais avec ma propre voix et non avec celle qui m'était donnée. Ces ordres contradictoires étaient la cause (et le sont aujourd'hui comme alors) de l'incohérence de mon comportement, et ces choses que j'imaginais formaient la racine principale de tout mon dérangement. On m'ordonnait en effet de parler sous peine d'horribles tourments, au risque de provoquer la colère de l'Esprit saint et de m'attirer l'accusation de l'ingratitude la plus vile ; en même temps, à chaque fois que je tentais de parler, je m'entendais reprocher brutalement et continuellement de ne pas recourir à la voix qui m'était envoyée ; j'avais beau essayer de nouveau, j'avais toujours tort, et, lorsque du fond de mon être je suppliais qu'on croie que je ne savais pas ce que je devais faire, on m'accusait de fausseté et de fourberie ainsi que de montrer une énorme mauvaise volonté à faire ce qui m'était ordonné. Je perdais alors patience et m'exécutais en disant pêle-mêle tout ce qui m'était demandé, déterminé que j'étais de montrer que ce n'était ni la crainte ni le mauvais vouloir qui m'en empêchaient. Mais, au fur et à mesure que je le faisais, je ressentais cette douleur dans les nerfs de mon palais et dans ma gorge qui me convainquait que je ne me rebellais pas seulement contre Dieu mais contre la nature aussi ; et je retombais dans une impression déchirante de désespoir et d'ingratitude [12]. »

Bateson ne pouvait manquer de faire le parallèle entre les réflexions introspectives de Perceval et son nouvel outil conceptuel. Mais, même si Perceval s'en sort finalement et finit par mener une vie « normale » dans la société, ce n'est pas tellement sur les techniques thérapeutiques que Bateson s'étend, mais plutôt sur les contextes révélateurs de doubles contraintes : les relations familiales de Perceval, l'institution thérapeutique envoyant des messages incohérents, et le monde « mental » de Perceval reproduisant l'incohérence de ces divers messages. L'optique de Bateson est avant tout didactique et probablement plus « politique » que psychologique : c'est un plaidoyer pour la compassion envers les malades mentaux, et le volet thérapeutique sc résume à une mise en garde contre l'illusion de « contrôle » dont les thérapeutes peuvent s'enivrer et constitue un appel au respect de l'expérience et de la souffrance du patient. Bateson considérait plus la thérapie comme un « échange d'idées » avec un malade que comme le désir de produire un changement volontaire [13]. Nous devrons revenir sur cette position de Bateson : elle a fait l'objet de nombreux commentaires à l'époque et continue encore d'alimenter des querelles d'école dans le milieu de la thérapie systémique.

6. 2. 2. De la théorie à la pratique : la naissance de la thérapie familiale

Selon Jackson et Weakland, la révolution que la thérapie familiale a amenée dans le domaine de la psychiatrie a des origines globales et fortuites. A cette époque, ils voulaient simplement « voir le patient schizophrène communiquer… dans son habitat naturel qui n'était pas l'hôpital[14] ». C'est donc ainsi que, début 1956, un des membres du projet invita les parents d'un patient à discuter avec lui. En fait, le patient était pris de panique chaque fois que sa famille lui rendait visite. A partir de ce moment, ils verraient les parents avec le patient une fois par semaine ; il n'était pas question de « faire de la thérapie familiale », mais simplement de converser et d'observer la communication.

Mais ils ne pouvaient pas rester insensibles à la souffrance qu'ils ressentaient chez leurs « informateurs » bien involontaires ; ils se mirent donc, tout naturellement, à étudier la relation et les techniques thérapeutiques. On trouve des traces de ce virage dans les écrits de cette période : un rapport sur la recherche en thérapie, une étude détaillée d'un entretien thérapeutique, une description de la psychanalyse en termes de communication, une discussion du transfert en termes de paradoxes, une description de la thérapie courte et, enfin, plusieurs travaux sur la thérapie familiale[15]. Mais nous passons là à un autre chapitre de l'histoire de Palo Alto, chapitre dans lequel Bateson sera remplacé à l'avant-plan par Jackson et les autres membres du MRI naissant. Nous y décrirons le contexte plus large de la naissance de la thérapie familiale aux États-Unis ; ce ne fut jamais là une priorité pour l'équipe du « projet Bateson ». Nous ne pouvons cependant passer sous silence les problèmes qui surgirent dans le groupe à cette époque et qui, eux aussi, ont un rapport avec la psychothérapie.

6. 2. 3. L'hypnose et les thérapies brèves

Après la parution de l'article, Haley et Weakland continuèrent leurs visites chez Erickson. Fascinés par le personnage ainsi que par ses résultats thérapeutiques extraordinaires, les deux hommes utilisèrent leur nouveau cadre théorique pour décrire tant l'interaction hynotiseur-sujet que les changements provoqués par les transes thérapeutiques[16]. En 1959, Erickson, Haley et Weakland publient un article commun dans lequel ils présentent la transcription mot à mot d'une séance d'hypnose qui avait été enregistrée ; l'article contient surtout des commentaires et des explications du docteur Erickson concernant l'induction de la transe chez une femme. Certaines « injonctions » faites au cours de la transe permettent d'illustrer l'utilisation d'un cadre de double contrainte : Erickson donne à son sujet une commande post-hypnotique qui consiste à affirmer *et à croire* qu'aucune transe n'a eu lieu ; ainsi, si le sujet dit ne pas avoir était hypnotisé, il l'a été puisqu'il suit une commande post-hypnotique, et, s'il dit et croit avoir été hypnotisé, il ne peut plus se considérer comme un sujet qu'il est impossible d'hypnotiser [17]. Haley analyse également une discussion entre deux schizophrènes ; il montre que leurs structures comportementales sont du même type que celles d'un sujet en transe. « Le comportement étrange du sujet sous hypnose est le résultat de l'incohérence des messages qu'il présente lui-même – il est en train de faire ce qu'on veut qu'il fasse, mais il qualifie ses actions par des indications montrant que ce n'est pas lui qui fait quoi que ce soit, ou encore que ce n'est pas dans ce temps ou cet espace qu'il le fait [18]. »

Mais les rencontres avec Erickson n'ont pas comme seules conséquences d'amener Haley et Weakland à décrire l'interaction et la procédure hypnotiques à partir de la théorie de la communication. Les deux hommes, dans leurs conversations avec Erickson, découvrent que, même si l'analyse du travail de ce dernier « colle » bien avec la théorie, ce n'est pas celle-ci qui lui sert de modèle de réflexion pour provoquer les changements thérapeutiques ; les interventions d'Erickson paraissent « magiques » et à contre-courant des idées traditionnelles sur le sujet. Notamment l'idée selon laquelle la thérapie doit être une sorte de « voyage », une suite de prises de conscience amenant progressivement le patient à se comprendre en cheminant à travers le labyrinthe de sa psychose. Pour Erickson, le problème est plus simple, comme le rapporte Jay Haley : « Un autre problème, pour John Weakland et moi à l'époque, était le fait que nous étions en train d'élaborer une théorie selon laquelle les symptômes ont une fonction dans le système familial. Nous nous intéressions à l'idée d'homéostasie, selon laquelle les gens s'influencent réciproquement par les réponses qu'ils donnent aux comportements des autres. Inévitablement, cette perspective laisse entendre qu'un membre de la famille réagit, ou doit s'adapter, au changement de comportement d'un autre. Lorsqu'on lui a fait part de cette idée, le docteur Erickson a réagi comme si nous cherchions à rendre la thérapie plus difficile. Il s'intéressait au changement et non pas à la façon dont les situations restent stables, ce qui est le point de vue systémique. En fait, la vision homéostatique est une façon d'expliquer pourquoi le changement ne se produit pas ; ce n'est pas une façon de concevoir l'induction d'un changement [19]. »

L'influence d'Erickson sera déterminante pour la suite de l'histoire de Palo Alto. En effet, plutôt que l'étude de la famille en tant que système homéostatique, c'est le processus de changement lui-même qui deviendra le cheval de bataille des membres de l'équipe Bateson [20] à la fin du projet. Ils éviteront désormais de confondre le modèle explicatif et le processus de changement que le modèle est censé expliquer : pour eux, il s'agira de faire en sorte que le thérapeute devienne efficace dans son rôle d'agent de changement, la théorie devenant un simple « langage », favorisant la transmission de ces connaissances mais ne déterminant pas l'efficacité des interventions.

C'est donc dès le début que l'approche thérapeutique de Palo Alto se différenciera de l'approche classique de la thérapie familiale, pour laquelle ce sont les présupposés théoriques sur la structure familiale qui définissent la problématique à traiter. Pour Haley et Weakland, le problème principal devient : « Comment provoquer un changement le plus rapidement possible ? » Inutile de dire que cette position paraissait « indécente » à Bateson. Celui-ci a toujours été mal à l'aise par rapport à l'attitude très interventionniste d'Erickson. Weakland se souvient d'une anecdote à ce propos. Un jour que Bateson avait contacté Erickson par téléphone, il raccroche, l'air préoccupé, leur confiant pensivement : « J'ai bien l'impression que Milton va essayer de me manipuler pour que j'aille déjeuner avec lui à San Francisco. – Ah oui, répondent les deux hommes, qu'est-ce qu'il t'a dit ? » Et Bateson de répondre :

« Il m'a dit : "Si on allait déjeuner ensemble à San Francisco ?"[21] »

Mais nous ne voudrions pas sursimplifier l'image : Bateson respectait également beaucoup Erickson et était impressionné par ses résultats thérapeutiques : pour lui, Erickson était capable d'amener ses patients à réaliser un apprentissage secondaire d'un type différent, ce qui, pour Bateson, a toujours constitué l'objectif premier de toute thérapie. Mais, lorsque ses collaborateurs se mirent à vouloir systématiser le travail avant tout intuitif d'Erickson, sa méfiance face à toute application prématurée devait reprendre le dessus.

6. 2. 4. Généralisation du contexte d'application de la théorie de la double contrainte

Il était assez logique de songer à appliquer les nouveaux outils théoriques à des contextes différents et d'étudier des systèmes sociaux et culturels plus larges selon la même optique.

Fry, en 1959, utilise le modèle de la double contrainte pour expliquer un incident violent dans une salle d'hôpital ; son article suggère que l'émeute était le résultat d'une situation de double contrainte, le personnel ayant envoyé aux patients des messages à différents niveaux logiques conflictuels[22].

Se fondant sur une étude de Stanton et Schwartz[23], Weakland analyse le comportement des patients (surtout « les crises violentes ») et les discussions de l'équipe médicale à leur sujet. Il constate notamment que lorsqu'un désaccord surgit entre les responsables d'un patient, et que ceux-ci ne parlent pas de ce désaccord, il semble que le patient :

1° se trouve face à des messages inconsistants, qui le deviennent d'autant plus que les émetteurs des messages essayent de les faire passer pour des messages plutôt cohérents ;

2° reçoit ces messages de la part de personnes qui ont de l'autorité sur lui et dont il dépend tant qu'il reste institutionnalisé ;

3° doit trouver une solution qui tienne compte de sa position à l'égard de ces personnes ;

4° éprouve une grande difficulté à faire confirmer sa perception par les autres ; d'une part parce que l'équipe elle-même ne soulève pas le problème (les collègues se joignant au déni et à la dissimulation), d'autre part du fait que l'hôpital ou l'institution est « bienveillante » vis-à-vis du malade et, troisièmement, parce que sa maladie implique des problèmes perceptuels qui invalident son avis [24].

Weakland établit un parallèle entre les observations de l'équipe Bateson et celles de Stanton et Schwartz, il constate que « la simple révélation du conflit parental couvert s'accompagne d'une amélioration du patient, avant même que ces conflits soient résolus ». Il se sent d'ailleurs enclin à généraliser encore plus l'hypothèse sur la base de l'homomorphisme des structures systémiques : « Il est certain que de grandes institutions financières, gouvernementales et religieuses, ne sont pas à l'abri de messages incohérents et de leur dissimulation, du déni du comportement et de la responsabilité individuels, tout ceci dans un cadre qui proclame l'unité et la bienveillance ; comme nous l'avons vu, ces conditions sont à l'origine de bien des difficultés dans les familles et dans les hôpitaux psychiatriques [25]. »

6. 2. 5. Bateson et les thérapeutes

Bateson ne s'est jamais vraiment intéressé à la thérapie ni même à la maladie mentale : « Bien que je me sois occupé de plusieurs patients schizophrènes, dit-il en 1962, je n'ai jamais été intéressé par eux, même d'un point de vue intellectuel. Il en va de même pour ce qui est de mon travail avec les indigènes de Nouvelle-Guinée et de Bali. Mon centre d'intérêt s'est toujours situé au niveau des principes généraux qui étaient illustrés ou exemplifiés par les données [26]. » Il a pourtant « fait » de la thérapie, ou, en tout cas, une version personnelle de psychothérapie. Il aimait passer de longues heures avec certains patients, jouait au golf avec eux, échangeait des idées. Il compatissait à leurs souffrances et avait le sentiment qu'il fallait les aider en étant « bon avec eux ». En 1956, lors de la seconde conférence Macy sur les processus de groupe, il fit part de son sentiment à l'assemblée en ces termes : « Lors de la précédente conférence, je me suis présenté en essayant de convaincre l'assemblée de ce que la zoologie, l'anthropologie et la psychiatrie sont, en fin de compte, “une”, et qu'il est donc parfaitement naturel de passer gentiment de l'une à l'autre à la recherche de *patterns*. Cette fois, je pourrais me présenter, globalement, comme un homme en colère qui pense que ce qui arrive aux gens ne devrait pas arriver à des chiens. Cela suggère d'entrée de jeu un lien évident entre la psychiatrie et la zoologie. Plus sérieusement, je suppose que ce que je tiens pour sacré relève de la nature des *patterns* et ce qui me met en colère c'est le viol des *patterns* sous une forme ou une autre. C'est pourquoi je me retrouve aujourd'hui à essayer de les aider à découvrir des *patterns* intéressants pour leur vie ; inversément, je suis outré par les distorsions de *patterns* qu'ils ont vécues lorsqu'ils étaient enfants [27]. »

Mais, quelques années plus tard, il déplorait la difficulté d'obtenir des résultats et le sentiment d'impuissance que les thérapeutes doivent bien souvent éprouver. Pour lui, qui « jouait le jeu » de l'honnêteté dans ses entretiens, la déception pouvait être très douloureuse. Il avoua un jour sa difficulté à poursuivre ses recherches sur la schizophrénie parce que : « Si vous offrez votre cœur à un schizophrène, c'est comme si vous le déposiez dans une poêle à frire, il le laisse brûler à petit feu [28]. »

Il n'empêche, Bateson a non seulement discuté avec des patients mais également avec des familles. Il se rendait même parfois à leur domicile. Ronald Laing, qui vint à Palo Alto en 1962, se souvient d'avoir vu Bateson faire un entretien familial : « Je ne crois pas qu'il se soit jamais considéré comme un thérapeute, mais il est bien possible que certains (parmi les meilleurs d'entre eux) ne le pensent pas non plus… Si j'avais été le patient pendant la séance, je n'aurais certainement pas pensé qu'il y avait quoi que ce soit à craindre. Je crois que c'est là le fait principal. Il essayait de faire sortir les gens de… ces constellations familiales continues… Je ne crois pas qu'il… ait (jamais) montré qu'il envisageait l'adoption d'une stratégie active, de techniques à utiliser pour faire sortir les gens de l'enchevêtrement dans lequel ils se trouvaient – pour faire ça, il faut que vous soyiez une sorte d'activiste politique à la petite semaine… Je veux dire que vous devez jouer activement la force contre la force. Bateson n'a jamais été impliqué là dedans[29]. »

Bateson s'est toujours méfié du désir volontaire et conscient de provoquer des changements. Il y voyait l'ombre de cette angoisse existentielle que l'homme s'évertue à exorciser en apportant des réponses partielles et prématurées aux grandes interrogations de l'existence. Pour lui, la meilleure réponse à une question était d'arriver à formuler une question plus large, plus englobante. Certainement pas de donner une recette précise qui, même si elle nous permet de « piéger » les hasards des changements ou de l'évolution des systèmes, risque fort d'amputer, fût-ce par ignorance, certaines boucles de régulation essentielles, laissant ainsi des cicatrices inesthétiques dans le tissu de la « structure qui relie » les êtres et les choses dans le monde naturel.

Ce sentiment sera encore exacerbé après son expérience « chez les thérapeutes ». Au point qu'il décidera de s'attaquer de front à ce problème ou, du moins, dans un vocabulaire plus en accord avec ses positions, à susciter le débat sur ce thème dans l'optique pluridisciplinaire des conférences Macy. En 1968, il obtiendra les subsides de la Fondation Wenner Gren pour mettre sur pied une conférence sur le thème « Les effets du but conscient sur l'adaptation humaine »[30], dans laquelle il s'efforcera d'amener la communauté scientifique à se pencher sur l'épistémologie de la recherche appliquée. Sans grand succès d'ailleurs ; mais attendre un « succès » d'une telle question, n'est-ce pas là déjà une manifestation de cet *hubris* qu'il voulait dénoncer ?

Cette question du « pouvoir » dans les relations fut en tout cas un thème récurrent au sein de l'équipe du projet Bateson. Notamment dans les discussions interminables entre ce dernier et Jay Haley, convaincu, quant à lui, de l'importance de l'enjeu du « pouvoir » dans les relations humaines et, en particulier, dans le contexte familial. A partir de 1956, Haley essaya de développer l'idée de « contrôle » et de « pouvoir » dans les relations humaines. Il était persuadé (et l'est d'ailleurs toujours actuellement) que « la question de savoir quel pouvoir une personne permettait à une autre d'avoir sur sa vie était un aspect central de toute vie humaine ». Pour Bateson, le problème du pouvoir reflète une erreur épistémologique courante qui consiste à donner une explication «*ad hoc*» (dans ce cas, attribuer une causalité individuelle de type mécaniste à un phénomène interactionnel) à un phénomène, en le coupant du contexte qui lui donne un sens. Haley voulait arriver à cerner ce concept dans un cadre interactionnel : toute organisation est hiérarchisée, les êtres humains ne peuvent pas « ne pas avoir une hiérarchie claire ». Tout flou concernant la hiérarchie dans une organisation sera suivi d'une tentative de prise de pouvoir (accompagnée des batailles inévitables qui s'ensuivent). Dans la situation schizophrénogène, Haley considère que les niveaux hiérarchiques conflictuels engendrent une bataille pour le pouvoir, la mère ne supportant pas que quelqu'un d'autre décide « qui sera le chef ».

Pour Haley, la divergence de vues avec Bateson n'était pas bien grave, alors que, vingt ans plus tard, ce dernier soulignait : « Haley passe trop vite sur les divergences épistémologiques entre lui et moi. L'idée que j'en avais à l'époque était qu'il croyait à la validité de la métaphore du "pouvoir" dans les relations humaines. Je pensais alors – et aujourd'hui je le crois davantage – que le mythe du pouvoir corrompt, parce qu'il propose une épistémologie fausse (même si elle est conventionnelle) [...] [cette optique] n'est pas moins erronée, ou moins socialement pathogène, parce que la mythologie qui y est associée est en partie autovalidante pour ceux qui y croient et qui agissent en conséquence[31]. »

Interrogé par David Lipset à ce sujet, Haley devait faire le commentaire suivant : « [Bateson] n'aimait pas le pouvoir. Il n'aimait même pas le mot... Si je disais qu'un thérapeute devait prendre le pouvoir, il n'aimait pas ça. Si je disais qu'un thérapeute ne devait pas prendre le pouvoir, il n'aimait pas ça non plus. [Rires]... Il prenait ce que je disais et le transformait en question de pouvoir, alors que ce n'était pas du tout ce que j'avais voulu dire. Il était tellement hypersensible à toute cette question... Pourtant, il n'était pas comme ça... à propos de Bali ou des Iatmul. [...] Toute influence qui échappe à la personne lui était odieuse. Toute manipulation indirecte était [aussi] hors de question... A peu près dix ans [après la fin du projet], j'ai rencontré Bateson dans une soirée à New York, et... nous sommes repartis dans la discussion que nous avions en 1959 – exactement le même débat et les mêmes positions[32]. »

La question n'est pas sans intérêt à l'heure de la mondialisation du « pragmatisme anglo-saxon ». La querelle s'est poursuivie à Palo Alto, au début des années 80, pratiquement dans les mêmes termes, un peu comme si la nouvelle génération devait perpétuer, à la manière des tragédies grecques, les conflits qui avaient opposé ses aînés.

6. 3. Le temps des conflits

En 1958, Jackson veut absolument développer au maximum le volet thérapeutique de la nouvelle approche. Il décide de fonder un institut à cet effet. Bateson est réticent. Les conflits vont s'exacerber entre les deux hommes. Finalement, début 1959, le Mental Research Institute est créé ; Don Jackson en est le premier directeur mais Bateson et le reste de l'équipe continuent de travailler aux recherches sur la double contrainte. Les deux groupes, bien distincts à l'origine, comme chacun s'efforce à le préciser, continueront néanmoins à se fréquenter au travers de réunions ou de rencontres informelles jusqu'en 1963, date du départ de Bateson pour les îles Vierges.

On a beaucoup parlé des relations entre Bateson et Jackson et des conflits qui ont opposé les deux hommes à partir de la création du MRI. Pour notre part, nous n'avons jamais trouvé trace, que ce soit dans les comptes rendus des nombreuses réunions d'équipe ou dans la correspondance de Bateson, d'allusion directe à une opposition majeure entre eux. Les divers témoignages que nous avons pu récolter des personnes qui ont eu des contacts personnels avec eux font tous mention d'un grand respect mutuel sur le plan professionnel, malgré le choc que ne pouvait manquer de provoquer la rencontre de ces deux « fortes personnalités ». Les divergences sont apparues surtout après la publication de l'article sur la double contrainte et ont atteint leur apogée à la création du MRI.

Haley a fait partie du groupe de discussion qui préparait la création du MRI mais ne s'est jamais joint formellement à eux. « Nous avons eu une réunion, [Alex] Bavelas, Jackson, Bateson, John [Weakland] et moi, sur la création d'un institut et c'est lors de cette réunion que Bateson déclina très clairement sa participation. Mais Jackson essayait de trouver des fonds pour le MRI et il avait besoin d'une base pour le faire, alors il sous-entendait que les idées du projet Bateson étaient réellement les idées du MRI, et qu'il devrait obtenir des fonds supplémentaires pour les soutenir. Cela a mis Bateson en colère parce qu'il pensait que Jackson était en train de prendre tout le crédit de son travail [33]. » Pour lui, ce n'est qu'à ce moment-là que les deux hommes ont eu des divergences marquées, il n'a aucun souvenir de difficultés antérieures.

Jules Riskin a fait partie de la première équipe du MRI. S'il se souvient très bien des réunions préparatoires à la création de l'institut de Jackson, Riskin place le problème au niveau d'un « combat des chefs » : « Nous nous sommes rencontrés pendant quelques mois, Bateson ne fut jamais un partenaire de ces réunions. Comme vous le savez, il y avait des tensions à l'intérieur du groupe Bateson, et lui ne souhaitait pas être identifié avec l'institut, même s'il venait souvent comme consultant ; une tension se ressentait entre Jackson et Bateson. C'était aussi une tension personnelle, ils étaient bons amis, mais une grande part de leur conflit était territoriale et professionnelle. Bateson ne voulait de personne comme chef et Jackson ne voulait pas de chef non plus [34]. » Il n'est probablement nul besoin de nous étendre plus longuement sur des difficultés relationnelles, finalement on ne peut plus banales chez des personnes qui ont travaillé ensemble pendant de nombreuses années. Ils avaient tous deux des ambitions personnelles qui, avant d'être assez naturellement divergentes à un moment donné, se sont rencontrées pour nous offrir les bases d'une nouvelle approche de la maladie mentale.

Ironiquement peut-être (du moins pour ceux que l'on a trop tendance à présenter comme des frères ennemis), Jackson et Bateson devaient recevoir, en 1961, la Frieda Fromm-Reichmann Award, récompense attribuée par l'Académie américaine de psychanalyse, qui reconnaissait ainsi l'importance de leurs travaux communs sur la schizophrénie.

6. 3. 1. Le bilan de dix années de recherches

Avant de revenir en détail sur les début du MRI dans le chapitre suivant, dressons un rapide bilan des travaux du groupe Bateson. De 1953 à 1962, les différents membres de l'équipe publièrent un total de soixante-trois articles, dont deux seulement au nom du groupe entier, le tout premier, *Vers une théorie de la schizophrénie*, et le dernier, *Une note sur la double contrainte*[35]. Dans cet article, ils définissent une position commune sur la double contrainte, position qui comprend les éléments suivants :

« La double contrainte est une classe de séquences qui apparaissent lorsque les phénomènes sont étudiés avec le concept de niveaux de la communication.

La double contrainte est une condition nécessaire, mais non suffisante, pour expliquer l'étiologie de la schizophrénie et, inversement, la double contrainte est un dérivé inévitable de la communication schizophrénique.

Pour ce type d'analyse, l'étude empirique et la description théorique doivent privilégier l'analyse du comportement observable et les contextes relationnels plutôt que se focaliser sur la perception et les affects individuels.

La manière la plus utile de décrire une situation de double contrainte n'est pas en termes de « personne contraignante » et de « victime » mais de « personnes prises » dans un système continu qui engendre des définitions conflictuelles de la relation et, par conséquent, de la souffrance subjective. Pour gérer la complexité des niveaux dans la communication humaine, il est important de privilégier les systèmes circulaires de relations interpersonnelles par rapport aux approches plus conventionnelles du comportement individuel[36]. »

Ces conclusions précisent les bases d'une approche interactionnelle hiérarchisée du comportement humain, modèle qui continuera à être le substrat théorique de l'école de Palo Alto.

Bien plus tard, Bateson résumera l'essentiel des dix années de recherche dans les termes suivants : « Ce que nous avons fait dans notre projet de recherche, c'est transplanter des concepts épistémologiques du magasin des philosophes – Whitehead, Russell et autres – dans le monde confus et désordonné de l'histoire naturelle[37]. » Cette déclaration, mise en parallèle avec celle de John Weakland : « On est venus en Californie, on a fait plein de folies et la thérapie familiale est arrivée ! », révèle parfaitement la diversité de points de vue qui se manifestèrent de manière plus aiguë encore dans les années suivantes.

6. 3. 2. Le départ de Bateson

Pendant le projet, Bateson a toujours eu le souci de dégager des principes de communication qui soient à ce point généraux qu'ils puissent rendre compte des processus à l'œuvre dans tout le monde animal. Depuis 1952, il s'était ainsi intéressé aux pieuvres, animal à ce point éloigné de l'homme que « si une proposition générale pouvait être vraie à la fois pour l'homme et la pieuvre elle avait une bonne chance d'être vraie de manière universelle[38]». On imaginera sans peine la surprise du comité de recherche du Veterans Administration Hospital lorsque Bateson leur a demandé la permission d'installer des aquariums remplis de pieuvres dans... la morgue ! Il y en avait d'ailleurs également partout à son domicile privé de Menlo Park. En 1959, il reçut de l'aide de Lois Cammack, une travailleuse sociale venue à Palo Alto pour « voir Bateson faire de la thérapie » et qui, finalement, devint sa troisième épouse en 1961. A la fin du projet sur les paradoxes, Bateson pensait d'ailleurs sérieusement entamer une nouvelle recherche, très ambitieuse, pour étudier les phénomènes de communication chez les pieuvres. C'est au moment où ses démarches allaient se concrétiser qu'il reçut une proposition de John Lilly l'invitant à venir étudier les dauphins dans son laboratoire situé aux îles Vierges. Il y partira au printemps 1963.

Ce départ est somme toute assez logique, car l'orientation thérapeutique de plus en plus marquée des recherches de Palo Alto cadrait mal avec la quête bien plus générale de Bateson. Le climat se détériorait au sein de l'équipe ; la rivalité qui s'instaurait avec le tout récent MRI, dont la réputation grandissait rapidement, rendait l'ambiance de plus en plus pesante. « Je pense qu'on en avait assez l'un de l'autre en 1962 », dira Jay Haley, ce qui rejoint l'opinion de John Weakland : « N'importe quel conseiller conjugal vous dira que dix ans c'est très long pour rester en contact intime. Nous étions des personnes assez différentes, nous étions trois et après, avec Jackson, quatre, liés par quelques lignes d'intérêt mais avec de grosses difficultés : des styles différents, des centres d'intérêt différents, des idées différentes sur la manière de poursuivre ces idées. Jay voulait poursuivre le travail clinique et Bateson devenait de plus en plus opposé à ça[39]. » Les deux hommes conservent pourtant un souvenir très chaleureux de cette époque et reconnaissent avoir une dette importante envers Bateson. Haley dira à Lipset : « Peu de personnes ont eu la chance que John Weakland et moi-même avons eue pendant cette décennie. Non seulement nous avions du plaisir à être ensemble, mais nous avons pu faire de la recherche à temps plein sur tout ce que nous trouvions important, avec Bateson comme professeur et comme guide. Lorsque nous nous battions dans l'obscurité contre des idées imprécises, Bateson nous donnait l'assurance que nous travaillions au mieux de nos capacités, affichait une attitude confiante qui laissait entendre que tout problème pouvait être résolu, et, bien souvent, il nous donnait même une idée pour le résoudre. Que peut-on demander de plus à un directeur de recherche[40] ? »

6. 4. « Au-delà de la double contrainte »[41]

En 1977, l'intérêt de nombreux psychiatres pour la double contrainte décida l'un d'eux, Milton Berger, à organiser un grand colloque sur ce thème, « Au-delà de la double contrainte ». En plus de Bateson, y furent conviés Haley et Weakland, ainsi que d'autres grands noms de la thérapie familiale : Murray Bowen, Carl Whitaker, et des chercheurs tels que Albert Scheflen et Lyman Wynne.

Mais les participants venaient plus pour les applications thérapeutiques qui avaient été faites de la théorie que pour la façon dont Bateson l'avait réinterprétée et élargie, c'est-à-dire comme un des principes fondamentaux de la communication, du changement et de la créativité. Haley était déjà très connu, à l'époque, pour sa croisade en faveur d'une psychothérapie de courte durée et sa critique assez acerbe de l'approche psychanalytique. Bateson n'était guère satisfait de ce qu'il vivait comme un détournement de ses idées. « Je ne suis pas très content de me sentir le père de la déclaration tacite selon laquelle "la double contrainte est une théorie de la thérapie". Je ne crois pas que ça le soit ni que ça l'ait jamais été[42]. »

Cette opinion s'exacerba encore après la parution d'un article de Janice R. Stevens qui répondit, dans le journal *Psychiatric News*, à l'annonce du colloque sur la double contrainte, que cette théorie avait rendu « un important mauvais service » aux schizophrènes et à leurs familles. Stevens reprochait aux thérapeutes familiaux d'avoir rendu les familles responsables du malheur de l'un d'entre eux, d'avoir causé de nombreux problèmes relationnels entre les enfants et leurs parents, et vilipendait la théorie qui, alors qu'elle n'avait jamais pu recevoir de vérification expérimentale, était à l'origine de ces abus thérapeutiques. Elle concluait : « Il est temps que les familles des patients schizophrènes exigent [...] l'honnêteté de la profession psychiatrique et l'abandon des hypothèses qui n'ont conduit à aucun traitement utile[43]. »

C'était évidemment un coup bas pour Bateson dont la réponse fut virulente. S'il reconnaissait que la théorie de la double contrainte avait sa part de responsabilité dans la souffrance des patients, il en imputait la faute à la hâte des cliniciens à appliquer des concepts qu'ils ne maîtrisaient pas bien. « Le metrozol, l'insuline, la lobotomie, l'EST[44] et l'inhumanité du mépris flagrant ont contribué à la masse de souffrance humaine qui irradie de la "schizophrénie", et la solution moderne – l'intoxication chronique par la chimiothérapie – n'en est pas le dernier mot. La question est simple ! Nous sommes tous profondément ignorants et il ne peut y avoir de compétition dans l'ignorance[45]. »

A cette époque, les nouvelles théories revenaient à l'hypothèse d'une cause organique, et probablement innée, de la schizophrénie ; aussi Bateson ajoutait-il plus loin : « Les apparences de la schizophrénie peuvent être produites par une invasion parasitaire et/ou par l'expérience : par les gènes et/ou par l'apprentissage. Je suis même prêt à concéder que la schizophrénie est tout autant une "maladie" du "cerveau" qu'une "maladie" de la "famille", si le docteur Stevens me concède que l'humour et la religion, l'art et la poésie sont, de la même façon, des "maladies" du cerveau ou de la famille ou des deux[46]. »

Le débat prit fin quelques mois plus tard ; deux psychiatres de Saint Louis, bien que remerciant Bateson pour ses éclaircissements, n'en concluaient pas moins : « Cependant, après avoir lu, relu et encore relu la prolixe et paralogique pontification de M. Bateson, nous sommes toujours incapables de tirer la moindre signification cohérente des phrases utilisées... Sommes-nous dans une double contrainte[47] ? »

Tout le monde ne partage pas cet avis concernant la place de la double contrainte comme outil conceptuel. Pour Paul Watzlawick, son rôle fut prépondérant tant d'un point de vue descriptif que comme outil thérapeutique : « Parce que, non seulement elle montre un *pattern* de communication, mais elle comporte des implications thérapeutiques : si vous utilisez une prescription du symptôme, vous utilisez une double contrainte thérapeutique, puisque vous demandez à quelqu'un de faire quelque chose qui est en dehors de son contrôle[48]. »

Stewart Brand[49] considère, pour sa part, que l'on est loin d'avoir saisi toutes les implications de cette hypothèse. Il est persuadé qu'il s'agit là d'un paradigme du changement qui pourra être utilisé par les chercheurs de nombreuses disciplines, et notamment en informatique. Haley est plus partagé : pour lui, si la théorie a eu un impact extrêmement puissant sur de nombreuses personnes de la profession, il avoue ne plus utiliser le terme « double contrainte » : « J'ai cessé d'utiliser le terme, parce que tout le monde commença à l'utiliser dans n'importe quel sens. Donc, je suis retourné au terme de "paradoxe". Je pense que si vous êtes en train d'analyser la communication, en particulier celle de familles dont un membre est fou, ça "fait sens". Il est évident qu'il y a des niveaux conflictuels de communication. Je pense que Bateson essaya de généraliser le concept à un matériel plus large, comme la théorie de l'évolution ; ça ne m'a pas vraiment beaucoup enthousiasmé. Mais c'était son centre d'intérêt, il était avant tout intéressé par l'évolution[50]. »

Nous le voyons, la portée du projet Bateson a été diversement appréciée dans la profession. Il faut reconnaître cependant que les critiques adressées par les thérapeutes à la théorie reflètent surtout la diversité des opinions concernant le style très personnel de Bateson. Dans les milieux scientifiques, on adore Bateson ou on l'exècre. Pour certains, il est un des rares à aller à l'essentiel, à donner de la hauteur à la pensée ; pour d'autres, c'est un fumiste, un beau parleur au style pompeux, dont le vernis scientifique n'arrive pas à masquer l'absence de réelle spécialisation.

Il n'est pas simple d'utiliser Bateson. Ce qui, d'ailleurs, ne serait probablement pas pour lui déplaire. Il n'a jamais apprécié les recettes. C'est un auteur que l'on redécouvre sans cesse, au hasard des réflexions, à la recherche de liens entre les idées ; c'est alors que l'on remarque que le message de Bateson ne se prête guère à la simplification : on ne prend pas Bateson au pied de la lettre, on en partage l'esprit, ce qui, pour de nombreux hommes de science, revient fort à empoigner le vide. Mais, là encore, Bateson avait prévenu.

Nous pensons également que la double contrainte a surtout apporté une solide légitimité aux thérapeutes familiaux. Que les thérapeutes actuels puissent se passer d'approche théorique et défendre, à la manière de Haley ou des membres du Centre de thérapie brève de Palo Alto, une approche uniquement fondée sur le « que faire en vue de quel résultat » ne nous paraît acceptable actuellement que parce que la légitimité du point de vue interactionnel a été établie auparavant. Et il ne fait guère de doute, dans notre esprit, que la somme des concepts fondamentaux – et finalement cohérents – qui forment le substrat théorique de la théorie de la double contrainte n'y est pas étrangère. Nous irions même plus loin en avançant que les recherches ultérieures de Bateson n'ont fait que renforcer la position de ceux contre qui il a lutté parfois avec véhémence. Parce que, finalement, plus sa pensée se précisait, plus la nouvelle structure théorique prenait forme, plus la systémique au sens large gagnait en crédibilité. Sans Bateson, on aurait probablement eu bien du mal à parler des travaux d'Erickson, à comparer les diverses techniques des thérapeutes familiaux, à justifier les interventions paradoxales, etc. Bateson a sûrement appris aux thérapeutes à poser les bonnes questions, on ne peut pas lui reprocher les réponses hâtives que certains n'ont pas hésité à y apporter. Toute sa vie il aura été un chercheur, jamais un thérapeute, même si certains d'entre eux en ont fait leur saint patron.

7

Jackson, Erickson et la thérapie familiale

Avant d'exposer les débuts du MRI, et pour mieux cerner l'originalité de son approche thérapeutique, il n'est pas inutile d'évoquer l'ensemble de ce courant de pensée psychiatrique que l'on synthétise sous le label général de « thérapie familiale ». Nous l'allons voir, contrairement à une idée largement répandue, on ne peut assimiler cette approche de la maladie mentale à l'approche systémique ou à la cybernétique. Bien des thérapeutes familiaux n'ont fait qu'étendre les concepts psychodynamiques (qu'il s'agisse de la psychanalyse freudienne, de ses dérivés ou de théories plus récentes) à la situation familiale. La plupart cependant ont dû recourir à des notions explicatives supplémentaires pour inclure les relations familiales à leur approche. Or ces notions avaient surtout été étudiées par les systémiciens au sens large.

C'est ainsi que, petit à petit, l'image de la thérapie familiale s'est brouillée, les différences entre écoles se sont estompées et, même si les pratiques gardent leurs particularités (et les divergences peuvent être de taille !), le grand public a fini par oublier les différences de fond pour ne se souvenir que des similitudes apparentes : « Après tout, ils font tous de la thérapie familiale. » Loin de nous l'idée de distribuer des certificats de conformité. Ce que nous nous proposons de faire ici c'est de dessiner à grands traits le contexte dans lequel s'est effectué le passage d'une approche individuelle des problèmes de santé mentale à la prise en considération du milieu, de l'entourage de la personne « malade ». Ce chapitre servira donc à nous situer dans le contexte des thérapies « relationnelles » à l'époque de la création du MRI, à y définir la place de Don Jackson, et à présenter ce « grand original » que fut Milton Erickson.

7. 1. Les travaux précurseurs

C'est à partir des années 30 que l'on trouve les premiers indices de ce changement d'optique. Plusieurs théories ont alimenté les balbutiements de l'approche familiale : en plus de la cybernétique, de la théorie des systèmes et des recherches sur la communication dont nous avons longuement parlé, nous pouvons signaler l'élaboration de la notion de « rôle » – concept qui sera notamment appliqué à l'étude des groupes et à la formation de l'identité –, ainsi que les théories du « moi », qui introduisent des idées nouvelles dans la théorie psychodynamique, notamment celles de symbiose et d'individuation.

L'apparition de concepts nouveaux (qui concernent souvent le domaine fort éloigné de la recherche en psychologie sociale) devait s'accompagner de changements dans les méthodes et les techniques thérapeutiques. N'oublions pas que l'approche analytique insistait sur les précautions à prendre pour que le processus analytique puisse être couronné de succès, et, parmi celles-ci, on trouvait des recommandations très strictes quant aux contacts entre le thérapeute et l'entourage du patient. Ici aussi, nous pouvons relever une évolution progressive[1].

Donc, au départ, dans la psychanalyse orthodoxe, les contacts entre le thérapeute et la famille du patient sont tout à fait déconseillés, ce type de rencontre ne pouvant que contaminer les relations transférentielles et mettre ainsi les résultats de l'analyse en péril.

Les premiers changements : à partir des années 30, on commence à considérer qu'il serait utile d'étudier les effets négatifs de la mère sur le développement de l'enfant. Cette préoccupation se manifeste notamment dans les cliniques de guidance infantile où l'on reçoit les parents des enfants suivis individuellement. Parallèlement, on assiste à l'apparition de techniques thérapeutiques nouvelles, psychothérapie de groupe, psychodrame, etc., qui vont fortement contribuer à diminuer la peur face aux problèmes de transfert et de contre-transfert.

Introduction de la culture et des relations interpersonnelles. Quelques psychanalystes importants, Sullivan, Horney, Fromm, Erikson, etc., vont accorder une place de poids à la culture et à la vie relationnelle dans la constitution de la personnalité. Certaines de ces théories interpersonnelles, celle de Sullivan entre autres, accordent de plus en plus d'importance aux difficultés présentes des patients. On découvre également une répartition épidémiologique de la maladie mentale très différente selon les sous-groupes sociaux, ethniques et culturels.

Haley résume ainsi les changements qui se sont produits à cette époque et qui ont secoué le milieu de la psychiatrie aux États-Unis jusqu'aux années 60 : « Une transition semble avoir eu lieu dans l'approche de la schizophrénie : de l'idée initiale selon laquelle la difficulté était créée, dans ces familles, par le schizophrène lui-même, à l'idée d'une mère pathogène, puis à la découverte de l'inadéquation du père, jusqu'à la tendance actuelle à impliquer les trois membres de la famille dans un système d'interactions pathologique[2]. » Voyons les détails de cette évolution.

7. 1. 1. Haro sur la famille

C'est vers le milieu des années 30 que l'on voit apparaître les premières études exploratoires sur les relations pathogènes parents-enfants. En 1937, Nathan Ackerman rédige « La famille en tant qu'unité sociale et affective[3] », article dans lequel il signale l'importance des rôles familiaux et de la manière dont ceux-ci peuvent perturber les interactions des membres de la famille.

Les années 40 verront se multiplier les études sur la « surprotection maternelle » et David Levy sera un précurseur des recherches sur les liens « entre les traits pathogènes de la mère et le comportement perturbé de l'enfant[4]». Ces études tendent à montrer que l'attitude surprotectrice des mères est liée à leurs propres frustrations affectives infantiles. Le concept de « mère schizophrénogène » semble avoir été utilisé pour la première fois par Frieda Fromm-Reichmann en 1948. Cette expression désigne une personne agressive, dominante, insécurisée et rejetante. Quant au père, on le décrit comme quelqu'un d'inadéquat, passif et assez indifférent. On le voit, c'est surtout sur les caractéristiques de personnalité des parents des schizophrènes que se focalisent les préoccupations des chercheurs. Il ne fait pas bon être la mère d'un schizophrène à cette époque !

Mais, d'une façon générale, les familles sont suspectes. Certaines recherches montreront que la plupart des patients psychotiques sont issus de familles très perturbées ; Ellison et Hamilton constatent que 30 % des patients ont récemment vécu des décès, des divorces ou des séparations dans la famille[5]. Il est certain que les expériences de ces années-là étaient criticables d'un point de vue méthodologique et l'interprétation de leurs résultats fut largement remise en question. Il n'empêche que toutes ces recherches dénotent une tendance générale à la fois du type de questionnement et des intérêts de l'époque, et c'est à ce titre qu'elles nous intéressent directement.

7. 1. 2. Familles en thérapie

A côté de ces recherches, les techniques thérapeutiques subissent également une évolution dans les années 40 et 50 : plusieurs psychiatres se mettent à expérimenter la thérapie de groupe avec des patients **et** leurs parents[6].

Notons au passage que les mouvements thérapeutiques, de même que la recherche, se centrent principalement sur le problème de la schizophrénie ; on peut cependant signaler d'autres recherches intéressantes qui portent sur les relations de couples dont l'un des membres est considéré comme névrosé ou psychotique. Mais si

Gregory Bateson et Milton Erickson
(© avec l'aimable autorisation de John Weakland).

Paul Watzlawick.

MRI, 555 Middlefield Road.

John Weakland tel qu'en lui-même.

Dick Fisch au tableau.

Karin Schlanger.

Don Jackson.

Paul Watzlawick, Dick Fisch, John Weakland au travail.

Jules Riskin.

Heinz von Foerster.

William Fry.

l'on se permet d'étudier les couples, les cliniciens ne sont pas tous favorables à un travail thérapeutique avec les deux partenaires [7].

Pour résumer cette période, on peut dire que les efforts déployés d'une part pour mieux comprendre la schizophrénie et d'autre part pour renforcer les méthodes de traitement conduisent progressivement les thérapeutes à se tourner vers d'autres personnes importantes de la famille – en tout premier lieu la mère, mais également le père. Même si ces initiatives restent timides, elles n'en portent pas moins un coup sérieux au tabou des contacts entre le thérapeute et l'entourage du patient.

7. 2. Le traitement de la pathologie familiale

Dans les années 50 on assiste à une multiplication des recherches qui mettent en évidence la relation étroite entre la famille en tant qu'unité sociale et la maladie mentale. Même si l'approche thérapeutique reste psychanalytique, le patient est considéré comme porteur du symptôme de la pathologie des membres de la famille [8]. Cette vision conduit certains thérapeutes à traiter tous les membres de la famille ensemble, l'isolement du patient ne pouvant mener au succès du traitement (du moins à terme, puisque le patient « guéri » est censé retourner vivre dans un milieu pathogène). On considère la famille comme une unité bio-sociale et la psychothérapie doit permettre à *tous* les membres de la famille de retrouver un mode de fonctionnement satisfaisant. Des notions interactionnelles apparaissent, comme celle de lien symbiotique, qui mettent l'accent sur les relations au sein de la famille plutôt que sur les personnes elles-mêmes.

Les hypothèses de travail des thérapeutes reflètent une vision homéostatique du système familial, chacun mettant l'accent sur un aspect particulier de la famille. Hill [9], par exemple, considère que les liens entre la mère et l'enfant schizophrène s'opposent à toute amélioration du patient : elle n'est cependant pas « coupable » de cette relation contraignante car c'est le patient lui-même qui s'imagine que tout progrès condamne sa mère à la maladie. Cette nouvelle vision de la relation pathologique induit déjà un contact entièrement différent entre la mère du patient schizophrène et le thérapeute, qui ne la rend pas responsable des craintes vécues par le malade.

Midelfort (1957) est l'un des promoteurs de l'orientation relationnelle inspirée d'une vision socioculturelle de la maladie mentale ; il considère la thérapie familiale comme un type spécial de thérapie de groupe qui doit permettre de satisfaire les besoins sociaux des personnes. Il souligne aussi l'importance d'une communion ethnique et religieuse entre le thérapeute et le malade ; le thérapeute venant d'une culture extérieure sera perçu par la famille comme un usurpateur de leurs valeurs culturelles.

A partir de là, d'autres cliniciens vont entreprendre des études plus poussées sur les relations et le traitement des familles. C'est au début des années 60, et parallèlement aux travaux du MRI, que vont apparaître les grands noms de la première génération des thérapeutes familiaux : Bowen, Wynne, Boszormenyi-Nagy, Lidz, Ackerman, et Whitaker, pour ne citer que les plus connus d'entre eux. Tous, Lidz mis à part, deviendront des thérapeutes familiaux à part entière et élaboreront des modèles thérapeutiques reconnus et toujours bien vivants de nos jours. Ils ont tous eu des contacts suivis entre eux et avec l'équipe du MRI, et, lorsque Haley lancera la revue de thérapie familiale *Family Process*, en 1961, la plupart d'entre eux se retrouveront dans le comité de rédaction.

7. 3. L'œuvre de Donald DeAvila Jackson

Jackson est certainement le grand méconnu du groupe de Palo Alto. Bien sûr, sa mort prématurée en est probablement responsable, de même que le fait qu'il ait dû faire œuvre de pionnier, débroussaillant le terrain de la psychothérapie en s'attaquant aux fondements de l'approche analytique traditionnelle, sans pouvoir vraiment proposer une image conceptuelle nette de ses idées novatrices. Certains lui reprocheront cette vision éclatée et réduiront son impact aux notions d'« homéostasie » et de « règles familiales ». Ce n'est pas rendre justice au courage, à l'intelligence et à l'éclectisme de Jackson. Il n'hésita pas en effet à corriger et à améliorer sans cesse les premiers acquis de la thérapie familiale qu'il préconise avec force dès le milieu des années 50. Nous allons nous efforcer de montrer qu'à travers son œuvre largement méconnue Jackson préfigure à la fois les développements ultérieurs de la thérapie familiale (américaine et européenne), les travaux du Centre de thérapie brève et même les principes constructivistes que Paul Watzlawick a rajoutés récemment aux concepts théoriques explicatifs de Palo Alto.

Considérons le personnage tout d'abord. Jay Haley résume bien le courage et l'intransigeance de Jackson dans le discours qu'il a prononcé lors d'un mémorial en son hommage : « Ce fut un précurseur. Il prit une position très nette en acceptant le fait que nous nous trouvions devant un ensemble d'idées nouvelles. En 1957, il décida que les idées psychanalytiques n'étaient pas appropriées pour la thérapie, il démissionna de l'Association de psychanalyse (Psychoanalytic Society) et enleva le divan de son cabinet. Pour lui, ce n'était pas là une démarche banale et, après avoir franchi le pas, il ne fit plus de compromis. Beaucoup de ses collègues, des thérapeutes familiaux y compris, lui en voulurent [10]. »

Quelles critiques fait-il à l'approche analytique ? En gros, il déplore son orientation individuelle, qui fait perdre de vue la complexité des déterminismes interpersonnels, et son insistance sur les explications génétiques de la maladie mentale. A ce sujet, il prendra l'image d'un coup de fusil pour montrer la surdétermination du comportement humain :

« En un sens [...] le gène est à la maladie mentale ce que la balle est au processus total de tir sur un autre être humain. Aucune analogie ne peut véhiculer avec précision ma manière de concevoir le rôle de l'hérédité dans la schizophrénie ou toute autre difficulté émotionnelle, mais, comme la balle est, en réalité, la partie active d'une arme à feu, il est clair que cette position ne rejette pas entièrement l'hérédité.

« Mais la balle est inoffensive sans le chargeur qui, à son tour, est inutile sans le canon et, à un autre niveau encore, il faut qu'il y ait quelqu'un pour tirer un coup de feu et une situation qui s'y prête. C'est pourquoi il me semble que toute “théorie de la balle” des armes à feu est obligatoirement une sursimplification poussée jusqu'à l'absurde et que l'on a accordé trop d'attention aux effets potentiellement dangereux de la balle – ou du gène – alors qu'actuellement notre préoccupation concerne le processus total dans lequel la balle – ou le gène – joue un rôle significatif [11]. »

Ceci a bien entendu des répercussions sur l'approche thérapeutique, car, si le thérapeute souscrit aux explications de type génétique, la capacité du clinicien à conceptualiser le contexte total dont le comportement « perturbé » fait partie sera limitée. Jackson s'oppose donc à l'approche individuelle, trop restrictive, perdant de vue le contexte, et fondée sur la prémisse (héritage de notre culture) selon laquelle « l'homme est le maître de son destin et le capitaine de son âme ».

« Je remets donc en question, avec force, l'adéquation et l'utilité de l'analyse et de l'étiquetage individuels tels qu'on les conçoit actuellement. Je pense qu'il nous faut passer de l'étude de l'individu *in vitro* à celle du groupe, petit ou grand, à l'intérieur duquel tout comportement individuel spécifique est adaptatif, de l'évaluation individuelle à l'examen du contexte, ou, plus précisément, des systèmes, dont le comportement individuel est inséparable [12]. »

Il se rend compte du fait que, pour passer de cette vision individuelle à une approche interactionnelle, il faudra « inventer » un nouveau langage pour éviter de rester prisonnier des étiquettes traditionnelles ou d'en faire une simple traduction systémique approximative qui laisserait le problème entier. « Dans notre cadre de référence conceptuel traditionnel, l'individu s'arrête aux frontières de sa peau, et ce qui peut se passer entre deux individus ainsi clos sur eux-mêmes – ce qui n'est clairement ni “je” ni “tu” – reste un mystère pour lequel nous n'avons ni langage ni modèle d'intelligibilité. Nos pensées, nos recherches, et jusqu'à ce que Benjamin Whorf appelait notre “vision du monde”, sont bornées ou facilitées par le langage dont nous nous servons. Il nous faut donc, avant toute chose, un langage qui nous permette, voire nous contraigne, de penser en termes d'interaction. [...] Le concept de "règles familiales" constitue l'un de ces outils [13]. »

7. 3. 1. Les « règles familiales »

Jackson considérait que le concept de « rôle » renforcait les stéréotypes, ne représentait que des abstractions culturelles et était, avant tout, un concept individuel. Il proposa donc de lui substituer celui de « règle », comme base de la nouvelle approche interactionnelle. C'est la notion de « redondance » qui lui servira de fil conducteur. C'est ainsi qu'il parlera de comportements prescrits et proscrits dans la culture familiale. C'est bien dans le sens de restriction, comme nous l'avons dit plus haut, qu'il faut comprendre la redondance. Si on l'applique à la famille, on peut noter que l'organisation de celle-ci implique des restrictions quant aux comportements permis ou interdits pour ses membres :

«– Organisation implique limitation, étant donné que le terme "organisation" peut se définir, au niveau comportemental, comme un type précis de modèle de répétition et d'exclusion.

– La famille possède son organisation. [...]

– Si l'on considère un assortiment de comportements possibles et également plausibles en théorie, une entité organisée aura recours à certains de ces comportements plutôt qu'à d'autres. Par exemple, des possibilités *a* à *f*, elle n'utilisera peut-être que *a* ou *b*, ou, peut-être encore, *d* ne se produira-t-il jamais [14]. »

On le voit, c'est dans la lignée des réflexions du « groupe Bateson » que Jackson poursuit son approche de la famille. Il a intégré les principes cybernétiques et c'est sur cette base qu'il choisit d'établir des fondements scientifiques solides pour une psychologie interactionnelle. Il propose notamment de reconsidérer les questions liées à l'éducation des enfants : « Il est clair que notre culture insiste trop sur ce que les parents devraient faire pour leurs enfants, au lieu de prendre conscience de la façon dont les modèles familiaux proscrivent et prescrivent le comportement chez l'enfant, y compris les modèles de restriction [15]. »

Jackson va insister sur l'importance des règles d'échange qui s'instaurent dans les relations interpersonnelles. On peut considérer qu'une règle relationnelle est, en quelque sorte, l'explicitation de la redondance qui restreint la diversité des comportements des différents partenaires. « La famille est un système régi par des règles : ses membres se comportent d'une manière répétitive et organisée, et ce type de structuration des comportements peut être isolé comme un principe directeur de la vie familiale [16]. » Évidemment, les règles ne sont pas explicites, mais un observateur extérieur peut les inférer à partir des redondances des interactions, tout comme on pourrait cerner les règles du jeu d'échecs rien qu'en regardant le déplacement des pièces sur l'échiquier, pour reprendre un exemple bien souvent cité par Watzlawick.

De la même manière que l'on peut distinguer des niveaux différents dans la communication, Jackson va également parler de règles ayant un niveau d'abstraction supérieur à celles qui régissent les interactions familiales homéostatiques. Tout système familial évolue, ses normes, ses valeurs doivent se maintenir si elles sont adaptées, se renforcer éventuellement, mais également pouvoir se modifier. Toute famille doit donc disposer d'autres règles qui régissent l'ensemble de ces mécanismes, des règles de « calibrage » : les « métarègles » d'un système familial. Selon Jackson, les familles qui présentent un dysfonctionnement (c'est-à-dire qui présentent des symptômes pathologiques ou des problèmes familiaux) sont celles à qui il manque des règles permettant de gouverner les changements, qui ne disposent pas de métarègles adéquates. La fonction centrale du thérapeute consistera à faciliter et à développer des règles de changement des règles. Pour bien cerner cette notion de métarègle, nous pourrions l'élargir à d'autres types de systèmes. Pour prendre un exemple dans le domaine social plus global, on pourrait dire que, si les lois constituent l'ensemble des règles qui régissent les échanges sociaux, la Constitution en précise les métarègles.

7. 3. 2. Normalité et « folie »

Après avoir cherché pendant un certain temps à classifier les familles, Jackson se rendit compte qu'il était inutile de retomber dans le schéma psychopathologique traditionnel. Il n'était d'aucune utilité de reprendre le débat sur la normalité et de le transposer en un débat sur les familes « normales » et « pathologiques ». Il proposa donc, dans plusieurs articles, d'abandonner cette voie sans issue qui, d'une part, ne tient pas compte de l'aspect avant tout culturel de cette classification et, d'autre part, enferme les familles sous des étiquettes qui ne font que renforcer la tendance à créer des prophéties auto-accomplissantes. « Après avoir étudié la famille pendant de nombreuses années, j'estime pouvoir avancer qu'il n'existe pas de familles normales, pas plus qu'il n'existe d'individus normaux. Il est des parents qui semblent vivre dans la plus grande harmonie mais dont les enfants sont nerveux, des parents qui s'entendent fort mal mais dont les enfants semblent en bonne santé. Lorsqu'on entend quelqu'un s'écrier : “Ah ! Voilà une famille normale !”, qu'on sache que celui qui s'exprime ainsi ne considère, en général, qu'une certaine facette de la vie familiale et non pas son interaction d'ensemble, laquelle reste impénétrable à l'observation naïve. Les personnes qui s'expriment ainsi sont en général de celles qui accordent une grande valeur au conformisme [17]. »

Il est nécessaire d'abandonner ce type de classification selon le degré de normalité. A la suite de Thomas Szasz, Jackson va se faire l'avocat d'une approche non pathologisante de la « maladie » mentale. En ce sens, il est dans la lignée des mouvements antipsychiatriques qui fleuriront (en particulier en Angleterre et en Italie) dans les années 60 [18]. Encore une fois, Jackson ne se montre pas tiède dans ses prises de position à l'encontre des courants psychiatriques traditionnels, il écrira notamment : « Il me semble qu'on peut adopter une méthode différente et plus féconde pour répondre tant aux exigences scientifiques de la théorie qu'aux nécessités pratiques de la clinique. Il faudrait pour cela prendre en considération le fait que l'être humain possède des potentialités diverses, que l'accomplissement de certaines de ces potentialités peut comporter certaines limitations, et que cet accomplissement comme ces limitations diffèrent selon les conditions. Thomas Szasz dit que la maladie mentale est un mythe dont la fonction est d'édulcorer, de faire passer l'amère pilule des conflits moraux dans les relations humaines. D'après lui, les problèmes qui nous sont posés sont des problèmes de vie commune et non des problèmes de santé mentale. Ces problèmes sont d'ordre biologique, économique, politique et sociopsychologique [19]. » La position qui se dégage de ces déclarations est profondément humaniste ; Jackson prêche pour un plus grand respect des différences individuelles, pour la reconnaissance de l'unicité des hommes et pour une tolérance face à la diversité tellement nécessaire à l'évolution de nos sociétés. Si nous acceptons cette prémisse et reconnaissons que la normalité est un mythe, « nous sommes également mieux à même de reconnaître le fait que la plupart des gens apportent leur contribution à la condition humaine [20]». Il se méfie des étiquettes, donc des diagnostics psychiatriques (tant individuels que familiaux), et n'hésite pas à citer les travaux de Rosenthal pour en montrer les dangers. Nous pouvons sans aucun doute voir, dans ces réflexions de Jackson, l'origine de l'attitude explicitement non normative qui sera un des piliers essentiels de tous les travaux ultérieurs du MRI jusqu'à nos jours. Jackson sera également l'un des premiers à se faire l'avocat du traitement hors institution des malades mentaux et il soutint les premiers efforts de psychothérapie communautaire.

7. 3. 3. L'orientation thérapeutique : des actes plutôt que des paroles

Pour Jackson, on ne peut plus se contenter de spéculations sur la structure profonde de la personnalité, d'hypothèses sur les motivations ou de la reconstruction historique hypothétique des causes du comportement individuel. Le système familial doit être observé de façon concrète, dans les actions et réactions de chaque membre de la famille par rapport aux autres. « On passe d'une description de la *nature de* quelqu'un à une description des *rapports entre* une personne et une autre. Cette dernière approche exige que l'on parte du comportement observable comme source des données, plutôt que des "propriétés" invisibles de l'individu. Les données deviennent une succession d'"actions" observables, qui se répètent, entre les membres de la famille ; avec ce passage à un nouveau type de données, apparaît une nouvelle manière de conceptualiser le problème[21]. »

Pour conclure ce paragraphe sur la méthode d'intervention préconisée par Jackson, il nous paraît opportun d'apporter quelques correctifs à l'étiquette dont on a parfois affublé le premier directeur du MRI dans le milieu de la thérapie familiale. Jackson n'en est pas resté à l'idée selon laquelle les comportements des membres de la famille visent à perpétuer la stabilité du système et que c'est ainsi qu'il faut comprendre, entre autres, la « fonction » du symptôme manifesté par l'un de ses membres. En fait, non seulement il reconnut l'importance du feed-back positif comme moteur de changement (voir les travaux de Maruyama), mais il témoigne également d'un grand sens de l'implication du thérapeute dans le processus du traitement des familles[22]. En tout état de cause, il est clair que Jackson était conscient de l'importance du rôle de l'intervenant dans les systèmes humains, à preuve le petit questionnaire qu'il proposait aux thérapeutes afin d'évaluer les difficultés qu'ils pouvaient rencontrer avec certains patients :

1. Ai-je peur de perdre ce patient ? Si oui, est-ce pour des raisons économiques ou par peur de ne pas être tout-puissant ?

2. Suis-je en train de faire des tests... alors que je pense que cela ne mène nulle part ? Comment puis-je relier cela au point 1 ?

3. Si je suis dans la confusion pour le diagnostic de ce patient, pourquoi n'ai-je pas recherché un autre thérapeute ? En quoi cela s'accorde-t-il avec le point 1 ? L'appréciation, le respect, les finances dirigent-ils mes décisions ?[23]

Même si ces quelques questions ne recouvrent pas toutes les difficultés potentielles du paradoxe dans lequel se trouve pris l'intervenant familial (qui doit modifier un système dont il fait lui-même partie), il n'en démontre pas moins que Jackson y était déjà sensibilisé.

En plus de son importance historique comme l'un des plus grands promoteurs de la thérapie familiale, d'autres aspects de son œuvre méritent d'être soulignés car ils survivent à travers l'approche interactionnelle du MRI. Dès le début des années 60, Jackson estimait en effet que toute croyance partagée par les membres d'une famille constitue *leur* réalité et que le thérapeute doit savoir l'utiliser pour mener à bien son travail. Position non normative qui n'est pas sans rappeler la vision « constructiviste » que Paul Watzlawick a fortement développée récemment.

7.4. Milton H. Erickson

Parle au mur que la porte puisse entendre.
Proverbe sufi

Erickson ne se situe pas directement dans la mouvance de la thérapie familiale. Nous avons déjà signalé certaines particularités de son approche thérapeutique renforcée par l'utilisation de l'hypnose.

L'impact de ses travaux sur les membres de l'équipe du MRI est tel qu'il nous paraît indispensable de nous étendre quelque peu sur ce personnage fascinant.

Erickson est né en 1901 à Aurum, petite ville du Nevada aujourd'hui disparue. Sa famille émigrera au Wisconsin. Ses parents ont une ferme et toute la famille participe aux travaux ; Milton a sept sœurs et un frère. Il cumule les handicaps physiques : il est daltonien, ne distingue pas les couleurs (la seule couleur qu'il peut reconnaître comme telle et qu'il apprécie donc démesurément est le pourpre : il aimera s'entourer d'objets de cette couleur : téléphone, murs de sa salle de bain, pyjamas, etc.) et est atteint de surdité tonale.

A dix-sept ans, il a sa première attaque de polio. Le médecin avertit la famille que le jeune Milton ne pourra plus jamais marcher[24]. Il reste au lit, incapable de mouvoir le moindre muscle et sans aucune sensation corporelle ; la seule chose qu'il peut encore bouger ce sont les yeux et, heureusement, l'ouïe n'est pas atteinte. « Je ne pouvais même pas dire où se trouvaient mes bras ou mes jambes dans mon lit. C'est ainsi que j'ai passé des heures à essayer de localiser ma main, mon pied ou mes orteils, en guettant la moindre sensation, et je suis devenu particulièrement attentif à ce que sont les mouvements[25]. »

Il cherche des moyens de s'occuper pour tromper l'ennui : « J'ai commencé à observer les gens et mon environnement. J'ai très vite appris que mes sœurs pouvaient dire "non" alors qu'elles pensaient "oui". Et elles pouvaient dire "oui" et penser "non" en même temps. L'une d'entre elles pouvait tendre une pomme à une autre tout en la retenant. Et j'ai commencé à étudier le langage non verbal et le langage corporel[26]. » Il devient ainsi très attentif aux mouvements, même très minimes, de son corps, mouvements qu'il tente alors d'amplifier. Il observe les bébés qui apprennent à marcher pour repérer l'enchaînement de leurs mouvements, la coordination de leurs efforts, la façon dont le poids du corps est réparti sur les membres, etc. Il en tirera des leçons tant pour sa propre rééducation que pour son travail en psychothérapie : « J'ai utilisé cette connaissance pour développer un usage adéquat des muscles que la polio m'avait laissés et pour boiter avec le minimum de tension possible ; cela m'a pris dix ans. Je suis également devenu extrêmement conscient des mouvements physiques et cela m'a été très utile. Les gens utilisent ces petits mouvements indicatifs, ces mouvements d'adaptation qui sont si révélateurs pour qui les remarque. Dans notre manière de communiquer, il y a tellement de ces mouvements corporels…[27]» Sa surdité tonale va également attirer son attention sur les éléments relationnels plutôt que sur le contenu du discours verbal : « Beaucoup de *patterns* de comportement sont reflétés par la manière dont la personne dit quelque chose plutôt que par ce qu'elle dit[28]. »

En moins d'un an, il est capable de marcher avec des béquilles.

Il entame alors des études de médecine. Ses premiers contacts avec l'hypnose auront lieu lors de ses études à l'université du Wisconsin où le docteur Clark L. Hull vient en faire une démonstration. Il est fasciné. Par la suite, il s'exercera aux techniques hypnotiques avec tout ce qui veut bien lui servir de cobaye : ses condisciples, ses amis, les membres de sa famille, etc. L'année suivante, il suivra un séminaire chez Hull, durant lequel la plus grande partie du temps sera consacrée à analyser les expériences du jeune Erickson.

Après sa première année d'université, un médecin lui conseille de faire le plus d'exercices physiques possible, au grand air et sans fatiguer trop ses jambes. Erickson décide alors de faire un voyage en canoë pendant ses vacances d'été. L'anecdote, rapportée par Haley, vaut la peine de s'y attarder quelque peu car elle illustre l'attitude principale d'Erickson face aux difficultés de l'existence. Il se procure donc un canoë de cinq mètres de long et, avec pour tous vêtements un maillot de bain, une salopette et un mouchoir noué autour de la tête en guise de chapeau, il va se lancer à l'aventure.

« Il n'avait pas assez de force dans les jambes pour sortir son canoë de la rivière et n'était capable que de marcher quelques mètres. Pour toutes provisions, il disposait d'un petit sac de haricots, d'un autre de riz et de quelques ustensiles de cuisine, cela devait lui suffire pour son voyage qui allait durer tout l'été. Pour s'acheter des denrées supplémentaires, il avait deux dollars et trente-deux cents. Avec ces provisions, il passa de juin à septembre à voyager dans le lac de Madison, la descente de la Yahara, la rivière Rock, le Mississippi, jusqu'à quelques kilomètres de Saint Louis, puis revint dans la rivière Illinois par le canal de Hennepin vers la rivière Rock et jusqu'à Madison. Il trouvait sa nourriture en chemin, mangeant les poissons qu'il pouvait attraper, se trouvant des plantes comestibles sur les rives lorsqu'il campait pour la nuit, et faisant de la “cueillette” dans le Mississippi. Cette récolte était en fait constituée des épluchures que les cuistots des bateaux à vapeur jetaient par-dessus bord. Il trouvait toujours quelques pommes ou des pommes de terre lancées par erreur. A la fin de l'été, il avait parcouru près de deux mille kilomètres pratiquement sans provision ni nourriture, sans avoir assez de force dans les jambes pour transporter son canoë autour des barrages qui lui bloquaient le chemin et si faible au départ qu'il ne pouvait pagayer plus de quelques kilomètres dans le sens du courant sans être complètement épuisé [29]. »

Il ne refusait son aide à personne mais lui-même n'en demandait jamais ouvertement. Là aussi, il s'agit d'un trait que l'on retrouvera dans ses travaux ultérieurs, Erickson s'arrangeait toujours pour que les gens l'aident « spontanément ».

En attendant, son périple l'a transformé physiquement :

« Lorsqu'il revint, son tour de poitrine avait augmenté de quinze centimètres, il était capable de nager sans répit pendant plus d'un kilomètre et demi et de pagayer à contre-courant de l'aube au crépuscule. Il arrivait également à transporter son canoë lui-même pour passer les barrages [30]. »

En 1952, il aura une nouvelle attaque de polio qui le laissera partiellement paralysé du bras et du côté droits. Comme il souffre en plus de nombreuses allergies, on lui conseille de s'installer dans un endroit désertique, et c'est pour cette raison qu'il partira vivre à Phoenix, en Arizona. Il y élèvera les trois enfants qu'il a eus d'un premier mariage, ainsi que les cinq supplémentaires qu'il aura avec sa deuxième épouse Elizabeth.

Comme Bateson, Milton Erickson ne vivra jamais dans l'opulence malgré une réputation qui ira grandissante, en tout cas dans les milieux de l'hypnose clinique. Dès les années 40, le magazine *Life* s'intéresse à ses travaux et, lorsque Margaret Mead cherche à rencontrer un expert qui pourra lui expliquer les convergences entre les transes des Balinais et les transes hypnotiques, c'est à lui qu'elle s'adresse. Dans les années 50, il sera présent à l'une des fameuses conférences Macy et c'est à lui que l'on confiera le soin de rédiger l'article sur l'hypnose pour l'*Encyclopaedia britannica*. Il collaborera également avec Aldous Huxley qui cherche à découvrir, par l'hypnose, certains souvenirs précoces ainsi qu'à explorer les mécanismes de la créativité [31].

C'est en 1953 que Jay Haley et John Weakland commenceront leurs visites hebdomadaires à Phoenix, dans le cadre de leur recherche sur les paradoxes dans la communication [32]. Haley sera le premier grand diffuseur des techniques brillantes d'Erickson. Suite à ces nombreuses publications, Erickson deviendra de plus en plus célèbre, jusqu'à terminer sa vie comme le « gourou de Phoenix[33]».

A cette époque, Milton Erickson vit dans une maison modeste et reçoit ses patients dans un minuscule bureau. Son salon lui sert de salle d'attente et ses patients sont donc mêlés à la vie familiale et aux nombreux enfants encore en bas âge qui circulent partout dans la maison. Erickson ne cherche ni la gloire ni l'argent ; il demande une somme modique tant à ses élèves qu'à ses patients. Il ne fait guère de différence entre la thérapie, la supervision et l'enseignement : il utilise les mêmes techniques d'influence. Pour lui, un changement est un changement, et la thérapie n'est qu'un apprentissage comme les autres.

Jeffrey Zeig, l'un de ses élèves, témoigne des difficultés physiques et des souffrances qui ont marqué la fin de la vie d'Erickson. Il lui fallait passer par de longues heures d'autohypnose chaque matin pour pouvoir continuer son travail l'après-midi. A la suite d'une nouvelle crise, il dut même réapprendre à parler ; le maître des intonations de voix n'arrivait que difficilement à communiquer. En 1980, Zeig décide de rendre un hommage à Erickson en organisant la première rencontre internationale d'hypnose éricksonienne. Bateson, pressenti pour être président de cette rencontre, meurt quelques mois plus tôt, et Erickson lui-même n'assistera jamais à cette consécration de sa longue carrière. C'est une année noire pour le groupe de Palo Alto qui perd ainsi, la même année, ses deux principaux mentors.

7. 4. 1. Une approche thérapeutique hors du commun[34]

Un jeune homme se présente à la consultation. Il expose ses deux problèmes au thérapeute. S'il se plaint d'une constante perte de poids, il est surtout tracassé par le deuxième : sa femme et lui n'ont pas encore pu consommer leur mariage qui a eu lieu neuf mois auparavant. En fait, sa femme promet chaque nuit qu'elle acceptera les relations sexuelles mais, au premier mouvement d'approche de son mari, elle entre dans un état de panique et le prie d'attendre jusqu'au lendemain. Il finit par se demander si lui-même arrivera à avoir une érection malgré son désir débordant. Le thérapeute peut-il les aider, lui ou sa femme ?

Rendez-vous est pris pour elle. Elle doit se présenter chez le thérapeute en sachant qu'il lui faut être prête à discuter de tout son développement sexuel depuis sa puberté. La femme vient à l'entretien et, malgré son grand embarras, raconte son histoire. Elle explique son comportement par « une terreur incontrôlable » qui la dépasse complètement. Elle relie vaguement sa peur à son éducation morale et religieuse. Pendant l'entretien, elle sort un carnet dans lequel elle note avec beaucoup de soin le jour et l'heure du début de chaque période menstruelle. En examinant le carnet, on remarque que, pendant les dix dernières années, elle a eu ses règles tous les trente-trois jours entre 10 et 11 heures du matin ; pas une seule fois elle n'a eu ses règles prématurément (à l'occasion, un petit retard). Ses prochaines règles sont prévues dix-sept jours plus tard. A la question : « Voulez-vous être aidée pour votre problème conjugal ? », elle répond : « Oui », s'empressant d'ajouter, dans un état de panique évident : « Peut-on attendre jusqu'à demain ? » Le thérapeute la rassure en affirmant plusieurs fois que la décision n'appartient qu'à elle.

A la suite de cet échange, le thérapeute induit une transe hypnotique pendant laquelle il lui fait plusieurs suggestions enrobées dans une longue tirade. Il lui dit, en substance : « A votre propre étonnement, vous pourriez vous retrouver, il est même probable que vous allez vous retrouver, face à la disparition subite de votre peur et, sans que vous puissiez le soupçonner, cela vous permettra de tenir votre promesse plus tôt que prévu. »

On fait alors entrer le mari à qui on assure que, dans la nuit qui suit, il aura des rapports sexuels avec sa femme. Il téléphone le lendemain matin pour dire que sa femme, en rentrant du rendez-vous, a eu ses règles : avec dix-sept jours d'avance ! Le thérapeute le rassure en lui disant que ceci montre bien le désir sexuel que sa femme a pour lui et il fixe rendez-vous au couple, juste après les règles.

Le jour de la consultation, le thérapeute reçoit d'abord la femme et induit une transe. Il lui dit que la consommation du mariage doit avoir lieu – qu'elle aura lieu – dans les dix jours. Ceci arrivera soit la nuit de samedi, soit la nuit de dimanche, mais lui-même préfère que ce soit le vendredi soir. Il continue alors à passer en revue, inlassablement, les différents jours où la consommation pourrait avoir lieu, en marquant toujours sa nette préférence pour le vendredi soir. Il la réveille alors et lui répète ses propos. Il reçoit le mari à qu'il demande d'être passif, de ne faire aucune avance et même d'éviter de répondre trop rapidement à celles de son épouse.

Le vendredi suivant, il a le mari au téléphone : « Elle m'a demandé de vous dire ce qui est arrivé hier soir. C'est arrivé si vite que je n'ai même pas compris ce qui me tombait dessus. Elle m'a pratiquement violé. Et, elle m'a réveillé avant minuit pour le refaire. Ce matin, elle riait. Quand je lui ai demandé : "Pourquoi ?", elle a insisté pour que je vous téléphone pour vous dire que ce n'était pas vendredi. Je lui ai dit qu'aujourd'hui c'était justement vendredi ! Elle a simplement ri et elle a ajouté que vous comprendriez que ce n'était pas vendredi [35]. »

C'est souvent ainsi, à travers des histoires extraordinaires (et on peut en trouver des centaines de ce genre dans ses écrits), que nous découvrons Milton H. Erickson. Sa thérapie ne ressemble à aucune autre ; ses techniques paraissent très réfléchies, alors que ses principes demeurent obscurs et étranges.

a) Méthodes et techniques

Les méthodes d'Erickson ne peuvent que laisser perplexe. On se demande souvent où il veut en venir ; l'intervention semble pertinente, mais on ne peut que se demander comment il s'y est pris pour que les patients acceptent de suivre à la lettre des instructions aussi bizarres. On a tendance à y voir une certaine magie, mélange de génie fou et des pouvoirs envoûtants de l'hypnose. Mais Erickson, à l'instar de Bateson, n'a jamais eu une attirance particulière pour le surnaturel ou le parapsychologique. Il croyait plutôt aux vertus de l'observation, du travail, de l'expérience. « Pour Erickson, l'hypnose était un phénomène naturel qui utilisait les processus psychologiques ordinaires comme la mémoire des sens, l'oubli, la dissociation et la réinterprétation cognitive des systèmes de croyance. Elle recquiert habituellement une bonne dose de formation, d'intelligence et de travail de la part du thérapeute pour qu'il puisse aider un patient à atteindre ces résultats apparemment miraculeux [36]. »

Nous n'entrerons pas dans un débat approfondi sur l'hypnose, nous contentant d'en signaler certaines caractéristiques essentielles. Son utilité principale réside probablement plus au niveau des qualités qu'elle développe chez le thérapeute que dans son utilisation proprement dite. Apprendre l'hypnose, c'est avant tout apprendre à observer l'autre, à comprendre sa vision du monde, à le suivre pas à pas, de façon à pouvoir utiliser toutes ces informations pour amener le patient à se comporter autrement. D'un point de vue interactionnel, on peut définir l'hypnose comme une relation dans laquelle une personne suit les directives d'une autre, tout en ressentant cette complaisance comme étrangère à elle-même. Cette étrangeté vient du fait qu'elle n'a pas l'impression de faire consciemment ce que l'autre lui demande, les comportements qu'elle doit exécuter lui semblant même parfois impossibles à accomplir. Il faut ajouter que c'est dans la mesure où le résultat est souhaité par le patient lui-même que les techniques hypnotiques permettront de contourner les résistances de cette manière.

L'hypnose n'est donc pas la clé du changement ; l'important est de savoir comment on peut amener quelqu'un à se comporter autrement par l'influence interpersonnelle. Tout l'art de l'intervention reposant sur le choix des directives comportementales précises et adéquates en fonction du problème présenté et des caractéristiques du patient. Les techniques d'Erickson vont d'ailleurs évoluer peu à peu dans le sens d'une diminution de l'utilisation de la transe hypnotique telle quelle, au profit d'une maîtrise de plus en plus grande du langage injonctif et de la métaphore. Dans les dernières années de sa vie, Erickson n'utilisait l'hypnose que dans environ 30 % des cas, en particulier pour les cas de douleurs physiques aiguës.

Mais, si la transe n'est pas la baguette magique d'Erickson, quels sont donc les ingrédients de sa potion thérapeutique ?

b) Quelques caractéristiques de l'approche éricksonienne

L'approche éricksonienne ébranle tous les *a priori* que l'on peut avoir sur la psychothérapie et sur le comportement humain. Erickson s'est toujours méfié des théories et avait une sainte horreur des « recettes ». Pour lui, toute intervention devait commencer par l'observation minutieuse de la communication, non pas pour ramener celle-ci à des catégories ou des classifications, mais pour saisir la personne dans sa spécificité, dans son unicité. Il exerçait constamment ses capacités en essayant d'influencer les gens autour de lui, en observant jour après jour la façon dont les gens changent, et surtout le type de messages qui provoque ces changements. Pendant toute sa vie, son attitude a été celle d'un élève en perfectionnement, en constant apprentissage. Margaret Mead dira de lui : « On peut affirmer que Milton Erickson ne résolvait jamais un problème d'une manière déjà utilisée s'il pouvait en trouver une nouvelle – et généralement il le pouvait[37]. » Elle ajoute ceci (que de nombreux thérapeutes ont également signalé) : « Son originalité brûlante et inextinguible constituait une barrière pour la transmission de ce qu'il connaissait[38]. »

La tâche est donc difficile : présenter en quelques pages la « méthode éricksonienne ». D'autant plus difficile qu'Erickson acceptait souvent le cadre de référence de ceux qui interprétaient son travail, et ses explications personnelles permettaient difficilement une généralisation des techniques utilisées dans chaque cas spécifique. Nous allons donc proposer une lecture interactionnelle de ses travaux puisque c'est celle-là qui a influencé les thérapeutes « stratégiques » du MRI.

Jeffrey Zeig a pu dégager certains points sur lesquels Erickson insistait constamment dans ses supervisions :

1. Ne pas avoir d'idées préconçues sur le patient ;

2. Envisager un changement progressif ;

3. Établir le contact avec le patient sur son propre terrain ;

4. Créer des situations dans lesquelles les gens peuvent prendre conscience de leurs propres capacités à modifier leur manière de penser[39].

Le premier point souligne l'importance de l'observation minutieuse et de l'absence de toute classification du patient. « Quelle est la situation qui les fait souffrir maintenant, aujourd'hui ? Comment voient-ils les choses de manière à s'empêcher eux-mêmes de trouver une solution ? Et, surtout, où veulent-ils arriver ? »

« Cherchez toujours un objectif concret dans un futur proche[40]. » Il approche le changement par des expériences graduelles : c'est en faisant un premier pas, puis un deuxième, un troisième... qu'on peut parcourir un long chemin. Mais, pour cerner un objectif, il faut aussi éclaircir la situation, ne pas s'éparpiller dans tous les détails de la problématique. Lorsque le thérapeute a défini un problème concret central, il pourra initier un changement, donner une première impulsion. « Trop de thérapeutes pensent qu'ils doivent contrôler le changement et aider le patient à changer. La thérapie c'est comme lancer une boule de neige du haut d'une montagne. A mesure qu'elle roule, elle devient de plus en plus grosse et se transforme en une avalanche qui épouse la forme de la montagne[41]. »

Pour lui, la tâche du thérapeute ne consiste pas à définir une pathologie, ni à permettre une prise de conscience, ni à diriger la vie de la personne. « Le docteur Milton H. Erickson fut le premier thérapeute-stratège. On pourrait même le considérer comme le premier *thérapeute* car il fut le premier clinicien important à se concentrer sur la manière de changer les gens[42]. » Le thérapeute doit se fixer des buts concrets et les atteindre progressivement, pas à pas. « Qui connaît Milton Erickson sait qu'il fait rarement quelque chose sans objectif. En fait, cette orientation vers un but est peut-être la caractéristique la plus importante de sa vie et de son œuvre[43]. »

Le troisième point concerne la manière dont le thérapeute va entrer en contact avec son patient, la relation qu'il doit établir avec lui. Développer l'écoute, résister aux interprétations, voilà les clés d'une réelle compréhension des particularités idiosyncrasiques des patients. « [Les gens] ne savent pas écouter. Ils ont tendance à entendre ce qu'ils veulent entendre, à penser ce qu'ils veulent penser, à comprendre ce qu'ils veulent comprendre. Non pas ce que le patient dit ou écrit. Ils traduisent les comportements du patient dans le cadre de leur propre expérience, et ce n'est pas l'attitude qu'il convient d'avoir en psychothérapie. Il faut écouter le *patient*. C'est *lui* qu'il faut comprendre[44]. »

Mais la maîtrise de cet art n'est pas une simple question d'inspiration, elle implique un travail acharné, de longues heures de réflexion. La simplicité et la limpidité des descriptions de cas laissent parfois supposer que les brillantes stratégies lui venaient spontanément, mais il n'était pas inhabituel qu'Erickson écrive jusqu'à vingt pages pour préparer une séance de quelques minutes. Nous citerons, par exemple, l'histoire de cet homme interné à l'hôpital psychiatrique depuis plus de cinq ans et avec qui personne n'arrive à communiquer. Le patient, dont on ignore tout, ne s'exprime en effet que dans une espèce de langage incompréhensible, une « salade de mots » qui laisse tout le monde perplexe. Après avoir vainement tenté d'entrer en contact avec lui, Erickson décide alors d'enregistrer ses propos. Il y décèle certaines régularités, et se met à étudier cette « langue », ses règles, etc., jusqu'à ce qu'il soit capable d'écrire tout un discours en « salade de mots ». Lors de la rencontre suivante, l'homme s'adresse à Erickson qui lui répond aussitôt de la même manière. Le patient se remet à parler, cette fois plus longuement, et Erickson de se lancer à son tour dans une tirade de même durée. Ce petit jeu va alors se poursuivre pendant des semaines, les discours s'allongeant à chaque fois, jusqu'à ce qu'un jour, après s'être lancé dans un vrai marathon verbal et avoir dû subir une réponse tout aussi longue d'Erickson, le patient s'exclame : « Bon, docteur, si on redevenait sérieux ! » « D'accord, lui répond Erickson, comment vous appelez-vous ? » Il arrive ainsi à connaître l'identité du patient et, peu à peu, à établir avec lui un contact « normal ». Jay Haley, qui rapporte cette intervention, ajoute que, de temps en temps, le patient revenait à sa salade de mots, à laquelle Erickson répondait de la même manière. « Rien de tel qu'un peu de non-sens de temps en temps, n'est-ce pas, docteur ? », concluait le patient facétieux.

La technique utilisée dans ce cas est en quelque sorte une métaphore de l'outil fondamental d'Erickson : « parler le langage du patient ». Ceci ne s'applique pas uniquement aux mots ou à la syntaxe du discours, mais concerne aussi le système de valeurs, le cadre verbal dans lequel la personne présente son problème, l'image qu'elle a d'elle-même, etc. « Vous devez essayer de comprendre ce que les patients vous disent, la façon dont ils vous le disent et ce qu'ils veulent dire. Il y a des tas de gens qui ont affublé la psychothérapie d'un fatras de théories admirables. Mais, jusqu'ici, on n'a pas fait grand-chose pour renforcer la psychothérapie dans ses rapports avec le patient au sein de la vie même de celui-ci. Au lieu de cela, on formule des concepts théoriques, et l'on s'efforce de contraindre le patient à s'y adapter, comme jadis Procuste lorsqu'il liait les voyageurs au lit de torture qu'il avait lui-même fabriqué[45]. »

Sa connaissance extraordinaire du comportement humain lui permet de se retrouver dans les histoires complexes et entremêlées que les patients lui racontent. « Vous voyez, j'avais un avantage terrible sur les autres. J'avais eu la polio et avais été complètement paralysé[46]... » On trouve, dans cette phrase, un autre aspect du travail d'Erickson : cette capacité à découvrir des ressources là où nous ne voyons que des limitations, des contraintes et des résistances. « Ce qu'il proposait à ses patients provenait de sa propre expérience et, pour une large part, des luttes qu'il avait dû mener face à ses douleurs, à ses atteintes musculaires, aux limitations de ses mouvements. Il avait lui-même, à de multiples reprises, eu l'occasion de réapprendre tel ou tel geste, de recouvrer telle ou telle capacité, voire d'élargir encore le champ de ses possibilités[47]. » Tout événement est source d'espoir et révèle des possibilités. Le patient n'est plus « résistant », c'est le thérapeute qui est simplement coincé par sa propre vision des choses. C'est dans cette recherche du « possible » qu'une autre caractéristique de sa méthode thérapeutique prend tout son sens : il faut permettre au patient de reconnaître ses capacités en le plaçant dans un cadre où celles-ci peuvent s'exprimer.

Avec ces quelques repères méthodologiques, voyons comment nous pouvons décoder la stratégie utilisée par Erickson avec le couple dont nous avons parlé plus haut. Nous avons vu comment le thérapeute a observé la patiente, comment il a utilisé son langage : « J'accepte, mais pas aujourd'hui. » Il s'est d'abord attaché à offrir à l'épouse un cadre de pensée dans lequel il devenait envisageable, donc possible, que sa peur disparaisse subitement, mais en la rassurant sur le fait que cela ne se ferait que « quand *elle* l'aurait décidé », même s'il insistait pour qu'elle le décidât plutôt rapidement.

Le thérapeute n'essaye pas de raisonner la peur, il ne tente à aucun moment de convaincre, de forcer, d'expliquer. « En ce qui concerne la psychothérapie, de nombreux thérapeutes oublient de tenir compte de certains éléments fondamentaux. Ce qui caractérise l'être humain, c'est non seulement sa mobilité, mais aussi sa faculté d'acquérir des connaissances et sa capacité d'éprouver des émotions ; et puis *il défend son intelligence de façon affective* [c'est nous qui soulignons]. Deux personnes n'auront pas nécessairement les mêmes idées, mais toutes, qu'elles soient névrosées ou pas, défendront leurs idées. Quand on a compris comment l'homme défend réellement les idées que forme son intelligence – l'importance de l'élément affectif qui intervient dans cette défense –, on devrait se rendre compte que la première chose à faire en psychothérapie est de ne pas essayer de contraindre l'être humain à modifier sa manière de penser ; il est préférable de se ranger à ses vues, de les modifier peu à peu et de créer des situations dans lesquelles l'individu modifiera lui-même volontairement sa façon de penser[48]. »

L'exemple nous révèle aussi un autre aspect essentiel de sa thérapie : accroître la motivation du patient à changer. Il demande à la femme si elle souhaite changer et respecte son désir de garder le contrôle, tout en utilisant ce désir de contrôle pour la pousser vers le changement – il insiste lourdement sur sa préférence pour le vendredi soir, tout en sachant qu'elle voudra justement décider elle-même du moment opportun. Dans le même registre, Jay Haley voulut un jour savoir quelles informations Erickson souhaiterait obtenir d'une femme qui vient en thérapie parce qu'elle a perdu la voix et n'est plus capable d'émettre que des chuchotements. La réponse d'Erickson est éclairante : « […] je lui poserais immédiatement quelques questions : "Voulez-vous parler à haute voix ? Quand ? Qu'est-ce que vous voudriez dire ?" Ces questions sont importantes parce qu'en y répondant elle est déjà en train de s'engager. Le poids de la responsabilité du changement est posé sur ses épaules. Veut-elle réellement parler ? Aujourd'hui, demain, l'année prochaine ? Qu'est-ce qu'elle veut dire – quelque chose d'agréable ou quelque chose de désagréable ? Veut-elle dire oui ou non ? Veut-elle parler à haute voix quand on s'y attend ou le faire par surprise [49] ? »

Un autre élément intéressant du travail d'Erickson concerne sa façon de tenir compte du passé. Dans notre exemple, la femme évoque les liens qui pourraient exister entre sa « terreur de la sexualité » et son éducation, ce qui semble ouvrir la voie à de belles interprétations sur la racine du problème. Mais, pour Erickson, le passé ne peut nous fournir la clé de l'énigme et surtout pas de sa résolution : « [...] pourquoi vouloir à tout prix analyser [l'] enfance ? On ne peut pas changer le passé. On peut l'expliquer, mais à quoi bon ? On vit aujourd'hui, demain, la semaine prochaine, le mois prochain. Et c'est ça qui compte [50]. »

Nous allons arrêter là notre rapide tour d'horizon de l'approche éricksonienne, même si nous n'avons donné qu'un maigre aperçu d'un travail qui s'est poursuivi pendant plus de quarante années. Nous avons surtout insisté sur les aspects de son travail qui vont marquer le développement de la thérapie brève stratégique du MRI. Nous voulions faire remarquer que les prémisses de l'approche interactionnelle pouvaient permettre un exposé relativement cohérent des méthodes originales d'Erickson, et nous terminerons par une lecture d'une de ses interventions selon la grille théorique de la double contrainte.

7. 4. 2. Erickson et le groupe Bateson

Lors de leurs visites à Phoenix, il était assez naturel que Haley et Weakland tentent d'établir des liens entre leurs recherches sur la double contrainte et le travail d'Erickson. Dans un article publié en 1959 [51], ils découvrent qu'en fait Erickson utilise, sans du tout le formuler de cette manière, le principe de la double contrainte. Un sujet, Sue, a été mise dans une transe légère avant d'entrer dans une seconde dont elle s'éveille au moment où Erickson fait l'intervention suivante :

ERICKSON : Lorsque vous vous réveillerez à nouveau, Sue, et que je vous poserai des questions sur la transe, je voudrais que vous me disiez que vous n'étiez pas endormie la deuxième fois, et que vous l'étiez la première. Et vous insisterez beaucoup là-dessus, et vous le répéterez, n'est-ce pas, Sue ?

WEAKLAND : Donc, en faisant passer le « non » à la deuxième fois, vous commencez à faire en sorte qu'elle accepte ce que vous lui dites ?

ERICKSON : Oui. D'abord, je l'ai amenée à nier la première transe. Maintenant, j'annule ce déni.

WEAKLAND : En lui donnant un deuxième « non » sur lequel elle peut se centrer en attendant.

ERICKSON : Et, pour travailler sur la deuxième négation, elle doit affirmer la première.

HALEY : Vous employez la double contrainte !…

ERICKSON : Tout manipulateur travaille sur cette base… Pour nier l'une des deux, elle doit affirmer l'autre. L'affirmation de l'une est le moyen de nier l'autre.

HALEY : Nous avons là un exemple classique de double contrainte.

On peut dire que si la théorie de la double contrainte a permis une analyse théorique de certaines techniques éricksoniennes, ce sont aussi ces dernières qui ont permis de mieux concrétiser le concept. John Weakland tirera plus tard de nombreux enseignements de cette confrontation entre les principes théoriques et la pratique thérapeutique. Pour lui, les éléments essentiels de la théorie ne sont ni la liste des conditions nécessaires à l'apparition d'une double contrainte, ni même le postulat de son importance dans l'étiologie de la schizophrénie. « Ce qu'il y a de plus fondamental réside plutôt dans certaines idées ou orientations générales déjà présentées dans ce premier article, bien que surtout sous une forme implicite[52]. »

Il envisage alors quatre idées principales :

1. La communication interpersonnelle peut être un facteur déterminant de formes, même aberrantes, de comportement. « Tout comportement est nettement dépendant de (et façonné par) la communication [53]. »

2. La communication est complexe et puissante et il faut tenir compte de cette complexité pour rendre compte de ses effets comportementaux ; il est inutile de chercher le « vrai message » car il faut alors le sur-simplifier et l'isoler.

3. La thérapie doit viser à modifier le comportement du patient par la communication, que ce soit par des doubles contraintes thérapeutiques ou par d'autres techniques.

4. Il faut décrire et envisager le comportement selon une vision circulaire ou cybernétique et non pas selon une vision linéaire de cause-effet.

« Ceux qui sont familiarisés avec le travail d'Erickson pourront se rendre compte que ces quatre points principaux recoupent des aspects récurrents de sa pratique et de ses écrits. Pourtant, il se peut que cela n'apparaisse pas de manière flagrante. Pour ces questions comme pour beaucoup d'autres, Erickson préférait l'anecdote illustrative ou l'exemple d'un cas pour expliciter une déclaration de principe. Les deux ont leur place et leur intérêt et peut-être que nos efforts visant à expliciter, dans nos écrits et nos discussions, nos propres vues ont eu en retour une certaine valeur pour lui ; j'aimerais le croire, en tout cas [54]. »

TROISIÈME PARTIE

Le MRI et le Centre de thérapie brève

Il n'est guère aisé de rendre compte de manière linéaire de la période qui s'étend de 1958, date de la création du MRI, à 1962, l'année où prend fin le projet Bateson. Durant ces quatre années, en effet, le groupe de Bateson et l'équipe du MRI coexistent. Bien que travaillant à des projets différents, les deux équipes se rencontrent de temps à autre, et tous les membres du groupe Bateson se retrouveront (sauf Bateson lui-même, nous l'avons dit) – avec d'autres thérapeutes venus d'horizons différents – dans l'équipe d'un MRI flambant neuf. Même si chacun s'est indéniablement forgé une identité propre, l'interpénétration des deux groupes est évidente durant cette période. A quel groupe par exemple faut-il attribuer la paternité des recherches sur la famille ? les travaux sur la pénétration de la double contrainte dans les milieux psychiatriques ? les recherches sur l'intervention stratégique ? Même si nous pouvons attribuer le crédit de l'« approche pragmatique de la communication » à Paul Watzlawick et aux autres auteurs d'*Une logique de la communication*, elle s'appuie explicitement sur les recherches de Bateson. L'ouvrage collectif [1] qui sera publié sous la houlette de Jackson en 1968 ou le recueil *Sur l'interaction*, dont les textes ont été rassemblés par Watzlawick et Weakland, démontrent l'impossibilité d'attribuer de manière univoque les différents articles à l'une ou à l'autre des deux équipes, et ce, de l'aveu même des auteurs. Ainsi donc, les deux équipes ont bien connu une période de coexistence (plus ou moins pacifique, comme nous le verrons plus loin), mais le brassage des idées qui l'a marquée incite à parler plutôt de continuité. Ceci ne remet certainement pas en question l'originalité de l'approche du MRI telle qu'elle se développera par la suite : il est indéniable que de nettes divergences vont apparaître entre les travaux ultérieurs de Gregory Bateson et la démarche spécifique du MRI, en particulier celle du Centre de thérapie brève que nous décrirons en détail dans le deuxième chapitre de cette troisième partie.

8

Les débuts du MRI

Nous commencerons notre récit par la description d'une période de transition allant de 1958 à 1962-1963, c'est-à-dire de l'époque de la création du MRI à la fin du projet Bateson. C'est là le grand mélange avant séparation. Jackson, le premier directeur du MRI, est toujours membre du groupe, Bateson, Haley et Weakland sont dans le projet mais y entament des recherches qu'ils poursuivront ensuite, pour les deux derniers, sous les auspices du MRI. Paul Watzlawick arrive à Palo Alto et est influencé tant par les orientations théoriques de Bateson que par les techniques thérapeutiques de Jackson (par lui-même directement) et d'Erickson (par l'entremise de Haley et Weakland).

Il faudra attendre le départ de Bateson pour que le MRI développe une approche plus exclusivement thérapeutique et impose son originalité dans le milieu de la thérapie familiale. Nous nous référerons à cette période, qui s'étend de 1963 à 1968, comme à *l'âge d'or du MRI*. Les dates ne sont que des points de repère approximatifs, 1968 correspondant, *grosso modo*, à la mort de Jackson, aux départs de Haley et de Satir et aux débuts du Centre de thérapie brève. Conflits, déchirements, la période troublée qui suit redistribue les cartes et dessine les contours du MRI tel qu'on le connaît aujourd'hui.

8. 1. La transition (de 1958 à 1962)

Tous deux sont un mais par leurs noms diffèrent.
Lao Tseu, *Tao te king*

Nous sommes en 1958. Encouragé par l'énorme succès de l'article sur la double contrainte, Jackson souhaite avoir son propre institut de recherche indépendant. Vers la fin de l'année, le Mental Research Institute est créé, il ouvrira officiellement ses portes en mars 1959. Pour y travailler, Jackson engage deux thérapeutes, Jules Riskin et Virginia Satir, et une « secrétaire apeurée [1] ». Avant de nous pencher en détail sur les débuts du MRI et d'envisager les liens qui ont uni le groupe Bateson avec le nouvel institut, quelques mots sur ces nouveaux arrivants.

Jules Riskin

Jeune psychiatre fraîchement sorti de son internat à l'hôpital général de Cincinnati, dans l'Ohio, Jules Riskin souhaite pouvoir revenir dans sa région natale d'Oakland, dans la baie de San Francisco. Il s'intéresse à la schizophrénie et, en 1957, un de ses superviseurs lui signale un article qui vient d'être publié, tout en le mettant en garde contre le côté « difficile, incompréhensible même par moments » du texte. Il s'agit bien sûr de *Vers une théorie de la schizophrénie*. Comme il doit rentrer dans sa famille pour les vacances, il décide de contacter Don Jackson, qui l'invite à venir assister à une des réunions du projet Bateson à la VA. Il y rencontre, en plus de l'équipe au grand complet, Pete Rosenbaum et quelques autres invités de passage. « Je ne me souviens que vaguement de la discussion, mais le dialogue était rapide, pointu et intelligent. Déjà à cette époque, en 1957, on discutait ferme pour savoir qui avait commencé la thérapie familiale ; Jackson travaillait avec des familles depuis 1952. La raison de ce débat devint plus claire quand Haley me demanda si j'avais déjà lu un livre d'un certain Nathan Ackermann, *Dynamics of Family Therapy*, qui avait été publié l'année précédente. En fait, ils essayaient de savoir qui était en train de faire le travail le plus important. Qui était “le vrai” ? Qui était le parrain de l'idée ? [2] »

Riskin est cependant séduit par leurs idées « fascinantes » et surtout par le cadre de référence théorique. Il écrit à Bateson pour lui annoncer qu'il compte revenir l'année suivante s'installer dans la région et, tout en lui faisant part de son grand intérêt pour leur travail avec les familles, lui demande s'il n'y a pas de possibilité d'emploi pour lui. Il reçoit une réponse qui le déconcerte. « C'était un signal de ce qui allait se passer pendant de longues années : des conflits de territoires, des conflits de disciplines, des batailles pour savoir qui dirige, qui est le chef. Rappelez-vous que Bateson avait un *Masters* en anthropologie, Jackson était médecin… La lettre de Bateson faisait une page entière ; elle disait, en substance, que la recherche était une forme de “prêtrise”, que l'on ne pouvait pas “entrer dans les ordres” sans sacrifier les choses matérielles de ce monde, qu'il fallait un dévouement sans faille, pas de dilettantisme. Ce qu'il disait c'est quelque chose comme “les psychiatres ne peuvent pas être de bons chercheurs parce que, en tant que médecins, ils ont tendance à rechercher des choses matérielles”. Alors, quand je suis rentré de vacances, début 1958, je suis allé voir Jackson et je lui ai dit : “Qu'est-ce que c'est que ça ? Pourquoi moi ?” Jackson était très bon pour résoudre les conflits, les atténuer ; il m'a répondu : “Ce n'est rien, une petite divergence entre Gregory et moi.” En fait, il s'agissait d'une **profonde** différence entre Bateson et lui : “qui est le chef ?”, le médecin opposé à l'académicien, le doctorat que Bateson n'aurait jamais… il y avait peut-être aussi certains problèmes personnels entre ces deux personnes si créatives [3]. »

Jackson lui dit qu'il attend son retour, en septembre 1958, pour lancer un « institut pour étudier la schizophrénie et la famille ». A son arrivée, Jackson lui apprend qu'il a rencontré une femme fascinante qui s'intéresse aux familles et à la schizophrénie ; elle vient de l'Illinois Psychiatric Institute de Chicago et souhaite s'installer dans le coin ; c'est Virginia Satir.

« Je me souviens de ma rencontre avec cette femme, très grande, qui portait des chapeaux énormes. La première ou la deuxième fois que nous nous sommes vus, elle m'a dit : “La thérapie familiale résoudra tous les problèmes du monde, les problèmes d'estime de soi, etc., et, un jour, j'influencerai des Premiers ministres." Je me suis dit : "Mon Dieu, elle veut voler très haut." Par certains côtés, elle-même semblait avoir des problèmes avec sa propre estime de soi, mais, par d'autres, elle affichait une grande confiance. Alors, elle aussi commença à participer aux réunions[4]. »

Virginia Satir[5]

Virginia Satir est l'aînée d'une famille germano-américaine. Née en 1916, elle a dû jouer le rôle de mère pour tous les autres enfants de la famille. Elle fait des études d'institutrice avant de devenir assistante sociale. Elle travaille dans une institution du Mid-West, avant d'être engagée à Chicago. C'est avant tout une clinicienne qui a mis au point une technique de travail très personnelle à partir de son expérience avec les familles. « Déjà à cette époque, j'avais une expérience de six années avec les familles. En 1959, j'avais déjà vu près de cinq cents familles (je ne le savais pas alors, mais j'avais vu plus de familles que quiconque au monde à cette époque)[6]. »

Lorsqu'il la rencontre, Jackson est immédiatement séduit par son éloquence et il l'engage. Virginia Satir restera au MRI pendant une dizaine d'années. Elle raconte ses premiers contacts avec Jackson et l'institut :

« Tout a commencé en 1956, alors que j'étais assise à mon bureau à Chicago et que je lisais l'article *Vers une théorie de la schizophrénie*. Il décrivait exactement ce que j'avais pu remarquer chez les familles de schizophrènes depuis quatre années. J'enseignais la dynamique familiale à l'Illinois Psychiatric Institute, le premier institut à enseigner quoi que ce soit sur les familles.

« Lorsque je suis arrivée en Californie, je suis allée à Terra Linda, au nord de San Francisco. Je voulais contacter Don [Jackson], mais je ne le connaissais pas. Je savais qu'il avait des contacts avec Gregory Bateson et les autres, mais je ne connaissais personne. Le seul que j'avais contacté à cette période était Murray Bowen qui traitait des patients au NIMH. J'ai appelé Don et il m'a invitée à me présenter à la VA, à la section ethnologique. Je n'en savais rien à cette époque, mais ils n'avaient vu qu'une seule famille, sous l'œil de Bateson.

« Le résultat de cette journée, c'est que Don m'a demandé de l'aider à démarrer ce qui est devenu le MRI. Il m'a dit qu'il y avait déjà un jeune homme, Jules Riskin, qui venait de terminer ses études de psychiatrie à Cincinnati. Un mois plus tard, le 19 mars 1959, le MRI ouvrait ses portes. Le projet du MRI consistait à observer le lien entre l'interaction familiale et le développement de la santé (ou de la maladie) chez les membres de la famille. Nous étions tous très excités, cela n'avait jamais été fait nulle part. Nous avons repris toutes les lois qu'ils avaient découvertes en travaillant avec la famille Smith et nous les avons retraduites pour arriver à définir, en quelque sorte, une famille-type. Ils ont alors recréé la famille sur un film [7].

« Don, Jules et moi n'avions rien à voir avec le travail qui se faisait à la section ethnologique de la VA, mais eux (Gregory et les autres) étaient à la périphérie et s'intéressaient beaucoup à nous. Ils voulaient que le MRI soit vraiment un institut de recherche.

« J'ai vite découvert que la recherche n'était pas ma tasse de thé. J'aimais la formation, et j'avais de quoi en faire. [...] Nous avons reçu une bourse privée pour trois ans, puis le NIMH donna de l'argent pour que je traduise ce que je savais sous forme d'un programme de formation, qui devint celui du MRI. Nous avions alors deux secteurs d'activité : la recherche, une partie théorique, et la partie formation. Mais rappelez-vous qu'à cette époque tout cela était "bizarre" [8]. »

8. 1. 1. La fin du « projet Bateson »

Mais que devient le groupe Bateson pendant ce temps ? Les relations avec le MRI sont quelquefois un peu tendues, mais n'oublions pas que Jackson continue à travailler à temps partiel avec Bateson jusqu'en 1962, ainsi que John Weakland. « A ce moment-là, se souvient Weakland, Gregory montrait des signes qui nous faisaient dire qu'il pensait que Don penchait trop vers le volet clinique et que Jay et moi étions en train de subir un peu trop son influence, que nous allions également dans cette direction. Don alla de l'avant avec ses projets, et Gregory, s'il était encore prêt à collaborer avec Don, ne voulait pas du tout travailler *pour* Don. Gregory ne travailla jamais pour le MRI [9]. »

a) LSD, beatniks et psychothérapie

Pour clôturer cette période, nous devons également signaler un projet de recherche un peu moins connu du grand public. Au début des années 50, les premières expériences menées avec une drogue synthétisée depuis peu, le LSD 25, soulèvent un grand espoir, notamment dans les milieux de la psychiatrie américaine. Harold Abramson, psychiatre et ami personnel de Frank Fremont-Smith, avait été invité à participer à la sixième conférence sur la cybernétique. Au début des années 50, il entama des recherches très approfondies destinées à étudier l'effet du LSD sur l'homme et sur les poissons et obtint que la Fondation Macy le subventionne.

On savait déjà que le LSD avait des effets très puissants sur le système nerveux, et Abramson réussit à obtenir, par l'intermédiaire de Fremont-Smith, les autorisations officielles nécessaires pour sa recherche sur les potentialités thérapeutiques de cette substance. L'historien des sciences Steve Heims précise : « Abramson, qui collaborait avec l'université Columbia et le Mt. Sinai Hospital, oublie de mentionner qu'il travaillait aussi pour la CIA qui recherchait des “drogues pour contrôler l'esprit” pour “modifier le comportement de l'individu par des moyens cachés”, des sérums de vérité pour interroger les prisonniers, des drogues que l'on pourrait diluer dans les réserves d'eau potable d'une ville pour rendre la population complètement passive, et toute autre substance utilisable à des fins militaires ou criminelles. La CIA s'intéressait tout particulièrement au LSD, une drogue hallucinogène, et Abramson était profondément impliqué dans la promotion de ces recherches, pour leur compte, et leur faisait rapport sur les tout derniers résultats [10]. » A la recherche de cobayes humains, Abramson proposa la drogue à Fremont-Smith, ainsi qu'à Bateson et à Jackson entre autres. Le LSD se répandit peu à peu dans les milieux intellectuels et devint un *must* pour les artistes d'avant-garde, quelques-uns solidement réputés. Certaines tribus d'Indiens d'Amérique du Nord utilisaient déjà depuis bien longtemps des hallucinogènes tels que le peyotl et la mescaline à des fins religieuses, et des psychologues, des artistes et des philosophes y voyaient la promesse de découvertes intéressantes. On vit donc dans le LSD, drogue aux effets comparables mais bien plus puissante, un moyen d'élargir la conscience, de faire éclater les limites habituelles de nos conditionnements sociaux pour atteindre à une sorte d'illumination. Aldous Huxley par exemple en fut un adepte jusqu'à sa mort en 1963.

Il était somme toute assez normal que dans la période d'après guerre, et surtout d'« après la bombe », on se mette à la recherche de toute possibilité de transformer les esprits et les relations humaines. La plupart des chercheurs testaient les effets de la drogue sur eux-mêmes et cherchaient ensuite à en démontrer scientifiquement les bienfaits. Le MRI y contribua aussi, notamment avec Jackson et Bateson. Ce dernier évoque par ailleurs, avec une pointe d'humour, son expérience personnelle avec la drogue [11] et nous avons pu retrouver un document peu connu qui révèle la distance qu'il gardait vis-à-vis de son utilisation. En 1959, une chaîne de télévision américaine réalisa une émission intitulée *The Fine Line* (« la ligne étroite »), à laquelle furent conviés Abramson, Jackson et Bateson. L'émission était destinée à montrer que la limite entre le normal et le pathologique est très ténue. On y voit Jackson conduire un entretien avec un homme de la rue ayant accepté de se prêter au jeu et qui, au fil des questions inquisitrices de Jackson, se met à douter du sens de ses réflexions et de ses comportements. Abramson y explique que le LSD peut induire des états semblables à ceux d'une psychose et peut également être utilisé comme outil thérapeutique. Mais, en plus de son intérêt historique et anecdotique, le document vaut surtout par l'exposé de Bateson qui s'efforce d'expliquer la théorie de la double contrainte au grand public. Pour ce faire, il commente deux scènes de vie familiale jouées par des comédiens : petit déjeuner en famille le dimanche matin. Dans la première version, on voit les parents discuter vivement de la manière dont ils vont parler à leur fille de dix-huit ans rentrée trop tardivement la veille. Lorsque la fille arrive à table, on assiste aux interactions entre les trois personnes. La deuxième version met en scène les mêmes personnages et le même événement, mais les acteurs sont censés représenter une famille à transactions pathologiques. Les subtiles différences entre les deux types d'échanges sont pointées et commentées par Bateson.

Le film présente un certain intérêt sociologique car il permet de se représenter le climat social de l'époque. Si les références au LSD sont actuellement considérées comme « honteuses », surtout aux États-Unis, il faut se souvenir qu'à l'époque les psychiatres les plus sérieux n'hésitaient pas à prendre des risques (et à en faire courir à d'autres, d'ailleurs) pour favoriser l'évolution de leur science ou simplement de leurs propres centres d'intérêt. Et Jackson n'était pas en reste ; son expérience personnelle du LSD avait été particulièrement agréable et lui semblait ouvrir des pistes très intéressantes pour comprendre les épisodes psychotiques. Il écrira d'ailleurs un article intitulé « LSD and the New Beginning », dans lequel il rapporte ses propres expériences ainsi que les réactions de plusieurs de ses patients sous l'influence de cette drogue. Il dit par exemple, au début de l'article :« [Le LSD] peut créer une rencontre, une nouvelle expérience, qui va élargir notre horizon et donner un sens nouveau à notre vie. Ces expériences font partie non seulement de la thérapie mais de la vie elle-même [12]», et plus loin : « La réaction transcendantale consiste en une perte momentanée de la différenciation entre soi et le monde extérieur. Elle peut conduire à une diminution de l'aliénation, à la redécouverte de soi, à un nouvel ensemble de valeurs, à la découverte d'un nouveau potentiel pour la croissance et le développement personnel, et à un nouveau départ. » Autres temps, autres mœurs...

On pressent dans ce discours l'amorce du mouvement du « potentiel humain » qui est en train de se développer aux États-Unis, et en particulier en Californie avec la création de l'institut d'Esalen [13] sur la superbe côte Pacifique près de Big Sur. A cette époque, de nombreux artistes et intellectuels vivent dans les collines de Big Sur : Henry Miller, Gary Snyder et Alan Watts entre autres. C'est également le moment de l'explosion de la Beat Generation et, parmi bien d'autres, Allen Ginsberg et Jack Kerouac viennent régulièrement rejoindre leurs amis (dont Neal Cassady, le héros de *Sur la route*) dans la région de San Francisco. Les deux écrivains participeront aux expériences de LSD à Palo Alto et auront eux aussi des contacts avec Bateson [14].

b) La dernière recherche

Parallèlement à ce projet LSD, l'équipe Bateson reçoit un dernier subside pour étudier la thérapie avec les familles de schizophrènes. Tous les membres de l'équipe (augmentée de quelques jeunes psychiatres) y participent : ils voient des familles, enregistrent les entretiens et cherchent à formaliser les observations. Weakland ne garde pas un souvenir impérissable de cette dernière recherche commune : « Nous avons eu des réunions, nous discutions beaucoup. Je ne pense pas que nous ayons accompli grand-chose, bien que nous ayons recueilli quelques informations intéressantes. Je n'ai plus relu ces notes depuis des années. Au moment de la séparation, nous n'avions rédigé aucun rapport sur notre travail ; je me suis mis à tracer quelques grandes lignes du rapport et à les corréler avec les données les plus importantes et, quand je suis parti avec ma famille pour Hong Kong, j'ai laissé ce travail dans les mains de Gregory. Il a écrit un rapport à partir de ces notes, mais un très mince écrit, vite fait, et ce fut la dernière collaboration du groupe Bateson[15]. »

c) Transfert de connaissances

Weakland part donc à Hong Kong et, à son retour six mois plus tard, il garde certains contacts avec le MRI, surtout avec Haley et Jackson, mais décide de ne pas se remettre immédiatement à la recherche en psychothérapie. Il a retrouvé le goût de l'analyse de films chinois et profite de l'infrastructure de Stanford pour approfondir ses connaissances en langue chinoise. Pendant ce temps, Bateson consacre le plus clair de son temps à l'étude de la communication chez les poulpes et autres mammifères marins, et, quelques mois plus tard, il part aux îles Vierges étudier les dauphins dans le laboratoire de John Lilly.

Après un an et demi, Weakland en a assez de sa retraite et s'en revient voir Jackson et le MRI. Il y rencontre Janet Beavin qui, de secrétaire est devenue « associée de recherche », et avec qui il passe de longues heures à discuter et à échanger des idées. Il décide de proposer à Don Jackson de poursuivre ses recherches sur les films chinois dans le cadre institutionnel du MRI. « Il a dit que personnellement il y était favorable mais qu'il fallait voir comment le faire passer dans son conseil d'administration. Lui et moi avons rencontré le conseil d'administration à cet effet. Vous voyez, la question était la suivante : le conseil était composé de personnes fortunées à cheval sur les questions d'"image du MRI" vis-à-vis de l'extérieur, et le fait d'avoir un projet qui était relié au "communisme" sans lien direct avec les familles ou la santé mentale.... Je leur ai expliqué que le projet avait beaucoup à voir avec les familles chinoises et qu'après tout il était subventionné par la US Navy ; ces explications ont eu raison des réticences [16]. »

Quant à Haley, il n'arrête pas ses travaux. Voici comment il se rappelle cette période de transition : « J'avais mes patients privés depuis des années, depuis le milieu des années 50, et je travaillais aussi avec des familles de schizophrènes. Mais les deux dernières années, dans le projet Bateson, nous avions eu des subsides de recherche pour faire des expériences avec les familles, projet que je dirigeais. Alors, quand le projet Bateson se termina, Jackson trouva des moyens de le financer et j'ai simplement continué la même recherche dans le giron du MRI. J'ai rejoint le MRI quand le projet Bateson a été clôturé. [...] J'étais juste au milieu de ma recherche, j'avais un petit laboratoire où je testais beaucoup de familles, et j'ai continué à faire ça avec le MRI pendant les cinq années suivantes. Et Jackson l'a financé pendant tout ce temps, d'une manière ou d'une autre [17]. »

Cette recherche qu'évoque Haley est destinée à établir une typologie familiale : quels critères permettent de différencier une famille qui comprend un schizophrène d'une famille dont un membre est délinquant, et qu'est-ce qui les distingue d'une famille dite normale ? Il tente également de mettre au point des critères permettant d'évaluer les changements liés à l'intervention thérapeutique. En plus d'une demi-douzaine d'articles, il publie, en 1963, un ouvrage jetant les bases de l'approche stratégique en psychothérapie [18]. Nous y reviendrons plus loin car cet ouvrage constituera l'un des piliers de l'approche thérapeutique ultérieure du MRI.

Signalons également que c'est à cette époque, en 1963, que William Fry publie *Sweet Madness* (« folie douce »), ouvrage synthétisant les recherches sur l'humour menées dans le cadre du projet Bateson. Il y expose une théorie de l'humour fondée sur le mélange des niveaux logiques et les paradoxes qui en résultent. Il souligne également les difficultés liées à l'autoréflexivité, comme en témoigne la conclusion de l'ouvrage : « Finalement, à travers ses réflexions, je réaffirme ma croyance à la nature fondamentalement mystérieuse de ces phénomènes humains dont l'humour est un exemple. J'ai le sentiment que c'est par le paradoxe que l'on a touché au plus près ce mystère fondamental. Chaque fois que l'homme cherche à examiner le “soi”, il devra lui faire face et découvrir que c'est le soi qui est lui-même l'observateur. Peut-être ce paradoxe est-il responsable de l'excitation et de l'immense satisfaction que l'on éprouve dans l'étude de notre nature humaine [19]. » Fry deviendra lui aussi un partenaire du MRI jusque dans les années 80.

8. 1. 2. Les débuts du MRI (de 1959 à 1967)

Mais d'abord, pourquoi donc un nom aux relents intrapsychiques pour ce nouvel institut qui prétendait précisément s'écarter des positions psychodynamiques ? Pour le comprendre, il faut se replonger dans le contexte de la création du MRI. Jackson cherche des fonds pour son nouvel institut. Il est très recherché comme thérapeute familial et a, parmi ses patients, des familles extrêmement riches. Il n'hésite pas à se rendre dans ces familles huppées, à y parler de ses projets et à demander de l'argent ; et on le lui donne ! Il finit par avoir assez rapidement l'équivalent d'un million de dollars actuels. En échange, il doit faire certaines concessions, comme l'explique Jules Riskin : « Je me souviens qu'on se demandait : “Pourquoi ‘Mental’ Research Institute ?” et, même si j'ai oublié les détails précis, je sais que le nom était lié à l'exigence d'un des bailleurs de fonds qui aimait bien l'idée qu'on étudie des choses "mentales"; c'était pour apaiser un donateur, ou se mettre dans ses bonnes grâces. Pour Jackson, l'idée de "mental" était déjà loin derrière; à cette époque, il était déjà en bagarre avec l'école psychanalytique, le nom n'a été donné que pour des raisons de subsides[20]. »

Bateson ne souhaite pas être identifié à l'institut, même s'il y vient souvent en tant que consultant. L'équipe est uniquement composée de Don Jackson, le directeur, Jules Riskin, directeur associé, et Virginia Satir, cela pendant les huit ou neuf premiers mois. Satir commence à faire des entretiens thérapeutiques avec des familles, et, très rapidement, de nombreuses personnes de la communauté viennent la voir travailler. Les séances ont lieu le soir et les discussions durent fréquemment jusqu'à minuit. Un an après le démarrage du MRI, Jackson obtient un budget pour lui permettre de mettre au point un programme de formation à la thérapie familiale. Fonds privés au début, mais très vite le NIMH accorde ce qui sera le premier subside officiel pour une formation à la thérapie familiale.

Quant à Jules Riskin, il partage son temps entre la recherche, le travail administratif et la psychothérapie. L'essentiel du travail des membres du MRI consiste à mettre au point des concepts intermédiaires entre les grandes théories de Bateson et la pratique de la thérapie familiale. Jackson est époustouflant dans ses diagnostics et ses interventions, mais il n'arrive pas à formaliser tout ce qu'il fait dans les séances. Virginia Satir ne veut s'intéresser qu'à la pratique. Mais il s'agit pourtant de pouvoir parler de leurs travaux, de les faire connaître et, pour ce faire, il faut comprendre ces pratiques nouvelles. Alors, on observe les séances, on interroge Satir et Jackson, on scrute les interactions. Jackson se procure l'enregistrement d'un entretien familial réalisé par Lyman Wynne. Enfin, pas toute une séance, cinq minutes d'entretien, et Jules Riskin explique le cheminement de leurs réflexions : « Nous avions cet enregistrement de Lynne; nous n'avions que cinq minutes du milieu de la séance. Les noms, les âges, qui était présent, et c'est tout. Nous étudiions cette bande constamment. J'essayais de voir comment

Don et Virginia décodaient l'entretien et je m'efforçais de leur faire articuler les fondements de leur analyse. Je savais que Jackson et Satir avaient des cadres de référence différents mais aussi quelques perspectives qui s'entrecoupaient. J'essayais de voir en quoi consistaient ces différences. Nous avons écouté cette cassette, ces cinq minutes, pendant des mois, jusqu'à ce que nous en connaissions les détails les plus subtils [...] Jackson parlait "symétrique", "complémentaire" et Virginia "estime de soi". Nous essayions de deviner quels étaient les types d'interaction caractéristiques de cette famille à la maison, quel genre d'individus ils étaient. J'essayais surtout de leur faire préciser les raisons de leurs affirmations, "Je pense que la mère essaie d'être le chef parce qu'elle a dit ..." ou "Elle traite l'autre fils de cette façon parce que je l'ai entendue dire...". Nous avons finalement écrit un long document sur ces cinq minutes et l'avons envoyé à Wynne pour qu'il évalue nos affirmations. Fondamentalement, elles étaient correctes. Alors, nous avons écrit un article, "Analyse d'un segment de cinq minutes d'entretien avec une famille". Ce fut ma première publication[21]. »

L'événement le plus important de cette période de transition sera l'arrivée d'un petit nouveau. Ce personnage va prendre, au fil des années, une importance considérable et finira même par incarner, aux yeux du grand public, les idées de Palo Alto.

Paul Watzlawick[22]

Paul Watzlawick est né en 1921 à Villach, une petite ville autrichienne située à proximité de la frontière italo-yougoslave. Issu d'un milieu relativement modeste – son père est gérant de banque –, il fréquente le gymnasium local où il reçoit une éducation très traditionnelle : « Vous appreniez beaucoup et n'étiez pas obligé d'écouter du rock'n'roll. » Il envisage de devenir ingénieur ou médecin, quelque chose de « pratique » en tout cas ; il ne se sent pas très attiré par les matières trop abstraites comme la philosophie. Ses parents le laissent décider et, finalement, il choisit de s'orienter vers la médecine interne.

Mais la guerre met un terme à ces projets. Prisonnier politique en Allemagne, il s'évade et est recueilli « comme un chien perdu » par les Britanniques. Il se met à leur service. A la fin de la guerre, il se retrouve démobilisé en Italie et entre dans les services de police criminelle de ce qui était censé devenir le « territoire libre de Trieste » (qui, finalement, fut partagé entre l'Italie et la Yougoslavie). Il est très intéressé par ce travail d'enquête qui lui permet de s'initier à des domaines extrêmement diversifiés : la balistique, la chimie, et même l'art car il est amené à enquêter sur le vol de tableaux de maîtres. Comme il se trouve près de Venise, il décide de reprendre des cours à l'université. Il choisit les langues modernes et la philosophie et obtient un doctorat en 1949. « J'ai fait mon doctorat simplement parce que je viens d'une culture dans laquelle une personne éduquée doit être "docteur", la discipline importe peu. Je n'ai jamais eu l'intention de devenir professeur en langues modernes ou en philosophie. »

Lors de vacances qu'il passe en Suisse, il se trouve dans une rue de Zurich lorsqu'une averse le force à s'abriter dans un salon de thé. C'est là, en feuilletant un journal local, qu'il remarque un article sur l'institut Carl-Jung. Il est intéressé et, de retour à Trieste, il écrit pour proposer sa candidature. C'est ainsi qu'il devient « analyste jungien » en 1954. Ayant découvert l'Italie pendant ses stages de formation et de supervision, il décide de s'y installer et y obtient un poste pour les Nations unies. Il cherche à démarrer une consultation privée mais rencontre des personnes qui lui conseillent de partir en Inde, à Bombay plus précisément, lui vantant les nombreuses possibilités qui s'offrent là-bas à un psychothérapeute européen. « Je me suis retrouvé à Bombay et j'y suis resté six mois, mais j'ai dû repartir parce que mon visa ne me permettait pas de travailler. Ce fut un séjour très intéressant. » Il revient donc en Europe et, quelque temps plus tard, l'institut jungien lui signale que l'université du Salvador cherche un psychothérapeute pour donner des cours dans les facultés de médecine et de psychologie. « J'ai donc posé ma candidature et, après une "compétition acharnée avec... deux autres candidats", j'ai obtenu le poste. Je ne parlais pas l'espagnol mais comme je connaissais l'italien et le français et que j'avais sept ans de latin derrière moi, il ne m'a pas fallu longtemps pour l'apprendre. J'ai eu mon contrat fin février et, le 15 mars, j'ai donné mon premier cours dans une langue qui était plus de l'italien que de l'espagnol, mais qui était compréhensible. » Il donne des cours de psychologie et de psychopathologie pour les médecins et quelques cours de psychothérapie. Comme l'optique des cours est résolument freudienne, il devient rapidement familier avec les théories psychodynamiques. Il restera au Salvador de février 1957 à fin 1959.

La vie agréable et facile ne comble pas ses ambitions. Il a soif de travaux de recherche et se rend compte qu'il lui faut changer d'horizon pour échapper à la routine. Il envisage donc de regagner l'Europe. Comme il se trouve sur le continent américain, il décide de s'arrêter aux États-Unis pour y visiter les centres de recherche les plus importants. Il prend contact avec John Rosen qui dirige le très célèbre Institute For Direct Analysis dont il avait déjà entendu parler à Zurich. Rosen lui propose un contrat d'associé de recherche à la Temple University de Philadelphie. Ce voyage aux États-Unis a d'ailleurs failli ne pas se faire car, à cette époque, Rosen vit des moments professionnels difficiles et, alors que tous les préparatifs de départ se terminent, Paul Watzlawick reçoit une lettre de Rosen lui demandant d'annuler sa visite. Mais c'est trop tard et, malgré l'incertitude quant aux conditions de son séjour à Philadelphie, il s'y rend néanmoins. Il rencontre Ray Birdwhistell et Albert Scheflen qui l'initient à leurs recherches sur la communication. « Scheflen et Birdwhistell étaient très intéressants. Bien que je ne me sois jamais intéressé directement à la communication non verbale, leur travail était novateur et passionnant. Scheflen étudiait des séances de thérapie, nous observions puis discutions les séances. [...] Je ne connaissais pas le travail de Bateson et de son groupe, mais Scheflen attira mon attention sur le sujet. Il me signala qu'il y avait un groupe à Palo Alto et me fit lire leurs publications. Ça m'a intrigué. Il fallait que j'aille voir sur place. Jackson vint à Philadelphie en octobre et Scheflen me le présenta. Jackson, qui avait l'habitude d'adopter des chiens perdus comme moi-même, m'a dit : "Si vous voulez venir, vous êtes le bienvenu à Palo Alto." Le MRI existait déjà, c'était en 1960. »

La découverte de l'approche interactionnelle représente un bouleversement radical pour cet analyste jungien. Cette vision très pragmatique de la psychothérapie passionne le praticien, depuis toujours plus intéressé par le changement que par le jeu des interprétations symboliques. D'emblée, il sent qu'à Palo Alto il se passe quelque chose de fondamentalement différent de tout ce qu'il a appris auparavant : « Vous devez savoir que le MRI et le groupe de Bateson formaient deux groupes distincts, il n'y avait pas de groupe de Palo Alto en tant que tel. Deux groupes en relation étroite. C'était un endroit tellement vivant, avec des idées tellement intéressantes ! Des gens venaient des endroits les plus éloignés, des gens qui avaient entendu parler de nous ; par exemple, Ronny Laing de Londres. C'était fascinant de les rencontrer. [...] Une des activités les plus intéressantes était la "maison ouverte" de Gregory Bateson tous les jeudis soir. Les résidents de Stanford venaient chez lui ; tout un chacun pouvait y aller. Des gens intéressants venant des disciplines les plus diverses. Cela donnait lieu à des soirées étonnantes ; c'était nouveau et cela n'a d'ailleurs pas été répété depuis. Bateson avait ce don remarquable d'attirer des personnes passionnantes et de rendre les soirées attrayantes. Connaître cet homme était extraordinaire, incroyable, c'était un véritable homme de la Renaissance. Gregory Bateson pouvait avoir un invité spécialisé dans la théorie de la musique et, la fois suivante, un astronome, et, la semaine suivante, un sociologue... et Bateson parlait avec ces gens de leur propre discipline. A cette époque, Palo Alto était vraiment un endroit extraordinairement stimulant et vivant. »

Voilà donc le MRI sérieusement renforcé. Paul Watzlawick est un travailleur acharné ; il lira tous les écrits de Bateson, fera un relevé de tout ce qui a été publié sur la théorie de la double contrainte et en publiera une synthèse ; il est passionné par les fondements de l'approche batesonienne de la communication et se lance dans une recherche sur le diagnostic familial qui n'apporte pas les résultats espérés : « J'ai perdu deux à trois ans à étudier l'entretien familial structuré qui devait remplacer les procédures de diagnostic traditionnelles. C'était un "entretien structuré" parce qu'on donnait aux gens cinq tâches qui touchaient à la communication. J'ai pensé que nous arriverions à une liste de diagnostics interactionnels, et, deuxièmement, je pensais que ceci pourrait devenir un outil intéressant. Nous aurions pu administrer l'entretien structuré au début de l'intervention thérapeutique, puis à la fin, obtenant ainsi des mesures objectives des changements qui se seraient produits. A la fin, j'ai bien vu que c'était une erreur ; il m'a fallu longtemps pour comprendre que les symboles ne peuvent pas être quantifiés et que toute interaction est symbolique. Quand vous essayez de codifier l'interaction, c'est d'une complexité incroyable, ça vous dépasse entièrement. Même en se concentrant sur une tâche des plus simples ; nous demandions aux parents de se mettre d'accord sur la signification du proverbe "pierre qui roule n'amasse pas mousse" et de l'expliquer ensuite à l'un des enfants. Déjà dans les premiers échanges entre les parents – comme ils n'étaient pas d'accord sur la signification du proverbe – la quantification était impossible[23]. »

Watzlawick, par contre, n'est pas du tout intéressé par le travail de formation de Virginia Satir. C'est auprès de Don Jackson qu'il développe sa technique d'entretien thérapeutique. Comme il n'y avait pas vraiment de structure formelle à l'époque, Jackson le nomme « associé de recherche » et, parallèlement, Watzlawick commence à voir des patients en privé. Avec Jackson, il rédige des projets pour obtenir des budgets de recherche. C'est une période faste (qui durera plus ou moins jusqu'en 1968), près de la moitié de leurs projets finissent par être subventionnés. Bien sûr, le succès de l'article sur la double contrainte facilite les choses, et la réputation de l'institut grandit encore avec la mise sur pied de la première formation à la thérapie familiale, mais il n'empêche que la conjoncture est idéale. « De nos jours, le pendule penche vers une optique tout à fait différente : la recherche neurophysiologique et biochimique. La croyance illimitée en l'efficacité de la psychanalyse est en train d'être supplantée par la croyance, non moins illimitée, en l'approche biochimique ; c'est là que vont les fonds, actuellement. Aujourd'hui, vous n'auriez pas un centime pour le genre de recherche que nous faisions à l'époque[24]. »

Pour Jackson, il devient très vite capital de pouvoir unifier ce nouveau champ de la thérapie familiale, créer des échanges, faciliter le débat. Jules Riskin garde en mémoire les stratégies déployées pour arriver à ces fins : « En 1960-1961, Haley venait aux réunions du MRI. En 1961, Jackson, Haley et sa femme, Betty Haley, commencèrent à parler d'un journal. Ils ont réussi à y intéresser Ackermann et ils ont finalement inclus dans ce projet toutes les personnalités (nationales et internationales) qui travaillaient avec des familles. Ils étaient tous dans le comité de rédaction. Si vous regardez le premier numéro de *Family Process*, il inclut tout le monde du circuit de la thérapie familiale de l'époque, une quarantaine de personnes. Ça s'appelle "coopter la concurrence potentielle", pour éviter qu'elle fasse de la compétition ouverte[25]. » Notons au passage que Bateson est également présent dans ce comité de rédaction.

8. 2. L'âge d'or (de 1963 à 1968)

Carlos Sluzki est un témoin privilégié de ces années flamboyantes du MRI. Jeune psychiatre argentin, dans les années 50 il travaille dans une clinique de Buenos Aires dont l'orientation principale est la psychiatrie communautaire, de tendance psychodynamique. Au début des années 60, Sluzki fait partie d'une équipe interdisciplinaire coordonnée par un sociologue, Eliseo Veron, qui vit aujourd'hui à Paris. Le sociologue et le psychiatre tentent de définir les variables sociologiques qui accompagnent l'apparition de symptômes psychopathologiques. Le projet s'intitule « Structure du comportement et systèmes de communication sociale ». Ils se rendent compte qu'il leur manque un modèle intermédiaire entre les processus sociaux et les processus individuels prenant en considération le phénomène de socialisation par la famille. « Un jour, tout à fait par hasard, je suis tombé sur *Vers une théorie de la schizophrénie*, l'article de Bateson, Jackson, Haley et Weakland. C'était un véritable hasard, il avait été publié dans *Behavioral Sciences* et un de mes amis était abonné à cette revue parce qu'il était très intéressé par la cybernétique. J'ai trouvé l'article et je me souviens encore de *l'émotion* de ma découverte. Parce que dans cet article j'avais la synthèse pragmatique d'un modèle qui permettait d'établir ce pont. Alors, à partir de la découverte de cet article à Buenos Aires, nous avons fait un *tracing* – une recherche de tous les articles des personnes de cette équipe. C'est ainsi que nous avons fini par "connaître" Haley, Jackson, Weakland[26]. »

C'est donc une nouvelle fois l'article révolutionnaire sur la double contrainte qui titille la curiosité et l'intérêt des chercheurs, argentins cette fois. En 1965, Sluzki reçoit une bourse pour passer trois mois au MRI, à l'invitation de Jackson. Le souvenir de son premier contact avec le MRI reste très vivant dans sa mémoire : « A cette époque, ils étaient tous là : Jackson et Haley, Weakland et Watzlawick, Virginia Satir et Janet Beavin et tant d'autres. C'était un centre absolument spectaculaire où se croisaient les chemins des gens les plus intéressants. Il y avait des visites constantes de personnages particulièrement attrayants, ou encore des chercheurs qui allaient au Center for the Advanced Studies in Behavioral Sciences de Palo Alto. Tous passaient du temps au MRI, faisaient des présentations, des discussions de cas, etc. J'ai eu l'occasion de participer au programme de formation de Virginia Satir et à toutes les autres activités. *[Voix émue.]* C'était absolument fantastique. C'était merveilleux ! J'ai participé à des réunions de travail avec Jackson et avec Haley, c'était une période de découvertes quotidiennes. J'ai passé trois mois là-bas et, à la fin, j'ai même écrit un premier article avec Janet Beavin, "Symétrie et complémentarité[27]", qui fut publié peu de temps après[28]. »

On le voit, Sluzki ne tarit pas d'éloges sur le MRI de la grande époque. Il reviendra à de nombreuses reprises à Palo Alto et sera même directeur du MRI pendant trois ans environ, au début des années 80. Il s'établira aux États-Unis où il poursuit, aujourd'hui encore, ses travaux en thérapie familiale[29].

Mais revenons aux activités de l'institut. Si nous résumons les travaux du MRI pendant cette période, nous pouvons déceler cinq grandes orientations :

– la formation ;
– les recherches sur la famille et la maladie mentale ;
– la thérapie familiale ;
– les recherches sur la théorie de la communication ;
– les recherches sur le processus de changement.

Nous ne reviendrons pas sur la recherche sur les familles et le développement de la thérapie familiale, dont nous avons déjà longuement parlé. Pour bien saisir l'évolution ultérieure du MRI, il nous faut insister sur les trois autres volets d'activité car leur conjonction contribuera à définir les spécificités de l'approche qui s'imposera sous l'appellation d'« école de Palo Alto » pendant les vingt-cinq années qui suivront.

1. La formation

Lancée par Virginia Satir, elle se caractérise surtout par la « transparence » introduite dans un domaine jusque-là considéré comme intime et secret, concernant uniquement le thérapeute et son ou ses patients. « L'une des premières choses que j'ai faites fut de dire : "Je ne vais pas vous *parler* de tout ça, je vais vous *montrer* de quoi il s'agit." J'ai pris une famille et, chaque mercredi soir, je voyais cette famille et j'invitais les gens à venir regarder. [...] Pour ma part, j'en avais assez des gens qui parlaient des choses qu'ils faisaient sans vouloir les montrer. C'est pourquoi c'est précisément ce que j'ai fait : j'ai montré ce que je faisais. On a écrit un article l'année suivante dans le *Saturday Evening Post*. Pendant ce temps-là, les autres parlaient de théorie et, dans une certaine mesure, faisaient du travail, mais pas beaucoup. Je veux dire que cela ne faisait pas partie de leurs pratiques [30]. »

Tous les moyens sont bons pour mieux connaître et faire connaître les nouvelles méthodes. Alors, on montre ce que font les intervenants : les techniques audiovisuelles font leur apparition au MRI ; enregistrements par magnétophone d'abord, par vidéo ensuite, utilisation de la glace sans tain, etc. De plus, on considère que l'orientation intrapsychique traditionnelle est un frein plutôt qu'un atout pour s'initier à la perspective interactionnelle, c'est pourquoi même des personnes n'ayant que très peu de connaissances en psychologie vont pouvoir bénéficier des idées nouvelles, apprendre à utiliser les nouvelles pratiques. N'oublions pas que Virginia Satir est assistante sociale de formation, ce qui explique peut-être en partie la diffusion et le succès de la thérapie familiale dans le domaine du travail social, alors que la psychiatrie semble plus résistante à la pénétration de ces idées nouvelles [31].

2. *La « pragmatique » de la communication*

Bateson est parti mais les membres de l'équipe du MRI, en particulier Paul Watzlawick, continuent les recherches sur la communication. En 1964, Watzlawick publie une anthologie de la communication humaine [32], ouvrage (non traduit en français) accompagné d'une cassette audio. Il y jette les bases d'une « pragmatique » de la communication, c'est-à-dire « ses effets sur le comportement » [33]. Bateson lui en rédige d'ailleurs la préface [34]. Mais ce n'est là qu'une ébauche dont Watzlawick n'est pas entièrement satisfait. Don Jackson et Janet Beavin sont également imprégnés des théories sur la communication. Orientés avant tout vers la pratique thérapeutique, ils cherchent à rendre les concepts opérationnels pour l'intervention sur le terrain. Les discussions vont bon train au MRI, et Paul Watzlawick et ses deux collègues cherchent à répondre au défi auquel ils sont confrontés : comment faire des grandes envolées théoriques de Bateson un outil pour le praticien ?

Il faut synthétiser, catégoriser, simplifier les concepts. Et ils s'attellent (Paul Watzlawick surtout) à la tâche. Pendant les derniers mois de son séjour à Palo Alto, Bateson se montre favorable au projet ; il a l'occasion de voir certaines parties du travail en cours et félicite Watzlawick. En 1966, alors qu'il se trouve à Hawaii où il travaille désormais sur les dauphins avec Karen Pryor [35], Bateson reçoit une première version du manuscrit complet d'*Une logique de la communication* (la traduction littérale du titre original anglais serait, en fait, « la pragmatique de la communication humaine »). Et là, c'est la douche froide pour Watzlawick : Bateson critique assez violemment le manuscrit et revient même sur le jugement favorable qu'il avait porté sur les chapitres qu'il avait appréciés antérieurement ! Il ne préfacera pas l'ouvrage, que les auteurs lui dédieront cependant. Cette affaire sera largement commentée et les plaies mettront du temps à se cicatriser ; pour certains, comme nous le verrons un peu plus loin, elles ne le sont toujours pas !

Comment comprendre cette attitude de Bateson ? Nous n'avons pas la prétention de répondre d'une façon définitive à cette question, mais nous pouvons cependant signaler certains éléments qui l'éclairent quelque peu. Voici notamment ce qu'en pense John Weakland, qui se trouvait au MRI à cette époque :

« Je n'ai participé [à l'ouvrage] qu'en tant que consultant, surtout en parlant avec Jan [Beavin], pas beaucoup avec Paul et, si vous connaissiez la façon dont Don travaillait... vous comprendriez que c'est Paul et Janet qui ont vraiment écrit le livre. J'ai été co-auteur de quelques articles avec Don, alors je sais bien comment il opérait ; il vous laissait quelques petites notes et vous repreniez à partir de là ; de bonnes idées, mais l'écrit était surtout le travail des autres auteurs. J'étais parti à Hong Kong, puis à Stanford, sinon Dieu sait si ce n'est pas moi qui aurait été dans *Une logique*. [...] Ça partait du projet Bateson. Celui-ci n'a pas tellement apprécié. Je crois que ce fut très dur pour Paul, parce qu'il voyait ce livre en partie comme un hommage à Gregory. Mais je crois bien vous avoir déjà dit que j'ai vécu la même expérience, à une plus petite échelle, quand j'ai fait la synthèse du cours à la New School. *[Rires.]* Et puis, il y avait des différences très prononcées entre Don et Gregory, qui se sont probablement accentuées avec le temps[36]. »

Bateson préfère les questions aux réponses, aussi n'est-il pas étonnant qu'il se méfie des synthèses trop claires qui ont tendance à occulter les points d'interrogation. Et, nous l'avons vu plus haut, il est vrai que le souci de clarté et de simplicité des auteurs a peut-être entraîné un certain gauchissement de notions encore embryonnaires chez Bateson : le codage de l'information est réduit ici à deux seuls types : codage analogique et digital ; les aspects « indice » et « ordre » d'un message deviennent le « contenu » et la « relation » et, tout en devenant plus parlants au premier abord, ils deviennent de plus en plus flous à mesure que l'on cherche à les préciser ; les notions de symétrie et de complémentarité s'accompagnent de sous-catégories que Watzlawick lui-même rejettera plus tard.

Bateson a constaté et stigmatisé ces divergences, mais un autre élément eut peut-être une importance dans son rejet de l'ouvrage. A cette période, il a lui-même terminé un manuscrit. Il s'agit d'une première version de ce qui deviendra *Vers une écologie de l'esprit*, c'est-à-dire un recueil de ses publications antérieures et d'articles récents (le contenu recoupe donc en partie celui de l'ouvrage de Watzlawick et les autres). Or l'éditeur hésite à le publier ; la forme n'est guère engageante à son goût, et le manuscrit fait des allers et retours qui finissent pas agacer fortement Bateson. C'est à ce moment-là qu'il reçoit le manuscrit d'*Une logique* qui vient d'être accepté pour publication chez... le même éditeur (Norton, pour ne pas le citer). Le coup est dur pour Bateson qui voit ses propres idées exposées sous une forme qu'il ne contrôle pas lui-même. Les lecteurs apprécieront l'aspect cornélien de la situation.

Mais laissons l'anecdote pour revenir quelque peu au livre lui-même. Il aura un impact extraordinaire dès sa parution en 1967, impact qui ne se dément d'ailleurs toujours pas à l'heure actuelle. Et il est vrai que les auteurs ont réussi à mener à bien une tâche pourtant très délicate et difficile : présenter sous une forme accessible (même si l'ouvrage reste ardu à la première lecture) les idées principales de la cybernétique, de la théorie des systèmes appliquée à la situation familiale, et les idées ébauchées dans l'ouvrage de Ruesch et Bateson sur la communication interpersonnelle. La synthèse est brillante et Paul Watzlawick, l'auteur principal, devient rapidement célèbre à travers le monde. C'est une nouvelle science du comportement que l'ouvrage préfigure : énonçant une série de six axiomes, à la manière des mathématiques ou de la logique, il ouvre la porte à l'édification d'une approche formelle et intégrée du comportement s'appuyant sur la notion de communication. Cet objectif n'a sans doute pas été complètement atteint et on attend toujours les « théorèmes » qui auraient pu étoffer les prémisses formulées par Wartzlawick, Beavin et Jackson. Watzlawick semble fatigué de se justifier de cette appellation d'« axiomes » :

« Nous avons décidé d'écrire le livre et je pensais qu'il était bien temps de formaliser quelque peu les idées. J'ai commencé par les axiomes mais j'ai bien expliqué dans le livre que je ne prétendais pas qu'il s'agissait d'axiomes dans le sens de la logique formelle ; le public a trouvé l'idée très intéressante. *[Question : Qui a trouvé l'idée de l'analyse interactionnelle de la scène de* Qui a peur de Virginia Wolf*?]* C'était mon idée, j'avais vu la pièce au théâtre et je trouvais que c'était un exemple fantastique d'interaction dans un couple, mais le chapitre lui-même a été en grande partie écrit par Janet Beavin. Certains chapitres ont été rédigés en collaboration, et d'autres surtout par moi. Actuellement, Janet Beavin est professeur de psychologie à l'université de Victoria. Elle est toujours très active dans la recherche sur l'interaction. Elle vient d'ailleurs de m'écrire *[il va chercher un livre dans sa bibliothèque]* et voici la dédicace qu'elle m'a faite pour son dernier livre : *Vingt ans et dix recherches après, nous avions raison dans* Une Logique [37] *!*»

L'ouvrage n'est d'ailleurs pas une simple vulgarisation des travaux de Bateson. Les auteurs vont plus loin et, en partant de la théorie de la double contrainte, ils décrivent l'utilisation thérapeutique des paradoxes pragmatiques de la communication. Si ces techniques thérapeutiques ont déjà été utilisées par d'autres (Erickson, Sullivan, Frankl...) ils arrivent à en donner une explication interactionnelle en cohérence complète avec leurs prémisses théoriques. Ils réussissent donc à relier la théorie et la pratique et, en cela, on peut considérer que l'ouvrage est réellement un jalon capital pour l'évolution ultérieure de la thérapie systémique.

3. Les recherches sur le processus de changement

Les rencontres entre Haley, Weakland et Milton Erickson auront un impact déterminant sur le groupe de Palo Alto. Nous avons déjà signalé que, lors de leurs visites à Phoenix, les deux membres du projet Bateson avaient tenté de formaliser, à partir de l'hypothèse de la double contrainte, les techniques d'intervention thérapeutique de Milton Erickson. Celles-ci se prêtaient bien à une approche interactionnelle, même si elles ne respectaient pas toujours l'orthodoxie des présupposés systémiques qui avaient orienté la thérapie familiale. Erickson ne s'embarrassait pas de concepts tels que l'homéostasie, la fonction ou le déplacement du symptôme, etc. Pour lui, la question essentielle était : « Comment, en tant que thérapeute, puis-je induire un changement chez la personne qui est en face de moi ? »

Cette distinction est capitale si nous voulons saisir les particularités de l'approche de l'équipe de Palo Alto dans l'ensemble des thérapies systémiques. On peut dire en effet que, pour elle, la réflexion sur le processus thérapeutique ne s'est pas présentée comme une application de la théorie, une « conséquence » découlant d'une analyse du système familial, mais plutôt comme la résolution d'une question précise qui, même si elle s'appuie sur des prémisses interactionnelles, réclame un regard neuf, exempt d'hypothèses théoriques contraignantes [38]. Plutôt que de vérifier les hypothèses nouvelles de l'approche familiale, les membres de l'équipe de Palo Alto se sont efforcés de comprendre la façon dont se produisait le changement et ceci principalement à la suite de leurs contacts avec Milton Erickson. Jay Haley sera un précurseur de ce qu'on appelle la psychothérapie « stratégique », approche qui est à la base de la « thérapie brève » qui sera mise au point par l'équipe de Palo Alto, comme nous le montrerons en détail dans les chapitres suivants.

Les témoignages de Richard Fisch et de Paul Watzlawick permettent de mieux comprendre la genèse de ces idées et cet éloignement des prémisses de la thérapie familiale. Nous reparlerons de Fisch au chapitre suivant ; disons simplement qu'il est psychiatre et directeur du Centre de thérapie brève ; il est arrivé à Palo Alto dès le début du MRI. « Après avoir suivi la formation avec Virginia Satir, j'étais très intéressé par son approche ; j'ai commencé à voir de plus en plus de familles et de couples ensemble. J'ai donc débuté en m'appuyant sur son style et je cherchais des éléments interactionnels dans mes entretiens : si quelqu'un arrivait et disait : "J'ai un problème", je demandais à voir toute la famille. [...] L'approche de Virginia Satir était très large ; on devait chercher l'information qu'il faudrait révéler aux membres de la famille, l'homéostasie et la matrice de leur communication. En thérapie brève, nous travaillons plus dans le sens du travail d'Erickson et de l'hypnothérapie ; ici [au CTB], on se focalise sur le problème. Donc, au départ, du moins pour moi, il y avait cette dichotomie : d'une part, je travaillais selon les lignes de la thérapie familiale et, d'autre part, j'étais intéressé par une approche de "résolution de problèmes". Avec le temps, à mesure que le projet s'organisait, je me suis éloigné du travail de Virginia. Nous avons adopté et adapté le style éricksonien. *[Question : Était-ce explicite à l'époque ?]* Pas formellement, mais l'évolution s'est marquée dans mes entretiens thérapeutiques privés. Je vais prendre un exemple : au départ, j'essayais de faire en sorte que les gens comprennent les principes généraux de leur problème, la méthode était basée sur l'*insight*, la prise de conscience. Lorsque je me sentais coincé, j'en parlais alors à John, à Jay, à Paul, et on évoquait le travail d'Erickson. Nous arrivions souvent à trouver un exemple d'Erickson analogue au mien, ou alors nous nous demandions : "Que ferait Jay (lui qui était tout à fait dans une optique de résolution de problèmes) dans ce cas-ci ?" Je prenais la technique, je l'appliquais à mon cas et bien souvent ça me débloquait. Alors, au début du projet [du Centre de thérapie brève], j'étais intrigué par ces trucs nouveaux qu'Erickson ou Haley (ou même John ou Paul) utilisaient. C'est comme cela que le projet s'est développé, de manière informelle et ouverte : "Nous sommes intrigués par ces interventions étranges, voyons dans quels cas elles sont appropriées" [39]. »

Pour Paul Watzlawick, la démarche est analogue : comprendre et formaliser les interventions « magiques » de Jackson et d'Erickson pour en faire des outils de travail transmissibles.

« Nous voulions absolument entrer dans la tête de cet homme [Jackson] et savoir ce qu'il pensait, d'où il tirait ses repères. Mais il répondait des choses comme "C'est évident, il suffit d'écouter le rire de la mère". Ce qui semblait également le cas d'Erickson, qui expliquait ses interventions avec des formulations analytiques très compliquées qui ne voulaient rien dire. Nous avons donc commencé un projet où l'on imitait Jackson et Erickson pour voir comment le traitement fonctionnait. [...]

« Nous sommes aussi allés chercher des informations auprès de personnes connues pour avoir d'excellents résultats dans la résolution de problèmes. Nous nous sommes tournés vers des barmen (habitués à devoir faire face à des conflits), des policiers… Je me souviens du cas d'un policier qui avait été appelé par des gens qui disaient que la famille d'à côté était en train de s'entretuer. Le policier descend de sa voiture et voit un téléviseur voler par la fenêtre du troisième. Il prend le téléviseur, monte, sonne à la porte et quand on ouvre il dit, les débris de la télé à la main : "Réparation de télévisions." Les gens ont éclaté de rire ; et, quand on rit, on n'est plus dans l'état d'esprit de tuer quelqu'un.

« Mais, tout comme nous n'avions pas obtenu de réponse claire de nos collègues, ces gens-là ne savaient pas pourquoi ils avaient mis en place telle ou telle chose ; ils nous répondaient tous : "Ça semblait la meilleure chose à faire"[40]. »

Nous poursuivrons le récit de cette quête dans le chapitre sur la thérapie brève, mais pour l'instant il nous faut en venir à la fin de l'âge d'or du MRI. Alors que les projets de recherche se multiplient, que l'on retrouve en un seul et même endroit Don Jackson, Jay Haley, Paul Watzlawick, Virginia Satir et John Weakland (tous en passe d'acquérir une stature internationale), que l'institut attire des célébrités du monde entier, le climat relationnel se dégrade.

8. 3. Le temps des déchirements

Que se passe-t-il au MRI vers 1965-1967 ?

Les voies semblent subitement diverger. Satir se sent de plus en plus mise à l'écart. En fait, elle n'est plus très souvent au MRI mais répond aux propositions, de plus en plus fréquentes, de conférences, séminaires, congrès, etc., qui l'amènent aux quatre coins du globe. De plus, elle se sent incomprise au sein même de l'institut. Les travaux orientés par l'optique éricksonienne ne cadrent pas très bien avec sa personnalité charismatique et idéaliste qui la rapproche du mouvement du « potentiel humain » qui se développe à l'époque aux États-Unis. Si les conflits ont toujours été fréquents avec Jackson (qui s'en excusait en lui envoyant d'énormes bouquets de roses), ils deviennent également très ouverts avec les autres membres de l'équipe qui formera le noyau du Centre de thérapie brève. Satir en gardera une grande amertume tout au long de sa carrière : « Je n'avais plus rien à faire avec eux. De mon point de vue, ils n'étaient pas intéressés par ce que je faisais. Ils utilisaient une espèce de langage théorique qui n'avait pas beaucoup de sens pour moi et, au fond, nous formions deux instituts différents. Cela m'a toujours rendue triste, mais je ne savais plus comment les intéresser à ce que je faisais parce que ces gens étaient bien plus préoccupés par les jeux sur lesquels ils travaillaient, et par la théorie, que par ce que je faisais. Je pense qu'aucun d'entre eux ne m'a jamais regardée travailler, bien que je les aie souvent invités. Après six ans, je suis partie parce que je tournais en rond et je savais qu'il n'y avait là aucun support pour moi.

« [...] Je ne parlais pas leur langage. Je ne crois pas qu'eux-mêmes comprenaient ce qu'ils disaient bien souvent. Tout ce truc "symétrique", et la façon dont Jay Haley l'utilisait, ne me touchait pas du tout. [...] Ils me toléraient et, en tant que personne, ils m'aimaient bien – ça je le savais. [...] Je ne savais rien de Milton Erickson ; j'avais une frousse bleue de l'hypnose parce que, pour moi, c'était une forme de contrôle – c'était par ignorance, mais pourtant c'était comme ça. Lorsque Milton est venu, je l'ai vu faire des mouvements, je l'ai observé dans des groupes et c'était effrayant. Je n'ai donc pas fait grand-chose avec lui. Je suis sortie de la pièce lorsqu'il est entré – j'avais peur[41]. »

Haley est également en partance. Il reçoit une offre de Salvador Minuchin et part travailler à Philadelphie. « J'étais en plein dans mes expériences avec des familles et j'avais investi beaucoup de temps et de travail pour construire un laboratoire. J'avais vu énormément de familles, deux cents environ, y compris des familles "normales". Et j'essayais de faire marcher le labo, et Jackson cherchait à récolter des fonds pour ça, mais je vivais au jour le jour et il me semblait que l'argent touchait à sa fin, vraiment. Je n'ai pas réussi à avoir un budget d'aucune institution importante, de personne. Alors, Minuchin arriva et m'offrit un travail à Philadelphie. J'ai également été tenté parce que nous vivions des périodes fort troubles dans ces années 60, mais il ne se passait pas grand-chose à Palo Alto et je voulais travailler avec les pauvres. Minuchin travaillait dans les bas quartiers et je voulais travailler avec lui. [...] Palo Alto était un endroit où on parlait des problèmes sociaux qui se passaient ailleurs. C'était un endroit très tranquille[42]. »

Son départ est une grande perte pour le MRI et certains ne comprennent pas que Jackson le laisse partir sans vraiment réagir. Jules Riskin se souvient du choc provoqué par la nouvelle : « Je pense qu'il y avait une tension qui montait entre lui et Jackson ; je sais que John Weakland et moi étions fort dérangés par le départ de Haley et nous sommes allés voir Jackson : "Peut-on faire quelque chose ?" Et Jackson a été très sec : "Il n'y a rien à faire." C'était comme s'il ne voulait même pas essayer de chercher l'argent. C'est ce qui me fait penser qu'il y avait probablement quelque chose, mais je ne sais pas exactement quoi[43]. »

Peu importe, vraiment ; que ce doute soit fondé ou non, il dénote en tout cas un autre problème de cette époque : l'implication décroissante de Jackson dans l'institut. Jackson n'est pas en très bonne santé et, de plus, il vit des moments difficiles dans sa vie privée. Il ne passe au MRI qu'en coup de vent et ne s'intéresse plus guère aux divers projets en cours. Wendel Ray, qui est sans aucun doute le meilleur spécialiste de Jackson, a pu interroger la plupart des personnes qui l'ont bien connu durant cette période, et voici comment il voit la situation du MRI à l'époque : « Je ne sais pas ce qui se passait avec Don à ce moment. Jules [Riskin] m'a dit qu'il était en partance [du MRI], ce qui corrobore ce que m'a dit Sluzki ; Carlos dit que Jackson était en train de changer de centre d'intérêt, il orientait son énergie vers l'écriture et il voulait abandonner le volet administratif ; il y a même du courrier qui en témoigne. Dans ces lettres, il y en a une où il dit : "Aujourd'hui, je me vois plus comme un écrivain que comme l'administrateur du MRI."

« Je sais avec certitude qu'il était en pourparlers avec un certain[...] Kalman Gyrifas, de l'université de Chicago [...] En quittant l'université de Chicago, il est retourné en Grèce et a ouvert l'Institut de la famille. Jackson écrit, dans un autre article publié en 67 et intitulé « The Individual and the Larger Context », qu'il est sur le point de partir pour la Grèce pour aller travailler avec Kalman. C'était son plan : quitter Palo Alto, partir là-bas et visiter l'Europe. Dans une autre lettre, il dit : “Je me sens plus écrivain que psychiatre” et il parle de son envie de consacrer plus de temps à écrire, non seulement sur la psychiatrie mais aussi des romans. [...] L'équipe du MRI écrivit à Jackson pour lui dire : “Nous voulons que tu t'impliques plus ou que tu te retires”[44]. »

La tension est donc très forte dans l'institut lorsque, en 1968, Don Jackson est retrouvé mort. Les bruits les plus divers circuleront sur les circonstances de ce décès. William Fry, dans un article en son hommage, parlera de suicide. De même que Virginia Satir. (On a même évoqué la possibilité d'un assassinat !) Voici ce qu'en pense Wendel Ray : « Il y a eu tellement de rumeurs concernant son soi-disant suicide ; c'est un fait qu'il est mort trop jeune mais moi personnellement je suis convaincu qu'il ne s'agissait pas d'un suicide, c'était une mort accidentelle. Il était très malade et prenait beaucoup de médicaments. Il a dû être hospitalisé à de nombreuses reprises la dernière année. Murray Bowen m'a dit personnellement que Jackson s'était rendu à Washington et qu'on a littéralement dû le prendre en civière à sa sortie d'avion pour le transporter à l'hôpital, il était dans le coma ; il avait effectivement beaucoup de problèmes physiques[45]. » Si, comme le précise William Fry, sa maladie était extrêmement douloureuse et qu'il devait donc prendre une quantité impressionnante de calmants et de somnifères, nous arrivons assez facilement aux conclusions de Wendel Ray qui rejoignent d'ailleurs celles de Watzlawick, Weakland et Fisch.

Quoi qu'il en soit, en quelques mois, le MRI venait de perdre trois de ses membres les plus influents et surtout la tête de son organisation. Nous avons le sentiment que, alors que l'institut était sur le point de donner naissance à l'un de ses plus beaux fleurons, le Centre de thérapie brève, il ne s'en est, dans l'ensemble, jamais vraiment remis.

9

L'insoutenable froideur de la thérapie brève

Nous réécrivons l'histoire, inventant le passé
pour qu'il soit conforme à nos besoins présents.
Warren McCulloch

Traditionnellement, la psychothérapie a été associée à la découverte de soi, à la prise de conscience de nos déterminismes psychologiques profonds, au dépassement ou à la canalisation harmonieuse de nos pulsions inconscientes. Les difficultés psychologiques étaient liées aux grandes questions existentielles, la psychothérapie étant un moyen pour partir à la découverte de soi-même, pour réconcilier la pensée, le corps et les émotions, pour développer son potentiel et se « réaliser », etc. Entrer en « analyse » (ou, dans les années 60, « faire de la *Gestalt* ou de la bio ») revenait à entamer un voyage vers la connaissance de soi, à chercher la voie ou, plus modestement, sa voie. Tâche ambitieuse, utopique sans doute, mais la disparition de la souffrance psychologique était à ce prix ; il fallait récurer les profondeurs fangeuses de notre inconscient pour voir disparaître à jamais les bulles nauséabondes de nos symptômes névrotiques éclatant sans cesse à la surface de notre vie psychologique.

La « thérapie brève de Palo Alto » s'est complètement démarquée de cette conception des problèmes psychologiques et de la psychothérapie. Pour elle, le psychothérapeute doit abandonner ses grandioses projets et se focaliser sur la souffrance de la vie quotidienne ; sa tâche se limite à permettre aux patients de retrouver le plus rapidement possible les moyens de poursuivre leur cheminement sans être confrontés sans cesse aux mêmes difficultés. Les questions existentielles ne sont pas de son ressort et doivent donc rester en dehors de ses préoccupations. D'aucuns y verront sûrement le reflet d'un pragmatisme désenchanté, d'un réductionnisme coupable, d'une démission inacceptable. D'autres applaudiront le retour à une position réaliste, à une humilité de bon ton lorsque l'on fait profession d'interférer avec la complexité de la condition humaine. En tout état de cause, le changement d'optique est de taille. Les membres de l'équipe de Palo Alto réfutent les grandes envolées sur les résultats merveilleux des interventions thérapeutiques. Le bonheur n'est pas le monopole du psychologue, loin s'en faut, affirment-ils, et notre connaissance de la nature humaine ne nous autorise en aucun cas à conseiller telle façon de vivre plutôt que telle autre. Et ceci pour la simple raison que, face aux questions existentielles, nous en sommes tous au même point ; chacun cherche à trouver une sorte de « mode d'emploi » à son existence et, à l'heure actuelle, personne ne peut revendiquer une approche meilleure qu'une autre, en tout cas de manière absolue.

En plus de cet élagage du rôle et de la fonction de la psychothérapie, les notions de « manipulation » intentionnelle, d'intervention « brève », de « résolution de problèmes », etc., caractéristiques fondamentales de leur méthode d'action, ont soulevé l'ire ou le dédain de nombreux tenants de la tendance humaniste en psychologie. On a voulu ramener l'approche thérapeutique de Palo Alto à une méthode superficielle, acceptable pour des difficultés mineures mais inadéquate pour les « vrais » problèmes psychologiques, sinon comme un appoint temporaire. On a également considéré que son peu d'intérêt pour la richesse de la vie émotionnelle, son mépris du rôle de la prise de conscience, le peu de cas fait de l'histoire individuelle, tout cela réduisait l'homme à une caricature mécaniste dont les références à la cybernétique dévoilaient le projet. En bref, on stigmatise « l'insoutenable froideur de la thérapie brève ».

Il n'est pas dans notre intention de vouloir convaincre les opposants, et, qui plus est, la méthode d'intervention développée à Palo

Alto est loin d'affirmer qu'elle possède la solution à tous les problèmes auxquels l'être humain est confronté dans le cours de son existence. Mais les questions posées sont d'importance et y répondre permet de dégager l'image de la vie psychologique impliquée par cette conception de la psychothérapie. Nous verrons quelle part elle laisse à l'esprit humain, aux émotions, aux questions existentielles, et aussi quel rôle elle assigne à la psychothérapie et au psychothérapeute. Nous éviterons la comparaison évaluative avec les approches psychodynamiques traditionnelles sur chaque aspect pris séparément, cela réclamerait un travail bien plus spécialisé ; seule une vision globale peut permettre une appréciation du « message » de la thérapie brève et lancer le débat sur des questions plus ponctuelles. Il s'agit en effet de deux cadres de référence distincts, et traduire les éléments de l'un dans le langage de l'autre ne peut qu'engendrer la confusion ; ce sont les cadres eux-mêmes qu'il importe d'évaluer.

Ce sera l'occasion de présenter certaines idées très générales sur l'intervention thérapeutique, quelques questions centrales auxquelles toutes les thérapies quelles qu'elles soient sont confrontées. Comment le thérapeute considère-t-il la personne qu'il reçoit dans son cabinet ? Est-elle malade et, si oui, comment définir le mal dont elle souffre ? Comment expliquer les causes de la maladie ? Quel mode de traitement faut-il utiliser pour l'aider ? De quel ordre doit être la relation entre le thérapeute et le patient ? Quel est le rôle de l'un et de l'autre dans le processus thérapeutique, quelles sont les règles du jeu de leur relation ?

Nous verrons dans les pages qui suivent que la thérapie brève s'est développée à partir d'une recherche qui tentait de préciser et de systématiser les conditions qui conduisent les personnes à changer. Ce point de départ va marquer une différence profonde par rapport aux autres approches thérapeutiques. Il n'y a pas une hypothèse théorique de départ à confirmer, pas plus qu'il n'y a de conception précise sur le fonctionnement de l'homme, ni sur son comportement. Bien sûr, les prémisses explicatives de l'équipe du MRI sur le comportement humain se nourrissaient des concepts de la cybernétique et de la théorie de l'information. La thérapie stratégique d'Erickson et la thérapie familiale de Jackson avaient apporté à l'équipe du Centre de thérapie brève (auquel nous nous référerons par les initiales CTB par la suite) des techniques pour approcher le processus du changement. Mais l'on ne trouve pas, dans le modèle de Palo Alto, de modèle théorique intermédiaire sur le comportement : ils n'avaient pas de « théorie psychologique » proprement dite, à partir de laquelle bâtir un mode d'intervention. Ordinairement, c'est le modèle de fonctionnement « normal » qui détermine le sens des interventions thérapeutiques. Ici, même si la grille explicative reste systémique, c'est le processus de changement lui-même qui est l'enjeu, dans son caractère abrupt de rupture de continuité avec les processus régulatoires habituels de la vie psychologique.

Mais alors, quels sont encore les rapports avec Bateson, la double contrainte et la systémique ? Pour les dégager, il nous semble intéressant de présenter la thérapie brève dans une perspective historique qui pourra faire émerger une cohérence peu apparente à première vue. Cette perspective historique présente aussi un autre avantage, à savoir de permettre de bien saisir toute la portée du modèle développé par l'équipe de Palo Alto. Notre expérience de formateurs nous a appris que la méthode d'intervention, dans son apparente simplicité, est bien trop sommaire pour permettre aux « apprentis thérapeutes brefs » d'apprécier pleinement le sens même des termes utilisés s'ils n'ont pas une connaissance du contexte de leur apparition.

9. 1. Rencontres derrière une glace sans tain

Au moment où nous reprenons le récit, Bateson vient de quitter Palo Alto. Le MRI est en pleine effervescence ; la réputation de Don Jackson va grandissant et Virginia Satir développe son programme de formation à la thérapie familiale, ce qui accroît la renommée de l'institut. Paul Watzlawick travaille à l'entretien structuré tout en s'efforçant de synthétiser et préciser les notions systémiques des travaux riches mais disparates de Bateson et d'en affiner les applications à la psychothérapie. John Weakland partage son temps entre l'étude du chinois et les discussions avec Jay Haley sur les travaux d'Erickson et sa conception originale de l'intervention thérapeutique. C'est le temps des moissons.

9. 1. 1. Haley et la thérapie stratégique

En 1963, Jay Haley publie son premier ouvrage, *Strategies of Psychotherapy*, dans lequel il utilise pour la première fois l'appellation « thérapie brève [1]». Ces termes servent à décrire, d'un point de vue communicationnel – à partir des prémisses théoriques héritées du projet Bateson –, les techniques thérapeutiques de Milton Erickson. Même si le livre ne rend pas compte du modèle thérapeutique qui sera élaboré au Centre de thérapie brève, les idées qu'il avance indiquent la direction dans laquelle bon nombre des membres du MRI [2] cherchaient à ce moment-là. Le livre nous offre donc une sorte de « chaînon manquant » qui relie les travaux d'Erickson [3], la thérapie brève et la thérapie familiale stratégique telle qu'elle a été conçue par Jay Haley.

Définir un objectif à l'intervention. « La thérapie brève, que l'on peut définir comme une intervention qui comporte d'une à vingt séances de traitement, n'implique pas que l'on fasse moins que dans une thérapie de longue durée. L'approche est, théoriquement et méthodologiquement, différente de celle qui est basée sur les théories des processus intrapsychiques. D'une manière générale, la thérapie brève s'attaque à des symptômes clairement définis. Lorsque l'on a affaire à des problèmes plus vagues, on définit des objectifs spécifiques et limités [4]. »

Rôle actif du thérapeute. Le rôle du thérapeute est fondamentalement différent de ce qu'il est dans les thérapies classiques. Le « thérapeute bref » essaye d'induire des changements dès la première séance. Alors qu'il en est encore au stade de la prise d'informations, il utilise déjà des manœuvres qui préparent le terrain pour le changement. Le processus thérapeutique est contrôlé par le thérapeute, c'est lui qui doit tenir les rênes de la situation.

Focalisation sur la situation présente plutôt que sur le passé. La collecte des données est fondamentalement différente de celle que l'on trouve dans la thérapie à long terme : le thérapeute veut comprendre les difficultés qui sont vécues actuellement. La question que se pose le thérapeute est : « Étant donné le passé de cette personne, quelles sont les difficultés qu'elle rencontre dans sa vie actuellement ? » Imaginons qu'une patiente ait subi une expérience traumatisante, un viol par exemple, le thérapeute va se demander : « Comment cette expérience passée limite-t-elle les possibilités d'action de cette personne à l'heure actuelle ? » Il n'est pas question de nier la douleur qu'une expérience de ce genre peut susciter, ni d'en effacer le souvenir, il s'agit d'en comprendre les répercussions dans la vie quotidienne de la patiente et de faire en sorte qu'elles n'interfèrent plus avec son mode d'adaptation dans son environnement social.

Changement comportemental plutôt que prise de conscience. L'objectif n'est pas la prise de conscience des difficultés ou des causes de ces difficultés par le patient. L'approche est avant tout pragmatique et comportementale : ce qui importe c'est que le patient puisse se comporter autrement, que les symptômes disparaissent, même si personne, ni le patient, ni le thérapeute, n'a vraiment « compris » la cause ou l'origine des symptômes. C'est également dans ce sens qu'une exploration systématique de l'enfance du patient n'est pas nécessaire.

Stimuler la motivation du patient. Une autre caractéristique des thérapies directives concerne l'attitude du thérapeute pour stimuler la participation du patient au processus de changement. Un des piliers de l'approche thérapeutique d'Erickson consiste à mettre en doute et à tester la motivation de ses patients à changer, comme nous l'avons signalé plus haut. Il s'agit en quelque sorte d'amener le patient à entrevoir lui-même la possibilité d'un changement, même minime, et à pouvoir ainsi reconnaître les modifications qui se produiront dans sa situation, au fur et à mesure de la progression du processus thérapeutique, comme autant d'améliorations de son état. L'illusion de rigidité du problème est cassée là où la possibilité de changement est établie. Nous retrouvons ici le thème de la participation du patient. Pour Erickson, tout changement doit engager le patient dans une entreprise à laquelle il doit coopérer.

Utilisation du langage injonctif. Selon la technique utilisée en hypnose, le thérapeute devra donner des consignes qui, si elles sont suivies par le patient, amèneront celui-ci à faire l'expérience de conduites nouvelles. Il aura donc recours à un langage de type « injonctif », un peu à la manière des recettes de cuisine. Le principe étant bien sûr que, si l'utilisateur suit ces consignes à la lettre, il obtiendra le résultat escompté. Les injonctions doivent être simples, faciles à suivre, adaptées au contexte du patient, à son langage...

Utilisation de techniques paradoxales. Un autre aspect des thérapies stratégiques dégagé par Haley concerne l'utilisation du paradoxe comme une des techniques les plus puissantes pour provoquer un changement. Pour Haley, la base interactionnelle de la méthode éricksonienne consiste à « prendre le contrôle du comportement symptomatique du patient en l'encourageant, créer ainsi une situation paradoxale, pour alors changer de direction[5] ». On le voit, il s'agit ici d'une traduction des techniques « étranges » d'Erickson selon le langage des recherches sur la communication menées dans le projet Bateson.

Les idées nouvelles foisonnent au MRI. Arrive alors un nouveau personnage autour duquel se catalyseront les interactions qui donneront le jour au modèle d'intervention de l'équipe de Palo Alto. Quelques mots d'introduction sur Richard Fisch qui allait devenir l'initiateur puis le directeur du Centre de thérapie brève.

9. 1. 2. Dick Fisch : un zeste d'humour juif

Richard Fisch est né en 1926 dans le froid hiver new-yorkais. Pendant ses études de médecine, il hésite entre la chirurgie et la psychiatrie mais se décide pour cette dernière orientation après son internat à Brooklin. Il part dans le Maryland pour faire sa spécialisation en psychiatrie et, en 1958, après avoir été instructeur clinique à la John Hopkins Medical School de Baltimore, il décide de s'installer en Californie. Après son séjour dans ces endroits plus tranquilles et arborés, le retour à New York lui semble trop pénible.

Il devient assistant-directeur dans un hôpital de la ville de San Mateo, entre San Francisco et Palo Alto, mais, au bout d'un an, il se rend compte que les options de l'hôpital quant aux conditions d'internement des malades ne sont pas compatibles avec ses conceptions de la psychiatrie. Il part donc travailler à San Francisco dans le cadre d'un programme ambulatoire, mais le travail lui pèse. Il se sent très isolé et, craignant de sombrer dans la dépression, se décide à chercher de l'aide. Il a le sentiment que l'optique thérapeutique sullivanienne lui conviendrait et essaye de trouver quelqu'un de compétent dans la région. Il obtient finalement le nom d'un psychiatre qui correspond à ses souhaits : Don Jackson. Le traitement commence et Fisch apprécie beaucoup le style d'intervention du médecin. « C'était un homme charismatique et nos rapports étaient assez informels, rien à voir avec la "distance analytique". » Après deux ou trois séances, Jackson lui dit que, compte tenu du fait qu'il présente certains problèmes psychosomatiques, il envisage de l'envoyer consulter l'un de ses collègues qui pourrait le traiter pour ces symptômes gênants avant de reprendre la thérapie. Fisch ne voit pas cette proposition d'un très bon œil : « On ne voit pas deux thérapeutes ! » Mais il n'a pas encore eu le temps de refuser que Jackson l'achève en lui annonçant qu'en plus de cela son collègue utilise l'hypnose ! Il fallait bien le charisme de Jackson pour convaincre un psychiatre d'aller consulter un « charlatan ». Il y va néanmoins et, après quelques séances avec Jay Haley, son problème psychosomatique est résolu et sa dépression envolée. Intrigué, Dick Fisch s'intéresse alors à l'hypnose d'un peu plus près. Il apprend que le Mental Research Institute organise des formations à l'hypnothérapie. Comme l'institut se trouve près de son bureau de consultation, il s'y inscrit : son premier formateur sera John Weakland. A cette époque, il a quitté son travail à l'hôpital général de San Francisco et il travaille à temps plein comme thérapeute privé. Il fréquente également de plus en plus le MRI et s'inscrit à la formation en thérapie familiale qu'il commence, peu à peu, à intégrer à son approche thérapeutique.

Tout seul, avec ses patients comme uniques interlocuteurs, Fisch s'ennuie. L'activité intellectuelle qui règne au MRI, le dynamisme de toutes ces personnes qu'il connaît maintenant de mieux en mieux, tout cela avive son désir de s'y mêler plus activement. Il est déjà dans le comité de formations mais il souhaiterait s'investir davantage, faire de la recherche. Il a une relation privilégiée avec John Weakland et aime échanger des idées avec Paul Watzlawick. Ils ont d'ailleurs pris l'habitude de discuter des cas difficiles qu'il rencontre et l'ont déjà aidé à sortir de pas mal d'impasses en lui suggérant l'utilisation de techniques « stratégiques ». Nous sommes alors en 1966, et Dick Fisch se décide à aller leur parler de son désir de se joindre à eux. John Weakland se souvient de ce moment : « Dick avait son bureau dans Hamilton Avenue[6] et il n'avait qu'une fenêtre très haute, près du plafond, et elle donnait sur un hall de passage ; il avait l'impression de devenir fou. Il voyait des patients toute la journée et il voulait sortir, avoir des contacts et faire des choses intéressantes avec d'autres personnes. Alors il s'est dit qu'on pourrait se réunir et faire du traitement expérimental. Paul était attiré par l'idée et moi aussi, parce qu'à ce moment, d'une manière ou d'une autre, la thérapie familiale semblait devenir de plus en plus longue. On voyait paraître des articles disant des choses du genre "après une année de thérapie seulement la nature du problème devenait claire". Et je me suis dit : "Mon Dieu, nous sommes partis sur le même chemin que les analystes !" Nous ne voulions pas étirer la thérapie, la rendre de plus en plus longue, ce n'est pas ce que nous voulions, ce n'était pas l'idée, ce n'est pas de ça qu'il s'agissait, nous étions censés "régler la question" *(get things done)*. J'étais donc plus qu'enthousiaste à l'idée de participer à un tel projet[7]. »

9. 1. 3. John, Paul, Dick et les autres...

L'idée de Dick est donc acceptée avec enthousiasme : « Réunissons-nous et suivons des patients dans le cadre d'une recherche sur ces techniques qui semblent prometteuses. Voyons pour quels cas elles marchent, comment ces techniques peuvent être utilisées au mieux. » Jay Haley s'apprête à les aider dans l'organisation. John et Paul sont évidemment de la partie. Mais il faut de l'argent, alors on se tourne vers Jackson qui ne faillit pas à sa réputation. Il obtient un fonds principal de la Lake B. Hancock Foundation et de la T. B. Walker Foundation qui permet de financer les deux premières années de fonctionnement.

Ils se voient rapidement forcés de trouver un nom pour le projet, de manière que les patients puissent savoir exactement où ils doivent s'adresser. Le projet de recherche reste, bien entendu, au sein du MRI mais, à présent, ils constituent une équipe de travail soudée avec un objectif bien défini. Ils se demandent quel nom donner au projet. Fisch raconte : « Nous étions intéressés par la thérapie de courte durée alors : "thérapie brève". Mais thérapie brève quoi ? *Centre de thérapie brève*, n'est-ce pas là un nom prestigieux ? *[Rires.]* Alors ils ont dit oui. » Et le centre est créé.

A l'équipe de base – Dick Fisch, qui sera le directeur du projet, Paul Watzlawick et John Weakland – va se joindre Arthur Bodin, un jeune psychologue qui rôdait autour du MRI depuis 1963, à l'époque où il faisait son internat en psychologie clinique et préparait sa thèse de doctorat. Art travaillait alors bénévolement pour Paul Watzlawick à la recherche sur l'entretien structuré. Il se joint donc tout naturellement au projet du Centre de thérapie brève. L'équipe de départ est au complet.

L'organisation du travail est simple. Un thérapeute voit une famille pendant que les autres observent à travers une glace sans tain ; le thérapeute peut sortir de la salle et discuter avec ses collègues qui, eux aussi, peuvent intervenir en entrant dans la salle. Les entretiens sont enregistrés sur bande magnétique. Une fois par semaine, l'équipe se réunit pour discuter des cas et des interventions. Ils décident aussi d'inviter d'autres thérapeutes à suivre des situations, notamment Jackson et Haley, qui participeront ponctuellement et qui suivront un cas chacun. Le projet démarre en janvier 1967.

9. 1. 4. Le chemin se fait en marchant

« Donc, le départ du projet fut extrêmement ouvert et informel. “Explorons des cas ; nous sommes intrigués par ces interventions (en grande partie le travail d'Erickson, quelques cas de Haley), voyons dans quelles situations celles-ci s'avèrent intéressantes, appropriées” [8]. »

Bodin, Fisch, Watzlawick et Weakland commencent donc par traiter des familles et des couples qu'ils voient ensemble suivant une version lâche du modèle de la thérapie familiale classique. Ils se concentrent en premier lieu sur les interactions, la façon dont les gens communiquent entre eux. Néanmoins, ne pouvant pas nier leur influence éricksonienne, ils se concentrent aussi sur un « problème » plus ou moins délimité, le symptôme. « [Erickson] passait beaucoup de temps et d'efforts pour obtenir une image assez détaillée du symptôme, du problème ou de la plainte et de la façon dont ils étaient vécus [9]. »

Ils devaient observer l'impact de l'interaction sur le symptôme et, en accord avec les préceptes de la thérapie familiale, ils se donnaient comme tâche de comprendre la fonction de celui-ci dans la famille : qu'est-ce que le symptôme permettait au système d'obtenir ? Après cette analyse, il devenait important d'amener les gens à interagir autrement. Mais cet « autrement » n'était pas toujours très clair ; d'une part, il fallait un changement dans l'interaction et, d'autre part, il fallait faire pas mal de manœuvres pour tenir compte de la fonction du symptôme. La direction de cet « autrement » semblait souvent donnée par une sorte de sixième sens communicationnel[10], tellement les bases étaient peu explicites.

Les thérapies se déroulaient le mercredi après-midi et la réunion d'équipe le vendredi matin. Dans la « réunion du vendredi », ils étaient souvent frappés par leur unanimité concernant la meilleure direction à prendre dans chaque cas. Il devenait de plus en plus évident qu'ils partagaient les mêmes prémisses, mais lesquelles ? En même temps, leur propre pratique évoluait. Chaque succès leur permettait d'accentuer le poids de certaines interventions, chaque échec amenait des nouvelles réponses à la question « Que ferions-nous de différent si ces gens se présentaient demain ? ». Il leur fallait des bases claires, un cadre qui permette de tirer des conclusions, d'établir certaines comparaisons.

« Alors, en organisant le projet, la méthodologie qui consistait à “passer des cas en revue” devenait insuffisante. Il fallait bien sûr définir une limite temporelle, nous ne pouvions pas continuer indéfiniment sans avoir des données comparables : ce n'était pas un centre de traitement mais un centre de recherche. Quelque peu arbitrairement, nous avons fini par nous décider pour dix séances. Alors, ce cadre a changé notre manière d'aborder la recherche ; ceci nous a fait passer de “Voyons pour quels cas ces *trucs* sont appropriés” à “Voyons quel est le maximum que nous pouvons faire pour les gens en dix séances pour tous les cas”. Alors, évidemment, pendant la discussion de cas, sans qu'il y ait eu de décision formelle, on se disait : “Bon, nous avons dix séances avec ces personnes. Quel est le changement minimum (si possible stratégique) qui, si nous nous arrêtons après dix séances, pourrait conduire à une extension du changement par la suite, quelque chose comme un effet ‘boule de neige’ ou la propagation des ondes lorsqu'on lance une pierre dans un lac.” C'est ainsi que la méthodologie changea notre pensée ; si vous pensez à ce qu'il est possible de faire en dix séances, alors vous pensez automatiquement à être actif. Et, dans ce cadre d'activité, vous devez inclure “Que doit-on amener les gens à faire ?”. Si vous devez amener les gens à faire quelque chose, vous êtes obligés de penser : “Comment va-t-on s'y prendre pour leur faire faire quelque chose ?” Ceci était en évolution, rien n'était formalisé, nous nous sommes découverts nous-mêmes en écartant certaines informations. C'est comme ça que je peux le mieux qualifier notre évolution. Par exemple, pour un problème de couple, au début de la recherche nous demandions aux gens : “Comment vous êtes-vous rencontrés ?” Nous avons trouvé – dans nos efforts pour leur faire faire quelque chose – que cette information n'était plus pertinente, alors nous avons arrêté. Moins vous posez de questions, plus de temps vous épargnez. *[Rires.]* [11] »

Peu à peu, non seulement leurs techniques évoluent, mais des idées nouvelles apparaissent. Ils travaillent avec le groupe familial et les couples de manière conjointe jusqu'au jour où, confrontés à un échec de leur traitement, ils en arrivent à se demander si ce n'est pas le cadre même qu'ils se sont imposé qui est en cause. « C'est un des cas que nous avons vus qui a commencé à faire la différence ; c'était un couple dans lequel la femme était déprimée, elle avait déjà été hospitalisée plusieurs fois et le mari était très tracassé par cette situation. Elle était à nouveau déprimée ; nous les avons vus ensemble. Une femme obèse qui, pendant la séance, s'asseyait comme ceci [sur le bord de la chaise] dans une attitude très déprimée et nous sentions qu'il [le mari] faisait certaines choses qui alimentaient sa dépression. Nous avions beaucoup de mal pour l'amener, lui, à faire des choses différentes. Une des raisons de cette difficulté, que nous avons pu remarquer en revoyant le cas, était qu'il semblait très intimidé par la présence massive et silencieuse de sa femme. Chaque fois qu'il disait quelque chose, il se tournait pour la regarder, comme pour demander sa permission. Alors, le traitement s'est terminé et nous nous sommes dit que, si nous avions pu tout recommencer, nous aurions eu de meilleurs résultats en le voyant lui tout seul. [...] Nous sommes un centre de recherche, si nous rencontrons des cas semblables à l'avenir, travaillons avec la personne qui nous paraît la plus "stratégique" dans l'interaction. Ceci introduisait déjà le concept de "demandeur", au lieu de celui de "patient désigné", comme élément important pour l'intervention. Ensuite, nous continuions à voir des gens ensemble, mais nous voyions aussi des gens séparément. Et cela a très bien marché. Nous avons donc continué [12]. »

Ceci reflète bien l'esprit dans lequel le Centre de thérapie brève a progressé, tout à fait dans l'optique d'Erickson d'ailleurs : pour eux, l'analyse interactionnelle n'offre pas de réponse automatique au processus de changement. C'est l'efficacité de l'intervention elle-même qui est déterminante, qui est l'objectif des réflexions théoriques. On cherche à poser un regard interactionnel sur la méthode de changement, ce qui permettra d'arriver à formaliser une « théorie de l'intervention » non pas basée sur une théorie de la famille mais sur l'efficacité d'une relation thérapeute-patient avec un objectif précis : le changement de comportement souhaité par le patient. L'important est d'avoir des résultats concrets, dans la lignée de Jackson et, bien entendu, d'Erickson. « Nous étions ouverts, autant qu'il était possible de l'être ; c'était là un des avantages procurés par le MRI. Nous n'aurions pas pu travailler comme ça si nous avions dû nous plier à un protocole de recherche rigide. Notre projet était très souple, “essayons ceci ou cela”. Dans une université ou une fondation privée, nous aurions dû arriver avec un format de recherche très clair, très contraignant [13]. »

C'est pendant le traitement d'un autre patient qu'ils vont mettre le doigt sur une autre notion clé de leur approche. Cette nouvelle idée deviendra même la « marque déposée du modèle de Palo Alto ». Cela les éloignera encore davantage de la thérapie familiale et apportera une réponse à cette question lancinante qui les poursuivait depuis le début du projet : « Qu'est-ce que les personnes qui consultent doivent “faire d'autre” ? »

« Nous étions assis, en train de discuter des cas que nous avions suivis cette semaine-là, quand nous nous sommes mis à parler du discours des clients. Je me souviens que nous nous disions souvent : “Mon Dieu, comme c'est naïf !” Nous étions tous des thérapeutes expérimentés, ayant travaillé avec de nombreuses personnes et quantité de problèmes différents. Nous savions que certaines réactions ne servaient à rien. Par exemple, la dépression ne disparaît pas parce qu'on dit à quelqu'un : “Reprends-toi, allez, fais-moi un sourire !” Plusieurs exemples comme ça revenaient souvent. Je me souviens clairement d'un cas : des parents qui venaient avec leur enfant de six ou sept ans, le père était le principal demandeur. Le gamin était terrifié à l'idée d'aller à l'école, ce qu'on appelle une “phobie scolaire”. Et le père disait : “J'essaye de le rassurer, je lui ai déjà dit combien je me suis amusé à l'école et que lui aussi sera content.” Je me souviens que j'étais derrière la glace sans tain et que je me disais : “Ce n'est pas vrai ! Il ne s'attend quand même pas à ce que son gosse lui dise : ‘Ah bon, Papa, si tu dis que tu t'es bien amusé, je n'ai plus peur.’ Pas possible, c'était vraiment extrêmement naïf. Nous avons discuté de ça en équipe et nous sommes arrivés à la conclusion que, quoi que nous mettions en place pour après – parce que, à l'époque, nous croyions encore aux "agendas cachés" et au "besoin du symptôme", etc. –, nous devions d'abord stopper cette attitude très naïve du père. Et nous avons donné au père la tâche d'aller à la maison et de dire au fils : "Je dois te confesser que je n'ai pas été totalement honnête avec toi sur ma scolarité ; c'était dur pour moi aussi." Et, si mes souvenirs sont bons, nous nous sommes dit : "Ceci n'est qu'un pas préliminaire avant de vraiment intervenir." Le père est revenu à la séance suivante, il avait fait ce qu'on lui avait proposé, et... l'enfant était à l'école !

« [...] Nous étions surpris, parce que nous n'avions pas encore vraiment commencé notre intervention ! Je crois que c'est le premier cas où nous avons perçu clairement l'importance stratégique de l'interdiction des tentatives de solution. Ce fut le départ de la discussion sur notre façon d'intervenir [...] En revoyant les cas précédents, nous sommes arrivés à la conclusion qu'il aurait été plus intéressant d'interdire aux gens de faire ce qu'ils faisaient vis-à-vis du problème. Dans nos discussions, nous appelions cela des "solutions", jusqu'à ce qu'on finisse par se dire : "Mais ce ne sont quand même pas des solutions, appelons-les des "tentatives de solution" *(attempted solutions)*... car, en fait, elles ne résolvent rien [14]. »

Durant l'été 1972, les membres de l'équipe se sentent prêts à formaliser les résultats de l'évolution de leur pratique d'intervention et décident d'écrire leur premier article [15]. Les notions de base vont se préciser, de même que les techniques d'intervention qui, peu à peu, seront systématisées et décrites dans l'ouvrage le plus célèbre de l'équipe du Centre de thérapie brève, *Changements – paradoxes et psychothérapie* [16], qui est publié en 1974.

9. 2. Les principes de base de la thérapie brève

Globalement, le modèle d'intervention de la thérapie brève est au point dès la publication de *Changements*. Les ouvrages ultérieurs des membres de l'équipe développeront soit certaines de ses implications pour la vie psychologique [17] ou le contexte socioculturel [18], soit les modalités pratiques de son application strictement thérapeutique [19]. Mais ces précisions ne remettront pas en question les grandes lignes de leur conception de la genèse et de la résolution des problèmes humains exposée, dès 1974, dans ce premier (et unique !) ouvrage commun.

Les auteurs étudient les processus de la genèse et du maintien des problèmes psychologiques et la manière dont ils peuvent être résolus ; ils s'efforcent aussi de montrer comment le bon sens et la logique échouent parfois misérablement là où des moyens illogiques et apparemment dépourvus de sens peuvent amener un changement radical. Deux questions semblent centrales pour la psychothérapie : comment cette situation non désirée persiste-t-elle et que faut-il pour la changer ?

Nous allons d'abord envisager le processus de changement lui-même ; nous verrons ensuite ce qu'il faut entendre par « problèmes humains » selon l'optique de Palo Alto ; nous terminerons par un exposé des caractéristiques formelles du processus de résolution de ces problèmes, le modèle d'intervention de la thérapie brève.

9. 2. 1. Le changement

Pour cadrer leurs réflexions sur le changement, les auteurs recourront à la théorie des groupes[20] et à la théorie des types logiques. Nous ne nous étendrons pas sur l'usage de la théorie des groupes afin de ne pas alourdir inutilement la présentation. Les concepts que nous avons dégagés plus haut suffiront pour exposer les idées principales. Disons simplement que cette théorie des groupes offre une analogie permettant d'illustrer le fait que certaines actions, certaines attitudes censées apporter un changement bénéfique ne font qu'enclencher des mécanismes régulateurs homéostatiques rétablissant l'équilibre antérieur ; ce qui est résumé par la célèbre formule : « Plus ça change, plus c'est la même chose. »

Par contre, il existe des changements qui concernent l'ensemble du système, la norme de son fonctionnement. Pour rendre compte de ce changement de structures, il est nécessaire de recourir à une théorie qui tienne compte à la fois des éléments mais aussi de l'ensemble du système. La théorie des types logiques permet ce double regard et peut donc rendre compte du processus de transcendance du cadre de référence[21].

Ces deux théories fournissent donc deux modèles : le premier permet d'appréhender le changement qui se produit à l'intérieur d'un ensemble qui lui-même reste invariable ; le second permet de comprendre la relation des éléments à la classe et le changement que constitue le passage d'un type logique à un autre[22]. Ils tirent deux conclusions des types logiques :

– Les niveaux logiques doivent être soigneusement séparés si on veut éviter les paradoxes.

– Le passage d'un niveau à un niveau supérieur comporte un saut, une discontinuité – un changement en lui-même « du plus grand intérêt théorique et [...] de la plus haute importance pratique, car il permet de sortir du système[23]».

Le changement qui conserve le système sera appelé le changement 1, il représente une équation d'invariance ; le changement du système lui-même, un « métachangement », sera appelé le changement 2. Dans le changement 1, les éléments se modifient ; dans le changement 2, ce sont les règles de transformation qui subissent les changements.

a) Changement de type 1

D'une manière générale, on parlera de changement de type 1 lorsque les règles relationnelles restent les mêmes. L'exemple le plus simple étant l'écart par rapport à une norme de fonctionnement. Cet écart sera automatiquement compensé par des réactions homéostatiques. Notons que ce processus de régulation par feedback peut se manifester tant dans les systèmes interpersonnels stables, par exemple une famille, une entreprise, etc., qu'au niveau du système de pensée d'un individu. Nous avons noté auparavant que l'organisation des idées, de la pensée, peut en effet être considérée comme un système hiérarchisé cherchant à maintenir son équilibre. Toute idée nouvelle sera donc l'objet d'une démarche de « neutralisation » visant à laisser intacte la structure générale du système de pensée. Si nous prenons l'exemple d'une attitude concernant l'éducation des enfants par exemple, on pourrait dire que chaque famille a établi, du moins implicitement, une panoplie de mesures éducatives qu'elle juge adéquates. Face à certaines difficultés avec les enfants, des mesures régulatrices en accord avec les prémisses seront prises. Ce n'est que lorsque toutes les mesures possibles dans ce cadre se seront avérées inefficaces que le système sera confronté à une « crise » qui pourra, éventuellement, déboucher sur un élargissement, nécessitant parfois une restructuration en profondeur, des prémisses antérieures. Ici, comme dans les systèmes interpersonnels, on pourra dire que les règles de fonctionnement ont changé, souvent par l'abandon de certaines redondances établies antérieurement, rendant ainsi de la souplesse au système. On peut également faire entrer dans la catégorie du changement de type 1 les « déplacements du symptôme » tels qu'ils ont été décrits par Jackson notamment ; par exemple, quand un jeune adolescent cesse ses comportements délictueux, les parents s'aperçoivent des mauvais comportements d'un de ses frères, celui-ci pouvant en arriver à commettre des actes de délinquance. Ou encore, le traitement de la frigidité d'une femme peut entraîner l'impuissance du mari.

Si nous considérons une relation entre deux personnes, un couple par exemple, on peut noter que, étant donné un certain type de relation, de nombreux comportements à première vue très différents peuvent se produire sans que la relation soit remise en cause. Si un mari dirige la conduite de son épouse, il peut le faire soit en lui interdisant certains actes soit en autorisant certains autres : donner son autorisation étant, bien sûr, une autre forme, peut-être plus subtile, de contrôle. Toutes les escalades interactionnelles peuvent être comprises aussi dans ce type de changement ; chacun se voyant simplement comme réagissant aux actions de l'autre : la course aux armements, les problèmes israélo-arabes, etc., en sont des illustrations bien connues.

b) Changement de type 2

Le changement 2 semble souvent survenir sans rime ni raison, comme une sorte d'« illumination soudaine qui surgit d'une manière imprévisible[24] ». Ce n'est cependant qu'à la lumière du changement 1 que le changement 2 semble illogique, « mais si on se place à l'extérieur du système il n'apparaît comme rien de plus qu'un changement des prémisses [...] qui gouvernent le système *en tant que totalité*[25] ».

Il est clair que c'est surtout à ce genre de changements que l'équipe de Palo Alto s'est intéressée ; c'est en effet lorsque les processus habituels de régulation se sont avérés inefficaces que le système traverse une crise importante et qu'il peut alors décider de faire appel à une personne extérieure. La méthode et les techniques d'intervention viseront donc, la plupart du temps, à susciter un changement de type 2, comme nous le verrons dans la suite.

9. 2. 2. Quand la solution devient le problème

Nous l'avons vu et rappelé, dans les systèmes stables le moteur du changement est la déviation par rapport à une norme. Quand il fait froid, nous mettons en place des actions correctives ; si l'action n'est pas suffisante pour rétablir la norme, nous continuons à nous couvrir plus jusqu'à ce que nous n'ayons plus froid. De même, si un enfant ne respecte pas une norme familiale, nous pouvons augmenter l'ampleur de nos sanctions jusqu'au moment où son comportement redevient conforme. Mécanisme régulateur que Watzlawick et ses collègues vont résumer par la formule « faire plus de la même chose ». Il s'agit donc d'une manière simple et « logique » de résoudre un problème. Notons d'ailleurs que, bien souvent, cela permet de venir à bout de la difficulté. Mais l'équipe du CTB va montrer que, lorsque cette solution logique est utilisée de manière inappropriée, elle peut également conduire à l'aggravation du problème plutôt qu'à sa résolution. Ils iront même plus loin en affirmant que la plupart des problèmes psychologiques et interactionnels que l'on rencontre dans les cabinets des spécialistes de la santé mentale sont dus à ce type de solutions inadéquates : *ce sont les solutions qui maintiennent et renforcent le problème que l'on essaie de résoudre.*

Ce mécanisme ne concerne pas uniquement les problèmes psychologiques ; certains problèmes de société relèvent du même type de phénomène. Les auteurs citent notamment l'expérience américaine de la prohibition. Dans les années 30, les États-Unis prennent des mesures pour enrayer la montée de l'alcoolisme, mais celles-ci s'avèrent inefficaces. On intensifie alors les mesures jusqu'à la prohibition de toutes les boissons alcoolisées. On doit finalement constater « qu'à un taux élevé et inchangé d'alcoolisme viennent s'ajouter de nouveaux alcooliques, ainsi qu'une expansion de la contrebande, de la corruption et de la guerre des gangs[26] », sans parler bien sûr de l'accroissement des risques liés à l'ingestion d'alcools frelatés. Face à une mauvaise solution, les problèmes empirent, et, face à une intensification de la mauvaise solution, la dégradation du problème s'accélère. Les auteurs ajoutent que ceci n'a pas empêché l'Inde de faire l'essai de la prohibition avec les mêmes résultats, ni, ajouterions-nous, tous les pays occidentaux de lutter contre la drogue d'une manière presque identique, avec encore une fois les mêmes résultats. Pour ce qui concerne les problèmes psychologiques, on peut signaler le même principe à l'œuvre lorsque nous encourageons une jeune fille anorexique à manger, un déprimé à profiter de cette « vie merveilleuse », lorsque nous nous efforçons de trouver le sommeil en cas d'insomnies, etc. « [...] dans certaines circonstances, des problèmes apparaissent simplement comme résultats de tentatives mal dirigées pour modifier une difficulté réelle [...] ou bien, ce qui est encore plus absurde, une difficulté inexistante [...][27]. »

L'optique de l'équipe du Centre de thérapie brève est, globalement, que nous devons faire une distinction importante entre les difficultés « normales » de la vie quotidienne et les « problèmes psychologiques ». La vie est changement perpétuel et, de temps à autre, nous nous trouvons face à des difficultés d'adaptation à notre milieu, difficultés que l'on surmonte généralement par des actions de « bon sens » (généralement des changements de type 1). Il faut donc différencier ces difficultés « normales » des problèmes récurrents : certaines impasses ou dilemmes insupportables qui, la plupart du temps, proviennent de solutions inadéquates mises en œuvre pour venir à bout des difficultés. Ou encore, pour utiliser une formule souvent citée par John Weakland : « La vie n'est qu'une suite ininterrompue de difficultés ; un problème est la même difficulté qui revient encore et encore [28]. »

9. 2. 3. La résolution des problèmes

Nous l'avons vu dans notre histoire de la création du Centre de thérapie brève, c'est au niveau de la méthode d'intervention thérapeutique que l'équipe de Palo Alto va à contre-courant des pratiques traditionnelles, tant analytiques que systémiques. C'est en effet en remettant en question les *a priori* de ces diverses approches, ces « mythes » sur le changement, comme ils les appellent eux-mêmes, qu'ils en arrivent à formuler certains préceptes originaux. Ils nous préviennent que leur théorie n'est, elle aussi, qu'un mythe, mais : « Nous dirions que certains mythes nous semblent moins mythiques que d'autres. C'est-à-dire que, dans leur contexte vital, ils sont plus utiles que d'autres [29]. » Toute théorie n'est jamais qu'une construction mentale ; une construction est meilleure qu'une autre si elle permet une meilleure efficacité de l'action. C'est là le message fondamental du « constructivisme » auquel Paul Watzlawick se référera bien souvent par la suite pour étayer ses thèses [30].

Nous l'avons dit, ne trouvant pas de traces d'études précises sur le changement, ils partent eux-mêmes sur le terrain, à la recherche de témoins privilégiés. Ils rencontrent des personnes qui travaillent dans un contexte qui les amène à introduire un changement rapide dans des situations critiques ; ils interrogent des policiers, des barmen, des thérapeutes, des personnes qui ont fait l'expérience de changements spontanés. Les résultats sont plutôt maigres, mais ils découvrent néanmoins que « le don de résoudre des problèmes d'une façon inhabituelle va souvent de pair avec l'incapacité de clarifier, pour soi et à plus forte raison pour les autres, le genre de pensée et d'action à l'œuvre dans ces interventions réussies. Nous avons ensuite découvert que nous avions nous-mêmes recours à des techniques de changement analogues, ce qui semblait indiquer que nous agissions sur la base d'un ensemble de suppositions implicites[31] ».

Si aucune théorie ne peut être déduite de ces recherches, celles-ci confirment néanmoins que le changement soudain n'a rien à avoir avec les théories classiques (les « mythes ») sur le changement. Voyons quelques exemples[32] :

– Une mère conduit son enfant à l'école maternelle tous les matins. Lorsqu'elle fait mine de partir, il pleure tellement qu'elle est forcée de rester avec lui à l'école. La même situation se reproduit chaque matin. Un beau jour, la mère ne peut accompagner l'enfant et c'est le père qui va le conduire ; comme il doit impérieusement se rendre immédiatement à son travail, il est forcé d'abandonner l'enfant en pleurs. Mais à peine a-t-il franchi la porte de l'école que les cris s'arrêtent. Lorsque la mère peut reprendre sa tâche, tout se passe bien, l'enfant ne pleure plus.

– Un couple part à vau-l'eau. Depuis des mois, ils n'ont plus aucun rapport sexuel. Un beau jour, ils sont invités à passer un week-end chez des amis. Ils logent dans une chambre dont le lit se trouve appuyé contre le mur ; le mari, devant se lever la nuit, passe au-dessus de sa femme et, ressentant à nouveau du désir pour elle, ils font l'amour. A partir de ce moment, leur relation s'améliore et leur sexualité reprend normalement.

– Un homme célibataire d'une quarantaine d'années souffre d'agoraphobie. Celle-ci prend des proportions de plus en plus importantes jusqu'à ce qu'il en arrive à craindre de ne plus pouvoir sortir pour subvenir à ses besoins élémentaires. Complètement désespéré, il envisage de se suicider. Il décide de sortir, persuadé que sa terreur et son angoisse provoqueront une crise cardiaque immédiate. Mais, une fois dehors, son angoisse s'appaise au contraire et le problème disparaît pour toujours.

Que retirer de ces exemples tellement disparates à première vue ? Leur point commun est que l'action décisive a été appliquée à l'essai de solution, « à ce qui est fait pour régler la difficulté ». La mère reste chaque jour avec son enfant pour calmer l'enfant : c'est un changement 1, il laisse la situation inchangée. Les problèmes vécus par le couple ont fait en sorte que les partenaires s'évitent de plus en plus ; la visite chez leurs amis a rendu l'évitement impossible. L'homme agoraphobique gérait sa difficulté en ne s'éloignant pas des endroits dans lesquels il ne ressentait pas d'angoisse ; le problème disparaît lorsqu'il abandonne sa « solution ».

L'intervention de résolution de problèmes

A partir de son approche de la nature et de la genèse des problèmes ainsi que des mécanismes amenant à leur résolution, l'équipe du MRI élabore une pratique d'intervention en cinq temps. Le thérapeute adopte une démarche très proche de celle de l'anthropologue : il rencontre une personne qui souffre et n'arrive pas à trouver les moyens de rétablir un état satisfaisant à travers ses contacts avec son environnement. Sans chercher à catégoriser *a priori* la souffrance, il tente, dans un premier temps, de comprendre cette difficulté adaptative telle qu'elle se manifeste concrètement dans la vie du patient, et de cerner les boucles de régulation inopérantes. Il utilise alors la relation thérapeutique pour bloquer les solutions stériles et faire en sorte que le patient mette en œuvre des conduites ou attitudes nouvelles qui résolvent le problème.

Il est difficile de saisir l'originalité de cette approche si l'on ne précise pas, par contraste, ce qu'elle n'est pas. Le thérapeute ne fait aucune hypothèse sur les « causes » (intrapsychiques ou systémiques) du problème ; il ne cherchera pas à savoir, par exemple, si l'enfance du patient a comporté certaines expériences qui permettent de comprendre son comportement actuel. Cela n'implique pas qu'il nie cette éventualité[33] mais tout simplement qu'il n'est pas nécessaire de disposer de ces informations pour envisager le processus du traitement. Peu importent les expériences antérieures qui permettent d'expliquer le symptôme, l'essentiel est qu'il disparaisse le plus rapidement possible. De même, il ne va pas essayer de comprendre la fonction que le symptôme peut avoir dans le système familial ; il est probable que le système relationnel du patient s'est régulé autour du symptôme, mais, encore une fois, cela ne revient pas à dire que ce système ait « besoin » du symptôme pour sa régulation[34]: Nous reviendrons sur les particularités du modèle et ses implications à la fin de ce chapitre, voyons-en d'abord les étapes concrètes.

1. Déterminer qui est le « plaignant »[35]. Tout individu cherche à se préserver des agressions de l'environnement ; tant qu'il se trouve dans un état satisfaisant, il cherchera donc à le maintenir (tendances homéostatiques). Par contre, loin de son équilibre, un événement, parfois minime, pourra l'amener à un changement d'état[36]. Il semble donc logique que l'intervenant doive, avant même d'envisager la programmation de son intervention, se poser la question : « Qui, dans le système concerné, se trouve dans un état non satisfaisant ? » Dans un langage plus usuel, on pourrait demander : « Qui souffre de la situation ? » Notons qu'il s'agit d'une question différente de celle qui consiste à savoir qui présente le ou les symptômes qui justifient une démarche thérapeutique. D'ailleurs, en systémique, cette notion de symptôme n'est plus pertinente : celui-ci est considéré comme l'expression d'une adaptation idiosyncrasique à l'environnement. Cette adaptation peut causer de la souffrance – auquel cas le porteur du symptôme peut s'avérer « plaignant » –, mais il arrive fréquemment que ce ne soit pas le cas. Dans cette alternative, une autre personne (ou plusieurs) de l'entourage peut (peuvent) souffrir de la situation et c'est vers elle(s) que se tournera le thérapeute pour trouver le « moteur » du changement.

Cette attitude est plus étonnante qu'il n'y paraît à première vue, même si elle découle assez logiquement des prémisses de l'approche. La thérapie brève affirme une position non normative sur la maladie mentale, ce qui implique que seule la souffrance sera la condition d'une intervention thérapeutique ; dès lors, nous retrouvons une position relativiste : ce ne sont pas les conduites « marginales » qui désignent *ipso facto* le patient à traiter. Si nous considérons par exemple le cas d'un couple dans lequel le mari est alcoolique mais ne considère pas cela comme gênant dans sa vie quotidienne, mais où, par contre, l'épouse souffre de la cohabitation, c'est vers elle que se tournera le thérapeute pour induire le changement. On peut le voir, cette vision de l'intervention va à l'encontre de nombreux schémas traditionnels. Il peut sembler difficile de considérer que c'est un membre de l'entourage qui doit suivre une thérapie alors que c'est une autre personne qui présente les symptômes reconnus comme tels par une position culturelle dominante. Pour éviter le piège des rétroactions homéostatiques, on cherchera donc à trouver un levier, un point sensible du système, un élément loin d'une position d'équilibre, et c'est sur celui-ci que se focalisera l'intervenant. « Si vous ne faites pas partie du problème, vous pouvez faire partie de la solution », affirme le thérapeute à la personne qui se demande pourquoi le thérapeute choisit de la faire venir dans son cabinet de consultation en lieu et place du porteur du symptôme[37].

2. Définir le problème. Il n'est pas question de le définir en référence à une norme quelconque de « bon fonctionnement », mais simplement en restant au niveau descriptif et comportemental : « Que fait cette personne qu'elle souhaiterait ne plus faire ? » ou : « Que n'arrive-t-elle pas à faire alors qu'elle le souhaiterait ? »

L'intervenant ne se contente pas d'explications ou d'interprétations, ni de descriptions vagues et générales. Nous l'avons déjà dit, une difficulté à laquelle on ne trouve pas de solution entraîne un état d'insatisfaction qui a tendance à se généraliser. « Je suis déprimé », « Nous n'arrivons pas à communiquer », « Je n'en peux plus », etc., voilà bien souvent le genre de plaintes globales que le thérapeute entendra au début de toute intervention. Il cherchera à connaître les contextes précis qui engendrent l'insatisfaction, la souffrance.

Élucider un pseudo-problème conduit à la disparition de la demande. « Il n'est pas pour autant exclu que l'individu reste aux prises avec une difficulté qui n'a pas de solution connue et qu'il doit apprendre à supporter. C'est ainsi qu'aucun individu équilibré ne va essayer de trouver une solution à la mort d'un être cher ou à la peur que provoque un tremblement de terre ; sauf, peut-être, quelques laboratoires pharmaceutiques, qui font passer dans leur publicité le sous-entendu utopique que *toute* manifestation de trouble émotif est pathologique et peut (donc devrait) être combattue par un médicament[38]. »

3. Examiner les « solutions » mises en place. L'examen des solutions mises en œuvre par le patient pour dépasser son problème apporte de l'information sur ce qu'il faut éviter, sur ce qui ne peut contribuer à la disparition de la souffrance. Nous avons dit la force de ce concept pour dégager le sens de l'intervention à partir de la complexité de l'expérience psychologique et relationnelle du patient. « Notre "réducteur de variables" est la recherche des tentatives de solution. On peut voir rapidement tout ce que les gens ont mis en place (et qui n'a pas marché évidemment, sinon ils n'auraient plus de problème). L'idée des tentatives de solution n'est pas aussi étrange qu'il y paraît à première vue. Freud avait déjà parlé de la compulsion-répétition comme d'un des facteurs inhérents à la névrose ; les gens répètent inlassablement des attitudes qui les amènent à avoir des problèmes. Seulement, Freud considérait ceci comme une pathologie, une compulsion. Si on étudie l'évolution, on peut voir que des espèces disparaissent parce que les attitudes adaptatives, celles qui leur avaient permis de survivre à une certaine période, ne marchent plus à une période ultérieure lorsque l'environnement a changé. Si vous voyez des patients en thérapie, en faisant bien attention vous ne manquerez pas d'observer que les attitudes que les gens ont adoptées leur ont été utiles à un moment donné ; parfois, c'était la meilleure solution sinon la seule possible[39]. »

L'un des points importants de cette étape est qu'elle contribue à saisir le réseau relationnel, le « système » pertinent pour l'intervention, les boucles communicationnelles qui alimentent et font persister la difficulté. « Qui intervient, et comment, pour régler le problème ? »

Le point commun de toutes ces tentatives de solution permettra de repérer l'orientation globale qu'il faut interdire. Il s'agit donc, en quelque sorte, d'effectuer un « passage à la classe » des essais de solution inopérants et de caractériser l'ensemble[40].

4. Définir un objectif accessible. La précision d'un objectif « réaliste » à l'intervention était, nous l'avons vu, une des caractéristiques essentielles du travail de Milton Erickson. Nous ne reviendrons pas sur les avantages que cela entraîne pour le processus thérapeutique. Remarquons toutefois que, dans certains cas, la précision de l'objectif permet de mieux cerner le problème. Si une personne vient se plaindre d'un excès de poids, par exemple, et que l'on constate que son objectif est de pouvoir rencontrer un partenaire sexuel, il est très possible que sa demande initiale soit le résultat d'un raisonnement causal de type : « Si je perds du poids, alors je serai en état de rencontrer un partenaire. » Dans ce cas, il serait plus indiqué de travailler à la difficulté de rencontrer un compagnon (ou une compagne) plutôt qu'à la perte de poids qui pourrait très bien ne pas apporter au patient les résultats indirectement escomptés. Un objectif flou ou utopique, tant de la part du patient que de celle du thérapeute, peut s'avérer le nœud du problème. « Le thérapeute qui propose un but utopique (ou simplement vague), comme celui qui accepte un tel but de la part de son patient, en arrive à traiter une affection dont il est en partie responsable et que la thérapie entretient[41]. » Nous l'avons vu, définir un objectif accessible permet au patient (comme au thérapeute) de remarquer une évolution favorable du traitement et de modifier sa perception souvent globale et monolithique du problème. Amener le patient à accepter des buts concrets et accessibles permet aussi d'envisager une limite temporelle au traitement, ce qui exerce un effet favorable sur la motivation et les attentes.

Notons également qu'il n'est pas question que le thérapeute détermine l'objectif de manière unilatérale. Par son questionnement, il doit amener le patient à formuler un but que lui-même juge satisfaisant. Ce n'est donc pas le spécialiste qui définit le problème sur base d'une théorie quelconque de la normalité et de la maladie mentale. C'est là une rupture totale avec la plupart (sinon toutes) des approches thérapeutiques. Comme le précise Paul Watzlawick : « En tant que thérapeute jungien, j'étais censé savoir ce qui était bon pour mes patients. Dans notre méthode, on va dans la direction de ce que le patient souhaite. [...] On leur demande d'exposer le but qu'ils veulent atteindre. Le changement de mon attitude de l'approche jungienne vers l'objectif du patient provient de mes contacts avec Bateson[42]. »

5. Formuler et mettre en œuvre un projet de changement. Il s'agit de la phase d'élaboration de la stratégie et des tactiques de changement. Elle comporte elle aussi la définition d'un objectif pour l'action du thérapeute (la ligne stratégique principale) et des moyens les plus adéquats pour le réaliser (les tactiques). Deux principes gouvernent donc sa conception :

a) La cible du changement n'est autre que l'arrêt des tentatives de solution.

b) La tactique doit être traduite dans le langage du patient.

C'est ici que l'injonction paradoxale révèle toute son importance, précisément pour provoquer l'abandon des solutions « logiques » mais vaines. Cette démarche est en principe applicable à tous les problèmes, mais les différents stades de l'intervention peuvent dissimuler bien des embûches. Souvent, au cours du travail, le but doit être redéfini ou le projet revu, mais en réalité la difficulté majeure de la méthode consiste à réussir à motiver le patient à suivre les injonctions. Il s'agira de contourner les réticences du patient, d'élargir ses constructions mentales de façon que les consignes du thérapeute lui deviennent concevables, lui paraissent sensées. Ceci devant se faire à partir de la vision du monde, ou des prémisses du patient, le thérapeute doit employer le « langage » du patient pour que les directives lui soient compréhensibles. Comme le disent Paul Watzlawick et ses collègues : « Une source possible d'échec réside dans l'incapacité de présenter l'intervention dans un "langage" que notre patient comprendra et qui lui donnera l'envie d'accepter et d'exécuter nos directives[43]. »

La position du patient. Par la suite, l'équipe de Palo Alto a tenté de préciser un peu plus cette notion assez vague de « langage du patient ». Tout comme il était important de trouver un point commun aux différentes tentatives de solution, le thérapeute devait pouvoir identifier une attitude principale du patient, une orientation générale, une sorte de « vecteur de motivation » indiquant à la fois le sens et l'ampleur de sa relation au problème et à l'intervention thérapeutique. « Les patients [...] sont fortement attachés à des croyances, des valeurs et des priorités personnelles qui déterminent leurs manières d'agir ou de ne pas agir. L'importance de la position du patient tient donc à ce qu'elle représente chez lui un penchant intérieur que le thérapeute pourra utiliser pour accroître sa collaboration et l'amener à exécuter les directives qu'il lui donnera. [...] Nous aurions pu, pour désigner les croyances des patients, choisir bien d'autres mots ou expressions que ce terme de “position”. Si nous l'avons préféré, c'est parce qu'il nous a semblé le plus apte à traduire succinctement la notion d'une valeur à laquelle le client est attaché et dont il fait état, exactement comme une personnalité peut faire connaître publiquement ses “prises de position”. Une fois déterminée la position du client, le thérapeute disposera des repères à partir desquels il pourra imaginer comment exprimer – ou cadrer – ses suggestions pour porter au maximum la coopération du client[44]. »

Afin de concrétiser quelque peu ces principes généraux, nous allons à présent envisager certains problèmes types et quelques stratégies de changement.

9. 3. Pratique de l'intervention thérapeutique

9. 3. 1. Essai de typologie des « problèmes psychologiques »

Notons tout de suite que cette typologie ne représente qu'une tentative visant à caractériser certaines attitudes générales que l'on rencontre dans nos cultures occidentales et qu'elle n'a aucune prétention à l'universalité. Elle a cependant le mérite de laisser apparaître, en filigrane, la conception de la vie psychologique telle que l'envisagent les membres de l'équipe du Centre de thérapie brève.

L'idée principale est de montrer par quels mécanismes une difficulté de la vie quotidienne peut se transformer en problème nécessitant le recours à une personne extérieure pour le résoudre[45]. De manière générale, on peut faire empirer des difficultés de trois manières :

1. En adoptant une solution qui revient à nier le problème : une intervention s'impose qui n'est pas faite.

2. En s'efforçant de modifier une difficulté qui est inaltérable ou inexistante.

3. En commettant une erreur de type logique : en intervenant au mauvais niveau (on utilise un changement de type 1 pour résoudre un problème qui n'admet qu'un changement de type 2), ou vice versa (en voulant un changement complet d'attitude là où on pourrait bien se contenter d'un changement de conduite).

a) Les « terribles simplificateurs »

C'est l'expression utilisée par l'équipe de Palo Alto pour caractériser les personnes qui veulent résoudre un problème en en niant la complexité. D'autres expressions courantes précisent l'étendue du champ d'application de cette attitude : « faire la politique de l'autruche », « se voiler la face », « faire la sourde oreille », etc. Le déni s'accompagne d'attaques quand la simplification repose sur la complexité des interactions sociales ou de l'évolution du monde moderne. Notons au passage que cette attitude de déni du problème peut engendrer une attitude semblable quant à sa solution : on voit alors apparaître des propositions simplistes, sans commune mesure avec la complexité de la situation. Ce sont les promesses d'un règlement définitif du problème : un divorce, un placement de l'enfant, ou la montée d'un parti extrémiste qui a beau jeu d'avancer des solutions concrètes « simples et définitives » puisque l'ampleur du problème est niée par les autres groupes politiques.

b) Le syndrome d'utopie

« Si un *terrible simplificateur* est quelqu'un qui ne voit pas de problème là où il y en a un, son contraire philosophique est l'utopiste qui voit une solution là où il n'y en a pas[46]. » L'objectif étant hors d'atteinte, la vie n'est qu'une suite de déceptions, de désillusions, d'échecs. Le couple qui souhaite arriver à une relation « totale et transparente », les parents qui veulent que leur enfant réussisse une brillante carrière ou qu'il rencontre le conjoint « parfait », le jeune adulte qui veut trouver un emploi dans lequel il pourra « se réaliser pleinement », l'étudiant qui ne veut remettre un travail que s'il est « excellent et original », etc., ici encore nous pourrions multiplier à l'infini les exemples de la vie de tous les jours.

Les conséquences de cette attitude sont bien souvent dramatiques : les petites satisfactions quotidiennes deviennent des demi-échecs car elles rappellent la distance qui reste à parcourir et ne font que renforcer le désir de poursuivre l'inaccessible, et… l'insatisfaction présente[47].

Watzlawick s'est efforcé, dans ses ouvrages ultérieurs, de montrer les conséquences dramatiques de ces utopies sur l'individu et sur la société. Nous envisagerons deux des formes générales sous lesquelles peuvent se présenter les conséquences du syndrome d'utopie :

« Introjective ». Cette position conduit à un profond sentiment d'impuissance. Le but étant inaccessible, l'individu se déprime et peut en arriver au suicide. Il peut aussi avoir recours à certains expédients : alcool ou drogues diverses, par lesquelles il tentera d'avoir une vision du paradis, fût-elle fugace, avant de retomber dans la terne et décevante réalité.

« Projective ». Dans ce cas, la solution idéale apparaît comme accessible car toutes les données ont été prises en considération (du moins à un niveau imaginaire) : ce sont les grandes idéologies « totales » qu'il suffit d'imposer aux autres pour que chacun puisse enfin vivre une vie pleine, juste et heureuse. Si malgré tous nos efforts nos idéaux tardent à se réaliser, la faute ne peut nullement nous en incomber puisque nos idées sont bonnes et enviables pour tous, c'est donc l'autre que nous devons blâmer : les parents, l'école, un groupe d'opposants, la société, etc.

Il était naturel que les membres de l'équipe du Centre de thérapie brève signalent que l'on rencontre ce type de promesses utopiques dans plusieurs écoles de psychothérapie se fixant des objectifs ambitieux dans lesquels ils entraînent leur clientèle. Ils sont en tout cas convaincus que ces quêtes utopiques ont au moins un impact bien réel : la souffrance chez la personne qui les poursuit. Ainsi, les psychothérapies à but inaccessible illustrent bien l'aphorisme d'Ardrey constamment repris par Paul Watzlawick : « En nous efforçant d'atteindre l'inaccessible, nous rendons impossible ce qui serait réalisable. »

c) Les paradoxes

Nous ne reviendrons pas longuement sur l'effet des paradoxes de la communication sur le comportement. Nous signalerons cependant qu'en plus des situations de double contrainte certaines situations paradoxales apparaissent très fréquemment dans les relations humaines et y créent des impasses douloureuses. Le paradoxe le plus courant peut se résumer par la formule : « Sois spontané ! » et toutes ses variantes. La femme qui dit à son mari : « Je veux que tu me domines », ou quelques autres exemples courants : « Tu devrais m'aimer », « Ne sois donc pas si docile », « Tu es libre de partir, ne t'en fais pas si je pleure », etc. Ce genre de paradoxes apparaît souvent dans des situations où la personne pense qu'elle devrait se sentir autrement qu'elle se sent ; les sentiments et les émotions étant spontanés, en essayant d'y apporter une solution volontaire nous sommes bien dans un paradoxe. Les symptômes typiques des situations paradoxales de ce type concernent les difficultés liées aux fonctions naturelles : sommeil, sexualité, peur, plaisir... En s'efforçant de contrôler ces réactions par l'action de la volonté, on verra apparaître des problèmes d'insomnie, de frigidité, d'impuissance...

9. 3. 2. Stratégies et tactiques d'intervention

Nous avons expliqué le mouvement stratégique principal de la thérapie brève : casser le cercle vicieux problème <—> tentatives de solution, mais comment le thérapeute conçoit-il la stratégie spécifique pour chaque cas ? De quels éléments tient-il compte ? Comment délivre-t-il son message au patient ?

Le thérapeute, lorsqu'il dispose des informations de base, doit imaginer un comportement ou une attitude qui aille à l'encontre de la tendance générale des moyens mis en œuvre par le patient pour contrer son problème. Comme la meilleure manière de faire en sorte que quelqu'un ne fasse plus quelque chose est encore de lui faire faire quelque chose d'autre, le thérapeute imagine un certain type d'injonction comportementale aux antipodes de la réaction habituelle de son patient. L'attitude du patient étant généralement cohérente par rapport à ses valeurs, aux sentiments que la situation suscite en lui, à sa perception du problème et à sa logique personnelle, le thérapeute sera donc forcé de tenir compte de ces éléments s'il veut exercer la moindre influence sur l'évolution de la situation. A lui de saisir la position du plaignant pour utiliser au mieux les éléments qu'elle comporte. Si des parents utilisent la punition et la coercition face à leur enfant et que leur position peut se traduire par : « Il manque de limites ; il faut qu'il apprenne une bonne leçon ; nous sommes furieux, ce n'est quand même pas lui qui va gérer la maison ! », le thérapeute devra utiliser ces éléments pour présenter l'injonction comportementale aux parents. S'il veut que ceux-ci cessent de vouloir imposer leur volonté, il est stérile de se lancer dans une argumentation en leur expliquant pourquoi cette nouvelle attitude est plus appropriée : les parents s'en iraient soit en pensant que le thérapeute n'a rien compris à leur situation, soit en envisageant déjà les exemples qu'ils pourraient lui exposer pour lui « prouver » qu'il se trompe. Non pas parce qu'ils sont mal intentionnés ou stupides, mais tout simplement parce qu'ils auront le sentiment que le thérapeute n'a pas conscience des périls que ses consignes peuvent entraîner. Par contre, si le thérapeute leur explique que la meilleure façon de reprendre vraiment le contrôle de la situation c'est d'arrêter de s'occuper de leur fils, il est beaucoup plus probable qu'ils mettent en œuvre les directives du thérapeute. Selon les cas, une même injonction pourrait donc être présentée comme une « punition » (si les parents considèrent que l'enfant est « méchant »), une « aide » (s'ils considèrent qu'il est « malade »), un « sacrifice » supplémentaire (s'ils estiment qu'ils ont fait « tout ce qui était en [leur] pouvoir pour préparer son avenir »), etc.

Donc, le thérapeute n'a pas d'autre choix que de parler leur langage et de tenir compte de leur position pour que la tâche ait un sens et puisse être réalisée dans les meilleures conditions. Cette manœuvre sera appelée le *recadrage* : préparation nécessaire pour donner cette tâche ou *injonction comportementale*.

a) Le recadrage

La plupart du temps, les gens tiennent à leurs tentatives de solution tout simplement parce que celles-ci leur apparaissent logiques ; étant donné leurs prémisses de départ, ces conclusions s'imposent. Sur base de ces « attendus », tous leurs raisonnements visant à trouver des solutions restent à l'intérieur de ces limites. Il faut ajouter que le sens des messages étant lié à leur classification, et en particulier au nom qu'on leur attribue, c'est donc le langage employé par une personne pour décrire son problème qui révélera le mieux sa façon à elle de « coder » le problème.

Lynn Segal[48] raconte l'histoire des pilotes qui testaient les premiers avions supersoniques[49]. Lorsque les pilotes passaient le mur du son, les avions se mettaient en piqué. Tous les pilotes avaient alors le même réflexe, tirer le manche vers eux, comme on le fait au décollage, ce qui semblait la façon la plus logique de se comporter. Invariablement, les avions s'écrasaient alors au sol. Un jour, un avion se met en piqué mais, subitement, redresse sa course et remonte. C'est la joie générale et chacun attend avec impatience le récit du pilote. On lui demande comment il s'y est pris, mais le pilote ne peut que répondre : « Je n'en sais rien, je me suis évanoui. » C'était bien sûr cela qui l'avait sauvé puisque, en s'évanouissant, il avait poussé le manche en avant, ce qui, à cette vitesse, était la manœuvre qu'il fallait effectuer pour que l'avion puisse remonter.

Pour amener une personne à abandonner ses efforts stériles, il sera donc bien souvent nécessaire de modifier la façon dont elle décode la situation. C'est l'ensemble des techniques consacrées à cet objectif que l'on appelle « recadrage ». Remarquons donc qu'il n'est pas question de modifier des « faits » mais bien la vision du patient vis-à-vis de ceux-ci. « Recadrer signifie donc modifier le contexte conceptuel et/ou émotionnel d'une situation, ou le point de vue selon lequel elle est vécue, en la plaçant dans un autre cadre, qui correspond aussi bien, ou même mieux, aux “faits” de cette situation concrète, dont le sens, par conséquent, change complètement[50]. » Nous retrouvons ici la relativité des perceptions du monde par opposition à l'idée toujours très répandue selon laquelle il existe une « réalité objective » là-bas, à l'extérieur, avec son corollaire qui voudrait que « les personnes dites saines d'esprit en sont plus conscientes que les fous[51] ». Il est important de remarquer qu'il n'est pas question d'amener les personnes à prendre conscience de **la** bonne manière d'agir, mais simplement de leur apprendre un nouveau jeu relationnel « qui rend l'ancien caduc ». Bien des aspects du recadrage relèvent encore de l'« intuition » du thérapeute qui doit synthétiser une masse impressionnante de données : « Un recadrage ne réussit que s'il tient compte des opinions, des attentes, des raisons, des hypothèses – en un mot, du cadre conceptuel de ceux chez qui on doit modifier les problèmes. "*Prenez ce que vous apporte le patient* : telle est une des règles les plus fondamentales[52] [...] » Cette règle précise encore un peu plus les divergences entre l'approche de Palo Alto et les options thérapeutiques qui cherchent à faire adopter aux patients une norme de comportement prédéfinie, « parce qu'elle n'engendrera plus de problème à coup sûr ». De plus, cette technique du recadrage implique que le thérapeute apprenne le langage du patient et non que ce dernier entre dans le schéma explicatif du thérapeute.

Nous pourrions conclure cet exposé du recadrage en disant qu'il constitue une étape capitale du travail du thérapeute car c'est lui qui permet d'ouvrir le champ des conduites possibles ; en modifiant la perception du problème, il ouvre la voie à l'application de solutions nouvelles et originales, il entrouvre quelque peu les œillères qui légitiment le recours aux tentatives de solutions inefficaces.

b) Les injonctions comportementales

Le plan d'intervention est simple : faire cesser le recours aux solutions inefficaces. Mais ne plus faire quelque chose implique que l'on fasse autre chose ; c'est pourquoi il est plus indiqué d'amener le patient à mettre en œuvre une conduite qui se situe aux antipodes du type de solutions utilisées jusque-là : le thérapeute donne, généralement précédée d'un recadrage qui rend l'injonction concevable pour le patient, une consigne précise et très concrète visant à permettre au patient (ou au plaignant) de faire l'expérience d'une autre interaction avec son environnement pour ce qui est du problème traité.

Cet ouvrage n'étant pas conçu comme un manuel à l'usage des thérapeutes, nous n'allons pas entrer dans les détails des techniques d'intervention. De plus, nous ne voudrions pas tomber dans un exposé de recettes faciles dans cette approche qui insiste justement sur le fait que chaque cas doit être envisagé selon ses spécificités, tant en ce qui concerne le problème que son contexte. Néanmoins, comme nous avons signalé quelques grandes catégories de problèmes psychologiques courants, il nous semble utile de concrétiser quelque peu certains types d'intervention fréquemment utilisés.

Nous exposerons d'abord ce que l'on appelle généralement les « injonctions paradoxales » parce que pratiquement toutes les interventions de changement comportent un élément illogique, du moins dans le contexte de la vision du patient, de manière à entraîner un changement au niveau logique supérieur.

Dans toute situation, le patient hésite à s'engager dans un processus de changement. Les raisons de cette résistance pourraient être longuement débattues, mais il est certain que dans toute situation délicate nous hésitons à introduire des changements dont nous ne contrôlons pas les conséquences. Bien des actions du thérapeute vont donc avoir comme objectif de diminuer ces craintes légitimes que l'on appelle parfois – à notre avis de manière trompeuse, car le problème est dans la relation entre le thérapeute et son patient mais n'est pas une caractéristique interne de ce dernier – la « résistance » du patient. Le thérapeute va jouer sur cette ambivalence (envie d'un changement, crainte de perdre sa cohérence interne) de façon directe (insister sur les petits changements progressifs) et paradoxale : en conseillant de ne pas changer trop vite, en envisageant avec lui les risques du changement, ce que le patient pourrait perdre à changer, etc. Lorsque certains changements commencent à se manifester, on lui conseillera la prudence (« Cela va beaucoup trop vite ! »), ou même la nécessité de revenir à l'état antérieur (« Prévoir la rechute »). Si le thérapeute arrive à éviter que ces brefs retours en arrière soient assimilés à un retour à la case départ, la personne pourra avancer plus sûrement vers le changement souhaité. Elle est en quelque sorte placée dans une « double contrainte thérapeutique » : si elle peut rechuter, c'est qu'elle augmente son contrôle sur la situation, donc elle progresse ; si elle ne rechute pas, c'est qu'elle va mieux. On pourra aussi utiliser ces doubles contraintes sous forme de « prescription du symptôme ». Lorsque les patients ont le sentiment que leur symptôme échappe à tout contrôle, qu'il soit lié à l'expression d'une pulsion ou à une inhibition due à des peurs ou des angoisses, « l'intervention thérapeutique appropriée consiste donc à prescrire le symptôme et non à le combattre comme d'habitude nous le tentons [53] ». On trouvera donc typiquement ce type d'injonction dans les cas où le patient essaye de contrôler des fonctions autonomes de l'organisme : sommeil, sexualité, peur... ainsi que dans les cas d'évitement : phobies, angoisses... Prescrire le symptôme revient à demander aux patients d'éprouver (ou même d'augmenter) le symptôme qu'ils cherchent à combattre. On pourra ainsi prescrire à un insomniaque de ne pas s'endormir (au-delà de l'heure où il finit habituellement par s'effondrer), à un homme impuissant de se mettre au lit avec sa compagne mais en lui interdisant toute érection (toute manifestation, fût-elle minime, de désir devant être inexorablement combattue), à une personne angoissée de consacrer des périodes exclusivement à « provoquer son angoisse », etc.

Les injonctions paradoxales se conforment généralement au même modèle : tout en allant à l'encontre des tentatives de solution, elles entraînent des effets à un niveau logique supérieur. Une jeune fille de quatorze ans craignait tellement les rencontres avec son père (dont sa mère avait divorcé) qu'elle avait développé des spasmes douloureux chaque fois que celui-ci téléphonait ou la retrouvait à l'école. Elle l'évitait le plus possible et lui en était réduit à devoir la rencontrer par surprise, ce qui ajoutait bien sûr à l'angoisse de sa fille. Elle le considérait comme un pingre qui ne voulait pas vraiment s'occuper d'elle, la seule raison de son harcèlement ne pouvait être que sa peur de la solitude. Cette « immaturité » se confirmait par le fait qu'il ne faisait rien d'agréable pour elle lorsqu'ils se rencontraient et qu'il n'arrivait pas à comprendre que sa fille ne voulait tout simplement plus le voir. La mère et la fille avaient tout essayé, allant même jusqu'à demander une intervention de la justice pour lui interdire officiellement d'exercer son droit de visite. Cela avait d'ailleurs provoqué une scène d'une violence telle que les deux femmes avaient fini par renoncer à ce projet. La jeune fille se terrait donc chez elle, redoutant toute apparition ou appel téléphonique de son père, et devant parfois s'absenter de l'école à cause de crises de colite. Le thérapeute disposait de nombreux éléments pour enrayer les tentatives de solution : il put utiliser l'agressivité de la jeune fille envers ce père « immature », avare et insensible, pour modifier les séquences de harcèlement-évitement. Elle devrait le contacter de sa propre initiative (ce qui le surprendrait), lui fixer un rendez-vous et lui dire ce qu'elle voulait faire : aller au cinéma, au restaurant ou manger une glace. Elle aurait pris la précaution d'inviter sa meilleure amie à les accompagner. Ceci permettait deux issues : si le père s'intéressait vraiment très peu à sa fille, c'est lui qui chercherait à éviter ces rencontres (recadrage pour la fille), ce qui rassurerait la jeune fille ; mais il n'était pas inconcevable que, pour la première fois débarrassée de ses appréhensions, la jeune fille trouve du plaisir à cette rencontre, volontaire cette fois, et que tous deux puissent rétablir un contact dans un contexte relationnel très différent.

Nous ne nous étendrons pas longuement sur les diverses stratégies exposées dans *Changements* ou dans *Tactiques*, les lecteurs intéressés pourront y trouver la description d'interventions qui ont été appliquées à des situations très diverses et qui recouvrent notamment les types de problème énoncés plus haut. Nous terminerons cet exposé plus technique par le récit d'un cas traité au Centre de thérapie brève et auquel nous avons pu assister derrière la glace sans tain. Le thérapeute (le docteur Fisch en l'occurrence) reçoit un appel téléphonique d'une ancienne patiente venue consulter plusieurs années auparavant[54]. Elle se trouve confrontée à un problème qui la dérange terriblement, de même qu'il gêne beaucoup les personnes vivant sous le même toit, à savoir son mari, son fils et sa belle-fille. Toutes les nuits, elle fait des cauchemars épouvantables durant lesquels elle voit des ombres qui s'avancent vers elle avec l'intention de l'emmener avec elles. Elle se redresse alors dans son lit et se met à hurler, ce qui réveille et épouvante chacun dans la maison.

Dans un premier temps (tout le monde se plaignant de la situation), le thérapeute décide de recevoir toutes les personnes qui sont concernées. La séance débute selon la procédure habituelle, c'est-à-dire que le thérapeute fait préciser, de la façon la plus concrète possible, toutes les données du problème : quand, comment, combien de fois par semaine, etc., ainsi que tout ce que la patiente et son entourage ont essayé de faire jusque-là pour enrayer le problème. Après près de trois quarts d'heure d'entretien, nous avons ainsi une description très complète (« à la manière d'un film vidéo ») des nuits telles qu'elles se passent dans la maisonnée : le cauchemar se produit chaque nuit, et les autres accourent dans la chambre pour rassurer la patiente angoissée avant de retourner chercher le sommeil. Les explications les plus diverses ont été avancées et tous les membres de la famille ont tenté de démonter le mécanisme de cette peur irraisonnée avec l'intéressée, mais en vain. La séance se poursuit vers la recherche d'un objectif qui pourrait représenter « un pas minime mais significatif » d'amélioration pour la patiente et les membres de la famille. Pendant ce temps, Paul Watzlawick est resté assis dans l'arrière-salle, juste derrière la glace sans tain, la tête baissée et se passant fréquemment la main devant les yeux, comme il le fait habituellement, semblant n'accorder que peu d'intérêt à ce qui se passe dans la salle de thérapie mais perdu dans ses réflexions. Il se redresse subitement et s'empare du téléphone qui est relié à la salle de consultation. Dick Fisch décroche et voici ce qu'il entend : « Dick, pourrais-tu dire aux gens qu'un de tes collègues demande s'ils seraient prêts à tenter une expérience qui risque fort de leur paraître étrange ? S'ils sont d'accord, dis-leur bien que tu n'as aucune idée sur les raisons qui ont amené ton collègue à faire cette suggestion et qu'il préférerait les expliquer plus tard. S'ils te suivent, demande-leur de faire la mise en scène suivante : ce soir, avant de se coucher, ils installeront une chaise au pied du lit de la dame et la couvriront d'une couverture. Ceci fait, chacun pourra aller se coucher tout à fait normalement. L'expérience devra être répétée chaque soir jusqu'au prochain rendez-vous. » Fisch raccroche le téléphone et répète mot pour mot les propos de son collègue. La surprise est grande, et les questions vont bon train pour « comprendre » le sens de la proposition. Mais Dick Fisch reste imperturbable et réplique qu'il n'en a lui-même aucune idée. Néanmoins, les personnes se montrent prêtes à tenter l'expérience et à la répéter chaque soir jusqu'à la séance suivante fixée à quinzaine.

La deuxième rencontre sera en fait la dernière. Les personnes racontent que, dès la première nuit de l'expérience, la femme n'a plus eu le moindre cauchemar, « pour la première fois depuis deux ans ! », et que le changement s'est maintenu jusqu'à aujourd'hui. Le thérapeute tempère quelque peu l'euphorie, annonce les rechutes inévitables et propose le recours à la chaise fantôme à chaque fois que le besoin s'en fera sentir. Fin de la thérapie.

Mais peut-être souhaitez-vous en savoir plus ?

Voici ce que Paul Watzlawick nous a dit lorsque nous-mêmes l'avons supplié de nous dévoiler les raisons de cette consigne. « Je ne sais pas exactement pourquoi ni comment m'est venue cette idée… J'essayais de comprendre le point commun aux différentes tentatives de solution lorsque je me suis dit que, devant un comportement aussi irrationnel, tous les efforts de l'entourage visaient à apporter un peu de logique, d'explication sensée, etc. La chaise recouverte d'une couverture me paraissait constituer un antidote du même ordre que le cauchemar, une sorte de traitement magique propre à venir à bout d'un comportement lui aussi inexplicable rationnellement ; c'est pourquoi je n'ai pas voulu donner la moindre explication ; il fallait que la consigne ait les allures d'une sorte de “formule magique”… »

Les interventions paradoxales ne sont pas le monopole de la thérapie brève mais le cadre théorique de l'approche offre un modèle qui permet d'en préciser les caractéristiques formelles. De plus, comme le changement 2 comporte la plupart du temps un mouvement illogique ou inattendu, les techniques paradoxales ont donc été étroitement associées à l'approche de Palo Alto. Cela n'empêche pas que certaines injonctions « directes » puissent se révéler suffisantes dans certains cas, assez rares cependant. Peu de gens sont prêts à signer un chèque en blanc au thérapeute, ce qui est d'ailleurs plutôt rassurant.

9. 4. Les iconoclastes du changement

« Lorsque Tan-sia T'ien-jan, de la dynastie Tang, s'arrêta à Yerinji de la Capitale, le froid était si cruel qu'il finit par prendre l'une des statues de bois représentant le Bouddha et en fit un feu pour se réchauffer. Le gardien du temple en fut vivement ému. "Comment, lui dit-il, osez-vous brûler mon Bouddha de bois ?"

« Tan-sia, faisant comme s'il cherchait quelque chose dans les cendres avec son bâton, répondit : "Je cherche dans les cendres les *sharîras* [substance indestructible qu'on trouve dans les cendres d'un saint homme après la crémation] sacrés. – Comment, répliqua le gardien, pourriez-vous obtenir des *sharîras* en brûlant un Bouddha de bois ? – Si l'on ne peut y trouver des *sharîras*, puis-je avoir les deux autres statues de Bouddha pour mon feu ?", lui demanda alors Tan-sia[55]. »

Si le modèle de la thérapie brève de Palo Alto peut paraître relativement bien en accord avec la tradition pragmatique anglo-saxonne, nos esprits européens sont heurtés par le peu de cas fait de l'empathie, de la recherche des causes profondes de nos comportements, de nos difficultés d'être, de nos angoisses existentielles. La comparaison avec les modèles thérapeutiques plus répandus chez nous soulève des questions auxquelles nous tenterons de répondre. Elles concernent l'aspect manipulatoire des interventions, la place accordée aux expériences vécues dans le passé, les processus inconscients, la qualité de la relation thérapeutique et l'expression des composantes émotionnelles. Le « nouveau paradigme » révèle-t-il une conception réductrice de la nature humaine ? L'intervention stratégique n'est-elle qu'une thérapie de Prisunic dans laquelle le thérapeute se joue de la souffrance des hommes pour satisfaire son désir de puissance ?

9. 4. 1. « La souffrance est axiomatique »

La thérapie brève s'attaque de front au symptôme. Pas d'incursion dans les profondeurs de l'âme ou simplement dans les méandres de la pensée ou de la personnalité. On ne change que ce qui fait mal dans la vie quotidienne et le thérapeute ne prétend pas soulager les difficultés existentielles ou les angoisses métaphysiques. La recherche du sens de la vie ou de la sagesse est laissée aux individus eux-mêmes, thérapeute compris. La position de Paul Watzlawick est exemplaire à cet égard : « Je m'intéresse beaucoup au zen mais cela n'a rien à avoir avec la thérapie. La thérapie doit être vouée – et se limiter – à la diminution de la souffrance et non à la quête de Dieu sait quoi, des autres états de conscience, ou d'autres choses semblables... A mon avis, cela devrait être laissé à l'individu ; chacun d'entre nous cherche un sens à la vie, dans des termes qui lui sont propres. Pour moi, le but de toute thérapie est le soulagement de la douleur. La douleur est axiomatique, elle n'a pas besoin d'explication, ou de définition. Quand vous avez mal, vous avez mal et c'est tout. Sinon, vous glissez dans les cultes et les idéologies ; je pense que c'est dangereux : les écoles, les cultes ne font aucun bien en psychothérapie[56]. » Position cohérente avec les prémisses de leur approche des problèmes psychologiques ; si les patients s'empêtrent dans leurs attentes utopiques, le thérapeute doit au moins se garder d'en faire autant. Les limites de notre connaissance de l'être humain ne nous autorisent pas à nous ériger en experts de la façon de vivre, et ce sont les nombreuses expériences personnelles dans tous les domaines de la vie qui forgent peu à peu la personnalité. Lorsque le thérapeute peut permettre à ses patients de retrouver les moyens de poursuivre leur trajectoire personnelle en sortant de l'impasse dans laquelle ils sont bloqués, sa tâche est remplie.

Il faut cependant compléter quelque peu cette image. Les recherches menées auprès des patients du CTB montrent un taux de « réussite[57]» relativement élevé, et surtout ne confirment nullement la théorie du déplacement du symptôme. Au contraire, dans de nombreux cas, les changements semblent se généraliser, par un effet boule-de-neige, à d'autres secteurs de la vie des patients ; si l'objectif est volontairement précisé par le thérapeute (ceci pour éviter toute dépendance et favoriser une reprise de responsabilités de son patient face au déroulement de sa vie), ce dernier compte bien sur le fait qu'une expérience réussie constitue le meilleur stimulant pour retrouver confiance dans ses propres moyens d'affronter les inévitables difficultés de la vie.

9. 4. 2. Inconscient et psychothérapie

Lorsque l'on connaît l'importance accordée aux processus inconscients dans la construction freudienne de la personnalité, on peut se demander quel est réellement l'impact d'une thérapie qui n'en tient aucun compte. Quelle valeur attribuer à une demande explicite de la part d'un patient probablement aveugle lui-même à ses motivations inconscientes ? Chacun sait à quel point refoulements et autres moyens de défense peuvent filtrer les déterminismes essentiels du comportement.

Il serait absurde de nier le fait que la plupart des informations traitées par notre organisme n'atteignent pas la conscience ; la façon dont nous construisons nos images mentales ainsi que la plupart de nos apprentissages et les leçons que nous en tirons demeurent inconscients. Nous avons déjà abordé les prémisses de l'approche énergétique du comportement, et tenté de montrer que, même s'il s'agissait au départ d'une métaphore, les disciples de Freud (ainsi que les dissidents de l'approche analytique orthodoxe) ont fini par réifier les concepts et considérer que la libido, la pulsion agressive, etc., étaient des choses « réelles », circulant à travers l'organisme et cherchant des exutoires acceptables par le « moi », instance bien souvent ballottée par les caprices d'un « ça » implacable. Pour l'école de Palo Alto, les phénomènes inconscients sont probablement moins « redoutables » que pour les tenants de la conception freudienne même si la pensée consciente est tout aussi égarante. Mais les relations entre inconscient et conscience sont loin d'être connues à l'heure actuelle, de même que le rôle des structures cognitives innées, de l'attention, de la volonté, etc., dans le phénomène du changement. A ce stade de notre connaissance, il n'est donc d'aucune utilité de se référer aux supputations freudiennes : « Le schéma freudien est un tissu d'hypothèses non vérifiées et souvent invérifiables, toutes sur-simplifiées[58] », affirmait Warren McCulloch, et cela décrit assez bien la position de l'équipe du MRI.

L'approche de Palo Alto considère que nous ne pouvons pas faire confiance à la manière dont le problème du patient est formulé, interprété, expliqué selon ses schémas personnels qui, la plupart du temps, ne représentent qu'une vision partielle et partiale des situations décrites. Alors, la demande du patient est-elle la « vraie » demande ? D'après l'équipe du CTB, nous ne pouvons pas espérer connaître les déterminismes profonds du comportement sinon en nous lançant dans des spéculations sur la base d'une théorie explicative générale qui ne sera, en définitive, que le reflet des *a priori* du thérapeute[59]. La seule précaution nécessaire, pour éviter qu'une demande ne soit que le fruit d'une interprétation erronée de la part du patient, consiste à la mettre en relation avec l'objectif concret poursuivi. S'il y a congruence, c'est à cette demande que le thérapeute s'efforcera de répondre.

Si découvrir et expliciter les règles implicites de nos conduites pouvait nous empêcher de retourner à notre ancienne manière de jouer, le processus thérapeutique serait simple. Ceci soulève cependant des questions, la plus importante étant que la mise en évidence de ces règles, de ces déterminismes, est un processus abstrait, un modèle de conduite inféré par le thérapeute à partir de l'observation des redondances relationnelles au sein du système du patient. Exposer ces abstractions, aussi pertinentes soient-elles, amener le patient à en prendre conscience, cela revient à lui demander de décoder sa situation de la même façon que le thérapeute, ce qui est loin d'aller de soi, d'une part, et, d'autre part, l'intérêt thérapeutique d'une telle pratique est loin d'être évident. Nous avons tous vu des patients qui « comprenaient » parfaitement les causes de leur comportement, qui étaient capables d'en parler pendant des heures, de faire le lien entre leurs symptômes actuels et leurs relations œdipiennes, etc., sans pour autant avoir fait le moindre progrès dans la résolution de leurs problèmes actuels. Quelles leçons peut-on retirer de nos expériences passées, quelle leçon tirons-nous de notre propre histoire ? Quels sont les éléments que nous privilégions dans ce processus abstrait ? Il semble malheureusement, et nous en avons des preuves après chaque conflit et chaque guerre, que ces fameuses « leçons » n'ont jusqu'à présent jamais empêché qui que ce soit de recommencer les mêmes erreurs, la situation nouvelle étant toujours « tout à fait différente cette fois-ci ! ». La thérapie brève ne considère pas cela comme un progrès thérapeutique.

Pour l'équipe du CTB, les réflexions sur un problème, la recherche des « causes » sont une sorte de miroir aux alouettes, un jeu intellectuel qui s'apparente à la trituration d'une dent malade : c'est bien là qu'on a mal, mais ce n'est pas comme cela qu'on arrive à la soigner. Si nous nous débarrassons de cette accumulation de mythes psychanalytiques, nous avons de bonnes chances d'être moins malheureux. Nous abandonnerons ainsi les ruminations intellectuelles morbides qui nous enferment dans des filets théoriques dont il est impossible de sortir à coups de raisonnement (comme le souligne le théorème de Gödel). Penser, croire, par exemple, que notre comportement consiste à reproduire une relation vécue un jour avec notre père n'est rien d'autre qu'un « modèle » qui, même s'il peut procurer une satisfaction intellectuelle (et même induire une expérience émotionnelle), ne peut pas nous permettre de sortir de nos difficultés.

Le corollaire de cette attitude par rapport aux phénomènes inconscients est leur appréciation du rôle de la prise de conscience dans le processus thérapeutique. « Quelque différentes que puissent être par ailleurs les écoles traditionnelles de la psychothérapie, elles ont en commun l'idée que l'action et l'effet thérapeutiques procèdent de la *prise de conscience* qui est censée se produire grâce au travail d'interprétation, de confrontation et d'explication [...] Mais cette pierre angulaire de toutes les théories psychodynamiques ne repose sur aucune preuve pratique : c'est un dogme, un élément d'une *doctrine* de l'homme, mais nullement une propriété de la nature humaine. [...] Dans la vie quotidienne, la prise de conscience et la compréhension accompagnent rarement le changement et la maturation, et les précèdent encore moins[60]. »

Il arrive fréquemment que les patients formulent leur demande d'aide sous la forme d'une demande d'explication : « Je voudrais comprendre pourquoi je me comporte de la sorte. » Sous-entendant bien sûr que cette compréhension va leur permettre de modifier leur conduite. Afin d'éviter que le travail thérapeutique ne s'enlise dans un débat intellectuel stérile, le thérapeute pourra bien souvent proposer l'alternative suivante : « Seriez-vous satisfait si votre comportement changeait dans le sens que vous souhaitez, même si nous n'en saisissons pas les causes profondes ? » Ce qui constitue déjà un recadrage visant, d'une part, à mobiliser les efforts du patient dans le sens d'une action plutôt que dans celui d'une réflexion et, d'autre part, à mettre un terme à cette tentative de solution infructueuse.

De toute manière, le changement sera interprété d'une certaine façon par le patient ; chacun d'entre nous cherche à découvrir un sens à ses comportements, mais en thérapie brève on laissera le patient interpréter le changement dans le sens qu'il souhaite, en insistant toutefois sur le fait qu'il est l'œuvre du patient et non du thérapeute. Cette forme de prise de conscience n'est considérée par le thérapeute que comme une construction mentale utile (puisque efficace) mais qui n'a pas valeur de vérité absolue. Rien ne sert de renforcer cette vision des choses qui, de toute manière, pourrait demander un réajustement si les conditions changeaient et qu'un autre type d'attitude s'avérait nécessaire. On cherche donc à donner une plus grande souplesse au système de pensée plutôt qu'à y apporter un ordre différent trop rigide car proposé par un « expert ».

9. 4. 3. Influence du passé sur le présent

« Que devient, demande-t-on souvent, le fait indéniable qu'un comportement actuel résulte d'expériences passées ? Comment se peut-il qu'une intervention qui ne touche pas aux causes passées ait un effet durable dans le présent ? Justement, c'est contre ces suppositions que s'inscrit le plus clairement l'étude des changements actuels, en particulier celle des changements spontanés[61]. »

Ici encore la position de l'équipe de Palo Alto trouve ses racines dans certaines questions débattues lors des conférences Macy sur la cybernétique. Lorsque Kubie et d'autres psychiatres y ont exposé les conceptions freudiennes sur l'origine des troubles psychologiques, ils se sont heurtés aux arguments des physiciens, notamment de von Foerster qui avait étudié la manière dont fonctionnait la mémoire, et surtout de McCulloch qui, une fois encore, s'indignait du manque de rigueur scientifique des théories freudiennes. « L'un des piliers de la chimère de Freud est la croyance que nous n'oublions pas un iota de ce qui nous est arrivé à n'importe quel moment du passé. Selon des calculs entamés d'une manière naïve par Oliver Wendell Holmes et poursuivis actuellement par le physicien von Foerster, la tête de l'homme devrait avoir à peu près la taille d'un petit éléphant pour pouvoir contenir autant. Il ne pourrait manger suffisamment pour fournir l'énergie nécessaire uniquement à la mémorisation, même si l'on suppose qu'une seule molécule de protéine structurante pourrait servir de trace mnémonique. En fait, la demi-vie moyenne d'une trace de mémoire humaine, et d'une molécule de protéine, n'est que d'une demi-journée. Quelques rares pour cent d'engrammes survivent effectivement, probablement parce que nous recréons les traces dans nos têtes, mais c'est là tout ce que le destin nous laisse de notre jeunesse[62]. »

McCulloch n'était d'ailleurs pas plus tendre avec toute la théorie de la libido : « Je ne crois pas un seul instant à l'histoire des avances sexuelles qu'il aurait faites à sa mère dans son enfance, ni à celle qui veut que celle-ci l'aurait envoyé au vieux Jacob pour le castrer, ni qu'un enfant de cet âge puisse avoir semblables notions. Ce ne sont que des idées que Freud a eues plus tard dans sa vie, après avoir élargi la notion de sexe jusqu'à signifier tout plaisir et toute affection, et il les a alors projetées sur son passé dont il n'avait pas de souvenirs suffisamment précis pour l'empêcher de fabuler[63]. » Le ton de McCulloch est une fois de plus péremptoire ;

il avait probablement des comptes à régler avec certains de ses collègues psychanalystes. Il n'en demeure pas moins que, dans ce contexte, Bateson d'abord, les membres de l'équipe du CTB ensuite ne pouvaient pas se contenter d'adopter sans broncher les prémisses freudiennes concernant les origines des troubles névrotiques.

Ils avancent le raisonnement suivant : admettons que le passé soit la cause du comportement présent ; comme les événements du passé n'admettent pas de possibilité de changement, alors les choses ne changeront jamais. Si, d'autre part, nous parlons de l'impact de notre interprétation du passé sur notre comportement actuel, « alors la signification du passé n'est plus une affaire de "vérité" et de "réalité", mais bien de l'angle sous lequel on choisit de le voir ici maintenant. Par conséquent, il n'y a pas de raison prépondérante pour donner au passé une primauté ou une relation de causalité par rapport au présent. Cela veut dire que la réinterprétation du passé n'est qu'une des multiples façons qui permettent d'infléchir un comportement présent[64]».

La dimension historique intervient cependant dans le processus thérapeutique du CTB. Elle est en effet déterminante dans la « vision du monde » du patient, sa structuration cognitive, cible première de toute action de recadrage. L'optique est pourtant bien différente de celle des analyses traditionnelles car elle considère cet élément historique comme une construction arrivée à une impasse adaptative, à un cul-de-sac ; par conséquent, les références aux souvenirs du patient ne se feront que pour appuyer et justifier tel ou tel recadrage stratégique.

9. 4. 4. Et les affects, ça ne compte plus ?

Pas d'expérience traumatisante ou exaltante en thérapie brève, pas de cris, pas de larmes, pas de chaleur particulière entre le thérapeute et son patient, pas de bercement ni de révolte contre le père ; pas même un divan pour faciliter la prise de conscience ! Les thérapeutes de Palo Alto ont-ils donc perdu tout sens de la nature affective des conduites humaines et en particulier de la relation thérapeutique ?

Pour ce qui est de la nature humaine, la réponse est évidemment négative ; les affects sont vraisemblablement des réponses globales indispensables à l'individu, lui permettant de faire les choix nécessaires à sa survie. Par contre, il est clair que les séances de thérapie brève sont rarement le théâtre de manifestations émotionnelles. Il peut arriver que le récit des circonstances d'apparition des difficultés vécues par les patients dans leur vie quotidienne s'accompagne de pleurs ou autres manifestations émotionnelles. Dans ce cas, le thérapeute conserve une attitude respectueuse et patiente face à cette douleur ; tendre, le cas échéant, une boîte de kleenex au patient, mais il n'encouragera guère cette expression émotionnelle. La raison en est que le thérapeute ne considère pas que favoriser la décharge émotionnelle puisse avoir une quelconque utilité pour la résolution du problème vécu si douloureusement par son patient. Pour lui, au plus vite il aura les informations concrètes sur ce qui amène le patient dans son cabinet, au plus vite il pourra lui permettre d'être soulagé, non seulement dans la salle de thérapie, mais bien là où cette souffrance est la plus pénible, à savoir dans les conditions de vie naturelles de son patient.

N'oublions pas que cette attitude, que certains jugeront sans aucun doute indigne d'un psychothérapeute, découle assez logiquement des diverses prémisses de l'approche :

– Importance de l'interaction. Répondre empathiquement à l'expression des sentiments induit automatiquement un mode relationnel dans lequel ce type de séquence deviendra plus fréquent. Or il n'entre pas dans les intentions du thérapeute de se substituer au réseau relationnel du patient ; ces régulations affectives sont naturellement vécues avec les personnes de son entourage et c'est là qu'elles doivent continuer à s'exprimer.

– Comportement et émotion. Dans l'approche interactionnelle, on ne fait pas de différence entre les divers aspects que recouvre le processus communicatif. Il n'existe pas de message « neutre », comme nous l'avons signalé au chapitre 3 en décrivant les différents niveaux des messages. Une « valeur » est attribuée aux échanges, ce qui implique une composante émotionnelle plus ou moins importante selon le contexte. En préparant « froidement » ses injonctions comportementales, le thérapeute veille à ce que la réalisation de la tâche (dans le contexte de vie naturel du patient) implique une interaction satisfaisante, de manière globale, pour le patient, ce qui sous-entend son impact émotionnel tout autant que comportemental ou cognitif.

– La liberté de manœuvre du thérapeute. Si le thérapeute veut pouvoir aider efficacement son patient, il est capital qu'il puisse maintenir une position « méta » par rapport au système relationnel du patient. Il doit conserver la liberté de manœuvre nécessaire pour amener le patient à mettre en œuvre les injonctions comportementales qu'il aura conçues. Pris dans une relation très chargée d'un point de vue émotionnel, avec les contraintes (redondances) qu'elle implique, le thérapeute risque d'hypothéquer cette marge de liberté. Lorsque l'on sait l'importance des limites imposées aux comportements individuels lors de l'établissement de ces règles relationnelles systémiques, on peut mieux mesurer à quel point répondre à une avance d'un patient (que ce soit une demande d'empathie, de tendresse, de compréhension de sa vision du monde, etc.) de façon affective peut réduire à néant le seul véritable avantage du thérapeute, à savoir se situer hors du réseau relationnel de son patient. On imaginerait mal un chirurgien qui, trop attaché à son patient, hésiterait à l'opérer de crainte de lui faire mal.

La question n'est d'ailleurs pas triviale car elle permet de mettre l'accent sur une des difficultés majeures de la psychothérapie en général. Tout en échangeant avec le patient pendant les séances, c'est-à-dire en respectant les normes relationnelles en vigueur dans notre culture, en essayant de saisir la position et la vision du monde de son interlocuteur, le thérapeute doit pouvoir garder « la tête froide », c'est-à-dire rester attentif aux particularités de son mode relationnel sans être pris lui-même dans celui-ci. On pourrait dire qu'il doit se situer, en alternance, à deux niveaux logiques différents : à l'intérieur du système relationnel de son patient pendant son questionnement, mais en restant suffisamment à l'extérieur pour élaborer sa stratégie de changement. C'est là une des difficultés majeures de la thérapie : « Comment saisir et comprendre la vision du monde du patient sans finir par la partager. » Les diverses supervisions auxquelles nous avons assisté, tant à Palo Alto que dans notre propre travail, confirment que c'est là le danger principal qui guette tout intervenant. Répondre activement aux appels émotionnels des patients est souvent le début de la fin d'une possibilité d'aide, mis à part le simple réconfort instantané qu'une telle attitude peut effectivement engendrer. Il suffit, pour s'en convaincre, de voir à quel point nous sommes bien souvent complètement inefficaces dans l'aide que nous essayons d'apporter à nos proches, mise à part la compassion (qui est par ailleurs le ciment de nos relations amicales).

Il n'est donc pas question de nier l'importance des démonstrations affectives dans l'absolu, bien au contraire, mais de conserver une attitude professionnelle dans la relation thérapeutique, avec la distance nécessaire que celle-ci implique. C'est le thérapeute qui doit imposer le cadre général de l'intervention pour sauvegarder la relation « méta » et arriver ainsi à pouvoir changer l'ensemble du système du patient.

9. 4. 5. « Idées noires » et association libre

Nous avons insisté sur le fait que c'est dans le système relationnel, dans les interactions du patient avec son entourage, que le thérapeute s'efforce d'introduire des modifications. Cela peut suggérer que le thérapeute ne s'intéresse guère directement à la personne qui se trouve en face de lui dans la salle de consultation. Or, comme chacun sait, c'est bien la personne qui, en dernier recours, est l'objet de la souffrance psychologique. C'est elle qui, d'un point de vue phénoménologique, se trouve confrontée aux tourments des idées noires ou des tourbillons émotionnels lancinants. Il nous paraît donc nécessaire de dire quelques mots sur la position de Palo Alto face à l'individu en souffrance.

Il nous arrive à tous de nous débattre avec des pensées sinistres qui semblent nous attirer et nous maintenir dans ce que l'on pourrait appeler, en cédant à la facilité des métaphores approximatives, les « trous noirs » de la pensée. Sortes de tourbillons angoissants desquels tous nos efforts rationnels n'arrivent pas à nous sortir. Au contraire, d'association en association, ils finissent par inclure tous les domaines de nos réflexions. Ce sont alors des moments de profond désarroi, d'angoisse, qui nous laissent avec le sentiment de ne plus être en mesure d'affronter ce monde hostile. C'est bien souvent dans ce genre d'état d'esprit que les patients se décident à consulter un thérapeute. Les premières demandes des patients dénotent fréquemment ce caractère global, ce mal-être généralisé ; ils aspirent à ces choses qui vont de soi lorsqu'on n'est pas confronté à ces tourments : « se sentir bien dans sa peau », « retrouver l'envie de vivre », ou tout simplement pouvoir retrouver un peu de paix de l'esprit. Le questionnement serré de la thérapie brève, avec son insistance à définir un problème précis, peut donc paraître bien dérisoire devant l'ampleur de cette souffrance psychologique. C'est d'ailleurs là une critique qui lui est souvent adressée : « Pour ce qui est des problèmes bien définis (sous entendus "superficiels"), l'approche peut convenir, mais pour les "vrais" problèmes...? »

Nous l'avons dit, la position des thérapeutes de Palo Alto consiste à reconnaître leur impuissance à apporter des réponses aux questions métaphysiques ; ils ajoutent cependant que, dans ces moments pénibles, bien des difficultés de la vie quotidienne sont amalgamées à ces questions sur le sens de la vie et qu'avant d'entériner ces généralisations il est utile de définir des priorités, d'expliciter la façon dont cette souffrance indifférenciée se manifeste concrètement dans la vie de tous les jours. Une nouvelle fois, le questionnement de la thérapie brève est en soi un recadrage. Poser des questions très concrètes et précises, même si cela apparaît quelque peu futile au patient de prime abord, l'amène à clarifier, à relativiser les différents aspects du problème. Si son apparence monolithique ne permet pas d'envisager de solution – *a fortiori* une solution rapide –, les distinctions résultant du questionnement induisent une nouvelle vision du problème et surtout le rendent accessible à une solution réaliste.

La conception causale traditionnelle, l'insistance des analystes sur l'importance de la prise de conscience des expériences traumatiques vécues dans l'enfance, l'usage des associations libres dans le processus thérapeutique, etc., tout cela a induit dans le grand public l'idée que la souffrance et les souvenirs pénibles sont non seulement inévitables mais nécessaires au traitement. Ces moments pénibles sont donc envisagés comme des moments privilégiés parsemant le parcours initiatique nécessaire à la découverte des causes profondes de nos difficultés. Les « thérapeutes brefs » ne nient pas l'existence de ce phénomène, mais l'interprétation qu'ils en donnent va dans un sens diamétralement opposé ; il s'agirait plutôt d'une sorte de « parasitage » de notre pensée dont il serait souhaitable de pouvoir se débarrasser le plus vite possible.

Cette question des souvenirs pénibles permet de préciser davantage encore les différences entre les théories psychodynamiques et l'approche systémique pour ce qui est de leur manière de considérer la vie psychologique[65].

Ces associations d'idées douloureuses se sont produites à un moment et dans des circonstances particulières ; elles étaient alors pertinentes ou indispensables. La question que l'on peut se poser consiste à savoir si elles ont encore un sens aujourd'hui ou si ces associations sont en fait des résidus inutiles au bon fonctionnement de notre système de pensée. Non qu'il faille tout oublier bien sûr, nous apprécions tous les langueurs nostalgiques de temps à autre ; la question est de savoir si ces rappels jouent ou non un rôle essentiel dans la résolution des difficultés vécues actuellement par le patient. Apparemment, sur ce point, les thérapies analytiques et les thérapies interactionnelles semblent être d'accord : pour les deux approches, l'important consiste à dissoudre ces liens perturbateurs et douloureux pour la personne. Par contre, pour ce qui concerne la manière d'arriver à cette dissolution, les avis divergent radicalement. En caricaturant un peu, nous pourrions dire que, pour les théories analytiques, l'important c'est le voyage, pas la destination ; elles considèrent que ce voyage est une sorte de chemin de croix que le patient doit suivre, et sur lequel il lui faudra souffrir, pour arriver à la délivrance. Pour les interventionnistes, il ne faut pas confondre le voyage du thérapeute et la destination du patient. Ce voyage n'est qu'une construction mentale du thérapeute, un guide qui lui permet de cartographier son chemin, uniquement dans l'objectif qui est le sien, à savoir débarrasser (au plus vite) le patient de sa souffrance. Imaginons par exemple qu'un homme ait des difficultés à établir des relations satisfaisantes avec les femmes suite à une série d'expériences pénibles avec sa mère. Toute rencontre avec une femme réveille les sentiments angoissants vécus lors de ce traumatisme infantile. Pour les analystes, il est important de comprendre ce lien, d'en saisir les raisons profondes, de le revivre, le cas échéant, au cours du processus thérapeutique. Pour les thérapeutes stratégiques, rien ne sert de raviver cette association, fût-ce simplement en en parlant[66]; au contraire, par des injonctions comportementales appropriées (probablement paradoxales dans ce cas précis), ils chercheront à amener le patient à établir un autre type de relation avec une femme. Cette nouvelle expérience, si elle est satisfaisante pour le patient (et elle peut l'être !), rend en quelque sorte caduc le lien avec le traumatisme passé. Donc, pour les thérapeutes stratégiques, ce lien ne peut être compris que dans le contexte spécifique qui l'a vu naître, il n'a donc de valeur que dans un espace-temps définitivement révolu et tout effort pour le raviver revient à enfoncer à nouveau le couteau dans la plaie de façon totalement inutile et même déplacée si l'on considère que le rôle du thérapeute est de soulager la douleur de son patient.

9. 4. 6. Critique du modèle

Mais tout ceci pourrait laisser croire que la thérapie brève est la panacée que tous les thérapeutes (et les patients !) attendaient depuis toujours. Même si nous ne sommes sans doute pas les critiques les plus féroces de l'approche de Palo Alto, il n'empêche que nous pouvons signaler certaines limites du modèle thérapeutique de la thérapie brève.

Tout d'abord, il n'apporte guère de réponse concrète lorsqu'il s'agit non pas de régler des « problèmes » mais bien de définir un meilleur « fonctionnement ». En ce sens, l'approche systémique structurale est certainement plus indiquée car elle permet de mettre le doigt sur certaines structures hiérarchiques ou règles relationnelles potentiellement dysfonctionnantes. Aucune indication précise sur les possibilités de prévention ou sur les moyens à mettre en œuvre pour faciliter la vie des personnes handicapées physiques ou mentales par exemple. De même, pour les personnes qui recherchent tout simplement un mieux-être, une amélioration de leurs capacités relationnelles ou émotionnelles, etc., le modèle, et son insistance sur la définition d'objectifs précis, risque fort de ne pas représenter la meilleure approche en comparaison avec les techniques de groupe ou d'autres méthodes de développement personnel.

Si l'approche de Palo Alto peut assez rapidement modifier des interactions même chronifiées, il n'en reste pas moins qu'elle n'offre aucun soutien aux patients qui doivent réapprendre à faire face aux réalités de la vie quotidienne après une longue période d'isolement due à l'internement ou à l'incarcération par exemple. Ceci touche notamment à l'insistance du modèle quant à la brièveté de l'intervention. A ce propos, il peut être intéressant de noter que, dans leurs consultations en dehors du Centre de thérapie brève, même les membres de l'équipe ne limitent pas leur traitement aux dix séances expérimentales, comme le précise Paul Watzlawick : « Je dis à mes patients que mon expérience de trente-cinq années dans la profession m'amène à constater que les personnes qui n'ont pas bénéficié de mon aide en dix séances n'auront rien de plus après cent. Alors, je demande qu'après dix séances au maximum nous fassions une évaluation pour voir si notre travail sert à quelque chose. Sinon, il vaut mieux que je leur recommande un collègue qui pourra mieux les aider ; les gens trouvent souvent que c'est là une manière très acceptable et éthique de travailler. Si, à la dixième séance, il y a déjà des mouvements nets qui semblent s'amorcer et qui pourraient se confirmer avec quelques séances de plus, on continue. Mais, en fait, je ne termine jamais mes thérapies. Il existe quantité d'ouvrages sur la manière de terminer une thérapie mais j'ai quant à moi une façon très simple de contourner le problème. Je dis : « Je crois que nous sommes arrivés à un point où nous pouvons continuer en modifiant la fréquence de nos rendez-vous ; ceci veut dire que, à partir de maintenant, on peut se voir plus ou on peut se voir moins d'une fois par semaine ; téléphonez-moi lorsque vous pensez qu'il est important de discuter un nouveau développement dans la situation. » Les personnes trouvent ceci fort acceptable. Il y a quelques patients que je vois depuis plus de quinze ans, mais le nombre maximum de séances est de trente-cinq. Ils viennent pendant quelques séances et le problème s'améliore ou disparaît. Il est très simple pour les patients de prendre le téléphone et de m'appeler. Si vous terminez la thérapie et que les gens doivent vous téléphoner après, c'est une défaite : "Je dois à nouveau recommencer ma thérapie." Ici, ils ont l'impression que la thérapie ne fait que progresser ; ils sont en thérapie même s'ils n'ont pas téléphoné depuis dix ans. Je dis clairement : "Nous n'avons pas fini, la thérapie continue."[67] »

L'approche de Palo Alto est donc une méthode de résolution de problèmes. Mais, même dans ce cadre précis, elle n'est pas exempte de lacunes et notamment dans ses principes de base. Bien que les membres du MRI la définissent comme une approche interactionnelle, aucune des étapes du traitement ne tient compte explicitement de la relation entre le thérapeute et le patient ; on parle de définition du problème, des objectifs, des tentatives de solution, etc., comme si tout cela était susceptible d'être précisé de manière absolue et unilatérale. L'insistance primordiale sur la nécessité de trouver un « client » pour l'intervention est très révélatrice des lacunes à cet égard : certains thérapeutes pourront décréter que telle ou telle personne n'est pas cliente pour un changement alors qu'elle apparaîtra très plaignante à d'autres. Ici encore, ces notions devraient faire l'objet d'une approche tenant compte des concepts de la cybernétique de deuxième ordre, ce qui permettrait probablement de mettre le doigt sur les difficultés liées à l'autoréflexivité. En ce sens, les travaux de Mony Elkaïm[68], qui s'applique à intégrer à son approche thérapeutique les recherches de von Foerster, Varela et Prigogine, sur les phénomènes d'auto-organisation des sytèmes, pourraient nous éclairer.

Nous avons signalé le flou artistique qui persiste au niveau de l'application de certaines techniques telles que le recadrage, ou encore des éléments à prendre en considération pour construire une injonction comportementale efficace. De nombreuses études restent à faire pour préciser la façon dont les individus ponctuent les séquences interactionnelles, comment ils codent les nouvelles informations, comment celles-ci se structurent dans le système de pensée, etc. Ces recherches permettraient peut-être de mieux comprendre les échecs thérapeutiques qui, à ce jour, restent inexpliqués, sinon de façon très générale (« Nous n'avons pas défini le problème assez concrètement », par exemple).

Une autre critique que l'on peut adresser au modèle, c'est qu'il risque de susciter chez le thérapeute novice un certain sentiment de toute-puissance préjudiciable à la relation thérapeutique. L'apparente simplicité de l'approche, ajoutée à son indéniable efficacité, peut laisser croire que n'importe qui pourrait, du jour au lendemain ou presque, se proclamer « thérapeute bref » et jouer les apprentis sorciers avec la misère humaine. Nous avons bien conscience, pour l'avoir éprouvée nous-même, de la griserie que peuvent provoquer les premiers succès thérapeutiques, parfois spectaculaires. Cette ivresse peut conduire à une attitude de simplification abusive des difficultés rencontrées par les patients et surtout à une stéréotypie des moyens thérapeutiques utilisés. C'est là que les hésitations de Bateson face à toute manipulation intentionnelle des êtres humains doivent nous revenir en mémoire[69]. Nous pensons que, en plus de la nécessité de pouvoir retourner aux sources de l'approche, le thérapeute doit être pleinement conscient de notre grande méconnaissance des ressorts de l'âme humaine et ne s'aventurer dans ses recoins les plus intimes qu'avec le plus grand respect et la plus grande prudence. Nous espérons avoir suffisamment insisté sur ces questions essentielles.

Nous terminerons ces remarques en précisant, si besoin en était, qu'il existe bien d'autres approches thérapeutiques qui ont fait leurs preuves dans le traitement de problématiques spécifiques telles que l'autisme, l'alcoolisme, les problèmes liés à l'adolescence, la maltraitance, etc. Il est clair que notre insistance sur l'intérêt du modèle de Palo Alto n'enlève rien aux mérites de ces autres modes d'intervention ; il est heureux que nous puissions disposer d'une grande diversité d'approches si nous voulons voir progresser les moyens de soulager la souffrance humaine. Comme le disait Bateson : « Il ne peut y avoir de compétition dans l'ignorance. »

Malgré ces critiques (qui sont loin d'être exhaustives), le modèle d'intervention du Centre de thérapie brève reste un outil de travail d'une efficacité remarquable, tant pour son utilité strictement thérapeutique qu'en tant qu'outil de réflexion sur le contexte et les enjeux de l'intervention, comme nous aurons l'occasion de le voir dans ses applications à divers contextes contraignants, en particulier lorsque des personnes consultent sous la pression de certaines autorités morales ou officielles. Bien plus que les techniques d'influence elles-mêmes (dont la plupart viennent d'ailleurs d'Erickson), ce sont la simplicité et la précision du modèle, les étapes décrivant la structure globale d'une intervention thérapeutique, qui constituent l'apport le plus précieux de la thérapie brève. De plus, la conception cybernétique du symptôme qui envisage ce dernier comme un moyen d'adaptation à un contexte entraîne une vision « relativiste » des problèmes psychologiques, ce qui rapproche la démarche du psychothérapeute de celle de l'anthropologue et lui permet dès lors de se passer de toute conception normative ou pathologisante. Cela ne signifie pas, bien entendu, qu'on ne fait plus la différence entre un comportement « fou » et un acte sensé, mais bien que le contexte d'un acte permet d'en déceler le sens, d'en percevoir les mécanismes sans devoir faire l'hypothèse d'un dérèglement intrapsychique énigmatique.

Après l'énumération de ces réflexions critiques, nous avons voulu clore ce chapitre sur une note agréable. Il n'est guère fréquent, dans le domaine scientifique en général et celui de la psychothérapie en particulier, de voir des collègues rendre hommage à leurs prédécesseurs ; ce témoignage de Carlos Sluzki n'en a que plus de poids : « En plus d'être un exemple d'économie clinique, il [le modèle de la thérapie brève] a eu une influence énorme sur beaucoup des gens. Ouf ! Tous les autres groupes de thérapie brève ont comme base les idées du CTB. Lorsqu'on y réfléchit, tous les éricksoniens qui sont venus plus tard, ou le groupe de Milwaukee,

De Shazer et les autres... tous sont "originaires" du MRI. Évidemment, maintenant, ils se citent eux-mêmes au lieu de citer leurs sources, mais, si l'on fait un *tracing* de leurs premiers travaux (auxquels ils sont toujours fidèles), la référence fondamentale est la référence au MRI. C'est un effort d'économie extraordinaire, je veux dire, d'économie clinique, et fortement "contre-culture". C'est ce qui fait qu'il n'est pas trop populaire, parce qu'il opère à partir de prémisses qui, pour des gens qui ont besoin d'habits très voyants et sophistiqués, ne peuvent être que trop spartiates. Pour moi, ce modèle reste toujours une merveille. Il s'est passé beaucoup de choses dans le monde depuis que leur premier livre est sorti, mais ça ne leur retire aucun mérite. C'était un pas extrêmement important[70]. »

Synthèse, perspectives et conclusions

C'est la pensée qui fait que le malheur a si longue vie.
William Shakespeare, *Hamlet.*

Nous voici à l'heure des bilans et des synthèses. Nous avons défendu l'intérêt d'une vision unitaire du groupe de Palo Alto, pourtant, notre cheminement a mis l'accent sur les différences, les points de bifurcation, la dualité. Bateson, le contemplatif, vilipendant les thérapeutes au nom sacré de la science, et Watzlawick, le pragmatiste, dénonçant l'inconscience des théoriciens utopistes. Nous voici alchimistes en quête d'unité dans la fusion des contraires. (Rassurons les lecteurs, on ne trouve pas de pierre philosophale à Palo Alto, des puces de silicone tout au plus !)

Alors, que faut-il attendre de cette synthèse ? Si Bateson a chanté l'unité sacrée de la pensée et de la nature, nous pensons que l'histoire du groupe de Palo Alto raconte celle de la pensée et de l'action, les deux grands pôles de l'activité humaine. « Si tu veux voir, apprends à agir [1]», cite Watzlawick, et Bateson nous dit comment apprendre.

Le retour de Bateson

Nous avons laissé Bateson au moment où il quittait Palo Alto pour s'établir à Saint-Thomas, dans les îles Vierges, John Lilly l'ayant invité à venir y étudier les dauphins. Il n'y reste qu'un an, puis s'en va poursuivre ses recherches à Hawaii jusqu'en 1971. Il termine la rédaction de *Vers une écologie de l'esprit* et est engagé comme professeur à l'université de Santa Cruz. Conséquence des mouvements contestataires de la fin des années 60, l'université se veut différente, moins sectorisée, plus ouverte. Bateson est chargé d'y organiser une centre d'études interdisciplinaires en sciences naturelles. La publication de son ouvrage lui a finalement apporté une reconnaissance qui s'est longtemps fait attendre. Le gouverneur de Californie, Jerry Brown, jeune politicien aux idées progressistes, est séduit par la pensée de Bateson qu'il nomme « régent de l'université de Californie », espérant ainsi insuffler à cette assemblée très conventionnelle un élan et une hauteur de pensée qui lui font cruellement défaut. Cette fois encore, l'expérience n'est guère concluante.

Bateson poursuit ses recherches mais sa santé se détériore rapidement. A la fin des années 70, il devra faire appel à sa fille Mary Catherine pour l'aider à terminer la rédaction de *La Nature et la Pensée*, qui paraît finalement en 1979. Bateson y revient en quelque sorte à ses premières amours, la biologie ; c'est autour de la théorie de l'évolution qu'il entreprend une synthèse de l'ensemble de ses travaux.

Le renouveau conceptuel du MRI

Même si certains de ses membres considèrent qu'il y a peu de changement dans les pratiques du MRI depuis les débuts du Centre de thérapie brève, Paul Watzlawick reste très actif dans ses recherches théoriques. Nous avons signalé à plusieurs reprises les références de ce dernier au constructivisme et, en particulier, aux travaux sur l'auto-organisation menés par Heinz von Foerster[2] dans le cadre de ce que l'on appelle aujourd'hui la « cybernétique de deuxième ordre ».

La cybernétique de deuxième ordre

Nous avons pu voir, dans l'entretien de Mead et Bateson repris au chapitre 2, que la question de l'autoréflexivité était déjà envisagée dans les recherches des premiers cybernéticiens. Mais les applications technologiques avaient rapidement biaisé l'optique originelle. D'une part, l'étude des machines ne nécessitait pas que l'on prenne en considération les interactions entre l'ingénieur (ou le technicien) et la machine ; on retomba donc dans une vision traditionnelle, à savoir que le chercheur étudie « objectivement » le système, de l'extérieur. D'autre part, et encore une fois en liaison avec la priorité accordée à la mise au point de machines autorégulées, on développa surtout l'aspect « normatif » de la cybernétique, c'est-à-dire les mécanismes homéostatiques, les conditions de stabilité des systèmes. On laissa donc de côté l'étude des conditions d'évolution des structures systémiques.

Ces restrictions dans les conceptions de la cybernétique se manifestèrent notamment dans l'utilisation qu'en ont faite les premiers thérapeutes familiaux, comme nous l'avons vu. Petit à petit, on a alors assisté à l'éclosion de théories amendant ces lacunes. On porta de plus en plus d'attention aux phénomènes de « morphogenèse » (changements aboutissant à des modifications qualitatives du système), ainsi qu'à l'inclusion du thérapeute dans le système qu'il souhaite changer.

Avec Sluzki (1985), on peut distinguer deux grandes étapes dans l'évolution de la cybernétique depuis ses débuts.

La cybernétique, qui étudie les phénomènes en laissant l'observateur à l'extérieur du système observé :

a) la première vague, qui étudie comment les systèmes maintiennent l'homéostasie (morphostase) ;

b) la deuxième vague ou « deuxième cybernétique », qui étudie comment les systèmes évoluent et créent des nouvelles structures (morphogenèse).

La « cybernétique de deuxième ordre », où l'observateur s'inclut lui-même dans le système observé. Voici comment von Foerster la définit : « Alors, qu'y a-t-il de nouveau dans les efforts de cybernéticiens d'aujourd'hui ? Ce qui est nouveau, c'est qu'on a pris profondément conscience que, pour écrire une théorie du cerveau, il faut un cerveau. Il s'ensuit que, si une théorie du cerveau a quelque prétention à être complète, elle doit expliquer sa propre écriture. Plus fascinant encore, celui-là même qui écrit cette théorie doit rendre compte de son écriture. Transposé dans le domaine de la cybernétique : le cybernéticien entrant dans son propre domaine doit rendre compte de sa propre activité ; la cybernétique devient la cybernétique de la cybernétique, ou cybernétique de second ordre[3]. »

Les mécanismes morphogénétiques

Jusqu'ici, nous avons surtout parlé des processus régulatoires, c'est-à-dire de ceux qui permettent aux systèmes de maintenir leur équilibre. Mais, au cours de leur évolution, les systèmes, qu'ils soient biologiques, psychologiques ou sociaux, peuvent passer par des épisodes lors desquels les variables essentielles atteignent des seuils critiques. Que se passe-t-il alors ? Va-t-on inexorablement vers l'éclatement et la mort du système ? De même, si tout système cherche à conserver sa stabilité, comment rendre compte de phénomènes tels que l'évolution des espèces, les changements sociaux, l'irruption et la résolution de conflits, les bouleversements économiques, les phénomènes habituellement décrits comme des « cercles vicieux », etc. ?

A côté des phénomènes de morphostase (qui tendent à neutraliser l'écart à la norme), il manque donc un modèle permettant de formaliser la « morphogenèse », la création de « formes » nouvelles (lorsqu'il y a amplification de l'écart). C'est Maruyama, dans ce qu'on a appelé la « deuxième cybernétique », qui a insisté sur l'importance de ces mécamismes d'amplification de l'écart, c'est-à-dire : « tout processus qui comporte des relations de causalité mutuelle qui amplifient une secousse initiale accidentelle et insignifiante, et qui développent l'écart et entraînent une divergence des conditions initiales[4] ».

Nous le voyons, c'est d'une approche de la « crise » qu'il s'agit ici. Si des feed-back positifs peuvent amener le système loin d'une position de stabilité, celui-ci peut bien entendu éclater, mais il peut aussi passer par une phase « créative », c'est-à-dire passer à un autre type de stabilité, un nouvel ordre, un nouveau « calibrage » des variables essentielles qui permet alors au système de poursuivre son adaptation. Bateson a étudié ce phénomène, notamment du point de vue de l'adaptation biologique et de l'apprentissage que nous évoquerons plus loin.

Nous signalerons rapidement les travaux de Prigogine auxquels de nombreux thérapeutes familiaux (dont Paul Watzlawick et Mony Elkaïm[5]) se réfèrent aujourd'hui. C'est en étudiant les systèmes physico-chimiques loin de l'équilibre qu'Ilya Prigogine, un chimiste belge d'origine russe, a élaboré ses modèles évolutifs qu'il a appelés « structures dissipatives ». Ces deux termes renvoient de nouveau à l'opposition hasard-ordre. Il a montré que, dans certaines circonstances, des systèmes dont l'état devient très instable et qui, selon le deuxième principe de la thermodynamique, devraient redevenir entropiques, c'est-à-dire voir leur structure se dissiper, peuvent, au contraire, utiliser certains éléments de leur environnement pour créer de nouvelles structures stables et autonomes. « Loin de l'équilibre, les processus ne peuvent plus être compris à partir d'états où ils compensent en moyenne leurs effets. Ils s'articulent en des agencements singuliers, sensibles aux circonstances, susceptibles de mutations qualitatives, agencements qui permettent de donner sens à une idée jusque-là inconcevable : expliquer la nouveauté sans la réduire à une apparence[6]. »

Nous le voyons, l'entreprise est audacieuse, on s'attaque en quelque sorte au processus de la création. Sans entrer dans les détails trop techniques ou mathématiques, signalons cependant que les maîtres mots deviennent ici la « non-linéarité », les « points de bifurcation »[7] ou, encore, la « sensibilité du système », l'« événement »... Il était normal que les théoriciens et les praticiens des sciences humaines intéressés par le processus du changement se tournent avec avidité vers Prigogine ou encore vers René Thom[8] pour guetter toute découverte qui pourrait enfin éclairer un peu plus ces questions complexes. C'est ainsi que certains thérapeutes familiaux ont pu tirer, de manière analogique, des modèles d'évolution de familles en crise, c'est-à-dire loin de l'équilibre (ou, encore, arrivées à un « point de bifurcation »), et que l'intervention du thérapeute a pu être assimilée à une sorte de catalyseur de structure dissipative, le pourvoyeur de l'information nouvelle pouvant permettre au système déstabilisé de créer une nouvelle structure débarrassée de ses symptômes indésirables.

Tout comme ce fut le cas pour la cybernétique des premiers jours, on retrouve d'ailleurs ici le même espoir d'une approche transdisciplinaire, ce souhait d'une science qui relie, comme le montre le texte de Prigogine et Stengers : « De même la question de l'événement, des circonstances qui lui permettent de se propager, de prendre sens, d'être occasion de transformation qualitative, est commune à toutes les sciences qui traitent des populations, de modes d'être "ensemble". Il est frappant de constater que les théories sociales et politiques, mais aussi les révolutionnaires, les créateurs de mode, les techniciens de la publicité, etc., sont confrontés à la même question : qu'est-ce qu'une instabilité ? Comment la favoriser, ou, au contraire, s'en prémunir ? [9] »

10

Les deux faces du changement

10. 1. Le changement coévolutif[2]

Tandis que l'équipe du MRI se consacrait à l'étude du changement du comportement humain, Bateson poursuivait sa quête de la « structure qui relie » les différents domaines des sciences naturelles. A la fin de sa vie, il s'est penché sur la manière dont les systèmes, les individus et les idées évoluent. Approche du changement donc, même si celui-ci est abordé de manière bien plus générale qu'au MRI ; évolution d'un côté, changement intentionnel de l'autre. On peut donc espérer un gain de la mise en relation des deux approches ; vers quelle « science du changement » Palo Alto nous invite-t-elle à regarder ? Nous n'avons pas la prétention d'être complets dans cette tentative de synthèse ; nos objectifs sont bien plus modestes : esquisser les grandes lignes d'un raisonnement, mettre le doigt sur certaines perspectives de recherches futures, soulever quelques questions.

Pour Bateson, le changement c'est avant tout l'évolution, la transformation dans le temps par les processus stochastiques[2]. L'évolution biologique des espèces, mais aussi l'évolution considérée du point de vue de l'individu, c'est-à-dire le phénomène de l'apprentissage tant somatique que mental. Le hasard y joue un rôle essentiel, source de nouveauté, clé de la créativité.

A un niveau très général, la vie est une sorte de lutte entre, d'une part, la tendance au chaos, à la dispersion aléatoire, à l'entropie, et, d'autre part, le maintien de l'ordre, l'organisation, la structure, le conservatisme. Les organismes vivants représentent, chacun, une solution à ces deux tendances opposées, un compromis unique et transitoire, une étape. Tant qu'il est vivant, l'organisme préserve cet ordre dynamique, avant de s'en retourner au chaos.

Pour pouvoir se maintenir, garder une certaine autonomie, l'être vivant doit faire appel aux ressources de son environnement dans lequel il puise les éléments nécessaires à sa survie ; l'unité de survie ne peut être limitée à l'individu, mais doit inclure tout ce qui lui est nécessaire pour exister en tant que tel. Que l'on se situe au niveau de la cellule, de l'organisme dans son entier, de l'écosystème terrestre ou de l'univers connu, la question du changement concerne, globalement, cette dynamique perpétuelle de maintien d'une intégrité par l'échange avec le milieu.

Dans la mesure où l'on a conscience de la nécessité vitale de l'échange, on peut se préoccuper de comprendre la façon dont l'organisme arrive à conserver sa forme, sa différence. Comment l'individu se transforme-t-il pour rester pareil[3] ? Notons les différences de niveau.

Au niveau de l'espèce, le hasard[4] des mutations génétiques et de la distribution du potentiel génétique de l'espèce donne une souplesse au processus adaptatif. Si les conditions du milieu se modifient, certains spécimens seront mieux adaptés que d'autres, c'est-à-dire qu'ils auront plus de facilités, plus de chances de survivre et de se reproduire ; à la longue, les caractéristiques de l'espèce vont donc se modifier. C'est, en gros, le mécanisme de l'évolution des espèces décrit par Bateson.

Au niveau individuel, l'organisme est soumis à des pressions du milieu et doit trouver les moyens de s'y adapter en « choisissant » (sur la base de ses caractéristiques biologiques) la « nouveauté » qui, une fois intégrée, lui permettra de survivre dans son environnement. Ces modifications individuelles ne seront pas transmises à la descendance afin de ne pas rendre trop rigide le processus plus global de survie de l'espèce (donc du niveau logique supérieur). On pourrait dire que l'évolution se protège contre les fluctuations transitoires de la mode.

D'un point de vue interactionnel, vivre ensemble c'est s'influencer réciproquement : tout signal perçu, toute information impliquent une réaction, donc une modification, un changement (si minime soit-il). On pourrait paraphraser l'axiome de Paul Watzlawick et dire : « On ne peut pas ne pas influencer », dans la mesure où tout message comporte à la fois un aspect « indice » et un aspect « commande ». C'est ce dernier aspect qui nous intéresse particulièrement ici. Notons qu'il n'est nul besoin d'invoquer une intention dans l'esprit des acteurs et que ce phénomène est valable pour tous les systèmes vivants ; le soleil ne « décide » pas de faire pousser la plante, celle-ci ne décide pas de puiser dans le sol les minéraux nécessaires à sa survie, etc.

Nous avons exposé en détail la théorie de l'apprentissage de Bateson qui insiste sur l'aspect hiérarchisé des changements, sur les niveaux de plus en plus abstraits des leçons que nous tirons de nos expériences. Nous n'y reviendrons pas, si ce n'est pour dire que Bateson a montré que les changements somatiques comportent la même structure hiérarchisée et que la théorie des types logiques permet d'en pointer les différents niveaux. Un exemple, emprunté à Bateson, suffira pour en donner un aperçu. Prenons le cas de la régulation de l'organisme en fonction de la quantité d'oxygène disponible.

– Les variables biologiques importantes d'un organisme ont une marge adaptative nécessaire aux changements des conditions de l'environnement ; par exemple, un certain taux d'hémoglobine dans le sang, un rythme respiratoire et une pression artérielle donnés, etc. Chaque variable dispose d'une certaine latitude de fonctionnement, elle peut osciller entre un seuil minimum et un seuil maximum afin de pouvoir faire face à des modifications subites du milieu. Dans une situation de danger, par exemple, l'organisme se mobilise pour la fuite ou le combat, ce qui nécessite l'activation de certaines variables physiques : augmentation des rythmes respiratoire et cardiaque, etc. Ces variables se rapprochent alors de leur limite supérieure. Le danger écarté, l'organisme retrouve sa norme de fonctionnement antérieur.

– Maintenant, si l'individu doit vivre longtemps dans des conditions différentes, disons qu'il décide d'aller vivre à Mexico, qui se trouve à plus de deux mille mètres d'altitude, le fonctionnement de ses variables physiques est modifié de manière durable. Mais il y a là un risque pour la survie de l'organisme : certaines variables se sont rapprochées de leur limite et n'ont plus la même facilité adaptative. Cela risque de ne plus leur laisser la souplesse nécessaire pour affronter les situations d'urgence (un danger, par exemple). Pour pouvoir survivre, des changements plus profonds, qualitativement différents, sont requis : c'est le niveau de calibrage des variables concernées qui devra changer ; par exemple, une augmentation du taux d'hémoglobine dans le sang. Changements plus profonds, plus durables aussi, mais qui permettent de retrouver la souplesse adaptative nécessaire. C'est le phénomène que Bateson appelle l'acclimatation (analogue biologique de son apprentissage secondaire).

– Imaginons que, pour une raison ou pour une autre, le taux d'oxygène vienne à diminuer sur notre planète et que cette situation perdure ; il est probable qu'il y aurait une pression de sélection qui favoriserait, au niveau de l'espèce humaine cette fois, les mutations génétiques allant dans le sens d'une diminution de la rigidité provoquée par les changements des conditions de vie ; on pourrait donc assister, par exemple, à une élévation du taux moyen d'hémoglobine dans la population.

Nous venons d'envisager le phénomène à un niveau physique, mais le même raisonnement peut s'appliquer aux variables socioculturelles, aux contraintes imposées aux systèmes sociaux. Toute société dispose d'institutions créées pour faciliter sa survie ; des règles de conduite (les lois), des moyens de régulation (services d'ordre, moyens de coercition, encouragements, punitions, etc.). Si l'un de ses membres se comporte d'une façon qui n'est pas acceptée, les moyens de régulation vont permettre de rétablir l'équilibre, l'ordre antérieur. Lorsqu'un grand nombre de citoyens se comportent d'une façon non souhaitée, les moyens de régulation habituels ne permettent plus de rétablir l'équilibre antérieur (par exemple, on pourrait arriver à une saturation des prisons, à une augmentation de la délinquance rendant les conditions de vie très difficiles pour un très grand nombre de personnes, etc.). Dans ce cas, des modifications plus profondes devront prendre place si cette société veut continuer à exister ; elle pourrait, par exemple, modifier certaines lois, voire sa Constitution, ce qui entraînerait alors la modification d'une constellation de variables.

Résumons-nous. Dans notre effort perpétuel pour maintenir notre organisme dans un état satisfaisant, nous réagissons pour neutraliser les effets des « agressions » liées à nos contacts nécessaires avec notre environnement (c'est le changement par rétroactions ou encore, dans la terminologie du MRI, de type 1). Lorsque nous n'arrivons pas à réguler cet échange permanent, nos variables essentielles sont poussées vers leurs limites, ce qui rend plus délicate notre souplesse adaptative générale. Nous pouvons donc dire que, dans ces moments-là, notre système se trouve loin de sa position d'équilibre, qu'il est « en crise ». Des changements s'imposent pour rétablir la marge de souplesse nécessaire à une régulation qui ne force pas l'organisme à puiser dans des réserves indispensables pour affronter des mesures d'urgence (c'est le changement par calibrage ou changement de type 2).

Jusqu'à présent, nous avons envisagé le changement sous l'angle de la coévolution, c'est-à-dire le processus global de régulation de sous-systèmes en interaction. Aucune « intention » n'a été postulée, aucun plan préalable. Pour utiliser un langage systémique, nous dirions qu'il s'agit d'une « équifinalité », le système étant sa meilleure explication[5].

10. 2. Le changement intentionnel

Maintenant, nous allons nous aventurer dans le domaine plus glissant du « but conscient », c'est-à-dire celui du changement délibéré, planifié. Nous rejoignons ici le débat séculaire entre déterminisme et libre arbitre. Débat éclairé par Bateson et la distinction qu'il établit entre les phénomènes convergents et divergents.

10. 2. 1. Phénomènes convergents et divergents

Si la prédiction est possible en ce qui concerne certains phénomènes qui tendent vers une limite et impliquent un très grand nombre d'entités à la fois (comme il est possible, par exemple, de déterminer les changements d'état de l'eau en fonction des variations de température, ou encore certaines tendances générales d'évolution de la population d'une société), il en va tout autrement en ce qui concerne le comportement d'une entité particulière (qu'il s'agisse de la trajectoire d'une particule ou du comportement d'un individu donné). « Le générique est à notre portée, mais le spécifique nous échappe[6]. » Différence de niveau logique une fois encore, aux implications vertigineuses pour les sciences humaines en général et la psychologie en particulier. S'il nous est possible de prévoir, de manière probabiliste, le comportement d'un ensemble de personnes, nous ne pouvons absolument pas avoir la même certitude quant aux individus pris séparément.

Nous pouvons donc dégager certaines lois générales et avoir l'impression que le comportement individuel est déterminé par celles-ci, mais, dès qu'il est question de la conduite d'une personne précise, les lois statistiques ne tiennent plus, l'individu retrouve en quelque sorte toute sa liberté. Pour bien préciser cette différence capitale, mentionnons un exemple : si nous pouvons déterminer certaines caractéristiques générales des familles qui peuvent élever un enfant adoptif avec de bonnes chances de succès, il ne nous sera jamais possible de prévoir l'issue de l'adoption d'un enfant par une famille précise (même correspondant aux critères généraux favorables). C'est le problème de tous les tests étalonnés sur une grande population, donc des expertises psychiatriques, etc.

10. 2. 2. Adaptation et prédiction

La connaissance préalable des règles des phénomènes convergents nous évitera un gaspillage de régulations évitables – il s'agit donc d'un processus économique. Par contre, toute tentative d'anticipation des séquences divergentes conduira inévitablement à un « gaspillage » car cela signifie que nous nous efforçons de traiter des données hypothétiques. Ce processus de prédiction d'événements futurs implique la possibilité d'apparition de certaines « pathologies ».

– D'abord, nous pouvons nous efforcer de prévoir des phénomènes par nature imprévisibles ; cela nous conduira à vouloir acquérir sans cesse des indices supplémentaires – c'est le « syndrome d'utopie » décrit par l'équipe du MRI.

– A l'inverse, nous pouvons ignorer les phénomènes prévisibles, ce qui recouvre en partie le comportement des « terribles simplificateurs » décrits par le MRI.

– Nous pouvons aussi disposer d'une connaissance erronée des séquences convergentes ; notre « modèle » ne correspond pas au phénomène modélisé. Cela signifie que nous ne pourrons jamais réguler correctement nos actions (comme si nous nous efforcions d'atteindre une cible *x* avec un canon, et que nos renseignements préalables quant à l'emplacement de la cible soient faux). Remarquons au passage que ces « erreurs » peuvent s'avérer bénéfiques, les mélanges de niveaux peuvent être créateurs ; l'histoire de la découverte de l'Amérique par Christophe Colomb en est la meilleure illustration !

Il faut ajouter que le fait de considérer tous les phénomènes comme convergents, ou l'inverse, conduit également à certaines formes de pathologie. Dans le premier cas, on tentera de tout prévoir, c'est-à-dire que l'on sera amené à essayer de traiter une quantité infinie d'informations (la multitude de tous les *scenarii* possibles). Notre intellect, notre « ordinateur personnel », va alors tourner sans cesse sans jamais arriver à offrir un objectif satisfaisant : c'est l'hésitation perpétuelle, les échéances mille fois reportées, la découverte d'indices nouveaux dans tous nos contacts avec l'environnement (les avis des autres, par exemple), l'angoisse, etc. Dans le deuxième cas, c'est la nécessité de traiter *dans l'instant* toutes les informations qui se présentent au fur et à mesure de la réalisation de notre action – avec le risque de saturation de nos « circuits » et donc le repli, le retranchement de cet environnement

« hostile ». Donner un cours, une conférence, entrer en contact avec des personnes inconnues, etc., autant de séquences qui comportent les deux aspects : si l'on veut prévoir toutes les réactions du public ou du partenaire, c'est le blocage complet ; si nous ne préparons pas notre partie de la séquence (le contenu du cours, notre propre « image », etc., c'est-à-dire toutes les séquences culturellement prédéfinies), nous risquons fort de nous retrouver contraints à devoir justifier sur le moment même les lacunes prévisibles de la relation entre l'autre et nous.

10. 2. 3. Mesures locales et mesures globales

De la cellule à l'écosystème, nous avons affaire à une hiérarchie de sous-systèmes ; chacun est intégré au tout, mais dispose également d'une autonomie lui permettant de traiter directement les changements de type local. Il n'est pas nécessaire d'avoir recours à des textes de loi ou à un juge pour régler des difficultés conjugales dans une famille. Ce n'est que lorsqu'un sous-système ne peut suffire à traiter une perturbation interne que le recours à un niveau supérieur s'impose. Dans ce cas, l'ensemble du sous-système fonctionnant mal, il va perturber les autres et nous verrons se propager le problème d'une manière beaucoup plus globale.

Il faut remarquer que, si nous ne tenons pas compte des moyens de régulation locaux, les mesures (prises à un échelon supérieur) risquent d'entraîner une « disqualification » de ces mécanismes locaux. La boucle de régulation plus globale devient alors indispensable, ce qui peut nuire au bon fonctionnement de l'unité concernée. Imaginons qu'un contremaître n'arrive pas à traiter un problème survenant dans son équipe et que le directeur doive intervenir. Ce dernier peut le faire directement lui-même – mais alors qu'attendre encore de la fonction régulatrice du contremaître ? Ou bien le directeur peut renforcer les moyens d'action du contremaître et faire en sorte que ce dernier change d'attitude ou de comportement pour que le problème se résolve à son niveau. On peut rencontrer le même type de mélange de niveaux d'intervention à un échelon plus général, par exemple pour des questions qui concernent le comportement des enfants dans notre société ; si cette dernière se charge elle-même de pallier les lacunes éducatives en se substituant aux parents (en plaçant ou en internant les enfants, par exemple), elle risque fort de devoir intervenir directement si des difficultés se reproduisent ; le niveau du sous-système familial a été mis hors circuit.

A l'inverse, on ne peut s'attendre à ce qu'un problème qui concerne un système très large puisse être réglé uniquement par des mesures locales. Même si, en définitive, ce sont les individus qui agiront au coup par coup, seules des mesures visant à coordonner les efforts des différentes personnes, donc des mesures structurelles, permettront une synergie des diverses actions individuelles.

Une façon de délimiter le système pertinent consiste à détecter les éléments du système qui sont concernés par le problème, à tester en quelque sorte le passage du « courant » dans le circuit. Par exemple, il se peut qu'un problème conjugal puisse se limiter aux deux époux, auquel cas il ne sera pas nécessaire de tenir compte d'autres personnes de la famille pour le régler. Mais il peut aussi englober l'un ou l'autre enfant ou encore certains autres membres des familles des parents. En pratique, il est habituellement assez facile de déterminer le système à prendre en considération ; encore une fois, c'est le problème à traiter qui sert de guide.

10. 2. 4. Changement quantitatif et changement qualitatif

On peut encourager doucement ou fortement, punir légèrement ou durement. Cette gradation de la conduite entraîne des réactions différentes ; il arrive qu'une punition légère n'aboutisse pas au résultat escompté, alors qu'une sanction ferme le peut. Mais il arrive aussi qu'un certain type d'action, quel que soit son niveau quantitatif, ne soit pas approprié pour le résultat souhaité. Il faudra donc envisager un autre type de conduite, un comportement qualitativement différent.

Lorsque la solution n'apparaît pas directement, lorsqu'elle

n'émerge pas du contexte, nous devons analyser le problème de manière consciente ; nous faisons appel aux leçons que nous avons tirées de nos expériences passées. Si notre décodage ne tient pas compte de certains éléments importants de la situation-problème, nous risquons fort de ne pas aboutir à la formulation d'objectifs et de moyens adéquats. Notre volonté de résoudre le problème ne nous sera alors d'aucune utilité, sinon pour prouver nos bonnes intentions.

Nous touchons à un domaine délicat car cette question est complètement entremêlée avec notre apprentissage « coévolutif ». Nous changeons, nous nous adaptons, mais nous sommes bien en peine de préciser les « règles » qui gouvernent le changement. Ce qui complique encore plus la question, c'est que nous avons tous une conception plus ou moins claire de ces règles. Par exemple, nous pensons que, si nous élevons notre enfant de telle ou telle manière, nous avons de bonnes chances de le transformer dans tel ou tel sens. Dans ce livre, nous avons fait appel au concept d'*épistémologie*, au sens batesonien, pour rendre compte de notre connaissance (qu'elle soit consciente ou non) de ces règles. Cette connaissance est notamment formulée sous forme de séquences corrélatives ou causales : si nous faisons telle chose, il se produira ceci ou cela.

Mais tout n'est pas prévisible ; en général, nous l'avons vu, seules les séquences convergentes sont prévisibles. Certains éléments du contexte restent aléatoires (ou du moins impossibles à déterminer), ce qui laisse la place aux déviations de trajectoire, aux bifurcations, aux « catastrophes », etc.

Lorsqu'un individu est confronté à une situation qui le fait souffrir, comment peut-il rétablir un état satisfaisant ? La question est complexe et nous devrons la simplifier de manière à pouvoir formaliser certains principes de base. Nous ne reviendrons pas ici sur les modifications de type coévolutif, donc des changements structuraux « spontanés » tels que le passage à un niveau logique différent comme nous avons pu le voir à l'œuvre dans notre expérience du dauphin ou encore dans le processus d'acclimatation.

Nous nous limiterons ici à un effort délibéré de résolution de la crise – c'est le cas de la situation thérapeutique. Nous avons affaire à un système à objectif défini, et l'équipe de MRI le traite exactement comme un circuit cybernétique dysfonctionnant. Ils préconisent donc de :

– préciser le problème,

– définir l'objectif,

– envisager des moyens permettant de rétablir des conditions de fonctionnement satisfaisantes en mettant un terme aux efforts désespérés et vains utilisés jusque-là.

Chacun de ces trois aspects recèle des difficultés potentielles et ouvre donc des perspectives de recherche intéressantes pour la psychothérapie.

Préciser le problème. Cela dépend de notre « épistémologie », de la façon dont nous interprétons (cartographions) la situation vécue, donc de nos techniques de modélisation. Nous n'avons que très peu d'informations sur nos processus de codage et leurs liens avec nos réponses émotionnelles, la formation de nos valeurs, le phénomène de transformation et d'évolution des *Gestalten* signifiantes, etc. Tout cela pourrait nous procurer des outils plus efficaces pour préciser la définition du problème.

Définir l'objectif. La réalisation de l'objectif est-elle cohérente avec la disparition du problème ? Au plus l'objectif est précis, au plus la régulation sera aisée (comment pourrait-on réguler le comportement ou la trajectoire d'un missile si la cible n'est pas clairement précisée ?). Mais nous en savons très peu sur la façon dont l'être humain formule des objectifs. Erickson affirmait que l'homme défend son intelligence de manière affective. Une approche communicationnelle des affects, de la sexualité, du désir, de la motivation, pourrait enrichir notre connaissance des moteurs de nos conduites et donc nos stratégies de changement. Nous avons évoqué à ce sujet les potentialités de certaines notions de la psychologie de la *Gestalt* – notamment les concepts de saillance et de prégnance – et des modèles mathématiques définis par René Thom.

Envisager des moyens. Sont-ils adéquats ? La manière dont nous tirons les leçons de notre expérience, les mécanismes logiques de nos raisonnements, le rôle de la volonté dans le processus global d'adaptation au milieu… autant de voies de recherche encore peu explorées.

Il faut noter que ce schéma peut s'appliquer à n'importe quel type de changement intentionnel. La relation entre l'intervenant et le demandeur d'un changement peut être envisagée comme l'adjonction d'une boucle de régulation transitoire au circuit individu-environnement. Ce modèle insiste sur l'aspect interactionnel de l'intervention. Pour le contexte thérapeutique, on pourrait donc décoder le circuit *intervenant-patient* de manière analogue à celle dont nous avons envisagé le circuit *individu-environnement.* Le thérapeute doit arriver à fixer un objectif à son intervention (normalement, il s'agit de permettre au patient de définir et d'atteindre le sien) et celui-ci concerne l'ensemble de l'interaction patient-environnement ; sa position doit donc rester « méta » par rapport au problème présenté par le patient. Ce modèle formel d'une intervention thérapeutique a le mérite de faire apparaître clairement les difficultés potentielles des différents niveaux du couplage de ces deux circuits et notamment toute la question de l'autoréflexivité.

10. 2. 5 Influence et contrôle

Si l'on ne peut pas ne pas influencer, cela revient-il à dire que les concepts de manipulation, de pouvoir ou de contrôle n'ont plus guère de sens ? Il nous semble au contraire que le fait d'envisager ces questions de façon interactionnelle nous permet de préciser le type de relation que l'on désigne habituellement sous ces différents vocables. Nous ne ferons qu'esquisser la réflexion mais elle nous paraît ouvrir la voie à d'autres recherches plus approfondies.

Nous avons envisagé le changement coévolutif et le changement intentionnel. Nous avons vu que, dans un phénomène coévolutif, les changements se produisent naturellement ; ils sont la résultante de l'interaction, sans but prédéfini. L'issue de l'interaction n'étant pas prévue, aucun des partenaires ne l'impose. Il en va tout autrement lorsque l'un des partenaires (ou les deux) veut interférer dans cette évolution spontanée et arriver à un objectif défini à l'avance. Nous entrons là dans le royaume de la stratégie. L'un des partenaires de l'interaction (ou les deux) – c'est-à-dire une partie du circuit – veut décider du devenir de l'interaction – donc contrôler le circuit entier.

C'est à travers l'interpénétration de ces deux phénomènes (changement coévolutif et intentionnel) qu'apparaissent la complexité et la richesse des relations humaines : le mensonge, le contrôle, les prédictions qui se vérifient d'elles-mêmes, la manipulation, etc. Et peut-être, en dernière analyse, nous trouvons-nous confrontés ici à un dualisme fondamental de la nature humaine, en relation avec les notions de réalité de premier et de second ordre qu'évoque Paul Watzlawick. Développons quelques-unes de ces notions à titre d'exemple.

Le contrôle. Dans le cas du contrôle, on intervient volontairement dans le processus interactionnel pour que son issue (son output, pour parler le jargon cybernétique) corresponde à un certain résultat prédéfini. L'interaction est régulée en fonction de cet objectif, par rétroaction, selon le principe des machines autorégulées autour d'un norme prédéfinie. Les boucles de régulation jugées inadéquates ou hors de propos seront négligées ou éliminées. Si le contrôle est unilatéral, nous cherchons à avoir la maîtrise sur toutes les variables et nous risquons fort d'imposer une vision réductrice du processus interactionnel, avec toutes les conséquences décrites par Bateson dans sa critique du « but conscient ». Les exemples de ce type de relation sont légion : du mari qui veut absolument que son épouse se conduise de telle ou telle manière au dictateur qui ne tient aucun compte des réactions du peuple à ses directives, en passant par l'eugénisme…

Le consensus. Ici, l'issue de l'interaction est définie par une négociation entre les deux parties. Mais, si ce processus paraît plus respectueux des positions de chacun des partenaires, il n'est cependant pas exempt de risques dont il vaut mieux avoir conscience. L'échange d'arguments et l'effort pour arriver à une position commune nécessitent obligatoirement une simplification des positions. Nous disposons de très peu de vocabulaire pour rendre compte de nos relations, aussi les partenaires sont-ils amenés à les « digitaliser » au maximum. On risque alors d'arriver à préciser des objectifs communs ne reflétant qu'une bien pauvre partie des deux positions de départ. Ce phénomène est très apparent dans les débats publics sur les relations hommes-femmes (le « harcèlement sexuel », la pornographie, etc.), ou dans certains couples qui tentent de définir une conception commune sur un point litigieux (la fidélité, par exemple). En désespoir de cause, on finit par préciser des listes exhaustives de conduites précises à respecter et à éviter, on légifère, etc., et le résultat laisse bien souvent les partenaires non seulement toujours aussi insatisfaits, mais encore entravés par un carcan de lois ou de réglementations de plus en plus contraignantes.

La manipulation et la stratégie. On peut parler de manipulation lorsque l'un des partenaires d'une interaction dissimule ses objectifs personnels (donc définis de manière unilatérale) sous l'apparence d'objectifs consensuels. Souvent, cela permet d'obtenir une collaboration qui s'avérerait improbable sans cette manœuvre. Ceci peut se réaliser notamment en jouant sur le contexte : définir un contexte (cadrer) dans lequel l'action a un sens clair, alors qu'en réalité on vise un résultat dans un contexte différent, donc ayant un sens différent.

Il s'agit donc d'un outil de changement essentiel et efficace, comme nous l'avons vu dans les chapitres précédents, du moins dans la mesure où les objectifs du manipulateur rejoignent, à terme en tout cas, ceux du manipulé ; dans ce cas, on parlera d'ailleurs plus précisément de « stratégie » ou de « tactique » plutôt que de « manipulation ». Nous avons déjà souligné que ce procédé n'est pas sans risque pour la relation : si la manœuvre est dévoilée, le manipulateur peut perdre tout crédit. Il nous paraît important d'attirer l'attention sur la distinction entre l'influence réciproque, inévitable dans toute interaction, et la manipulation volontaire, aux retombées bien plus aléatoires.

Il est également vrai que l'on peut tromper les gens en toute bonne foi, sur la base d'informations partielles sur le contexte par exemple, mais il est nécessaire de distinguer cette éventualité de la manipulation intentionnelle. George Steiner nous paraît rejoindre en partie notre propos lorsqu'il dit : « Les erreurs de l'amour sont des erreurs créatrices, les erreurs du dédain sont des erreurs fatales[7]. »

On voit que l'amalgame entre changement spontané et changement intentionnel recouvre pratiquement tous les problèmes psychologiques tels que nous les avons envisagés dans le chapitre sur la thérapie brève. On pourrait probablement arriver à préciser un peu mieux l'aspect relationnel des échanges interpersonnels à partir de cette distinction et des données rassemblées par Bateson, le MRI et les autres chercheurs qui se sont penchés sur l'aspect « orchestral » de la communication. En tout état de cause, les perspectives semblent encourageantes pour la recherche en communication et relations humaines.

Même si ce dualisme se révèle « épistémologiquement faux », comme le prétend Bateson, et même si nous n'arrivons jamais vraiment à imposer nos objectifs au système global dont nous faisons partie, nous pensons que nos efforts dans ce sens sont à l'origine d'une grande partie de la souffrance psychologique. En tout cas, nous ne pouvons écarter la question qui, d'ailleurs, ouvre la voie à l'établissement d'autres ponts, notamment avec les recherches en sciences cognitives. Si celles-ci ne négligent pas l'aspect interactionnel de nos processus mentaux, les résultats pourraient enrichir les moyens d'intervention thérapeutique.

A notre sens, c'est à ce niveau que se situe le grand défi d'avenir pour la psychologie, à travers la systématisation du procédé de double description des phénomènes psychologiques. La mise en relation de la conception individuelle et du contexte systémique plus général, les liens entre l'esprit individuel et l'esprit coévolutif décrit par Bateson.

11

Conclusions : l'éthique de Palo Alto

Oui, c'était cela en lui la grâce particulière...
Qu'avant d'avoir vécu il avait appris comment vivre.
R. Browning, *Les Funérailles du grammairien*

De tout temps, l'homme s'est efforcé de comprendre et d'expliquer le monde dans lequel il vivait. Toutes les philosophies, les religions et les sciences apportent des réponses à cette quête. Réponses qui évoluent, bien sûr, comme se modifient les idées véhiculées par les différentes cultures quant à la place de l'homme dans son environnement matériel et naturel. C'est ce que nous savons de notre univers qui détermine la relation que nous avons avec lui. La question principale est donc de savoir comment nous acquérons cette connaissance. C'est là que nous touchons au domaine de l'épistémologie [1].

Au cours des derniers siècles, dans nos civilisations occidentales, c'est avant tout la science qui a façonné notre vision du monde, et en particulier la procédure expérimentale formalisée par Descartes. L'homme de science se devait de tendre vers l'objectivité de manière à pouvoir décrire, avec de plus en plus de précision, le monde qui l'entourait, « la » réalité extérieure à lui. Ce paradigme [2] a connu un immense succès. Les théories de Newton notamment laissèrent même entrevoir la possibilité d'une explication totale et absolue de l'univers dans un terme proche. Le monde attendait que l'on découvre ses lois immuables, éternelles. Mais, vers le tournant de ce siècle, alors que l'on croyait que la physique avait pratiquement épuisé son objet[3], toute une série de nouveaux développements obligèrent les scientifiques à envisager une approche complètement différente. Le développement de la mécanique quantique et de la théorie de la relativité a porté un coup terrible à l'un des piliers de la méthode expérimentale : l'objectivité de l'observateur. L'homme, à force de raffinement dans ses méthodes et techniques d'observation, s'est finalement heurté non pas aux limites de la matière elle-même mais à celles de sa propre condition d'être humain biologique. Les scientifiques ont été amenés à reconnaître à quel point leurs observations dépendent de leur propre nature tout autant que de la nature du monde extérieur. Ils ont donc dû revoir de manière drastique la vieille idée selon laquelle la science est complètement « objective ».

Déjà vers le milieu du siècle dernier, la deuxième loi de la thermodynamique et la théorie de l'évolution biologique par sélection naturelle avaient bousculé les prémisses de la science classique, le déterminisme de ses lois absolues et réversibles ; on vit apparaître l'importance du passage irréversible du temps et l'idée révolutionnaire selon laquelle le hasard et l'indéterminisme constituent des caractéristiques fondamentales de la réalité biologique. Comme le dit Waddington[4], loin de pouvoir maintenir une position d'observateur extérieur, le scientifique semble être devenu presque aussi impliqué dans ses théories scientifiques que l'artiste dans ses tableaux.

L'homme s'est donc trouvé « incorporé » à la science d'une manière qui est totalement étrangère aux paradigmes de la science expérimentale traditionnelle. Le discours scientifique actuel témoigne largement de ce changement d'optique, comme le soulignent Prigogine et Stengers : « Ainsi la science s'affirme aujourd'hui science humaine, science faite par des hommes pour des hommes. Au sein d'une population riche et diverse de pratiques cognitives, notre science occupe la position singulière d'écoute poétique de la nature – au sens étymologique où le poète est un fabricant –, exploration active, manipulatrice et calculatrice, mais désormais capable de respecter la nature qu'elle fait parler[5]. »

C'est donc dans ce contexte scientifique en pleine effervescence que, vers le milieu du XXe siècle, d'autres développements vont contribuer à saper les orientations scientifiques traditionnelles. La science va commencer à s'intéresser à l'étude de caractéristiques telles que l'information, l'organisation, le contrôle. Ce ne sont plus des entités au sens habituel de substance, de matière ou d'énergie, mais des caractéristiques plus abstraites d'ensembles d'éléments en interaction, de « systèmes ». L'optique scientifique s'inverse : au lieu d'expliquer les phénomènes complexes en les réduisant à des entités de plus en plus simples, on constate que le comportement des éléments ne se comprend que par leurs relations à l'ensemble. L'étude de ces relations, des formes, des interactions, etc., devient alors une préoccupation scientifique majeure et renouvelle entièrement notre conception des organismes vivants. « L'apparition des machines complexes de traitement de l'information amena une nouvelle conception de l'organisme vivant qui, en plus d'être un moteur (un mécanisme qui transforme l'énergie d'une forme en une autre) et un laboratoire chimique (mécanisme à transformer la matière d'une forme en une autre), est aussi un système prenant des décisions (un appareil servant à traiter, stocker et retrouver de l'information)[6]. » Ce mouvement se distancie des concepts d'entités isolées et autosuffisantes pour se tourner vers les notions de relations naturelles et d'organisation – c'est ce domaine d'étude que recouvre le nom générique d'« approche systémique ». C'est dans le cadre de ce nouveau courant scientifique que s'est développée l'étude de la communication, du comportement et des relations humaines dont nous avons parlé dans cet ouvrage.

Les messages de Bateson et de l'équipe du MRI, comme tous les messages de l'homme de science, doivent se lire au-delà du simple contenu ; c'est à un certain type de relation au monde qu'ils invitent. Bateson cherchait la sagesse ; sa quête était celle de l'« intelligence naturelle », d'une philosophie unie aux grandes lois de la biologie ; il craignait par-dessus tout les certitudes de la mode intellectuelle, celle qui fait miroiter la vérité en niant le relativisme des contingences. Et nous retrouvons cette humilité dans l'approche thérapeutique du MRI. Devant la relativité du normal et du pathologique, le thérapeute doit descendre de son piédestal d'expert en nature humaine pour se contenter de catalyser les coups de pouce du destin. Même défiance à l'égard des solutions finales, même souci de rigueur dans la démarche, même pudeur à s'aventurer dans les mystères existentiels. Même si les formulations peuvent parfois paraître opposées, les questions de pouvoir et d'éthique ont toujours été au centre des préoccupations du groupe de Palo Alto, tant pour Bateson que pour l'équipe du MRI.

Et puis il y a la question de l'esprit, ce trésor que nous avions l'habitude de chérir comme la boussole de notre liberté. Étiré par Bateson, le voilà qui habite tous les êtres vivants et se pare des habits d'un dieu immanent à la *creatura* ; par contre, Paul Watzlawick et les constructivistes le réduisent à la portion congrue ; girouette désorientée, le dieu n'est plus qu'un veau d'or qui témoigne de l'orgueil et de la précarité de la nature humaine. Confusion sémantique bien sûr, l'« esprit » dont parle Bateson n'a pas grand-chose à voir avec les réflexions des patients du Centre de thérapie brève, mais le mélange de niveaux peut être créateur. Nous avons le sentiment que cette dichotomie nous invite en quelque sorte à méditer sur la place de l'homme dans la nature qui l'a créé.

Mais, pour tous, il ne peut y avoir de réponse définitive ; un surcroît de connaissance peut toujours conduire à un contexte plus large, à un modèle différent. Pas de vraie conclusion donc, mais de nouvelles ouvertures, on ne pouvait que s'y attendre en évoquant ce groupe invisible qui a mis le changement au cœur de ses recherches.

11. 1. Le thérapeute : monarque éclairé, dictateur ou démocrate ?

Finalement, quel est le sens du message du groupe de Palo Alto ? Quel type de relation au monde implique-t-il en plus de son contenu strictement scientifique ? A un niveau politique, il invite le psychologue ou le thérapeute a être vigilant en ce qui concerne son rôle social, à le définir en connaissance de cause. De qui sera-t-il l'instrument ? Qui va bénéficier de son travail ?

Le MRI reste tout à fait dans la lignée « anthropologique » de Bateson. Le thérapeute approche le monde de chacun de ses patients comme s'il partait à la découverte d'une micro-culture différente de la sienne. S'il souhaite la comprendre, il ne doit pas l'expliquer, ni la juger, à partir de sa propre culture personnelle. De plus, l'analyse de ce monde est « tautologique » : elle ne fait que révéler ce qui est latent dans les prémisses de l'analyste (que celles-ci soient justifiées scientifiquement ou non). La carte, le modèle explicatif du thérapeute, n'est que la révélation (au sens de l'utilisation de ce terme en photographie) de son processus de cartographie. Le thérapeute ne pourra jamais utiliser cette analyse pour définir les objectifs du traitement de ses patients – sinon, nous risquons de tomber dans des méthodes dictatoriales, d'imposer un certain type de comportement selon le seul bon vouloir du thérapeute. L'analyse n'est que l'outil du thérapeute, elle ne peut permettre de définir la fin, le but de l'interaction thérapeute-patient. C'est d'ailleurs là que se situe, à notre avis, l'un des aspects les plus séduisants et les plus novateurs de la thérapie brève : le respect de l'autre dans ses différences, le souci de laisser le patient préciser ce qu'il souhaite obtenir de la relation thérapeutique.

Nous voyons donc que nous avons affaire à une conception très différente de la relation thérapeutique et du rôle et de la fonction du thérapeute dans la société. On ne lui demande pas d'être le juge du comportement des autres. Ce n'est pas à lui de définir ce qu'il faut faire ou ne pas faire. Ce sont là des options qui, dans un régime démocratique, sont soumises au débat public auquel tout citoyen a le droit de participer (le psychothérapeute au même titre que les autres).

C'est surtout lorsque la psychothérapie se situe dans un contexte contraignant, c'est-à-dire lorsque le patient ne fait pas la démarche de sa propre initiative, que cette position prend toute son importance. Qu'il soit envoyé en consultation psychologique par une autorité morale (médecin de famille, professeur, assistant social…) ou officielle (tribunal, police…), les enjeux pour le thérapeute – et surtout pour le patient – dépassent alors largement la question de l'aide psychologique pour se rapprocher des procédures de contrôle social.

On n'a que trop tendance, face à des questions complexes qui laissent la société dans le doute (par exemple la toxicomanie, la délinquance, la maltraitance…), à souhaiter que la thérapie puisse se substituer à la justice ; si les gens se conduisent d'une façon qui dérange les pouvoirs en place, on aimerait pouvoir croire que ces personnes marginales ont un problème psychologique qu'elles souhaitent voir résolu, du moins dans leur for intérieur. Si cette équation entre respect des normes sociales et santé mentale entraîne une levée de bouclier lorsqu'elle se produit dans un pays non démocratique, nous nous en croyons à l'abri dans nos démocraties occidentales. Le thérapeute qui n'est pas conscient de cette confusion des rôles risque fort de se retrouver dans la position paradoxale de devoir obliger les gens à se faire « aider ». Et malheur à celui qui se risquera à décliner son aide car il aura dès lors fait la preuve de sa mauvaise foi. La question de savoir « qui souhaite l'intervention » a donc des implications extrêmement importantes tant pour le déroulement de la thérapie elle-même[7] que pour la fonction sociale du thérapeute.

Le psychologue n'est pas forcément « compatissant » ou « charitable », pas plus que ne l'est forcément un spécialiste en physique nucléaire. La psychologie ne peut éviter le débat éthique et politique si elle veut arriver à définir clairement son objet et sortir de l'obscurantisme quasi religieux dans lequel certains s'efforcent de la maintenir. Chacun sait actuellement que des stratèges de la communication participent à l'élection d'un président, à la manipulation des médias, au contrôle des mouvements de contestation, etc. Si nous ne faisons pas sortir la psychologie de la philosophie et de la métaphysique, nous en resterons officiellement à des questions d'opinion, de connaissance de soi, de finalité de la vie, etc., alors que, pendant ce temps-là, les groupes au pouvoir vont l'utiliser de manière bien plus pragmatique pour imposer leurs vues. Les regrets et l'indignation n'y changeront rien.

La question demande la transparence ; les questions éthiques ou morales apparaîtront alors clairement et le débat sera possible. De la même manière que la cybernétique a permis le développement des missiles à tête chercheuse et des bombes intelligentes, cela ne signifie pas que toute recherche en cybernétique soit mauvaise ou bonne ; les applications peuvent et doivent être discutées au niveau social global ; mais, ici, on ne demande pas aux techniciens eux-mêmes d'être juge et partie, tout le monde a le droit de se faire une opinion et d'essayer de convaincre les autres, c'est là la base du processus démocratique. Il ne viendrait à l'esprit de personne d'affirmer, *a priori*, que toute application technologique est intéressante tout simplement parce qu'elle marque un « progrès » pour la société. Il n'est pas plus logique de considérer que toute intervention psychologique ou « expertise psychiatrique » est bonne tout simplement parce qu'elle témoigne d'une meilleure connaissance du comportement humain. Pourtant, on continue d'envoyer dans des asiles ou en prison sur la base de ces témoignages scientifiques. En ce qui concerne les positions morales, il est temps que les psychologues retrouvent leur liberté de citoyen en abandonnant leur prétention à l'objectivité absolue. La question tient à la clarification d'une confusion, celle qui consiste à considérer *le psychologue comme étant avant tout au service des individus, quel que soit le contexte dans lequel il travaille*.

11. 2. Systémique et vision binoculaire

L'intérêt principal de l'apparition de la conception systémique dans les sciences sociales ne nous paraît pas tant se situer dans la nouvelle approche elle-même que dans le gain inespéré, dans la qualité émergente de la rencontre des deux visions, des deux modèles explicatifs. Constater que le comportement humain peut être envisagé à partir de fondements entièrement différents signifie surtout que les théories ne sont que des constructions mentales, des « modèles », et qu'il ne faut en aucun cas prendre l'explication du fait pour le fait lui-même. Et c'est probablement là le message essentiel des théories contructivistes que Watzlawick a contribué à diffuser tant dans les milieux scientifiques que dans le grand public. Dès lors, il n'est plus nécessaire de vouloir chercher *la* meilleure vision d'un point de vue absolu. Seule l'adéquation du modèle pour la résolution du problème à traiter peut en justifier l'utilité et la valeur. Il en va d'ailleurs de même pour ce qui est de la vision du monde de chacun d'entre nous ; personne ne peut revendiquer une « meilleure » vision qu'un autre selon des critères objectifs quelconques. Elle ne peut qu'être efficace ou inefficace pour surmonter des difficultés précises dans un contexte déterminé.

11. 3. « Rigueur et imagination » [8]

Les conférences Macy ont conduit Bateson à envisager le comportement de l'individu selon le modèle des machines autorégulées. Cela a provoqué, à juste titre, les critiques de nombreux scientifiques qui se sont insurgés contre les limitations de cette métaphore explicative réductrice. Ces craintes ont d'ailleurs été renforcées par les recherches sur l'intelligence artificielle qui, pour certains chercheurs, constituent la seule voie pour cerner la complexité de l'esprit et du comportement humains. Pourtant, prendre comme base d'une théorie du comportement humain les systèmes à causalité circulaire ne revient pas forcément à assimiler l'homme à la machine. Ici encore, il importe de ne pas mélanger les niveaux logiques. Vouloir construire une théorie scientifiquement rigoureuse et précise à partir de notions comme l'information ou la communication n'implique pas la réification de la métaphore. C'est lorsque les modèles explicatifs sont clairs et définis qu'il est possible de les critiquer, donc de les modifier, voire de les réfuter – c'est là la condition première d'une théorie scientifique. Qu'il soit nécessaire de compléter l'approche de l'esprit humain est une évidence, mais cela ne signifie pas pour autant que, pour rester plus proche d'une réalité phénoménologique, il faut avoir recours à des concepts flous. Il est très possible que les prémisses de la communication humaine doivent, dans un temps relativement court, être entièrement revues [9]. Ici encore, la question n'est pas de découvrir *la* bonne théorie mais une théorie claire et utile. En ce sens, les bases posées par Bateson permettent non seulement une approche mieux définie du comportement mais également de lancer des ponts entre le biologique, le psychologique, le culturel, etc.

Toute cette nouvelle approche du comportement et du changement nous invite aussi à redécouvrir le rôle de la créativité comme principe essentiel de l'évolution des idées. Nous l'avons vu, toute théorie impose des contraintes : la nouveauté ne pourra venir que des chemins de traverse, du non-respect de la tradition scientifique ou intellectuelle.

11. 4. Communication et médias

Tout événement se déroule dans un contexte, et c'est la manière dont on définit le contexte qui va permettre de préciser la signification de l'événement. Pour illustrer notre propos, un exemple, dérisoire sans doute, permettra de mieux cerner cette idée. Si nous entendons à la radio que quelqu'un a introduit un cochon vivant dans le bureau d'un ministre, nous serons tous enclins à souhaiter que le malheureux individu aille, au plus vite, chercher l'aide d'un spécialiste de la maladie mentale. Si, par contre, on ajoute que cette personne est un fermier qui prenait part à une manifestation contre la politique agricole du gouvernement, il est clair que son comportement prend un tout autre caractère !

Le *partage du sens* des événements est probablement l'un des ciments essentiels de notre appartenance culturelle ; ne pas être compris c'est se sentir exclu, isolé. Le rôle des médias est extrêmement important dans ce phénomène ; la façon dont les journalistes ponctuent les événements entraîne la formation de mouvements d'opinion dont les conséquences sont très « concrètes » (et même parfois dramatiques, comme l'ont montré les événements récents de Roumanie, de Yougoslavie ou encore la guerre du Golfe). Les différents niveaux de la communication, la ponctuation, l'importance du contexte, etc., autant d'aspects qui sont déterminants pour le travail des médias, de ceux qui contribuent à forger les redondances culturelles collectives (surtout quand on y ajoute la pression morale exercée par les autorités et justifiée par l'importance de la solidarité nationale). Sinon, l'information risque de devenir le monopole des pouvoirs en place et les journalistes des instruments de désinformation. A notre époque tellement médiatisée, cela laisse rêveur ; devrons-nous, à partir de maintenant, nous contenter de contempler une image du monde qui nous sera construite de toutes pièces par les pouvoirs politiques jusqu'à ce qu'elle devienne auto-validante [10] ?

La multiplication des moyens de diffusion de l'information va tendre à uniformiser les connaissances – et surtout les prémisses et les visions du monde – et, par là, accélérer l'entropie du système, réduire les différences. Devant cette tendance, on ne peut que vouloir favoriser toute émergence de nouveauté si nous voulons échapper au totalitarisme des idées dominantes.

11. 5. Le point de vue interactionnel et ses implications

Il y a de cela quelques dizaines d'années, nous nous sommes aperçus, avec surprise, que la relation que nous avions entretenue jusque-là avec notre environnement devait être entièrement revue. Notre erreur avait été de croire qu'elle était à sens unique : nous pouvions exploiter les ressources de la nature et y renvoyer nos déchets sans nulle crainte. Notre cause était « juste et morale » ; nous travaillions pour le progrès et pour le bien-être des populations de notre planète, nous œuvrions pour la survie et une meilleure adaptation de l'espèce humaine. Nous avons dû reconnaître, depuis, que la fin ne justifie pas toujours les moyens, en particulier lorsque nous ne tenons pas compte du fait que les moyens utilisés pour résoudre un problème deviennent eux-même des « causes » d'événements imprévus, et que ceux-ci s'avèrent pires que le problème original. Il était « juste et moral » de lutter contre les méfaits des insectes sur nos cultures et donc adéquat de déverser des tonnes de DDT sur les champs. Nous avions seulement « oublié » de penser que le DDT pouvait lui-même représenter une menace bien plus grande pour notre survie que les insectes. La nature ne s'est cependant pas contentée de nos excuses et nous continuons d'être menacés par les retombées de nos solutions « adéquates ».

Bateson a bien souvent utilisé cet exemple pour illustrer les méfaits potentiels d'une épistémologie fondée sur la coupure entre l'individu et son environnement, et ses corollaires : une attitude volontariste linéaire et des conduites inspirées par la recherche de buts conscients au mépris des boucles de régulation naturelles. Mais le propos de Bateson n'était pas directement écologique, ou alors il faudrait étendre le sens du mot à une écologie des relations humaines, à une écologie des idées, dont il a été un pionnier. Voici ce qu'il écrivait il y a près de vingt-cinq ans, à propos du conflit israélo-palestinien au Moyen-Orient : « D'habitude, il n'y a que deux façons de prendre part au conflit : en soutenant les opprimés, ou en soutenant les impérialistes. Si on y entre, on doit absolument prendre parti. On n'a pas d'autre échappatoire. [...] Il existe une autre façon, plus abstraite, d'aborder la question : comprendre les particularités de l'ensemble du système [...] prendre en considération la dynamique de l'ensemble de cette pathologie traditionnelle dans laquelle nous sommes pris, et où nous resterons certainement tant que nous continuerons à nous battre dans le cadre de ce vieux conflit. Nous ne faisons que tourner en rond, encore et encore, autour de ces prémisses anciennes [11]. »

Que ce soit pour envisager les relations internationales ou familiales, le changement de point de vue modifie le sens même de l'événement considéré et, par conséquent, l'attitude que nous aurons pour y faire face. Chaque partenaire d'une interaction ponctue les échanges de son propre point de vue, ce qui scotomise justement l'aspect relationnel de l'interaction. Chaque camp nous invite à partager sa conception et développe ses arguments avec une conviction qu'il essaie de nous transmettre. Quelle explication devons-nous suivre ? L'exercice est périlleux parce que cette explication nous conduira inéluctablement à prendre une position et, par voie de conséquence, elle déterminera l'ampleur des moyens à mettre en œuvre pour atteindre le but que nous nous serons ainsi assigné. Lorsque nous avons choisi, il faut faire triompher son point de vue, l'imposer, c'est-à-dire « gagner ».

Il faudra bien un jour reconnaître qu'il nous faut renoncer à cette idée tentante, mais dangereusement simpliste, qui laisse croire que la menace et la force sont les meilleurs moyens d'instaurer des relations pacifiques et d'arriver à l'ordre et à la sécurité. Nous avons tous les jours des preuves sanglantes de la naïveté de cette idée. On peut vouloir être pragmatique et affirmer qu'il s'agit là du moyen le plus direct d'écarter les trouble-fête de la démocratie. Ne nous laissons pas leurrer une fois encore : imposer quelque chose à quelqu'un contre son gré, c'est accepter que plus jamais nous ne pourrons lui tourner le dos sans nous exposer à une dangereuse riposte. Ce procédé conduit inexorablement à l'isolement et à l'aliénation, et les murs ne sont jamais assez hauts pour se protéger des exclus.

Cette arrogance, ce rêve de contrôle unilatéral, nous rappelle donc l'attitude que nous avons cru pouvoir avoir avec notre environnement. Là aussi, nous avons longtemps cru naïvement qu'il devait se plier à notre volonté et accepter sans broncher les règles du jeu que nous lui imposions. Nous avons appris à nos dépens que la nature est un dieu dont on ne se moque pas. Et la pollution de l'esprit est sans doute bien plus grave encore.

Le point de vue interactionnel propose un autre type de ponctuation ; en ce sens, il implique une nouvelle manière de comprendre le monde qui nous entoure. Nous citerons une fois encore Gregory Bateson qui disait : « La “liberté” et la “responsabilité” sont deux notions complémentaires ; l'accroissement de la première provoque toujours l'accroissement de la seconde[12]. » Le point de vue interactionnel nous invite à abandonner notre attitude ethnocentriste tout en nous assurant qu'il est d'autres manières d'envisager les relations humaines et de régler des conflits, peut-être même de façon plus durable.

Cette nouvelle épistémologie, alliée à la méthode de résolution de problèmes du MRI, nous paraît indiquer à merveille une voie de concrétisation du mot d'ordre « penser globalement, agir localement », en offrant à la fois une approche respectueuse de la complexité des affaires humaines et une méthode d'action efficace. Nous pouvons nous demander quelles nouvelles solutions pourraient apparaître si nous envisagions sous cet angle les relations entre autochtones et immigrés, la montée de l'extrême droite, la lutte contre la toxicomanie, et bien d'autres questions brûlantes de notre vie quotidienne. En tout cas, ce changement épistémologique nous conduirait à renoncer progressivement à notre attitude arrogante ; puisse-t-elle céder la place au temps de la reconnaissance réciproque, début de la sagesse.

Bien des questions restent ouvertes, heureusement. Si notre connaissance est toujours partielle, si nous ne pouvons nous y fier pour savoir quoi faire, et si d'autre part la vie n'est qu'une suite ininterrompue d'actions, alors que fait-on ? Après notre périple à travers les paradoxes de l'autoréflexivité, cela ne devrait pas nous effrayer : il était somme toute assez logique que nous débouchions sur une conclusion aux allures de ko-ân zen.

Bateson est mort le 4 juillet 1980, au centre zen de San Francisco. Sa fille Mary Catherine a raconté ses derniers moments et nous allons conclure en citant un extrait de son récit qui, à notre sens, peut servir de parabole pour l'ensemble de ce livre.

La famille et quelques amis sont réunis autour du lit d'hôpital que les moines zen ont installé pour leur hôte mourant. « Nous étions tous assis en demi-cercle autour du lit ; Steve, un étudiant et ami de Gregory, jouait du violon, tandis que Lois l'accompagnait au tambourin, les autres harmonisant leurs voix pour tisser un chant qui remplit la chambre obscure pendant un temps qui me parut très long. Pendant que la musique s'élevait dans la pièce, Gregory, à moitié somnolent, arracha d'un revers de la main le tube d'oxygène qui lui entrait dans les narines, et je crois que chacun d'entre nous dut résister à l'impulsion de se lever et d'aller le lui remettre en place. Certains d'entre nous pleuraient doucement. La musique était comme une douce plainte qui unissait nos divers sentiments en une harmonie unique. Lorsque la musique se tut, nous sommes restés assis un moment, écoutant sa respiration laborieuse et déclinante. Après un moment, on ralluma les lumières, Gregory se souleva pour boire et manger un peu, quelques bouchées, et on se répartit les gardes pour la nuit ; c'est alors que l'un des disciples zen est entré dans la chambre et a remis le tube d'oxygène [13]. »

Gregory Bateson devait mourir deux jours plus tard.

ANNEXE I

Le MRI aujourd'hui

Il faut reconnaître qu'aujourd'hui le MRI ne donne pas vraiment l'impression d'une synergie entre les différents centres ou les différentes personnes qui y travaillent. Il existe bien une réunion le mardi, entre midi et une heure, sorte de « déjeuner-débat » où chacun peut présenter ses travaux ; certaines personnalités extérieures à l'institut y sont conviées à l'occasion. Cela mis à part, les membres du MRI se croisent surtout dans les escaliers, le patio ou le secrétariat. Il semble que cette situation ne date pas d'hier, comme le signale Richard Fisch : « Il n'y pas beaucoup de contacts ; enfin, oui et non. Il y a très peu de contacts formels. Le contact se fait, par exemple, quand John prend le temps de superviser les thérapeutes qui travaillent à la clinique (à partir du modèle de la thérapie brève, bien sûr) ; en de rares occasions, nous présentons notre travail dans des rencontres ou nous participons à des réunions. Jules [Riskin] et moi avons eu plusieurs discussions amicales sur notre travail. Il a abattu énormément de travail pour rassembler les gens, parce que le MRI a toujours été un endroit fragmenté ; tout le monde a son projet personnel, on partage peu l'information. [...] le MRI a toujours eu une ambiance générale de *prima donna*[1]. »

Mais, même si le Centre de thérapie brève constitue évidemment la principale attraction de l'institut, il n'en reste pas moins que beaucoup d'autres activités intéressantes y sont organisées. Si l'on choisit bien son moment pour se rendre à Palo Alto[2], on peut avoir la chance d'assister à de nombreux ateliers (notamment les deux jours de formation à la thérapie brève donnés par John Weakland et Richard Fisch, ou encore celle, axée sur l'hypnose ou sur la « thérapie du “comme si” », donnée par Paul Watzlawick). Le visiteur qui peut se permettre de passer plusieurs mois à Palo Alto pourra suivre la formation intensive à la thérapie brève (Weakland et Fisch) pour professionnels avertis et traiter un « vrai » patient sous la supervision directe des maîtres. Il aura également la possibilité de rencontrer ces derniers, une heure par semaine, dans leur bureau, et de leur poser toutes les questions qui l'intéressent. Il pourra peut-être aussi se joindre au projet de l'Emergency Treatment Center [3] de Diana Everstine.

Pour les visiteurs des mois d'été, le traditionnel symposium du MRI offre l'occasion de voir et d'entendre Heinz von Foerster présenter les principes de la cybernétique de second ordre et du constructivisme et évoquer ses souvenirs personnels de Bateson et des conférences Macy. Il arrive que l'on y rencontre Fritjof Capra [4], qui parle de Maturana, de Varela et de Gregory Bateson (qu'il a longtemps côtoyé). Tout cela trop brièvement sans doute, trop superficiellement, mais sous le soleil californien et avec la possibilité d'aller voir le Pacifique du haut du Golden Gate ou du Bay Bridge. Après tout, Palo Alto a aussi la chance d'être tout proche de San Francisco.

Le MRI c'est aussi une clinique qui reçoit des patients chaque jour de la semaine, une série de bureaux où Watzlawick, Weakland, Fisch (et beaucoup d'autres) reçoivent des patients en consultation privée. C'est un endroit où il se passe rarement une semaine sans que quelqu'un organise une *party*, la plupart du temps dans le patio ; on y croise des gens venus de tous les coins du monde et l'on voit John Weakland taquiner les jeunes résidentes autour d'un verre de champagne californien.

Alors, le MRI est-il mort ? Les plus célèbres de ses membres vieillissent, c'est certain. Les nouveaux projets de recherche ne sont probablement plus à la pointe de l'actualité de la psychothérapie, c'est encore vrai. Mais il n'en reste pas moins que l'approche interactionnelle du MRI, et en particulier le modèle d'intervention du Centre de thérapie brève, n'en finit pas d'être redécouverte ; ce qui ne devrait pas nous surprendre si l'on considère à quel point il a été novateur.

Il est difficile d'entrevoir l'avenir de l'institut lui-même. La politique du MRI n'a jamais été très expansionniste, sinon sous la forme d'écrits. Pas de disciples officiels, peu de parrainage d'instituts ou de centres extérieurs. Signalons quand même que, au moment où l'équipe de Mara Selvini s'est orientée vers la systémique, elle a fait appel à Paul Watzlawick pour la conseiller dans la mise en place de la nouvelle approche thérapeutique[5]. Paradoxalement (mais est-ce bien là pour nous surprendre), l'avenir du groupe de Palo Alto se situe sûrement plus dans son passé. Que ce soit dans les travaux de Bateson qui n'ont pas encore, loin s'en faut, livré toutes leurs potentialités, ou dans l'optique « hérétique » du Centre de thérapie brève.

Domaines d'application du modèle de Palo Alto

Karin Schlanger, responsable des programmes de formation et membre du Centre de thérapie brève, considère que la plus grande évolution du MRI se manifeste dans l'application du modèle à des domaines autres que la psychothérapie. Méthode de résolution de problèmes, la thérapie brève est en quelque sorte un « méta-modèle » d'intervention, applicable aux situations les plus diverses. On a par exemple, à différentes occasions, fait appel à Paul Watzlawick pour apporter un éclairage et des pistes de solution à certains conflits internationaux. Nous signalerons également les travaux menés par Ellen Amatea[6] dans le milieu scolaire. Elle a montré comment l'approche stratégique dérivée des travaux de l'équipe de Palo Alto permet de résoudre des problèmes d'absentéisme, de vol, de difficulté d'intégration, de violence dans les classes, de relation entre professeur et élèves, etc. Travaillant soit avec les élèves et/ou leurs parents, soit avec les professeurs, soit avec la direction, selon le type de difficultés rencontrées, Amatea a mis au point des stratégies tenant compte des particularités du contexte scolaire.

Hendon Chubb et Eldon L. Evans travaillent à la clinique du département de psychiatrie du Kaiser Permanente Medical Offices à Pleasanton, en Californie. Depuis son ouverture, en 1985, la clinique applique le modèle de thérapie brève du MRI. Leur action est extrêmement positive si l'on en croit l'article[7] dans lequel ils ont publié les résultats de leurs travaux. L'équipe (un psychiatre en chef et quatre thérapeutes : psychologues et assistants sociaux) traite un nombre de patients beaucoup plus important que les autres centres régionaux du même type (834 de moyenne annuelle contre 456 pour la moyenne régionale). Tout en voyant beaucoup plus de patients, l'équipe de Pleasanton dispose de temps pour des supervisions (deux cent cinquante heures annuelles) et n'a pas de liste d'attente ; alors que d'autres centres du même type (mais avec une approche thérapeutique de longue durée) travaillent à temps plein, accumulant les noms sur les listes d'attente, ce qui débouche sur des taux d'hospitalisation plus importants. Les auteurs assurent qu'outre ces résultats favorables ils ont obtenu un taux très élevé de satisfaction des usagers (90 %). L'utilisation du modèle a rendu le service très accessible au public puisqu'ils peuvent répondre dans la semaine à toute nouvelle demande de thérapie. Leur article laisse transparaître un grand enthousiasme, les conditions de travail semblant promouvoir une meilleure prise en charge. Ils constatent une diminution des traitements médicamenteux et une durée moyenne d'hospitalisation inférieure de 46 % par rapport à la moyenne régionale.

Nous avons choisi de développer un peu plus longuement l'application du modèle dans les entreprises, qui nous paraît soulever certains problèmes liés à la complexité du contexte concerné et qui, de plus, pose certaines questions d'ordre éthique.

L'intervention dans les entreprises

Il était assez naturel que l'on songeât à utiliser ce modèle d'intervention pour la résolution de problèmes qui surviennent dans les entreprises. John Weakland, Paul Watzlawick, et surtout Lucy Gill (elle-même consultante en entreprise et membre du CTB), ont déjà pu l'expérimenter sur le terrain. Bien qu'il n'existe à l'heure actuelle aucun écrit systématisant l'utilisation de la thérapie brève dans ce contexte – et que le schéma d'intervention ne nécessite pas de grands aménagements, de l'avis des spécialistes –, on peut néanmoins en signaler certaines particularités.

Comme le remarque Lucy Gill, l'approche non normative du problème rencontré dans l'entreprise permet de focaliser l'intervention plutôt que d'établir une sorte de diagnostic général sur la base d'un fonctionnement idéal : « Je crois que ce que j'ai surtout appris ici c'est à ne pas m'arrêter avant d'avoir une vision très claire du problème : “Quel est le problème selon leur perspective ?”, au lieu de regarder le système dans son intégralité et de découvrir toutes sortes de problèmes et de vouloir les régler tous[8]. » Notons toutefois qu'il n'est guère plus aisé pour un consultant d'amener un directeur à être précis et concret dans sa définition du problème que ça ne l'est pour un thérapeute dans une situation thérapeutique classique. Bien des cadres se contentent de signaler « un mauvais climat d'équipe », « un problème de communication dans tel service », ou encore « une brebis galeuse qu'il faut remettre au pas ». Le consultant devra donc se montrer tout aussi « stratégiquement insistant » que le thérapeute. Par contre, il est souvent bien plus facile de déterminer un objectif à l'intervention. (Il est vrai qu'il est sans doute plus simple de définir les critères de bonne santé d'une entreprise que ça ne l'est pour un être humain !) De plus, ici, les changements sont quantifiables en termes d'amélioration des performances, d'augmentation de la rentabilité, etc.

Il est plus simple également d'obtenir l'arrêt des tentatives de solution. « Bien souvent, nous confirme Lucy Gill, je n'ai qu'à dire : “C'est bien là votre objectif ? – Oui. – C'est bien comme ça que vous vous y prenez pour essayer de l'atteindre ? – Oui. – Obtenez-vous des résultats ? – Non. – Bon, alors arrêtez de faire ça et faites quelque chose de différent ! – Oui, qu'est-ce que je fais ?” Alors, je n'ai qu'à leur exposer ce que j'estime qu'ils doivent faire. »

C'est peut-être le repérage du « plaignant », du client de l'intervention, qui constitue l'aspect le plus délicat du travail en entreprise. Lorsque qu'un cadre se décide à faire appel à un consultant extérieur, il se contente bien souvent de dresser un tableau général du problème, puis se désintéresse de la question. Le consultant doit se ménager des possibilités de rencontres ultérieures avec le demandeur et surtout obtenir sa collaboration pour la définition du problème et des objectifs.

Le consultant doit prendre en considération l'impact de son intervention sur les cadres chargés du personnel (psychologue de l'entreprise, spécialiste des ressources humaines…) ; ceux-ci risquent en effet de se sentir menacés par l'intrusion de cet étranger chargé de régler des problèmes qu'eux-mêmes n'ont su éviter. Les risques de sabotage, volontaires ou non, sont évidents. Ici encore, une bonne analyse du contexte de l'intervention permettra d'éviter bien des erreurs qui peuvent être irrémédiables. Les questions importantes concernent donc à la fois le « client » mais également les personnes qui pourraient court-circuiter les efforts du consultant.

Une autre particularité de ce type d'intervention concerne sa durée. Le consultant doit résister au souhait de bien des directeurs de disposer d'un devis chiffré et d'une durée d'intervention déterminée à l'avance. Il est indispensable de pouvoir évaluer l'ampleur du problème, les différents niveaux hiérarchiques impliqués, les moyens stratégiques à mettre en œuvre, avant de fixer une durée (donc un prix) à l'intervention.

Une autre caractéristique de ce genre d'intervention concerne la délimitation du système à prendre en considération : « Qui faut-il voir ? Sur qui faudra-t-il intervenir ? » Étant donné la complexité de certaines firmes ou entreprises, il est nécessaire d'opérer un tri judicieux et d'évaluer quels sont les membres du système qui sont réellement concernés par le problème et ceux sur qui l'action de changement devra porter. Une bonne connaissance des processus de régulation systémique doit donc compléter les bagages du consultant ; celui-ci doit également pouvoir parler le « langage de l'entreprise », qui est bien différent du jargon psychiatrique. En général, il évite l'amalgame avec les spécialistes de la santé mentale (psychologues, psychiatres…) pour accentuer l'aspect « expert en résolution de problèmes ».

Faut-il signaler que l'intervention en entreprise – comme toute intervention volontaire dans les affaires humaines – implique des questions éthiques ou déontologiques non négligeables. Le consultant est censé intervenir dans un milieu qui, pour les personnes qui s'y trouvent, représente souvent un moyen de survie essentiel. Il doit donc être conscient du fait que les enjeux peuvent être importants pour les différents acteurs, d'autant que les moyens de coercition sont nombreux – menaces voilées ou explicites pour l'emploi, notamment. Le consultant doit parfois naviguer dans un climat de peur, de stress, qu'il doit apaiser par une clarification du contexte, du rôle de chacun et des objectifs de l'intervention. L'importance des enjeux financiers pour le consultant ne doit pas lui faire perdre de vue ces questions à notre sens capitales.

Ces précautions prises, nous pensons que le modèle de Palo Alto peut se révéler un outil d'intervention rapide et efficace. Voici, en conclusion, comment Lucy Gill résume l'intérêt du modèle pour son travail en entreprise : « Ce qui m'a le plus aidée, c'est la discipline stricte d'analyse du problème. Penser : "Quel est le problème qui les dérange, eux ?" plutôt que : "Quel est le problème qui, à mon avis, devrait les déranger ?" Et aussi la discipline d'analyse avant de décider ce qu'on va mettre en place, trouver le *joint* : "Qu'est-ce qui maintient le problème ?" Un autre point important c'est qu'au lieu de travailler avec tout le monde, comme je le faisais souvent auparavant, je cherche stratégiquement : "Avec qui dois-je travailler ? Ai-je besoin de toute l'équipe, ou dois-je simplement amener le chef à se comporter différemment ?" Cela tient à la définition du problème, quel est-il ? Qui tient le problème dans ses mains ? Qui dois-je amener à changer ? De plus, apprendre à parler leur langage et recadrer les choses à partir de leur vision de la situation, ça c'est vraiment nouveau. »

ANNEXE II

Informations pratiques sur le MRI

Le MRI, c'est un kaléidoscope de projets de recherche, de publications, d'activités thérapeutiques, de programmes de formation. Nous n'allons pas dresser une liste exhaustive des activités du MRI, ce qui risquerait fort d'être long et fastidieux. Qu'il nous suffise de dire qu'en 1990 le MRI avait mené 53 projets de recherche, publié 40 livres (certains d'entre eux traduits en 10 langues), plus de 400 articles (dont 254 ont été publiés avant 1985 !). Le MRI a également organisé 9 congrès internationaux. Nous évoquons brièvement ci-dessous certaines des activités principales menées actuellement.

La clinique

Au sein du MRI, en plus des consultations privées des divers thérapeutes qui y travaillent, il existe une petite clinique qui emploie de six à huit thérapeutes à temps plein. Les approches y sont variées de manière à répondre aux demandes de la population, toutes gardent quand même une vision interactionnelle et contextuelle des problèmes. Les patients prennent rendez-vous directement avec les thérapeutes concernés et se présentent au MRI pour la consultation.

Consultation sous contrainte judiciaire [1]

Lynn Jordan s'est spécialisée dans les cas difficiles d'intervention sous mandat judiciaire avec des enfants et des adolescents. Sous la supervision de John Weakland, elle applique les techniques de la thérapie brève auprès des mineurs et de leurs familles en vue de résoudre les problèmes pointés par le tribunal pour enfants de la région de San Francisco.

Lynn Jordan et John Weakland ont également lancé, très récemment, un programme de recherche (Center for Assistance to Families with Special Needs) dont l'objectif concerne la réflexion sur les moyens pédagogiques utilisés avec des handicapés mentaux. La ligne de base du projet est celle-ci : la personne handicapée est capable d'apprentissages et de généralisation de ces apprentissages, mais les moyens utilisés doivent être adaptés à ses capacités. Ces moyens ne doivent pas s'appuyer sur l'idée de combler des déficits mais plutôt d'utiliser les capacités particulières de cette population.

Emergency Treatment Center (Centre de traitement d'urgence)

L'ETC est en activité depuis 1975 ; il est aujourd'hui codirigé par **Diana Everstine** et **Arthur Bodin**. C'est l'un des programmes les plus connus du MRI, bien que le centre soit indépendant et ne soit qu'affilié à l'institut. Le centre fonctionne avec des équipes mobiles de psychothérapeutes qui sont prêts à intervenir vingt-quatre heures sur vingt-quatre pour des cas de violence familiale, de tentatives de suicide, de problèmes rencontrés avec des personnes qui semblent très perturbées (prise d'otages, menace imminente de mort, etc.). Ils interviennent à la demande de la police (dont les membres ont eux-mêmes suivi un cours de sensibilisation au travail de l'ETC) ou de personnes privées (le numéro d'appel est distribué dans la population par les services municipaux). L'intervention ne se fait qu'avec le consentement des adultes impliqués par le problème, sauf dans les cas où la situation est considérée comme une question « de vie ou de mort », ou dans les cas où des mineurs sont impliqués. Les intervenants suivent les situations jusqu'au moment où la crise, ou l'urgence, semble avoir disparu et que les personnes ont la possibilité de recourir à une aide auprès d'un autre service.

Le fonctionnement de base est simple : à la suite d'un appel, les thérapeutes de garde se précipitent sur les lieux (ce qui prend vingt à trente minutes en moyenne), ils interviennent pendant un temps illimité (l'intervention la plus longue a duré huit heures) et fixent des rendez-vous avec les personnes concernées afin de décider des mesures à prendre pour enrayer la situation de crise. Le modèle d'intervention utilisé par l'ETC est un modèle systémique et communicationnel.

Jules Riskin : les menaces pour l'environnement

Le docteur **Jules Riskin** n'a jamais cessé de faire de la recherche depuis la création du MRI. Il a notamment mené un grand projet sur les « familles normales » dont les conclusions, bien que négatives, n'en sont pas moins révélatrices d'un fait essentiel : il est impossible de trouver des critères permettant de spécifier des caractéristiques propres au fonctionnement des familles dites « normales ». Pour le moment, Jules Riskin s'intéresse aux conséquences du stress provoqué par les menaces d'un conflit nucléaire (projet « Les familles et la guerre nucléaire »).

« J'étudie l'effet du stress que la menace de la guerre nucléaire fait peser sur les familles. [...] Un peu par hasard, je me suis intéressé à l'impact de la menace des tremblements de terre sur les familles. J'ai d'ailleurs écrit un article là-dessus. [...] Maintenant, j'essaye de voir comment s'y prendre pour que les psychothérapeutes s'occupent des questions environnementales. La question est : “Comment changer les gens – les attitudes – de manière qu'ils deviennent plus actifs par rapport à l'environnement, avant qu'il ne soit trop tard ?” Mon objectif est de faire en sorte que les psychothérapeutes deviennent des “psychothérapeutes appliqués”, se spécialisant dans le changement du comportement des individus par rapport à l'environnement. [...] Comment pouvons-nous nous servir de notre expérience du "changement" pour amener les gens à changer de point de vue, pour qu'ils soient plus actifs ; qu'ils écrivent plus de lettres au Congrès, qu'ils donnent plus d'argent à des organisations, qu'ils adoptent de nouvelles habitudes, qu'ils détruisent moins l'environnement, etc., des changements de ce type. Donc, mes buts sont très modestes, je ne veux que sauver le monde. *[Rires.]* Question : *Et votre projet avance ?* Regardez, regardez le monde autour de vous. *[Rires.]*[2]»

Quelques autres projets en cours

En plus du travail de Diana Everstine dans ce domaine, **Scott Nelson** (ancien directeur de recherche du MRI) s'est penché sur la question de la violence familiale. Il a notamment étudié les problèmes rencontrés par les époux des personnes ayant subi des violences sexuelles pendant leur enfance.

Le docteur **Ferøl Larsen** travaille avec des victimes du stress post-traumatique. Son approche est très semblable au modèle de la thérapie brève, avec une attention toute particulière portée sur un désapprentissage des modèles de comportement relationnel et social que la personne peut avoir acquis à la suite des traumatismes qu'elle a vécus. Ce désapprentissage se fait aussi dans une optique « thérapie brève » : par l'apprentissage d'autres comportements plus appropriés pour la personne dans son contexte de vie. Si la situation l'exige, d'autres types de techniques ou de modèles peuvent être utilisés.

Le docteur Larsen poursuit aussi son travail de recherche sur la dépression. C'est dans ce cadre qu'elle a été amenée à s'intéresser, de manière pragmatique, aux relations de l'être humain avec l'animal familier. Elle a pu constater l'importance de l'animal familier pour certaines personnes âgées, isolées, handicapées ou malades. Ces personnes peuvent vivre des dépressions graves à la suite de la mort de leur animal de compagnie. D'autre part, elle s'est interrogée sur les bénéfices « thérapeutiques » de la présence d'un animal sur les individus déprimés, isolés, ou qui rencontrent des difficultés relationnelles importantes. Elle n'hésite pas à inclure cette relation dans son traitement de la dépression lorsque cela lui paraît indiqué.

Citons encore les projets suivants :

– The Process of Recovery in the Alcoholic Family

– Transition from Lovers to Enduring Friends

– Conflict between Parents and Young Adult Children and of Controllability in Families with Diagnosed Positive and Negative Schizophrenic Offspring

– EMD : Eye mouvement desinsitization procedure

– Brain Injury and Family System Project

Formation

Le MRI offre quatre formules de formation :

1. Des formations de longue durée (neuf mois) : une formation à la thérapie familiale et une formation intensive à la thérapie brève.

2. Des formations à court terme (deux mois) : Advanced Brief Therapy et Small Group Skills Development.

3. Le programme « résidentiel » : ce programme permet à des personnes (deux maximum à la fois) de venir au MRI pendant un mois ou quarante-cinq jours et de pouvoir y assister à toutes les activités qui ont lieu pendant cette période. Elles participent aussi aux consultations faites dans le cadre de l'« externat » et du Centre de thérapie brève. Elles ont accès à tous les documents, livres et cassettes vidéo, et assistent aux séminaires, réunions, ateliers organisés par l'institut.

4. Les ateliers : en moyenne, cinq ateliers sont organisés chaque mois, sur des sujets aussi variés que « L'approche hypnotique dans la gestion de la douleur et des maladies psychosomatiques » ou « Le clergé confronté à la souffrance quotidienne ».

ANNEXE III

Repères chronologiques

1900 à 1957

Dates	Anniversaires et rencontres	Publications	Conférences et projets
1901	• Naissance de von Bertalanffy • Naissance d'Erickson • Naissance de Mead		
1904	• Naissance de Bateson		
1910		– *Principia Mathematica* vol. 1 : Russell et Whitehead	
1911	• Naissance de von Foerster		
1912		– *Principia Mathematica* vol. 2 : Russell et Whitehead	
1913		– *Principia Mathematica* vol. 3 : Russell et Whitehead	
1920	• Naissance de Jackson • Naissance de Scheflen		
1921	• Naissance de Watzlawick	– *Tractatus logico-philosophicus* : Wittgenstein	
1922			• Erickson commence ses expériences d'hypnose
1932	• Rencontre de Bateson et Mead		
1933		– *Science and Sanity* : Korzybski	
1935	• Mariage de Bateson et Mead		
1936		– *Naven* : Bateson	
1939		– *Self-Regulation and the Body* : Cannon	
1940	• Bateson s'installe à NY		
1942		– *Balinese Character* : Mead et Bateson	• Conf. Macy sur l'inhibition cérébrale

1943		– « Behavior, Purpose and Teleology » : Rosenblueth, Wiener et Bigelow	
1946	• Bateson devient professeur à la New School for Social Research		• Bowen commence à travailler avec les familles • Conf. Macy 1 : *Circular Causality* (mars) • Conf. Macy 2 : *Circular Causality* (octobre) • Conf ACSC NY: *Teleological Mechanisms*
1947	• Bateson devient professeur invité à Harvard • Weakland rencontre Bateson et devient son élève		• Conf. Macy 3 : *Circular Causality* (mars) • Conf. Macy 4 : *Circular Causality* (octobre)
1948	• Bateson s'installe à San Francisco • Erickson s'établit à Phoenix, Arizona	– *Cybernetics* : Wiener	• Conf. Macy 5 : *Circular Causality* (mars)
1949	• Arrivée de von Foerster aux États-Unis. Il rencontre McCulloch à Chicago • Doctorat de Watzlawick à l'université de Venise	– *Mathematical Theory of Communication* : Shannon et Weaver	• Projet sur la communication et la psychiatrie : Ruesch et Bateson • Conf. Macy 6 : *Cybernetics* (mars)
1950	• Divorce de Mead et Bateson • Watzlawick commence sa formation d'analyste jungien	– *The Theory of Open Systems in Physics and Biology* : von Bertalanffy	• Conf. Macy 7 : *Cybernetics* (mars)
1951	• Bateson devient professeur à Stanford	– *Communication* : Ruesch et Bateson	• Conf. Macy 8 : *Cybernetics* (mars)
1952	• Jay Haley se joint au « projet Bateson »		• Jackson commence son travail avec des familles • Recherches éthologiques au zoo de San Francisco : Bateson • Début du « projet Bateson » • Conf. Macy 9 : *Cybernetics* (mars)
1953	• Weakland et Fry se joignent au « projet Bateson »	– *The Organizational Revolution* : Boulding (premier livre sur la théorie générale des systèmes)	• Whitaker prépare la première réunion des thérapeutes familiaux (Atlanta), y assisteront : Bateson, Jackson, Scheflen… • Conf. Macy 10 : *Cybernetics* (avril)
1954	• Lettre de Bateson à Wiener : premier jet de la théorie de la double contrainte	– *The Application of Cybernetics to Psychiatry* : Ashby	

Dates	Anniversaires et rencontres	Publications	Conférences et projets
1954	• Jackson se joint au « projet Bateson » • Watzlawick devient psychanalyste jungien		
1955			• Ackerman préside la première réunion consacrée au diagnostic familial
1956		– *An Introduction to Cybernetics* : Ashby – « Vers une théorie de la schizophrénie » : Bateson, Haley, Jackson et Weakland – *Dynamics of Family Therapy* : Ackerman	• Le « projet Bateson » reçoit un budget du NIMH pour l'étude de la schizophrénie
1957	• Watzlawick devient professeur de psychologie à l'université d'El Salvador	– *The Question of Family Homeostasis* : Jackson	

1958 à 1991

Dates	Anniversaires et rencontres	Publications	Conférences et projets
1958 1959	• Riskin et Satir arrivent à Palo Alto • Watzlawick quitte San Salvador pour venir aux États-Unis	– Réimpression de *Naven*	• Réunions en vue de la création du MRI • Nouvelle recherche sur la schizophrénie au sein du « projet Bateson » au PAMRF [1] • Création du MRI au sein du PAMRF (Jackson, Riskin et Satir) • Fondation de l'institut Ackerman à NY • Fondation du Family Center par Bowen à Georgetown, WA
1960	• Jackson rencontre Watzlawick à l'Institute for Direct Analysis de John Rosen • Arrivée de Watzlawick au MRI (novembre) • Déménagement du MRI au 777 Bryant Street	– *A Psychotherapy of Schizophrenia* : Scheflen	• Début de la formation en thérapie familiale : Satir, MRI
1961	• Haley se joint au MRI	– *Asylum* : Goffman – *The Myth of Mental Illness* : Szasz	• Fondation de la revue *Family Process*. Le rédacteur en chef est J. Haley

1962	• Arrivée officielle de Fisch au MRI		• Ouverture de la première formation (subventionnée) en thérapie familiale : Satir, MRI
1963	• Bateson s'installe aux îles Vierges	– « The Second Cybernetics » : Maruyama – *Strategies of Psychotherapy* : Haley – *Sweet Madness* : Fry	• Le MRI devient une institution indépendante • Bateson commence son étude sur la communication des marsouins
1964	• Bateson part à Hawaii au Centre de recherches sur les cétacés	– *Conjoint Family Therapy* : Satir – *An Anthology of Human Communication* : Watzlawick	
1967	• Minuchin devient directeur de la Philadelphia Child Guidance Clinic • Départ de Haley à Philadelphie (Minuchin)	– *Pragmatics of Human Communication* : Watzlawick	• Création du Centre de thérapie brève au MRI : Fisch (directeur), Weakland (dir. ass.), Watzlawick et Bodin • Création du Centro per lo studio de la famiglia : Selvini (base psychanalytique)
1968	• La revue *Family Process* s'installe à l'institut Ackerman • Mort de Jackson • Satir quitte le MRI et devient la première directrice d'Esalen	– *General Systems Theory* : von Bertalanffy	• Bateson organise le colloque de la Wenner-Gren Foundation (Autriche) : *Effet des buts conscients sur l'adaptation humaine*
1970		– *Kinesics and Contexte* : Birdwhistell – *The Structure of Scientific Revolutions* : Kuhn	• Conférence en hommage à Korzybski à l'Institute for General Semantics, NY. Bateson y est invité • Rupture de l'équipe de Selvini avec la psychanalyse
1971	• Bateson part un an en Asie avec sa famille et des élèves, notamment Lipset et Donaldson	– *The Natural History of an Interview* (microfilm) : Bateson, Brosin, Birdwhistell, *et al.*	
1972	• Bateson devient professeur temporaire à l'université de Santa Cruz	– *Steps to an Ecology of Mind* : Bateson. – *Our Own Metaphor* : M. C. Bateson	
1973	• Bateson se réinstalle en Californie, à Ben Lomond, près de Santa Cruz	– *Invisible Loyalties* : Boszormenyi-Nagy – *Uncommon Therapy* : Haley	
1974		– *Change* : Watzlawick, Weakland et Fisch – « Brief Therapy » : Weakland, Fisch, *et al.*	

Dates	Anniversaires et rencontres	Publications	Conférences et projets
1974		– *Modèles mathématiques de la morphogénèse* : Thom	
1975	• Haley s'installe à Washington où il fondera son institut avec Madanes	– *Paradoxes et contre-paradoxes* : Selvini, Boscolo, *et al.*	
1976	• Bateson est nommé au Conseil des régents de l'université de Californie. • Watzlawick devient assistant à l'université de Stanford (psychiatrie)	– *Double Bind* : Sluzki et Ransom	
1977	• Ilya Prigogine reçoit le prix Nobel pour ses contributions à la dynamique du non-équilibre	– *The Interactional View* : Watzlawick et Weakland	• Colloque *Beyond the Double Bind*, autour des travaux de Bateson, NY
1978	• Bateson s'installe à Esalen	– *The Language of Change* : Watzlawick – *Beyond the Double Bind* : Berger (ed.)	• Première : MRI Biennal Family Therapy Conference (juin, San Francisco)
1979		– *Mind and Nature* : Bateson – *La Nouvelle Alliance* : Prigogine et Stengers – *Counseling Elders and their Families* : Herr et Weakland	• Conférences d'Asilomar en hommage à Bateson (février)
1980	• Mort de Bateson • Mort d'Erickson • Mort de Scheflen • Retraite de Minuchin	– *Bateson* : Lipset (biographie)	
1981		– *La Nouvelle Communication* : Winkin	
1982		– *Tactics of Change* : Fisch, Weakland et Segal	
1984		– *The Invented Reality* : Watzlawick – *Ordeal Therapy* : Haley	• Colloque de Cerisy : *Bateson, premier état d'un héritage*
1985			• Recherche de Chubb et Evans au Kaiser Permanente sur la thérapie brève
1987		– *Angels Fear* : Bateson, G. et M. C.	
1988		– *Bateson, premier état...* : Winkin (ed.)	
1990		– *Munchhausen's Pigtail* : Watzlawick	

ANNEXE IV

Adresses utiles[1]

Mental Research Institute
555 Middlefield Road
Palo Alto, Californie 94301
USA. Tél. : (415) 321 30 55

J.-J. Wittezaele et T. García
Centre Gregory Bateson (Belgique)
Route de Banneux, 131
B-4870 Fraipont (Trasenter)
Belgique. Tél. : (087) 26 78 51
(Le centre est associé au MRI. Il organise des formations à la communication interprofessionnelle, à l'approche interactionnelle et à la thérapie brève, en France et en Belgique. Il comprend un service de recherche en communication thérapeutique et un centre de consultations privées. Pour contact et renseignements en France : Centre de thérapie brève à Lyon : 78 83 52 89.)

Renée Savourin
5591 Canterbury Av.
Montréal, Québec PQ H3T, IS8
Canada. Tél. : (514) 342 20 85

Institut für Systemische Therapie
Erlachgasse 95/4
A-1100 Wien
Autriche. Tél. : (0222) 62 35 60

Dott. Giorgio Nardone
Centro psicoterapia strategica
Corso Italia, 236
Arezzo – Italie
Tél. : (0575) 35 02 40

Centres agréés par Mental Research Institute en Amérique latine

Istituto Mexicano de Terapias Breves, SC
Adolfo Prieto 1348-602
Col. del Valle, Mexico DF 03100
Mexique. Tél. : (5) 559 91 94

Centro Privado de Terapias Breves
Ayacucho 1474 - 2° A
Buenos Aires 1111
Argentine

Bibliographie

ABRAHAMS J. et VARON E. (1953), *Maternal Dependency and Schizophrenia: Mothers and Daughters in a Therapeutic Group*, International Universities Press, New York.

ACKERMAN N. W. (1958), *Psychodynamics of Family Life: Diagnosis and Treatment of Family Relationships*, Basic Books, New York.

ACKERMAN N. W., BEATMAN F. L. et SHERMAN S. N., eds. (1961), *Exploring the Base for Family Therapy*, Family Service Association of America, New York.

ALLMAN L. (1982a), « The Aesthetic Preference », *Family Process*, 21, p. 43-56.

– (1982b), « The Poetic Mind : Further Thoughts on an "Aesthetic Preference" », *Family Process*, 21, p. 415-428.

AMATEA E.S. (1989), *Brief Strategic Intervention for School Behavior Problems*, Jossey-Bass Publishers, San Francisco.

ASHBY W.R. (1952), *Design for a Brain*; réimp. Chapman and Hall, Ltd., Londres, 1978.

– (1956a), *An Introduction to Cybernetics*, Chapman and Hall, Ltd., Londres.

– (1956b), « Variety, Constraint, and the Law of Requisite Variety », *in* Buckley, ed. (1968).

– (1956c), « Regulation and Control », *in* Buckley, ed. (1968).

– (1962), « Principles of the Self Organizing System », *in* Buckley, ed. (1968).

ALLPORT G.W. (1960), « The Open System in Personality Theory », *in* Buckley, ed. (1968).

AUERBACH A., ed. (1959), *Schizophrenia: An Integrated Approach*, Ronald Press, New York.

BATESON G. (1932a), « Social Structure of the Iatmul People at the Sepik River, Parts I and II », *Oceania*, 2, p. 245-291.
– (1932b), « Social Structure of the Iatmul people of the Sepik River, Part III », *Oceania*, 2, p. 401-453.
– (1935), « Contact culturel et schismogenèse », *Man*, 35, p. 178-183 (art. 199) ; trad. fr. *in* Bateson (1972), t. I, p. 77-87.
– (1936), *Naven: A Survey of the Problems suggested by a Composite Picture of the Culture of a New Guinea Tribe drawn from Three Points of View*, Cambridge University Press, Cambridge ; réimp., McMillan Co., New York, 1937. Voir aussi Bateson (1958c).
– (1937), « An Old Temple and A New Myth » ; réimp. *in* Belo, ed. (1970).
– (1941a), « Experiments in Thinking about Observed Ethnological Material », *Philosophy of Science*, 8, p. 63-68 ; trad. fr., « Comment penser sur un matériel ethnologique : quelques expériences », *in* Bateson (1972), t. I, p. 88-102.
– (1941b), « The Frustration-Aggression Hypothesis and Culture », *Psychological Review*, 48, p. 350-355.
– (1941c), « Review of *Conditioning and Learning*, by Ernest R. Hilgard and Donald G. Marquis », *American Anthropologist*, 43, p. 115-116.
– (1941d), « Review of *Mathematico-Deductive Theory of Rote Learning*, by Clark L. Hull *et al.* », *American Anthropologist*, 43, p. 116-118.
– (1942a), « Social Planning and the Concept of Deutero-Learning », *in* Brison et Finkelstein, eds., Science Philosophy and Religion ; Second Symposium, Conference on Science, *Philosophy and Religion in their Relation to the Democratic Way of Life*, Inc., New York, 1942, p. 81-97.
– (1942b), « Some Systematic Approaches to the Study of Culture and Personality » ; réimp. *in* Haring, ed. (1948), p. 71-77.
– (1942c), « Morale and National Character » ; réimp. in *Towards an Ecology of Mind*, p. 88-106 ; trad. fr., « Le "moral" des nations et le caractère national », *in* Bateson (1972), t. I, p. 103-119.
– (1943), « An Analysis of the Film Hitlerjunge Quex. (1933) », Stencil, Museum of Modern Art, New York ; Microfilm (1965), Graphic

Microfilm Co., New York ; résumé *in* Mead et Métraux (1953), p. 302-314.

– (1944a), « Cultural Determinants of Personality », *in* Hunt, ed. (1944), p. 714-735.

– (1944b), « Form and Fonction of the Dance in Bali », *in* Belo, ed. (1970), p. 322-330.

– (1946a), « Physical Thinking and Social Problems », *Science*, 103 : 2686, p. 717-718.

– (1946b), « From One Social Scientist to Another », *American Scientist*, 34, p. 648.

– (1946c), « Sex and Culture », *in* Haring, ed. (1948), p. 94-107.

– (1946d), « The Pattern of an Armament Race : Parts I and II », *in* Harin, ed. (1968), p. 85-88 et 89-93.

– (1948), « Metalogue : Why do Things get in a Muddle ? », *in* Bateson, *Steps to an Ecology of Mind*, p. 3-8 ; trad. fr., « Pourquoi les choses se mettent-elles en désordre ? », *in* Bateson (1972), t. I, p. 25-29.

– (1949), « Bali : The Value System of a Steady State » ; réimp. in *Steps to an Ecology of Mind*, p. 107-127 ; trad. fr., « Bali : Le système des valeurs d'un état stable », *in* Bateson (1972), t. I, p. 120-139.

– (1951a), « Information and Codification », *in* Ruesch et Bateson (1951), p. 168-211.

– (1951b), « Conventions of Communication : Where Validity depends on Belief », *in* Ruesch et Bateson (1951), p. 212-227.

– (1951c), « Psychatric Thinking : An Epistemological Approach », *in* Ruesch et Bateson (1951), p. 228-256.

– (1951d), « The Convergence of Science and Psychiatry », *in* Ruesch et Bateson (1951), p. 257-272.

– (1951e), « Metalogue : Why do Frenchmen ? », in *Steps to an Ecology of Mind*, p. 9-13 ; trad. fr., « Pourquoi les Français... ? », *in* Bateson (1972), t. I, p. 30-34.

– (1952), « Applied Metalinguistics and International Relations », *ETC: A Review of General Semantics*, 10, p. 71-73.

– (1953a), « The Position of Humor in Human Communication », *in* von Foerster, ed. (1952), p. 1-47.

– (1953b), « Metalogue : About Games and Being Serious », *ETC: A Review of General Semantics*, 10, p. 213-217 ; trad. fr., « A propos des jeux et du sérieux », *in* Bateson (1972), t. I, p. 35-40.

– (1953c), « Metalogue : Daddy, how much do you know », *ETC: A Review of General Semantics*, 10, p. 311-315 ; trad. fr., « Jusqu'où va ton savoir ? », *in* Bateson (1972), t. I, p. 41-46.
– (1953d), « Metalogue : Why do Things have Outlines ? », *ETC: A Review of General Semantics*, 11, p. 59-63 ; trad. fr., « Pourquoi les choses ont-elles des contours ? », *in* Bateson (1972), t. I, p. 46-50.
– (1954a), « Metalogue : Why a Swan ? » ; réimp. in *Steps to an Ecology of Mind*, p. 33-37 ; trad. fr., « Pourquoi un cygne ? », *in* Bateson (1972), t. I, p. 51-55.
– (1954b), Lettre à Norbert Wiener, non publiée, archives Bateson, Special Collections, UCSC.
– (1955a), « A Theory of Play and Fantasy » ; réimp. in *Steps to an Ecology of Mind*, p. 177-193 ; trad. fr., « Une théorie du jeu et du fantasme », *in* Bateson (1972), t. I, p. 209-224.
– (1955b), « How the Deviant sees this Society » ; réimp. sous le titre « Epidemiology of a Schizophrenia », in *Steps to an Ecology of Mind*, p. 194-200 ; trad. fr., « Épidémiologie d'une schizophrénie », *in* Bateson (1972), t. II, p. 35-41.
– (1956), « The Message "This is play" », *in* B. Schaffner, ed., *Transactions of the Second Conference on Group Processes, 1956*, Macy Foundation, New York, p. 145-242.
– (1958a), « Analysis of Group Therapy in an Admission Ward », *in* Wilmer, ed. (1958), p. 335-349.
– (1958b), « Language and Psychotherapy, Frieda Fromm-Reichmann's Last Project », *Psychiatry*, 21, p. 96-100.
– (1958c), *Naven*, Stanford University Press, Stanford ; rééd. avec un nouvel épilogue écrit par Bateson ; trad. fr., *La Cérémonie du Naven*, Éditions de Minuit, Paris, 1971.
– (1958d), « The New Conceptual Frames for Behavioral Research », *Proceedings of the Sixth Annual Psychiatric Conference*, Princeton Neuro-Psychiatric Institute, p. 54-71.
– (1958e), « Schizophrenic Distortion of Communication », *in* Whitaker, ed. (1958a), p. 31-56.
– (1959a), « Anthropological Theories », *Science*, 129, p. 334-349.
– (1959b), « Cultural Problems Posed by a Study of Shizophrenic Process », *in* Auerbach, ed. (1959), p. 125-148.

– (1959c), « Panel review », *in* Masserman, ed., *Individual and Familial Dynamics,* vol. 2, Grune and Stratton, New York, p. 207-211.
– (1959d), « Discussion of "Families of Schizophrenic and of Well Children" by Beck S. J. », *American Journal of Orthopsychiatry*, 30, p. 263-266.
– (1959e), « The Human Side of Schizophrenia », non publié, archives UCSC.
– (1960a), « The Group Dynamics of Schizophrenia » ; réimp. in *Steps to an Ecology of Mind*, p. 228-243 ; trad. fr., « Dynamique de groupe de la schizophrénie », *in* Bateson (1972), t. II, p. 50-65.
– (1960b), « Minimal Requirements for a Theory of Schizophrenia » ; réimp. in *Steps to an Ecology of Mind*, p. 244-270 ; trad. fr., « Exigences minimales pour une théorie de la schizophrénie », *in* Bateson (1972), t. II, p. 66-92.
– (1961a), « The Biosocial Integration of Behavior in the Schizophrenic Family », *in* Ackerman, Beatman et Sherman, eds. (1961), p. 116-122 ; réimp. *in* Jackson, ed. (1968b), p. 9-15.
– (1961b), « Formal Research in Family Structure », *in* Ackerman, Beatman et Sherman, eds. (1961), p. 136-140.
– ed. (1961c), *Perceval's Narrative: A Patient's Account of his Psychosis, 1830-1832*, Stanford University Press, Stanford ; trad. fr., *Perceval le Fou*, Payot, Paris, 1975.
– (1962a), « Problems in Credibility and Congruence in Applying Computational Methods to Problems of Peace », *Spring Joint Computer Conference*, American Federation of Information Processing Societies, San Francisco.
– (1962b), « Response to E. G. Mishler and N. E. Waxler, Family Interaction and Schizophrenia : A Review of Current Theories », *in* Mishler et Waxler, eds. (1968), *Family Processes and Schizophrenia*, Science House, New York, p. 279.
– (1962c), « Patterns of Relationship in Octopus », non publié, archives Bateson, Special Collections, UCSC.
– (1963a), « Social Scientist Views the Emotions », *in* Knapp, ed. (1963), p. 230-236.
– (1963b), « Exchange of Information about Patterns of Human Behavior », *in* Fields et Abbot, eds., *Information Storage and Neural Control*, Charles C. Thomas, Springfield, p. 173-186.

– (1963c), « The Role of Somatic Change in Evolution » ; réimp. in *Steps to an Ecology of Mind*, p. 346-363 ; trad. fr., « Le rôle des changements somatiques dans l'évolution », *in* Bateson (1972), t. II, p. 100-117.
– (1965), « Observations of a Cetacean Community », *in* McIntyre, ed. (1974), *Mind in Waters*, Sierra Club Books, San Francisco, p. 146-165.
– (1966a), « Communication Theories in Relation to the Etiology of the Neuroses », *in* Merin, ed. (1966), p. 28-35.
– (1966b), « "Slippery Theories" – Comment on "Family Interaction and Schizophrenia : A Review of Current Theories" by Mischler E. G. and Waxler N. E. » ; réimp. *in* Mischler et Waxler (1969), *Family Processes and Schizophrenia*, Science House, New York, p. 415-417.
– (1966c), « From Versailles to Cybernetics » ; réimp. in *Steps to an Ecology of Mind*, p. 469-477 ; trad. fr., « De Versailles à la cybernétique », *in* Bateson (1972), t. II, p. 227-235.
– (1966d), « Problems in Cetacean and Other Mammalian Communication » ; réimp. in *Steps to an Ecology of Mind*, p. 364-378 ; trad. fr., « Les problèmes de communication chez les cétacés et autres mammifères », *in* Bateson (1972), t. II, p. 118-132.
– (1967a), « Cybernetic Explanation » ; réimp. in *Steps to an Ecology of Mind*, p. 399-410 ; trad. fr., « Explication cybernétique », *in* Bateson (1972), t. II, p. 155-167.
– (1967b), « Style, Grace and Information in Primitive Art » ; réimp. in *Steps to an Ecology of Mind*, p. 128-152 ; trad. fr., « Style, grâce et information dans l'art primitif », *in* Bateson (1972), t. I, p. 140-164.
– (1968a), « Redundancy and Coding » ; réimp. in *Steps to an Ecology of Mind*, p. 411-425 ; trad. fr., « Redondance et codification », *in* Bateson (1972), t. II, p. 168-182.
– (1968b), « Conscious Purpose vs. Nature » ; réimp. in *Steps to an Ecology of Mind*, p. 426-439 ; trad. fr., « But conscient ou nature », *in* Bateson (1972), t. II, p. 183-196.
– (1968c), « Effects of Conscious Purpose on Human Adaptation » ; réimp. in *Steps to an Ecology of Mind*, p. 440-447 ; trad. fr., « Effets du but conscient sur l'adaptation humaine », *in* Bateson (1972), t. II, p. 197-204.
– (1968d), « The Logical Categories of Learning and Communication » ; réimp. in *Steps to an Ecology of Mind*, p. 279-308 ; trad. fr.,

« Les catégories de l'apprentissage et de la communication », *in* Bateson (1972), t. I, p. 253-282.

– (1969a), « Double Bind – 1969 », in *Steps to an Ecology of Mind*, p. 271-278 ; réimp. *in* Sluzki et Ransom, eds. (1976), p. 237-242 ; trad. fr., « La double contrainte, 1969 », *in* Bateson (1972), t. II, p. 42-49.

– (1969b), « Metalogue : What is an Instinct » ; réimp. in *Steps to an Ecology of Mind*, p. 38-58 ; trad. fr., « Qu'est-ce qu'un instinct ? », *in* Bateson (1972), t. I, p. 56-74.

– (1969c), « Pathologies of Epistemology », in *Steps to an Ecology of Mind*, p. 478-487. ; trad. fr., « Pathologies de l'épistémologie », *in* Bateson (1972), t. II, p. 236-245.

– (1970a), « The Message of Reinforcement », *in* Goldberg, Myers et Stewart, eds., *Language Behavior: A Book of Readings in Communication*, Mouton, La Haye, p. 62-72.

– (1970b), « Ecology and Flexibility in Urban Civilitation », in *Steps to an Ecology of Mind*, p. 494-505 ; trad. fr., « Écologie et souplesse dans la civilisation urbaine », *in* Bateson (1972), t. II, p. 253-264.

– (1970c), « Form, Substance and Difference » ; réimp. in *Steps to an Ecology of Mind*, p. 448-464 ; trad. fr., « Forme, substance et différence », *in* Bateson (1972), t. II, p. 205-222.

– (1970d), « On Empty-Headedness among Biologists and State Boards of Education » ; réimp. in *Steps to an Ecology of Mind*, p. 343-345 ; trad. fr., « De l'insensé en biologie et de certains départements de l'éducation », *in* Bateson (1972), t. II, p. 97-99.

– (1970e), « The Roots of Ecological Crises », in *Steps to an Ecology of Mind*, p. 488-493 ; trad. fr., « Les racines de la crise écologique », *in* Bateson (1972), t. II, p. 246-252.

– (1970f), « A Systems Approach », *International Journal of Psychiatry*, 9, p. 242-244.

– (1971a), « A Re-Examination of Bateson's Rule » ; réimp. in *Steps to an Ecology of Mind*, p. 379-394 ; trad. fr., « Réexamen de la "loi de Bateson" », *in* Bateson (1972), t. II, p. 133-150.

– (1971b), « "The Cybernetics of Self" : A Theory of Alcoholism » ; réimp. in *Steps to an Ecology of Mind*, p. 309-337 ; trad. fr., « "La cybernétique du soi" : Une théorie de l'alcoolisme », *in* Bateson (1972), t. II, p. 225-252.

– (1971c), « Introduction », *Natural History of an Interview*, University of Chicago Library Microfilm Collection of Manuscripts in Cultural Anthropology, Series 15, n°s 95-98.
– (1971d), « Introduction : The Science of Mind and Order », in *Steps to an Ecology of Mind*, p. XV-XXVI; trad. fr., « Introduction : une science de l'esprit et de l'ordre », *in* Bateson (1972), t. I, p. 11-21.
– (1972), *Steps to an Ecology of Mind*, Chandler Press, San Francisco ; Ballantine Books Ed., New York, 5e éd. 1976 ; trad. fr., *Vers une écologie de l'esprit*, t. I, 1977, t. II, 1980, Éditions du Seuil, Paris.
– (1974a), « Gratitude for Death », *BioScience*, 24, p. 8.
– (1974b), définitions de « Double Bind », « Learning Models », « Conditioning » et « Adaptation », *in* von Foerster, ed., 1974.
– (1975a), « Some Components of Socialization for Trance », *Ethos*, 3, p. 52-63.
– (1975b), « The Message of Nature and Nurture », non publié ; préparé pour le Centre Royaumont pour une science de l'homme, *Conférence sur les modèles ontogénétiques et phylogénétiques du développement*, 10-17 octobre 1975.
– (1975c), « "Reality" and Redundancy », *CoEvolution Quarterly*, été 1975, p. 132-135.
– (1976), « Foreword », *in* Sluzki et Ransom, eds. (1976), p. XI-XVI.
– (1977), « Epilogue », *in* Ostwald, ed., *Communication and Social Interaction*, Grune and Stratton, New York, p. 331-337.
– (1978a), « The Pattern Which Connects », *CoEvolution Quarterly*, été 1978, p. 4-15.
– (1978b), « Letter to W. C. Ellerbroeck, M. D. », *CoEvolution Quarterly*, été 1978, p. 16-17.
– (1978c), « The Double Bind – Misunderstood ? », *Psychiatric News*, 13, p. 40-41.
– (1978d), « Symptoms, Syndromes and Systems », *The Esalen Catalogue*, octobre-décembre 1978.
– (1978e), « The Birth of a Matrix or Double Bind and Epistemology », *in* Berger, ed. (1978), p. 41-64.
– (1978f), « Bateson's Workshop », *in* Berger, ed. (1978), p. 197-229.
– (1979a), *Mind and Nature: A Necessary Unit*, Dutton, New York ; trad. fr., *La Nature et la Pensée*, Éditions du Seuil, Paris, 1984.

– (1979b), « Allegory », *CoEvolution Quarterly*, automne 1982, p. 42-43.

– (1982), « Differences, Double Description and the Interactive Designation of Self », *in* F. A. Hanson, ed., *Studies in Symbolism and Cultural Communication*, University of Kansas Publications in Anthropology, n° 14, Lawrence, Kansas, p. 3-8.

BATESON G. et BATESON M. C. (1987), *Angels Fear*, Bantam Books, New York ; traduction fr., *La Peur des anges*, Éditions du Seuil, Paris, 1989.

BATESON G. et BATESON W. (1926), « On Certain Aberrations of the Red-Legged Partridges Alectoris Rufa and Sacsatilis », *Journal of Genetics*, 16, p. 101-123.

BATESON G., BROSIN H. W., BIRDWHISTELL R. *et al.* (1971), *The Natural History of an Interview*, University of Chicago Library Microfilm Collection of Manuscripts in Cultural Anthropology, Series 15, n°s 95-98.

BATESON G., HALEY J., JACKSON D. D. et WEAKLAND J. H. (1956), « Towards a Theory of Schizophrenia », in *Steps to an Ecology of Mind*, p. 201-227 ; trad. fr., « Vers une théorie de la schizophrénie », *in* Bateson (1972), t. II, p. 9-34.

BATESON G., JACKSON D., HALEY J. et WEAKLAND J. H. (1962), « A Note on the Double Bind (1962) », *in* Sluzki et Ransom, eds. (1976), p. 39-42.

BATESON G. et MEAD M. (1941), « Principles of Morale Building », *Journal of Educational Sociology*, 15, p. 206-220.

BATESON G. et MEAD M. (1942), *Balinese Character: A Photographic Analysis*, New York Academy of Sciences, New York.

BATESON G., WEAKLAND J. H. et HALEY J. (1975), « Comments on Haley's "History" », *in* Sluzki et Ransom, eds. (1976), p. 105-110.

BATESON M.C. (1972), *Our Own Metaphor*, Alfred A. Knopf, New York ; réimp., Smithsonian Institution Press, Washington et Londres, 1991.

– (1980), « Six Days of Dying », *CoEvolution Quarterly*, hiver 1980.

– (1984), *With a Daughter's Eye*, Washington Square Press, New York ; trad. fr., *Regard sur mes parents*, Éditions du Seuil, Paris, 1989.

BELO J., ed. (1970), *Traditional Balinese Culture*, Columbia University Press, New York et Londres.

BENOIT J. C., MALAREWICZ J. A. *et al.*, eds. (1988), *Dictionnaire des thérapies familiales*, ESF, Paris.

BERGER M. M., ed. (1978), *Beyond the Double Bind*, Brunner/Mazel, New York.

BERNARD CL. (1878), *Leçons sur les phénomènes de la vie commune aux animaux et aux végétaux*, 2 vol., J. B. Baillière, Paris.

BERTALANFFY L. VON (1962), « General Systems Theory – A Critical Review », *in* Buckley, ed. (1968).

– (1968), *General Systems Theory*, George Braziller, Inc., New York ; trad. fr., *Théorie générale des systèmes*, Dunod, Paris, 1973.

BODIN A. M. (1981), « The Interactional View : Family Therapy Approaches of the Mental Research Institute », *Handbook of Family Therapy*, Brunner/Mazel, New York.

BOSZORMENYI-NAGY I. (1965), « Intensive Family Therapy as Process », *in* Boszormenyi-Nagy et Framo, eds. (1965), p. 87-144.

BOSZORMENYI-NAGY I. et FRAMO J.L., eds. (1965), *Intensive Family Therapy*, Harper and Row, New York ; réimp. chez le même éditeur en 1966.

BOULDING K. E. (1956), « General Systems Theory – The Skeleton of Science », *in* Buckley, ed. (1968).

BOWEN M. (1959), « Family Relationships in Schizophrenia », *in* Auerbach, ed. (1959).

– (1960), « A Family Concept of Schizophrenia », *in* Jackson, ed. (1960), p. 347-372.

BRAND S. (1976), « For God's Sake, Margaret », *CoEvolution Quarterly*, n° 10, été 1976, p. 32-44.

BUCKLEY W. (1967), « Society as A Complex Adaptive System », *in* Buckley, ed. (1968).

– ed. (1968), *Modern Systems Research for the Behavioral Scientist*, Aldine Publishing Co., Chicago.

BUNZEL et WEAKLAND J. H. (1952), « Chinese Family Images in International Affairs » ; réimp. *in* Mead et Métraux (1953), p. 421-426.

BYCHOWSKI G. (1956), « Interaction between Psychotic Partners : II, Schizophrenic Partners », *in* V. E. Einsenstein, ed., *Neurotic Interaction in Marriage*, Basic Books, New York, p. 135-147.

CAMPBELL (1982), *The Grammatical Man*, Simon and Schuster, New York.

CANNON W.B. (1932), *The Wisdom of the Body*, Norton, New York.

– (1939), « Self-Regulation of the Body », *in* Buckley, ed. (1968).

CAUFFMAN L. et IGODT P. (1984), « Quelques développements récents dans la théorie des systèmes : les contributions de Maturana et de Varela », *Thérapie familiale*, Genève, vol. 5, n° 3, p. 211-226.

CHANGEUX J-P. et CONNES A. (1989), *Matière à pensée*, Éditions Odile Jacob, Paris.

CHOMSKY N. (1975), *Reflections on Language*, Pantheon Books, New York ; trad. fr., *Réflexions sur le langage*, Flammarion, « Champs », Paris, 1977.

CHUBB H. et EVANS E.L. (1990), « Therapist Efficiency and Clinical Accesibility with the Mental Health Research Institute Brief Therapy Model », *Community Health Journal*, vol. 26, n° 2, avril 1990, p. 139-149.

COLAS Y. *et al.* (1981), « Des interventions directives aux paradoxes », *Thérapie familiale*, Genève, 1981, vol. 2, n° 1, p. 57-93.

COLLOQUE DE CERISY, sous la direction d'Yves Winkin (1988), *Bateson: Premier état d'un héritage*, Éditions du Seuil, Paris.

COMPERNOLLE T. (1984), « Quelques malentendus concernant les interventions "paradoxales" », *Thérapie familiale*, Genève, 1984, vol. 5, n° 1, p. 69-76.

COYNE J.C., DENNER B. et RANSOM D.C. (1982), « Undressing the Fashionable Mind », *Family Process*, 21, p. 391-396.

DECHERT C.R. (1965), « The Development of Cybernetics », *The American Behavioral Scientist*, VIII, 10 juin 1965, p. 15-20 ; réimp. *in* Dechert, ed. (1966).

– ed. (1966), *The Social Impact of Cybernetics*, Simon and Schuster, New York.

DE CLERCK J. et WITTEZAELE J.J. (1983), « Rapport de mission, voyages d'études à Palo Alto, 1983 », non publié, ministère des Affaires sociales de la communauté française, Belgique.

DELL P.F. (1978), « Some Irreverent Thoughts on Paradox », *Family Process*, 20, p. 37-42.

– (1982), « In Search of Truth : On the Way to Clinical Epistemology », *Family Process*, 21, p. 407-414.

DE VISSCHER P. (1991), *Us, Avatars et Métamorphoses de la dynamique des groupes*, Presses universitaires de Grenoble, Grenoble.

DURAND (1979), *La Systémique*, PUF, « Que sais-je ? », Paris.

ELKAIM M. (1985), *Formations et Pratiques en thérapie familiale*, ESF, Paris.

– (1989), *Si tu m'aimes, ne m'aime pas*, Éditions du Seuil, Paris.

ELLISON E.A. et HAMILTON D.M. (1949), « Hospital Treatment of *Dementia Praecox* », *American Journal of Psychiatry*, 106, p. 454-461.

ERICKSON M. H. (1986), *L'Hypnose thérapeutique*, ESF, Paris.

ERICKSON M. H., HALEY J. et WEAKLAND J. H. (1959), « A Transcript of a Trance Induction with Commentary » ; réimp. *in* Haley, ed. (1967), p. 51-88.

ERICKSON M. H. et ROSSI E.L. (1979), *Hypnotherapy – An Exploratory Casebook* (1 vol. + 1 audiocassette), Irvington Pubs, Inc., New York.

ERICKSON M. H., avec ROSSI E.L. *et al.*, eds. (1983), *Healing in Hypnosis*, vol. 1, Irvington Pubs, Inc., New York.

FEYERABEND P. (1975), *Against Method*, New Left Books, Londres ; trad. fr., *Contre la méthode. Esquisse d'une théorie anarchiste de la connaissance*, Éditions du Seuil, Paris, 1979.

FEYEREISEN P. et LANNOY J.-D. DE (1991), *Gestures and Speech, Psychological Investigations*, Maison des sciences de l'homme et Cambridge University Press.

FISCH R. (1982), « Erickson's Impact on Brief Psychotherapy », *in* Zeig, ed. (1982).

FISCH R., WEAKLAND J.H. *et al.* (1975), *Learning Brief Therapy: An Introductory Manual*, BTC, MRI, Palo Alto, CA.

FISCH R., WEAKLAND J. H. et SEGAL L. (1982), *The Tactics of Change*, Jossey-Bass Pubs, San Francisco ; trad. fr., *Tactiques du changement*, Éditions du Seuil, Paris, 1986.

FOERSTER H. VON, ed. (1950), *Transactions of the Sixth Conference on Cybernetics: March 24-25, 1949*, Macy Foundation Publications, New York.

– ed. (1951), *Transactions of the Seventh Conference on Cybernetics: March 23-24, 1950*, Macy Foundation Publications, New York.

– ed., Mead et Teuber (ass. eds.) (1952), *Transactions of the Eighth Conference on Cybernetics: March 15-16, 1951*, Macy Foundation Publications, New York.

– ed., Mead et Teuber (ass. eds.) (1953), *Transactions of the Ninth Conference on Cybernetics: March 20-21, 1952*, Macy Foundation Publications, New York.

– (1966), « From Stimulus to Symbol : The Economy of Biological Computation », *in* Buckley, ed. (1968).

– ed. (1974), *Cybernetics of Cybernetics*, Biological Computer Laboratory, University of Illinois, Chicago.

– (1990), « Éthique et cybernétique de second ordre », conférence prononcée au *Congrès International sur les systèmes et thérapie familiale*, Paris, octobre 1990.

FRAMO J.L. (1965a), « Rationale and Techniques of Intensive Family Therapy », *in* Boszormenyi-Nagy et Framo, eds. (1965), p. 143-212.

– (1965b), « Systematic Research on Family Dynamics », *in* Boszormenyi-Nagy et Framo, eds. (1965), p. 407-462.

FRICK F.C. (1959), « The Application of Information Theory in Behavioral Studies », *in* Buckley, ed. (1968).

FROMM-REICHMANN F. (1948), « Notes on the Development of Schizophrenia by Psychoanalytic Psychotherapy », *Psychiatry*, 11, p. 267-277.

FRY W. F. (1959), « Destructive Behavior on Hospital Wards », *Psychiatry Quarterly Supplement*, 33, part. 2, p. 197-231.

– (1962a), « The Schizophrenic Who ? », *Psychanalytical Review*, 49, p. 68-73.

– (1962b), « The Marital Context of an Anxiety Syndrome » ; réimp. *in* Jackson, ed. (1968b), p. 41-48.

– (1963), *Sweet Madness*, Pacific Books, Palo Alto, CA.

GARDNER H. (1985), *The Mind's New Science*, Basic Books, New York ; Paperback Edition 1987.

GEORGE S. (1988), *A Fate Worse than Debt*, Penguin Books, Suffolk.

GIRIBONE J.-L. (1990), « Ce que nous a appris l'école de Palo Alto », *Esprit*.

GLEICK J. (1987), *Chaos – Making a New Science*, Penguin Books, New York.

GREENBERG G. S. (1977), « The Family Interactional Perspective : A Study and Examination of the Work of Don D. Jackson », *Family Process*, 16 :4, p. 385, décembre 1977.

HALEY J. (1955), « Paradoxes in Play, Fantasy, and Psychotherapy », *Psychol. Res. Rep.*, 2, p. 52-58.

– (1958a), « An Interactional Explanation of Hypnosis » ; réimp. *in* Jackson, ed. (1968b), p. 74-96.

– (1958b), « The Art of Psychoanalysis », *ETC*, 15, p. 190-200.

– (1959a), « The Family of the Schizophrenic : A Model System » ; réimp. *in* Jackson, ed. (1968a), p. 171-199.

– (1959b), « An Interactional Description of Schizophrenia » ; réimp. *in* Jackson, ed. (1968a), p. 151-170.

– (1959c), « Control in Psychoanalytic Psychotherapy », *Progress in Psychotherapy*, 4, p. 48-65.

– (1960), « Observation of the Family of the Schizophrenic », *American Journal of Orthopsychiatry*, 30, p. 460-467.

– (1961a), « Development of a Theory : A History of a Research Project », *in* Sluzki et Ransom, eds. (1976), p. 59-104.

– (1961b), « Control in Brief Psychotherapy », *Arch. Gen. Psychiatry*, 4, p. 139-153.

– (1961c), « Control in the Psychotherapy of Schizophrenics » ; réimp. *in* Jackson, ed. (1968b), p. 146-167.

– (1962a), « Family Experiments : A New Type of Experimentation » ; réimp. *in* Jackson, ed. (1968a), p. 261-289.

– (1962b), « Whither Family Therapy ? », *Family Process*, 1, p. 69-100.

– (1963), *Strategies of Psychotherapy*, Grune and Stratton, New York ; 2e éd., Triangle Press, 1990.

– ed. (1967), *Advanced Techniques of Hypnosis and Therapy*, Grunne and Stratton, Floride.

– (1973), *Uncommon Therapy: The Psychiatric Techniques of Milton H. Erickson*, M. D. Norton, New York ; trad. fr., *Milton H. Erickson: Un thérapeute hors du commun*, EPI, Paris, 1984.

– (1978), « Reflections on Therapy », présentation donnée à la Fourth Don D. Jackson Memorial Conference, avril 1978.

– (1979), *Nouvelles Stratégies en thérapie familiale*, Éditions J.-P. Delarge, Paris.

– (1984), *Tacticiens du pouvoir: Jésus-Christ, le psychanalyste, le schizophrène et quelques autres*, ESF, Paris.

– (1985), *Conversations with Milton H. Erickson, MD* Triangle Press, 3 vol.

HALEY J. et WEAKLAND J.H. (1990a), *Remembering Bateson*, vidéocassette.

– (1990b), *Remembering Erickson*, vidéocassette.

HALL A. D. et FAGEN R.E. (1956), « Definition of System », *General Systems Yearbook 1*; réimp. *in* Buckley, ed. (1968).

HANSEN J.C., ed. (1983), *Diagnosis and Assessment in Family Therapy*, Rockville, Maryland.

HARING D. G., ed. (1948), *Personal Character and Cultural Milieu*, Syracuse University Press, Syracuse.

HEIMS S.J. (1975), « Encounter of Behavioral Sciences with New Machine-Organism Analogies in the 1940s », *Journal of the History of the Behavioral Sciences*, 11, p. 368-373.

– (1977), « Gregory Bateson and the Mathematicians : From Interdisciplinary Interaction to Societal Functions », *Journal of the History of the Behavioral Sciences*, 13, p. 141-159.

– (1985), *John von Neumann and Norbert Wiener: From Mathematics to the Technologies of Life and Death*, MIT Press, Cambridge, Mass.

– (1991), *The Cybernetics Group*, MIT Press, Cambridge, Mass.

HEISENBERG W. (1958), *Physics and Philosophy*, Harper and Row, New York.

HERR J. et WEAKLAND J.H. (1979), *Counseling Elders and their Families*, Springer, New York.

HILL L.B. (1955), *Psychotherapeutic Intervention in Schizophrenia*, University of Chicago Press, Chicago.

HOFFMAN L. (1981), *Foundations of Family Therapy*, Basic Books, New York.

HOFSTADTER D. (1979), *Godel, Escher, Bach: Les brins d'une guirlande éternelle*, InterÉditions, Paris, 1985.

HOLLAND J.H., HOLYOAK K.J., NISBETT R.E. et THAGARD P.R. (1986), *Induction: Processes of Inference, Learning and Discovery*, MIT Press, Cambridge, Mass.

HOUSEMAN M. et SEVERI C. (1986), « Lecture de Bateson anthropologue », introduction à l'édition française de Bateson (1958c).

HUNT J., ed. (1944), *Personality and the Behavior Disorders*, vol. 2, Ronald Press Co., New York.

JACKSON D. D. (1957), « The Question of Family Homeostasis », *The Psychiatric Quarterly Supplement*, 31, part. 1, p. 79-90 ; réimp. *in* Jackson, ed. (1968a), p. 1-11.

– (1958), « Guilt and the Control of Pleasure in Schizoid Personalities », *Br. J. Med. Psychology*, 31, part. 2, p. 124-130.

– (1959), « Family Interaction, Family Homeostasis and Some Implications for Conjoint Family Psychotherapy » ; réimp. *in* Jackson, ed. (1968b), p. 185-203.

– ed. (1960), *The Etiology of Schizophrenia*, Basic Books, New York.

– (1961), « The Monad, the Dyad, and the Family Therapy of Schizophrenics », *in* A. Burton, ed., *Psychotherapy of the Psychoses*, Basic Books, New York, p. 318-328.

– (1962), « LSD and the New Beginning », *Journal of Nervous and Mental Disease*, 135.

– (1964), *Myths of Madness*, Macmillan Pubs, New York.

– (1965), « Les règles de la famille : Le *quid pro quo* conjugal », réimp. *in* Watzlawick et Weakland, eds. (1977), p. 46-59.

– ed. (1968a), *Human Communication: Communication, Family and Marriage*, Science and Behavior Books, Palo Alto, CA.

– ed. (1968b), *Human Communication: Therapy, Communication and Change*, Science and Behavior Books, Palo Alto, CA.

JACKSON D. D. et HALEY J. (1963), « Transference Revisited », *Journal of Nerv. Ment. Dis.*, 137, p. 363-371.

JACKSON D. D. et SATIR V. (1961), « A Review of Psychiatric Development in Family Diagnosis and Family Therapy », *in* Ackerman, Beatman et Sherman, eds. (1961).

JACKSON D. D. et WATZLAWICK P. (1963), « The Acute Psychosis as a Manifestation of Growth Experience », *Psychiatric Res. Rep.*, 16, p. 83-94.

JACKSON D. D. et WEAKLAND J. H. (1961), « Conjoint Family Therapy, Some Considerations on Theory, Technique, and Results », *Psychiatry*, supplément au n° 2, 24, p. 30-45 ; réed. *in* Jackson, ed. (1968b).

KEENEY B. (1979), « Ecosystemic Epistemology : An Alternative Paradigm for Diagnosis », *Family Process*, 18.

KEENEY B. (1982a), « What is an Epistemology : Of Family Therapy », *Family Process*, 21, p. 153-168.

– (1982b), « Not Pragmatics, Not Aesthetics », *Family Process*, 21, p. 429-434.

– (1983), *Aesthetics of Change*, Guilford Press, New York et Londres.

KEENEY B. et ROSS J.M. (1985), *Mind in Therapy: Constructing Systemic Family Therapies*, Basic Books, Inc., New York.

KEENEY B. et SPRENKLE D.H. (1982), « Ecosystemic Epistemology :

Critical Implications for the Aesthetics and Pragmatics of Family Therapy », *Family Process*, 21, p. 1-20.

KNAPP P. H., ed. (1963), *Expression of Emotions in Man*, International Universities Press, New York.

KÖHLER W. (1969), *The Task of Gestalt Psychology*, Princeton University Press, Princeton.

KORZYBSKI A. (1933), *Science and Sanity*, The International Non-Aristotelian Library, Conn.

KUHN T. S. (1970), *The Structure of Scientific Revolutions* (2e éd. augmentée), University of Chicago Press, Chicago ; trad. fr., *La Structure des révolutions scientifiques*, Flammarion, « Champs », 1983.

LACROIX M. (1984), *Étude sur la non-linéarité. Essai d'application aux sciences humaines*, mémoire de licence, université de Liège.

– (1988), « Non-linéarité : un nouveau paradigme ? », *Les Cahiers de psychologie sociale*, 40, université de Liège.

LE MOIGNE J.-L. (1990), *La Modélisation des systèmes complexes*, Dunod, Paris.

LEVY D. (1943), *Maternal Overprotection*, Columbia University Press, New York.

LEWIN K. (1947), « Feedback Problems of Social Diagnosis and Action », *in* Buckley, ed. (1968).

LIDDLE H. (1983), « A Comparative Analysis of Six Schools of Thought », *in* Hansen, ed. (1983).

LIDZ R.W. et LIDZ T. (1949), « The Family Environment of Schizophrenic Patients », *American Journal of Psychiatry*, 106, p. 332-345.

LIDZ R.W. et FLECK S. (1960), « Schizophrenia, Human Integration, and the Role of the Family », *in* Jackson, ed. (1960), p. 323-345.

LIPSET D. (1980), *Bateson: The Legacy of a Scientist*, Beacon Press, Boston.

MALAREWICZ J.A. et GODIN J. (1986), *Milton H. Erickson: De l'hypnose clinique à la psychothérapie stratégique*, ESF, Paris.

MARCH R.H. (1978), *Physics for Poets*, McGraw-Hill, New York.

MARUYAMA, Magoroh (1963), « The Second Cybernetics : Deviation-Amplifying Mutual Causal Processes », *American Scientist*, 51, p. 164-79 ; réimp. *in* Buckley, ed. (1968).

MCCULLOCH W. S. (1965), *Embodiments of Mind*, MIT Press, Cambridge, Mass.

McCulloch W. S. et Pitts W.H. (1943), « A Logical Calculus of the Ideas Immanent in Nervous Activity », *in* Buckley, ed. (1968).

Mead M. (1972), *Blackberry Winter: My Earlier Years*, Touchstone, New York.

– (1977), *Letters from the Field*, Harper and Row, New York.

Mead M. et Métraux R. (1953), *The Study of Culture at a Distance*, University of Chicago Press, Chicago.

Melchior T. (1988), « Entretien avec John H. Weakland », *Métaphores*, septembre 1988, Bruxelles.

Merin J. H., ed. (1966), *The Etiology of Neuroses*, Science and Behavior Books, Palo Alto, CA.

Midelfort C.F. (1957), *The Family in Psychotherapy*, McGraw-Hill, New York.

Miermont J. (1987), *Dictionnaire des thérapies familiales*, Payot, Paris.

Miller G. A. (1963), « What is Information Measurement ? », *in* Buckley, ed. (1968).

Miller G. A., Galanter E. et Pribram K. H. (1960), *Plans and the Structure of Behavior*, Holt, Rinehart and Winston, USA.

Mittelman B. (1956), « Analysis of Reciprocal Neurotic Problems in Family Relationships », *in* V. E. Einsenstein, ed., *Neurotic Interaction in Marriage*, Basic Books, New York, p. 81-100.

Monod J. (1970), *Le Hasard et la Nécessité*, Éditions du Seuil, Paris.

Moreno J.L. (1954), « Interpersonal Therapy, Group psychotherapy and the Formation of the Unconscious », *Group Psychotherapy*, 7, p. 191-204.

Napier A. Y. et Whitaker C. (1978), *The Family Crucible*, Harper and Row, New York.

– (1979), « Problèmes du thérapeute de familles débutant », *in* D. A. Bloch, ed., *Techniques de base en thérapie familiale*, J.-P. Delarge, Paris.

Neubeck G. (1954), « Factors Affecting Group Psychotherapy with Married Couples », *Marriage and Family Living*, 16, p. 216-220.

Neumann J. von (1951), « The General and Logical Theory of Automata », *in* Buckley, ed. (1968).

Neumann J. von et Morgenstern O. (1947), *Theory of Games and Economic Behavior*, Princeton University Press, Princeton, NJ ; trad.

fr., *Théorie des jeux et Comportement économique*, université des sciences sociales, Toulouse, 1977.

OBENDORF C.P. (1938), « Psychoanalysis of Married Couples », *Psychoanalysis Review*, 25, p. 453-475.

O'HANLON W.H. et WEINER-DAVIS M. (1989), *In Search of Solutions: A New Direction in Psychotherapy*, Norton, New York.

PARLOFF M.B. (1961), « The Family in Psychotherapy », *AMA Arch. gen. Psychiatry*, 4, p. 445-451.

PENROSE R. (1989), *The Emperor's New Mind: Concerning Computers, Minds and the Laws of Physics*, Penguin Books, New York.

PRIBRAM K. H. (1971), *Languages of the Brain: Experimental Paradoxes and Principles in Neuropsychology*, Prentice Hall, New York, 5e éd.

PRIGOGINE I. et STENGERS I. (1977), « L'ordre par fluctuations et le système social », in *L'Idée de régulation dans les sciences*, Paris.

– (1979), *La Nouvelle Alliance: Métamorphose de la science*, Gallimard, Paris.

– (1988), *Entre le temps et l'éternité*, Fayard, Paris.

PRYOR K. (1975), *Lads before the Wind*, Harper and Row, New York.

RAPOPORT A. (1956), « The Promise and Pitfalls of Information Theory », *in* Buckley, ed. (1968).

– (1959), « Critiques of Game Theory », *in* Buckley, ed. (1968).

RAPOPORT A. et HORVATH W. J. (1959), « Thoughts on Organization Theory », *in* Buckley, ed. (1968).

RAY W.A. (1989), *On Paradigmatic Shifts: The Interactional Theory and Therapy of Donald DeAvila Jackson, M.D.*, School of Social Sciences, Nova Scotia (thèse de doctorat, non publiée).

REICHARD S. et TILLMAN C. (1950), « Patterns of Parent-Child Relationships in Schizophrenia », *Psychiatry*, 13, p. 247-257.

ROSEN S. (1982), *My Voice will go with You*, Norton, New York ; trad. fr., *Ma voix t'accompagnera – Milton H. Erickson raconte*, Hommes et Groupes, Paris, 1986.

ROSENBLUETH A., WIENER N. et BIGELOW J (1943), « Behavior, Purpose and Teleology », *Philosophy of Science*, 10, p. 18-24 ; réimp. *in* Buckley, ed. (1968).

ROSENBLUETH A. et WIENER N. (1950), « Purposeful and Non-Purposeful Behavior » ; réimp. *in* Buckley, ed. (1968).

ROSENHAN D. (1984), «Être sain dans un environnement malade», *in* Watzlawick, ed. (1984), p. 131-160.

ROSENZWEIG S. et BRAY D. (1943), « Sibling's Death in the Anamnesis of Schizophrenia », *AMA Arch. Neurol. & Psych.*, 41, p. 71-92.

ROSNAY J. de (1975), *Le Macroscope*, Éditions du Seuil, « Points », Paris.

RUESCH J. et BATESON G. (1951), *Communication, The Social Matrix of Psychiatry*, Norton, New York ; trad. fr., *Communication et Société*, Éditions du Seuil, Paris, 1988.

SCHRÖDINGER E. (1944), *What is Life & Mind and Matter*, Cambridge University Press, New York, 1967.

SEARLES H. (1977), *L'Effort pour rendre l'autre fou*, Gallimard, Paris.

SEGAL L. (1986), *The Dream of Reality*, Norton, New York ; trad. fr., *Le Rêve de la réalité*, Éditions du Seuil, Paris, 1990.

SELTZER L. F. (1986), *Paradoxical Strategies in Psychotherapy : A Comprehensive Overview and Guidebook*, Wiley-Interscience, New York.

SELVINI M., BOSCOLO L., CECCHINI G. et PRATA G. (1980), *Paradoxes et Contre-paradoxes*, ESF, Paris.

SERON CL. et WITTEZAELE J.J. (1991), *Aide ou Contrôle : L'intervention thérapeutique sous contrainte*, De Boeck Université, Bruxelles.

SHANNON CL. et WEAVER W. (1949), *The Mathematical Theory of Communication*, University of Illinois Press, Urbana, Chicago et Londres, 12e éd. 1971.

SLUZKI C. E. (1985), « A Minimal Map of Cybernetics », *The Networker*, mai-juin 1985.

SLUZKI C.E., BEAVIN J., TARNOPOLSKI A. et VERON E. (1967), « Disqualification transactionnelle : recherche sur la double contrainte », *Archives of General Psychiatry*, 16 ; réimp. *in* Watzlawick et Weakland, eds. (1977).

SLUZKI C. E. et RANSOM D. C., eds. (1976), *Double Bind : The Foundation of the Communicational Approach to the Family*, Grune and Stratton, New York.

SLUZKI C.E. et VERON E. (1971), « La double contrainte comme situation pathogène universelle », *Family Process*, 10, p. 397-410 ; réimp. *in* Watzlawick et Weakland, eds. (1977).

SPIEGEL J.P. et BELL N.W. (1959), « The Family of the Psychiatric

Patient », *in* S. Arieti, ed., *American Handbook of Psychiatry*, vol. 1, Basic Books, New York, p. 114-149.

STANTON A. H. et SCHWARTZ M. S. (1954), *The Mental Hospital*, Basic Books, New York.

SUZUKI D. T. (1972), *Essais sur le bouddhisme zen*, 3 vol., Albin Michel, Paris.

SZASZ T.S. (1961), *The Myth of Mental Illness : Foundations of a Theory of Personal Conduct*, Hoeber-Harper, New York.

– (1970), *The Manufacture of Madness : A Comparative Study of the Inquisition and the Mental Health Movement*, Harper and Row, New York.

SZUREK S.A. et BERLIN I.N. (1956), « Elements of Psychotherapeutics with the Schizophrenic Child and his Parents », *Psychiatry*, 1, p. 1-10.

TAYLOR R. (1950a), « Comments on a Mechanistic Conception of Purposefulness », *in* Buckley, ed. (1968).

– (1950b), « Purposeful and Non-Purposeful Behavior : A Rejoinder », *in* Buckley, ed. (1968).

THOM R. (1980), *Paraboles et Catastrophes*, Flammarion, « Champs », Paris, 1983.

– (1990), *Apologie du logos*, Hachette, Paris.

TRIBUS M. et MCIRVINE E.C. (1971), « Energy and Information », *Scientific American*, septembre 1971, p. 179-186.

WADDINGTON C.H. (1970), *Behind Appearance*, MIT Press, Cambridge, Mass.

WATTS A. W. (1961), « A Fragment from Psychotherapy East and West (1961) », *in* Sluzki et Ransom, eds. (1976), p. 167-170.

WATZLAWICK P. (1963), « A Review of the Double Bind Theory », *in* Jackson, ed. (1968a), p. 63-68.

– (1964), *An Anthology of Human Communication, Text and Tape*, Science and Behavior Books, Palo Alto, CA.

– (1969), « A Fragment from Patterns of Psychotic Communication (1969) », *in* Sluzki et Ransom, eds. (1976), p. 175-178.

– (1976), *How Real is Real ?*, Random House, New York ; trad. fr., *La Réalité de la réalité*, Éditions du Seuil, Paris, 1978.

– (1978), *The Language of Change*, Basic Books, New York ; trad. fr., *Le Langage du changement*, Éditions du Seuil, Paris, 1980.

– (1982), « Hermetic Pragmaesthetics or Unkempt Thoughts about an Issue of Family Process », *Family Process*, 21, p. 401-404.

– (1983), *The Situation is Hopeless, but not Serious : The Pursuit of Unhapiness*, Norton, New York ; trad. fr., *Faites vous-même votre malheur*, Éditions du Seuil, Paris, 1984.

– ed. (1984), *The Invented Reality*, Norton, New York ; trad. fr., *L'Invention de la réalité*, Éditions du Seuil, Paris, 1988.

– (1986), *Ultra-Solutions : How to Fail Most Successfully*, Norton, New York ; trad. fr., *Comment réussir à échouer*, Éditions du Seuil, Paris, 1988.

– (1987), *Guide non conformiste pour l'usage de l'Amérique*, Éditions du Seuil, Paris.

– (1990), *Münchhausen's Pigtail*, Norton, New York ; trad. fr., *Les Cheveux du baron de Münchhausen*, Éditions du Seuil, Paris, 1991.

WATZLAWICK P., FISCH R., WEAKLAND J.H. et BODIN A. (1972), « On Unbecoming Family Therapists », *in* Feber, Mendelsohn et Napier, eds., *The Book of Family Therapy*, Science House, New York, 1972 ; réimp. *in* Watzlawick et Weakland, eds. (1977).

WATZLAWICK P., HELMICK-BEAVIN J. et JACKSON D. (1967), *Pragmatics of Human Communication : A Study of Interactional Patterns, Pathologies, and Paradoxes*, Norton, New York ; trad. fr., *Une logique de la communication*, Éditions du Seuil, Paris, 1972.

WATZLAWICK P., WEAKLAND J. H. et FISCH R. (1974), *Change : Principles of Problem Formation and Problem Resolution*, Norton, New York ; trad. fr., *Changements : Paradoxes et psychothérapie*, Éditions du Seuil, Paris, 1975.

WATZLAWICK P. et WEAKLAND J. H., eds. (1977), *The Interactional View*, Norton, New York ; trad. fr., *Sur l'interaction*, Éditions du Seuil, Paris, 1981.

WEAKLAND J. H. (1953), « An Analysis of Seven Cantonese Films », non publié ; extrait *in* Mead et Métraux (1953), p. 292-295.

– (1960), « The Double Bind Hypothesis of Schizophrenia and Three-Party Interaction (1960) », *in* Jackson, ed. (1960) ; réimp. *in* Sluzki et Ransom, eds. (1976), p. 23-38.

– (1962), « Family Therapy as a Research Arena » ; réimp. *in* Jackson, ed. (1968b), p. 271-276.

– (1974), « The Double Bind Theory by Self-Reflexive Hindsight », *in* Sluzki et Ransom, eds. (1976), p. 307-314.

WEAKLAND J. H. et FRY W. (1962), « Letters of Mothers of Schizophrenics » ; réimp. *in* Jackson, ed. (1968a), p. 122-150.

WEAKLAND J. H. et JACKSON D. D. (1958), « Patient and Therapist Observations on the Circomstances of a Schizophrenic Episode » ; réimp. *in* Jackson, ed. (1968a), p. 87-121.

WHITAKER C. A., ed. (1958a), *Psychotherapy of Chronic Patients*, Little, Brown and Co., Boston.

– (1958b), « Psychotherapy with Couples », *American Journal Psychotherapy*, 12, p. 18-23.

– (1982), « Comments on Keeney and Sprenkle Paper », *Family Process*, 21, p. 405-406.

WIENER N. (1948), *Cybernetics : Or Control and Communication in the Animal and the Machine*, MIT Press, Cambridge, Mass., 1965.

– (1954), « Cybernetics in History », *in* Buckley, ed. (1968).

– (1964), *God and Golem*, MIT Press, Cambridge, Mass.

WILDER C. (1982), « Muddles and Metaphors : A Response to Keeney and Sprenkle », *Family Process*, 21, p. 397-400.

WILDER C. et WEAKLAND J.H., eds. (1981), *Rigor and Imagination*, Praeger, New York.

WILMER H. A., ed. (1958), *Social Psychiatry in Action*, Charles C. Thomas, Springfield.

WINKIN Y., ed. (1981), *La Nouvelle Communication*, Éditions du Seuil, Paris.

– (1982), « La communication interpersonnelle : une approche anthropologique », *Les Cahiers de psychologie sociale*, n°s 13 et 14, université de Liège.

– ed. (1988), *Bateson : Premier état d'un héritage*, Éditions du Seuil, Paris.

WOLF A. (1950), « The Psychoanalysis of Groups », *American Journal Psychotherapy*, 4, p. 16-50.

WRIGHT R. (1989), *Three Scientists and their Gods : Looking for Meaning in an Age of Information*, Perennial Library, Harper and Row, New York.

WYNNE L.C. (1961), « The Study of Intrafamilial Alignements and Splits in Exploratory Family Therapy », *in* Ackerman, Beatman et Sherman, eds. (1961).

WYNNE L.C., RYCKOFF I.M., DAY J. et HIRSCH S.I. (1958), « Pseudo-mutuality in the Family Relations of Schizophrenics », *Psychiatry*, 21, p. 205-220.

ZEIG J.K., ed. (1982), *Ericksonian Approches to Hypnosis and Psychotherapy*, Brunner-Mazel, New York.

– (1985a), *Experiencing Erickson*, Brunner-Mazel, New York ; trad. fr., *La Technique d'Erickson*, Hommes et Groupes, Paris.

– ed. (1985b), *Ericksonian Psychotherapy*, t. I, *Structures*, t. II, *Clinical Applications*, Brunner-Mazel, New York.

ZUK G.H. et RUBINSTEIN D. (1965), « A Review of Concepts in the Study and Treatment of Families of Schizophrenics », *in* Boszormenyi-Nagy et Framo, eds. (1965), p. 1-32.

Notes

Introduction

1. Nous faisons allusion à Winkin, ed. (1981).
2. Kuhn (1970).

Carnet de route

1. Ce n'est pas le cas pour l'étranger, comme le montre cette anecdote racontée par Richard Fisch : « Lorsque vous parlez à des gens en Europe, il y en a beaucoup qui ont entendu parler du MRI ; à Palo Alto, certains de nos voisins n'ont même jamais entendu le nom. A Palo Alto même, le MRI vit dans l'ombre de Stanford. Paul raconte qu'il était à Paris il y a déjà quelques années, et, dans une réception, il a rencontré des invités d'Afrique centrale. Dans la conversation, un de ceux-ci lui demande : "D'où venez-vous ?" Paul répond : "De Californie. – Où en Californie ? – Palo Alto. – Non, je n'ai jamais entendu parler de Palo Alto. – C'est là que se trouve l'université de Stanford. – Et vous travaillez dans cette université… Stanford ? – Non, en fait je travaille au MRI. – Ah… le MRI, ça je connais." *[Rires.]*» (Richard Fisch, entretien avec les auteurs.)

2. L'équipe fluctue, les jeunes restent quelques années puis sont remplacés par d'autres. Lynn Segal y a travaillé pendant de longues années, de même que Vincent Moley, Neil Brast, et tant d'autres. Lucy Gill (dont nous reparlerons à la fin de ce livre) vient d'ailleurs de quitter l'équipe, elle est partie vivre près du superbe parc national de Yosemite. On y rencontre aussi régulièrement un pasteur protestant irlandais, Jim Moran, qui applique la thérapie brève aux problèmes paroissiaux !

3. Tous les membres du Centre de thérapie brève (les trois maîtres y compris) y travaillent de façon bénévole. Le tarif de la séance est peu élevé (il était de 50 dollars fin 1991) en comparaison des prix couramment pratiqués

par les autres thérapeutes ; l'argent sert à couvrir les frais de locaux et le matériel d'enregistrement.

4. Comme de nombreux visiteurs et résidents nous ont fait part de sentiments fort semblables, nous nous permettrons de raconter brièvement nos impressions personnelles après notre « premier mercredi » au CTB de Palo Alto. Nous nous souvenons encore de l'excitation qu'il a suscitée chez nous ; nous avons passé la soirée et une bonne partie de la nuit à revoir tous les cas que nous suivions à l'époque, toutes les nouvelles pistes qui s'ouvraient – cette envie presque irrésistible de rentrer immédiatement et de les mettre en application.

Nous avions vraiment le sentiment, peut-être excessif mais persistant, d'avoir enfin trouvé un sens à notre travail de thérapeute, cette impression d'enfin savoir que l'on pouvait vraiment rendre le service que nos patients attendaient de nous sans devoir entrer dans toutes sortes d'explications compliquées servant à dissimuler nos hésitations. Nous étions sur un nuage, avec ce sentiment tellement rassurant d'une efficacité tranquille. Bien sûr que c'était exagéré. Bien sûr que nous nous sommes encore perdus dans nos schémas de pensée normatifs et pathologisants. Bien sûr que la thérapie brève n'est pas la panacée et n'a pas toutes les réponses. Bien sûr…

5. L'épouse de John Weakland, Anna Wu, est un peintre réputé originaire de Shanghai.

PREMIÈRE PARTIE
Vers une science de la communication

Introduction

1. Le physicien américain John Wheeler définit la matière ultime par une formule lapidaire mais efficace :« It from bit. » « Chaque *it* ("ça") – chaque particule, chaque champ de force, et même le continuum espace-temps lui-même – tire sa fonction, sa signification, son existence même (bien que de façon indirecte dans certains contextes), des réponses à des questions oui-non, à des choix binaires, à des bits (réponses qui sont explicitées par l'appareillage) » (*Scientific American*, juin 1991, p. 17).

1. Gregory Bateson

1. Nous devons l'essentiel des informations sur la famille Bateson à la très complète biographie (autorisée) de Bateson par David Lipset (1980). Cet ouvrage n'a pas fait l'objet d'une traduction française.

2. Écrivain satiriste anglais de la seconde moitié du XIXe siècle. Il est l'auteur, entres autres ouvrages, de *Erewhon* (1872), *Fair Heaven* (1873), *Life and Habit* (1877), et *The Way of All Flesh* (1903).

3. Anagramme de *nowhere*, c'est-à-dire : « nulle part ».

4. Cité *in* Lipset (1980), p. 7.

5. Il faut signaler que, pour Bateson, le terme « écologie » est à entendre dans une acception bien plus large que celle qu'on lui attribue habituellement. Il concerne non seulement les relations de l'homme avec son environnement, mais encore le phénomène de coévolution tant physique que mentale (écologie de l'esprit). Pour plus de précision, voir le chapitre 10, et surtout Bateson (1979a).

6. En 1964, alors que Bateson se trouve dans une passe professionnelle difficile, Waddington, le grand biologiste anglais, ami de longue date, lui propose un poste de professeur d'« analyse de la science appliquée dans la société industrielle » à l'université d'Édimbourg ; il répond : « J'ai bien peur que mes opinions concernant le rôle de la science dans la vie humaine soient aussi obsolètes que les adaptations du dinosaure. Je n'arrive pas à trouver une seule application des sciences, depuis l'invention du fromage, qui ne se soit révélée destructrice – que ce soit pour l'écologie humaine ou pour l'écologie plus vaste dans laquelle vivent les hommes. Je ne pense pas que ce soit cela que la faculté d'Édimbourg souhaite que j'enseigne. Je pense en outre que, même si je l'enseignais, peu nombreux sont les étudiants qui souhaiteraient l'apprendre » (cité *in* Lipset [1980], p. 245).

7. Son goût artistique n'est d'ailleurs pas toujours aussi progressiste que ses travaux scientifiques, comme l'indique l'anecdote suivante, que Gregory Bateson racontera à son biographe : lors d'un voyage à La Haye en 1924, William emmène toute sa famille dans une galerie où sont exposées des œuvres de Poussin. « [...] il savait exactement où se trouvaient les tableaux... Il nous conduisit donc dans la salle, pour la trouver remplie des œuvres de Van Gogh. Il y en avait au moins cinquante. Je le revois regardant partout, avec l'air d'un rat sur lequel on vient de refermer une trappe... Puis il se redresse et marche jusqu'au milieu de la pièce et, avec sa canne à bout métallique, il frappe le sol, en criant, de toute l'ampleur de sa voix, qui était considérable : "Je n'admirerai pas l'œuvre des *Spirochaeta pallida* (les bactéries de la syphilis) !" » (cité *in* Lipset [1980], p. 53).

8. *Ibid.*, p. 19.

9. *Ibid.*, p. 96.

10. Haley et Weakland (1990a).

11. Cité *in* Lipset (1980), p. 52.

12. *Ibid.*

13. Bateson reprendra souvent l'exemple de Lamarck pour illustrer le caractère stochastique de l'évolution (voir plus loin).

14. Cité *in* Lipset (1980), p. 22.

15. Bateson (1972), t. I, p. 89.

16. Pour l'anecdote, il est amusant de voir comment Jay Haley rapporte les confidences de Bateson concernant ce tournant de sa vie : « Il disait qu'il y avait un millionnaire grec qui avait acheté un yacht sur lequel il voulait voyager dans les Caraïbes [sic !]. Il cherchait un biologiste qui pourrait lui

dire le nom des poissons qu'il pêcherait. Il se rendit au British Museum pour qu'on lui indique un jeune scientifique qui pourrait convenir. On lui montra le jeune Bateson. Il était occupé à compter des plumes de perdrix car il s'intéressait aux *patterns*. Il accepta. Lui s'intéressait à l'étude des parasites des requins, mais pas du tout aux poissons, dont il ne connaissait d'ailleurs pas les noms ; aussi ne fut-il pas d'une grande aide. Mais le plus gros problème fut que le Grec avait une épouse française et deux filles adolescentes. Et Gregory parlait aux jeunes filles des aspects de la vie sexuelle des poissons et des parasites. Cela a rendu le Grec furieux et il l'a renvoyé. Alors, Gregory m'a dit qu'il était retourné à Cambridge en pensant : "J'ai intérêt à en apprendre un peu plus sur les gens !" » (Haley et Weakland [1990a]).

17. Cité *in* Lipset (1980), p. 123.
18. *Ibid.*, p. 115.
19. *Ibid.*, p. 127.
20. Haley et Weakland (1990a).
21. Cité *in* Lipset (1980), p. 128.
22. Mead (1972), p. 208.
23. *Ibid.*, p. 209-210.
24. *Ibid.*, p. 212.
25. Houseman et Severi (1986), p. 10.
26. Bateson (1936), p. 300.
27. Définition de l'*Oxford English Dictionary*, citée par Bateson (1936), p. 43.
28. Bateson (1936), p. 71.
29. Bateson (1972), t. I, p. 166.
30. *Ibid.*
31. Pour un exposé plus détaillé sur ce sujet, voir Bateson (1972), t. I, p. 88-102, « Comment penser sur un matériel ethnologique, quelques expériences ».
32 Bateson (1972), t. I, p. 91.
33. *Ibid.*, p. 92.
34. *Ibid.*
35. Bateson (1936), p. 220-221.
36. *Ibid.*, p. 221.
37. *Ibid.*
38. *Ibid.*, p. 224.
39. *Ibid.*, p. 226.
40. Bateson (1972), t. I, p. 167-168.
41. Bateson (1936), p. 222.
42. Voir Watzlawick, Helmick-Beavin et Jackson (1967). Nous y reviendrons plus loin en détail.
43. « Mes parents se retrouvèrent ensuite en 1935 à Singapour, où ils se marièrent alors qu'ils étaient en route vers Bali, afin que la cérémonie fût conforme à la loi britannique. Margaret arriva dans le Pacifique avec un

trousseau de lingerie de soie que Gregory utilisa pour envelopper les objectifs de ses appareils photo » (M. C. Bateson [1984], p. 178).

44. L'ouvrage n'a malheureusement jamais été traduit en français.

45. Bateson et Mead (1942), p. XII.

46. Certaines séquences photographiques seront réutilisées plus tard pour illustrer une interaction de type « double contrainte ». Voir notamment Winkin, ed. (1981), p. 32-33.

47. Bateson et Mead (1942), p. XVI. Mary Catherine Bateson (1984) signale que les travaux de ses parents à Bali avaient été financés par une fondation pour l'étude de la démence précoce (p. 52)

2. Les « conférences Macy »

1. Bateson (1966c).

2. Voici néanmoins les grandes lignes du raisonnement de Bateson : selon lui, comme aucun des points du traité conclu avec les Allemands à la fin de la Première Guerre mondiale ne fut respecté par les Alliés, cela a entraîné une détérioration profonde des relations internationales – avec comme conséquence directe la Seconde Guerre mondiale – et, d'une façon plus générale, la perversion de la classe politique. Pour de plus amples informations, voir Bateson (1966c).

3. L'histoire et les concepts de la cybernétique ont déjà fait l'objet de nombreuses publications tant aux États-Unis qu'en France. Nous avons cependant voulu donner au lecteur peu familiarisé avec ce mouvement l'occasion de trouver ici même les notions principales de l'approche de façon à pouvoir comprendre l'évolution des travaux du groupe de Palo Alto sans avoir à chercher ailleurs la définition des termes utilisés.

4. La Josiah Macy Jr. Foundation est une fondation américaine qui a accordé des budgets, de 1930 à 1960 environ, pour l'organisation de conférences, de colloques ou de symposiums dans le domaine des sciences humaines. Les organisateurs faisaient appel à des experts de diverses disciplines.

5. Bernard (1878).

6. Cannon (1932).

7. Wiener (1948), p. 5.

8. *Ibid.*, p. 6.

9. On connaît mal cette période de la vie de Bateson. Lipset signale qu'il est revenu assez déprimé de ce travail dans le Pacifique. Mary Catherine Bateson, fille de Gregory Bateson et de Margaret Mead, rapporte qu'il y aurait participé à l'élaboration de stratégies de démoralisation des troupes japonaises assez éloignées de ses méthodes habituelles : « Il aimait raconter un plan qu'il avait conçu avec son ami Jim Myersburgh, un plan destiné à démoraliser les soldats japonais, parachuter sur le Japon les cendres de soldats nippons, emballées de façon appropriée et accompagnées de textes et

de prières. Cependant, le fossé était vaste entre la théorie et la pratique, et, lorsque le hasard voulut que le corps d'un aviateur japonais abattu fût rejeté sur le rivage de l'île du Pacifique où ils se trouvaient cantonnés, ils furent vaincus par les aléas de la logistique. Une première tentative de crémation fut interrompue à cause du vent, et ils tentèrent désespérément de récupérer les cendres en courant dans tous les sens sur la plage. Des mois s'écoulèrent ensuite avant que les experts trouvent l'emballage adéquat. Cet obstacle franchi, l'US Air Force refusa catégoriquement de prendre part à cette opération macabre. Les cendres du "pauvre Yorick" furent ainsi transportées d'un endroit à un autre jusqu'à la fin des hostilités, restant pour Gregory l'exemple flagrant d'un sens du concret naïf et mal placé : pourquoi des cendres humaines ? Pourquoi des cendres *japonaises*? Et pourquoi révéler à l'aviateur ce que contenait le paquet destiné à être parachuté ? » (Bateson [1984], p. 47-48.)

10. Les lecteurs intéressés par le déroulement de ces conférences, les idées échangées et les personnes présentes, se délecteront à la lecture de l'ouvrage de Steve Heims (1991). Steve Heims a passé près de vingt-cinq ans à étudier ces conférences et a rencontré tous les participants encore en vie pendant cette période ; le livre est donc merveilleusement documenté, bien situé dans le contexte des États-Unis de l'après-guerre, et restitue toute la saveur de ces rencontres exceptionnelles. Heims a d'ailleurs publié plusieurs articles (1975 et 1977) et un autre ouvrage (1985).

11. Quelques précisions étymologiques pour dégager certains liens : le terme *cybernétique* vient du grec *kybernetes*, qui veut dire « timonier ». En latin, il devint *gubernator*, d'où sont issus les mots « gouverneur » et « gouvernail ». Platon l'utilisa pour parler d'un des aspects de l'« art de gouverner », et Ampère dans ses *Essais sur la philosophie des sciences* pour se référer à la science du gouvernement civil. Le mot « gouvernail » est aussi utilisé pour décrire le mécanisme autorégulateur de la machine à vapeur. C'est en 1868 que Maxwell analyse ce phénomène de contrôle d'un point de vue mathématique. Pour plus d'informations, voir Bateson (1979a), p. 111.

12. C'est les larmes aux yeux que Wiener doit alors quitter la salle, bouleversé par le plébiscite de ses pairs (ce qui, en soi, constitue un événement tellement rare qu'il mérite d'être signalé !).

13. Laurence Franck, cité *in* Lipset (1980), p. 180.

14. L'entretien s'est déroulé en 1976 au domicile de Gregory Bateson. Il s'agit de la dernière rencontre du couple (Margaret Mead devait mourir deux ans plus tard). Stewart Brand était alors le rédacteur en chef d'un magazine écologiste américain, *The CoEvolution Quarterly*. Impressionné par la lecture de *Vers une écologie de l'esprit*, Brand devint un ami personnel de Bateson, à qui il ouvrit largement les pages de sa revue pour des publications ultérieures. C'est également lui qui présenta Bateson à Jerry Brown, alors gouverneur de Californie (et actuellement candidat à la présidence des États-Unis !), qui nomma Bateson au poste de « régent de l'université de Californie ». Nous tenons à exprimer toute notre gratitude à M.

Brand pour le temps qu'il nous a généreusement accordé afin d'évoquer ses souvenirs personnels de Gregory Bateson et pour nous avoir gracieusement permis d'utiliser des extraits de cette interview intitulée « For God's Sake, Margaret » (Brand [1976]).

15. Mead a rajouté en note de bas de page : « On m'a dit qu'un article de Ross Ashby l'avait précédé d'un an, mais nous l'ignorions. Mead. »

16. Kurt Lewin est mort en 1947, très peu de temps après la troisième conférence Macy.

17. Extrait d'un entretien des auteurs avec Heinz von Foerster, le 26 janvier 1991. Il est à noter que seules les quatre dernières conférences ont été l'objet d'une retranscription qui fut également publiée.

18. Terme qui désigne des entités ou des événements de domaines de recherche différents mais qui semblent révéler des structures, des formes (morphes) semblables ; les conclusions tirées sur les entités ou les événements d'un domaine pouvant alors être appliquées aux autres.

19. Buckley, ed. (1968), p. 316.

20. Von Foerster, ed. (1952), p. XVIII.

21. Wiener (1964), p. 88.

22. Rappelons les quatre principes fondamentaux de tout travail de recherche selon Descartes : « Le premier était de ne recevoir jamais aucune chose pour vraie que je ne la connaisse évidemment pour telle, c'est-à-dire d'éviter soigneusement la précipitation et la prévention… Le second de diviser chacune des difficultés que j'examinerais en autant de parcelles qu'il se pourrait et qu'il serait requis pour les mieux résoudre. Le troisième de conduire par ordre mes pensées en commençant par les objets les plus simples et les plus aisés à connaître, pour monter peu à peu comme par degrés jusques à la connaissance des plus composés…. Et le dernier de faire partout des dénombrements si entiers et des revues si générales que je fusse assuré de ne rien omettre » (cité *in* Durand [1979], p. 7).

23. Ashby (1956a), p. 5.

24. Bateson (1972), t. I, p. 253.

25. Le psychiatre Thomas Szasz précise : « Ce n'est qu'en 1922 que Russell appliqua explicitement les principes de la théorie des types logiques à la logique des langages. Cela conduisit alors à l'établissement de liens inattendus entre les mathématiques, la logique, la linguistique, la philosophie et finalement la psychiatrie et l'étude du comportement social [...]. Je crois que Bateson fut le premier à attirer l'attention sur l'importance de la théorie des types de Russell pour la psychiatrie » (cité *in* Watzlawick [1963], p. 67).

26. Korzybski (1933). Le sous-titre de l'ouvrage est : « Une introduction aux systèmes non aristotéliciens et à la sémantique générale ». A notre connaissance, l'ouvrage n'a jamais fait l'objet d'une traduction officielle en français.

27. Il en attribue d'ailleurs le crédit à ce précurseur : « En fait, c'est le type de contradiction que Korzybski et l'école de la sémantique générale essaient de corriger dans leur thérapie. Leur traitement consiste à entraîner

leurs patients à ne pas confondre les niveaux d'abstraction. En fait, leur traitement suit les lignes de la résolution du paradoxe que Russell a tentée par l'assertion de la règle qu'aucune classe ne doit jamais être considérée comme un membre d'elle-même » (Bateson [1951b], p. 223).

28. Pour un exposé plus détaillé de l'évolution de la notion d'information, nous renvoyons le lecteur à l'ouvrage de Jeremy Campbell (1982).

29. Bateson (1972), t. I, p. 17.

30. La thermodynamique est, selon le *Petit Robert*, « une branche de la physique et de la chimie qui étudie les relations entre l'énergie thermique (chaleur) et mécanique (travail) et les lois générales des phénomènes impliquant des échanges ou des transformations thermiques ».

31. Prigogine et Stengers (1979), p. 120.

32. *Ibid.*, p. 132.

33. Schrödinger (1944), p. 77.

34. Costa de Beauregard, cité *in* Campbell (1982), p. 33.

35. Voir l'épitaphe de Pope pour Newton, citéc plus haut.

36. Cité *in* Campbell (1982), p. 51.

37. Cité *in* Tribus et McIrvine (1971), p. 180.

38. Wiener (1948), p. 11.

39. *Ibid.*, p. 61.

40. *Ibid.*, p. 35.

41. Bateson (1972), t. I, p. 17-18.

42. Ashby (1956a), p. 3.

43. Extraits tirés de von Foerster, ed. (1953), p. 101-106.

44. Voir plus loin la définition de l'information par Bateson.

3. L'étude de la communication

1. Watzlawick, Helmick-Beavin et Jackson (1967).

2. En 1949, il décide d'engager une de ses anciennes patientes, Elizabeth Summer, comme secrétaire du projet de recherche, avec le secret espoir qu'elle arrive à composer avec Bateson. Ils se marieront en 1951. « Je crois que c'est son démon intérieur qui l'a poussé vers moi, parce que j'étais la fille de l'évêque épiscopal de Portland, Oregon », dira plus tard Betty en boutade (citée *in* Lipset [1980], p. 197). Ils resteront mariés pendant sept ans et auront un fils, John.

3. Traduit en français sous le titre *Communication et Société*, Éditions du Seuil, 1988.

4. Ce faisant, Bateson ne s'attire pas que des amitiés parmi les psychiatres, même si certains d'entre eux, notamment Joseph Henderson et Joseph Wheelwright, deux analystes jungiens, se montrent très intéressés par l'orientation épistémologique de Bateson et deviendront des amis.

5. Ruesch et Bateson (1951). Voir en particulier le chapitre 9 : « La pensée psychiatrique – approche épistémologique », p. 259-292.

6. *Ibid.*, p. 241.
7. *Ibid.*, p. 286.
8. *Ibid.*, p. 291.
9. Bateson (1972), t. I, p. 209-210.
10. Il faut signaler que l'étude de la communication, à partir des années 50, ne se limite pas aux travaux de Ruesch et Bateson. De nombreux chercheurs vont développer une approche « orchestrale » de la communication, par opposition à la vision « télégraphique » – en particulier, R. Birdwhistell, E. Hall, A. Scheflen, E. Goffman. Pour une synthèse des travaux de ce « collège invisible », nous renvoyons le lecteur à Winkin, ed. (1981).
11. Si la découverte du feed-back négatif a constitué un jalon important pour la clarification des idées de Bateson, il faudra attendre la fin des années 60 pour que celui-ci ait la révélation de la nature fondamentalement abstraite de sa particule élémentaire, l'information. Cela permettra alors à Bateson d'entreprendre la grande synthèse des processus mentaux qui culminera dans *La Nature et la Pensée*.
12. Bateson (1979a), p. 19.
13. Ou encore la traduction qu'en a faite Yves Winkin et que nous avons reprise comme titre de ce paragraphe.
14. Bateson (1979a), p. 106.
15. Nous ne détaillerons pas ici les différents critères auxquels ces circuits doivent satisfaire pour gagner leurs galons de membres de la *creatura*; nous renvoyons pour cela à Bateson (1979a), en particulier le chapitre 4. Remarquons seulement que ces critères correspondent en gros à la description du fonctionnement d'un circuit cybernétique, purement et simplement !
16. Nous avons bien conscience de simplifier la complexité du processus, mais notre langage « digital », avec ses caractéristiques linéaires, constitue un obstacle difficilement surmontable. Nous laisserons ce sujet à la réflexion du lecteur, en soulignant toutefois l'aspect éminemment interactionnel de la définition batesonienne de l'information, à moins d'en revenir à une vision pré-relativiste, avant d'être perçue, aucune différence n'a d'existence absolue ; c'est donc l'acte de perception lui-même (la différence « ici à l'intérieur ») qui crée – ou en tout cas qui révèle – la différence « là-dehors »! Le processus doit donc être vu comme simultané plutôt que comme lié par une forme de causalité temporelle.
17. Le sens des termes « analogique » et « digital » appliqués à la communication interpersonnelle a beaucoup évolué depuis les conférences Macy. Pour une synthèse de cette évolution, voir l'article « Communication analogique et digitale » dans le *Dictionnaire encyclopédique de la communication*, L. Sfez, ed., PUF, à paraître.
18. Bateson (1975c), p. 134.
19. Voir notamment Pribram (1971).
20. Bateson (1975c), p. 135.
21. Ludwig von Bertalanffy s'est risqué à donner une définition de l'interaction qui devrait satisfaire les esprits mathématiques : « Par "interac-

tion" nous entendons des éléments *p* liés par des relations *R*, de sorte que le comportement d'un élément *p* dans *R* diffère de son comportement dans une autre relation *R'*. S'il se comporte de la même façon dans *R* et *R'*, il n'y a pas d'interaction et les éléments se conduisent de manière indépendante par rapport aux relations *R* et *R'*» (von Bertalanffy [1968], p. 53).

22. Un silence devant, bien sûr, être considéré comme un type de réponse possible (et d'ailleurs particulièrement important pour l'aspect relationnel des partenaires).

23. Remarquons néanmoins que, dans des situations interpersonnelles, certaines « informations » peuvent ne pas faire de différence si elles ne sont pas reçues par l'autre personne ; ce qui enlève l'aspect quelque peu excessif de la formule de Paul Watzlawick : peut-être faudrait-il dire plutôt « on ne peut pas ne rien communiquer » car, effectivement, le fait même d'être en présence ne peut être nié, qu'on le veuille ou non. Il faut remarquer que l'on peut cacher ou taire certaines informations, comme le savent bien tous les maris ou les femmes trompés. Qu'on y réussisse plus ou moins bien est une autre question.

24. Watzlawick, Helmick-Beavin et Jackson (1967), p. 49.

25. Ruesch et Bateson (1951), p. 253-254.

4. Apprentissage et contexte

1. Bateson (1974b), dans la définition de « Learning models ».

2. Bateson (1972), t. I, p. 143.

3. *Ibid.*, p. 257-258.

4. *Ibid.*, t. II, p. 199.

5. Bateson (1972), trad. *in* Winkin, ed. (1981), p. 136.

6. Bateson (1972), t. I, p. 265.

7. Bateson (1974b), définition du « Double bind ».

8. Bateson (1979a), p. 132.

9. Bateson (1972), t. I, p. 277-278.

10. Allusion au texte de Bateson qui clôture *La Nature et la Pensée*. Notons que la dernière formule est empruntée à Alexander Pope dans son *Essai sur la critique*.

11. Pour expliquer comment sont formées les perceptions d'objets individuels, Wertheimer a suggéré que le système visuel organise les parties en touts sur base de lois de groupements. Des éléments ont tendance à être groupés perceptuellement s'ils sont proches l'un de l'autre, semblables l'un à l'autre, forment un contour fermé ou se déplacent dans la même direction.

12. Cette distinction figure/fond fut introduite en 1921 par le psychologue danois Edgar Rubin. Rubin montra que, même si toutes les parties d'une région reliée sont groupées de manière adéquate, on peut les interpréter soit comme un objet (figure), soit comme la surface située derrière lui (fond). Il formula un ensemble de lois qui décrivent les conditions qui font qu'une

région tendra à être vue comme figure plutôt que comme fond.

13. Peut-on y relier la volonté de toutes les idéologies, qu'elles soient politiques, philosophiques ou religieuses, d'apporter des réponses cohérentes, même si elles sont parfois simplistes, aux interrogations humaines ?

14. C'est là peut-être une première approche de la motivation, c'est-à-dire l'envie de faire une activité dont on imagine qu'elle va permettre de combler un état d'insatisfaction, quel qu'il soit.

15. Bateson, Brosin, Birdwhistell *et al.* (1971), p. 32.

16. Vision du monde.

17. Bateson (1942b), p. 132.

18. En ce sens, les travaux de René Thom, en particulier ceux qui concernent sa relecture du concept gestaltiste de « prégnance » (auquel il rajoute celui de « saillance »), mériteraient d'être étudiés par les psychologues.

DEUXIÈME PARTIE
La double contrainte et au-delà

5. Chroniques d'un projet

1. Voir plus loin, dans la partie « Synthèse, perspectives et conclusion » de cet ouvrage.

2. La biographie de John Weakland a été reconstruite à partir de nombreux entretiens avec les auteurs.

3. Il dira plus tard : « Un jour, je me suis rendu compte que j'étais en Californie depuis un temps plus long que celui que j'avais passé à Charleston, je ne pouvais pas le croire. Je ne peux toujours pas vraiment le croire. Je crois qu'il est difficile d'imaginer qu'on puisse vivre plus longtemps dans un autre endroit que dans celui où l'on est né et où l'on a grandi. »

4. John Weakland, entretien avec les auteurs.

5. *Ibid.*

6. La Veterans Administration (VA) est une agence gouvernementale américaine fondée en 1930. Elle offre des services médicaux et de réhabilitation aux anciens combattants et à leurs familles.

7. Des extraits de cette étude ont été publiés dans Mead et Métraux (1953), p. 302-314.

8. « Ce livre a été écrit à partir d'une des salles de la VA ; j'y ai travaillé pendant ma première année. Miss Rached était un personnage fictif; l'auteur avait été employé à l'hôpital, mais il a dramatisé, romancé les événements. L'infirmière en chef existait réellement mais elle n'était sûrement pas comme dans le livre. Elle était très autoritaire et n'acceptait de problème de personne, même du directeur, mais elle n'était pas malveillante, elle n'aurait jamais mené personne à la mort ou à la folie. Elle avait un peu le

genre de Virginia Satir, elle semblait très forte mais réfléchissait et tenait compte de ce qui lui était dit » (William Fry, entretien avec les auteurs).

9. *Ibid.*

10. En français.

11. Toutes les citations de cette section sont tirées d'entretiens personnels des auteurs avec le docteur Fry, les 2 et 3 mars 1991 à Nevada City, Californie.

12. Nous remercions Wendel A. Ray pour les précieuses informations qu'il nous a fournies à propos de Don Jackson. Les données biographiques proviennent en grande partie de sa thèse de doctorat : Ray (1989).

13. Cette brillante psychiatre reçut une consécration internationale lorsqu'une de ses anciennes patientes écrivit un roman racontant comment Frieda Fromm-Reichmann l'avait aidée à sortir de sa psychose. L'ouvrage, *I Never Promised You a Rose Garden*, fut un best-seller (porté à l'écran). Il est exceptionnel qu'un psychiatre reçoive pareil hommage d'un de ses patients ; dans ce cas précis, cet hommage rejoignait l'opinion de l'ensemble du milieu médical.

14. Harry Stack Sullivan (1953), cité *in* Ray (1989), p. 5.

15. Don Jackson (1954), cité *in* Ray (1989), p. 6.

16. Jackson (1957).

17. Jackson, ed. (1968a), préface à l'ouvrage collectif reprenant de nombreux articles écrits par les membres du MRI (plus certains articles antérieurs), p. v.

18. Il est exceptionnel de trouver pareille unanimité chez les thérapeutes. Dans tous les contacts personnels que nous avons pu avoir avec ses anciens collègues, les qualificatifs les plus élogieux sont avancés. Que ce soit Paul Watzlawick, Richard Fisch, John Weakland, Carlos Sluzki, Jules Riskin, William Fry, etc., tous, sans exception, parlent de « génie » et d'intuition clinique inégalable et, apparemment, sans faille.

19. John Weakland, entretien avec les auteurs.

20. Les dialogues qui suivent sont des extraits d'entretiens personnels des auteurs avec les différentes personnes concernées (sauf lorsque l'information était déjà disponible dans d'autres sources, auquel cas nous en signalons la provenance en note). Comme il n'est guère facile de rencontrer les différentes personnes ensemble, mais que nous souhaitions diversifier les angles de vue, nous avons choisi de construire l'ensemble comme une interview de groupe, ou plutôt un collage destiné à mieux en rendre l'atmosphère.

21. Haley (1961a), p. 61.

22. Cité *in* Lipset (1980), p. 206.

23. Haley (1955), et Bateson (1955a).

24. Bateson (1955a), p. 210.

25. *Ibid.*, p. 211.

26. *Ibid.*, p. 222-223.

27. En français dans la lettre.

28. Lettre de Bateson à Wiener, le 22 septembre 1952, citée *in* Heims (1977), p. 150.

29. Cité *in* Heims (1977), p. 151.

30. Lettre à Norbert Wiener (1954), Archives Bateson, « Special Collections », UCSC.

31. *Ibid.*

32. Bateson (1972), t. I, p. 8.

33. Bateson, lettre à Norbert Wiener (1954), Archives Bateson, « Special Collections », UCSC.

34. Haley (1961a), p. 65.

35. *Ibid.*

6. La double contrainte

1. Les critères définissant la double contrainte sont présentés tels qu'amendés par John Weakland (1960).

2. Carlos Sluzki appellera cette situation une « double contrainte scindée », sur laquelle il bâtira une théorie de la délinquance. De même, il étudiera les éléments d'une double contrainte contenus dans différents cadres névrotiques. Voir Sluzki, Beavin, Tarnopolski et Verón (1967), et Sluzki et Verón (1971).

3. Voir Bateson (1972), t. I, p. 206-207.

4. Suzuki (1972), vol. 3, p. 296.

5. Bateson, Haley, Jackson et Weakland (1956), p. 15-16.

6. Jay Haley, entretien avec les auteurs.

7. Bateson (1958d).

8. La théorie des jeux, élaborée par von Neumann et Morgenstern dans les années 40, est une étude mathématique des jeux ou des modèles abstraits de situations conflictuelles. Elle permet de déterminer une politique ou une stratégie optimale à partir des différentes coalitions possibles entre les joueurs. Voir von Neumann et Morgenstern (1947).

9. Bateson (1960a), p. 63.

10. Bateson (1972), t. II, p. 43.

11. *Ibid.*

12. Bateson, ed. (1961c), p. 12.

13. Gregory Bateson n'était sans doute pas persuadé de l'intérêt de la psychothérapie pour le « malade mental ». Une anecdote est révélatrice de son état d'esprit à cet égard : un jour, un patient avec qui Bateson passa énormément de temps et qu'il considérait comme un véritable poète, s'écria, après une longue conversation avec lui : « Bateson, tu veux que je vienne vivre dans ton monde. J'y ai vécu de 1920 à 1943, et je ne l'aime pas. » Bateson fut estomaqué et incapable de trouver la moindre réponse (cité *in* Lipset [1980], p. 216).

14. Jackson et Weakland (1961), p. 222-223.

15. Voir notamment Bateson (1961) ; Bateson, Brosin, Birdwhistell *et al.* (1971) ; Haley (1958, 1959, 1961a et b, 1962) ; Jackson et Haley (1963) ; Jackson (1959 et 1961), Jackson et Satir (1961), Jackson et Weakland (1961), Jackson et Watzlawick (1963).

16. Voir notamment Haley (1959a et b, 1961) ; Erickson, Haley et Weakland (1959).

17. Erickson, Haley et Weakland (1959).

18. Haley (1961a), p. 81.

19. Haley (1985), p. XI.

20. En particulier de Haley et Weakland, Don Jackson ayant toujours gardé une certaine réserve devant les manipulations ouvertes de Milton Erickson. Voici l'avis de John Weakland sur la relation entre les deux hommes : « Il [Jackson] ne se sentait pas très à l'aise avec Erickson, mais certainement plus à l'aise que Bateson l'était avec Erickson. Milton était tout à fait engagé dans un processus de manipulation. Jackson aussi était manipulateur, mais certainement pas d'une manière aussi explicite ; il faut se souvenir qu'on était à une époque où la règle était à l'écoute et la compréhension. Et Erickson croyait qu'il fallait influencer les gens, ce qui inquiétait Jackson, même s'il était dans le même registre » (entretien avec les auteurs). Que ce soit pour cette raison ou non, Don Jackson s'orienta plus vers la thérapie familiale « classique » que vers la thérapie stratégique de courte durée pendant les premières années du MRI.

21. John Weakland, entretien avec les auteurs.

22. Fry (1959).

23. Stanton et Schwartz (1954).

24. Weakland (1960), p. 36.

25. *Ibid.*, p. 37.

26. Bateson (1962b), p. 279 ; cité *in* Lipset (1980), p. 215.

27. Cité *in* Lipset (1980), p. 219.

28. *Ibid.*, p. 214.

29. Ronald Laing (communication personnelle à David Lipset), cité *in* Lipset (1980), p. 220.

30. Les actes de ce congrès ont été édités par Mary Catherine Bateson sous le titre *Our Own Metaphor* (non traduit en français). Voir M. C. Bateson (1972).

31. Bateson, Weakland et Haley (1975), p. 106.

32. Lipset (1980), p. 226.

33. Jay Haley, entretien avec les auteurs.

34. Jules Riskin, entretien avec les auteurs.

35. Bateson, Jackson, Haley et Weakland (1962).

36. *Ibid.*, p. 42.

37. Bateson (1976), p. XIII.

38. Bateson (1962c), p. 6-7.

39. John Weakland, entretien avec les auteurs.

40. David Lipset (1980), p. 238.

41. Nous empruntons le titre à celui du colloque organisé en 1977 par Milton Berger.
42. Gregory Bateson, discussion citée *in* Berger, ed. (1978), p. 81.
43. Janice Stevens (1977), lettre à *Psychiatric News*, 12 (p. 46-47) ; citée *in* Lipset (1980), p. 295.
44. Electroshock Therapy.
45. Bateson (1978c), p. 40.
46. *Ibid.*
47. I. V. Jackson et Barton (1978), lettre à *Psychiatric News*, 13 (p. 2) ; citée *in* Lipset (1980), p. 296.
48. Paul Watzlawick, entretien avec les auteurs.
49. Voir l'entretien de Mead et Bateson au chapitre 2.
50. Jay Haley, entretien avec les auteurs.

7. Jackson, Erickson et la thérapie familiale

1. Cette évolution est retracée entre autres par Parloff (1961), et Jackson et Satir (1961), cités *in* Zuk et Rubinstein (1965).
2. Haley (1959a), p. 172.
3. Publié dans le journal de la Kansas Mental Hygiene Society.
4. David Levy (1943), cité *in* Zuk et Rubinstein (1965), p. 3.
5. Ellison et Hamilton (1949).
6. Notamment, Abrahams et Varon (1953), ou encore Szurek et Berlin (1956).
7. Bychowski (1956), par exemple, est très pessimiste quant aux succès d'une telle entreprise, qu'il estime vouée à l'échec ; il considère en effet que le choix du conjoint est déjà pathologique au départ. Neubeck (1954), Wolf (1950), Moreno (1954) et Whitaker (1958b) travaillent en parallèle avec les partenaires de leurs patients.
8. Observations de Spiegel et Bell (1959).
9. Hill (1955).
10. Haley (1978).
11. Jackson (1964), p. 148.
12. Don Jackson (1964) dans une conférence non publiée intitulée « Le malade, le triste, le sauvage et le sain d'esprit » ; cité *in* Ray (1989).
13. Don Jackson, *in* Watzlawick et Weakland, eds. (1977), p. 50.
14. *Ibid.*, p. 269.
15. *Ibid.*, p. 276.
16. *Ibid.*, p. 29.
17. *Ibid.*, p. 222.
18. On peut rappeler au passage que Ronald Laing s'est beaucoup intéressé aux travaux du groupe Bateson. Il a rencontré ce dernier à Palo Alto et, plus tard, participa à de nombreuses reprises aux symposiums organisés par le MRI.

19. Don Jackson, *in* Watzlawick et Weakland, eds. (1977), p. 223.
20. *Ibid.*, p. 224.
21. *Ibid.*, p. 268.
22. A notre avis, seule une interprétation par trop restrictive des premiers travaux de la cybernétique a pu conduire certains à n'y voir que l'étude des processus homéostatiques. Cette simplification a peut-être été entretenue par les applications ultérieures de la théorie cybernétique dans le domaine de l'informatique, c'est-à-dire la mise au point de systèmes artificiels qui ne nécessitaient pas l'introduction de l'expérimentateur comme donnée pertinente pour la recherche.
23. Don Jackson, « Play, Paradox, and People, Pain is a Prerogative » (1967) ; cité *in* Ray (1989).
24. En fait, on a même pensé que le jeune homme ne s'en sortirait pas. Milton Erickson raconte lui-même cette histoire particulièrement touchante : « J'avais terminé mes études secondaires en juin 1919. En août, j'ai entendu trois médecins, dans l'autre pièce, dire à ma mère : "Demain matin, votre enfant sera mort." J'étais un enfant comme les autres, cela m'a donc beaucoup peiné. Notre médecin de campagne avait fait venir deux confrères de Chicago, des experts, et ils avaient dit à ma mère : "Demain matin votre enfant sera mort." J'étais furieux. Comment peut-on dire à une mère que son fils sera mort le lendemain matin ! C'est scandaleux ! Après ça, ma mère est venue dans ma chambre, le visage rempli de douceur. Elle pensait que je délirais parce que j'insistais pour qu'elle déplace la grande commode de ma chambre afin que celle-ci fasse un angle différent avec mon lit. Elle l'a mise à côté du lit mais je continuais de la lui faire bouger d'avant en arrière jusqu'à ce que je fusse complètement satisfait. Cette commode bloquait la vue que je pouvais avoir par la fenêtre – et j'aurais préféré être damné plutôt que de mourir sans avoir vu le coucher de soleil ! Je n'en ai vu que la moitié. J'ai été inconscient pendant trois jours. Je n'ai rien dit à ma mère. Elle ne m'a rien dit » (cité *in* Rosen [1982], p. 52).
25. Haley, ed. (1967), p. 2.
26. Rosen (1982), p. 47.
27. Haley, ed. (1967), p. 2.
28. *Ibid.*
29. *Ibid.*, p. 3.
30. *Ibid.*, p. 4.
31. Il est dommage que le résultat de cette collaboration, visant à définir plus précisément certains aspects de la conscience humaine, aient à jamais disparus. Les documents se trouvaient dans la maison de Huxley lorsqu'un incendie les réduisit en cendres.
32. Tout comme Bateson, c'est vers la fin de sa vie, et surtout grâce à la grande diffusion de ses idées et de ses travaux par Jay Haley, qu'Erickson obtiendra une reconnaissance internationale et deviendra l'une des figures de proue de la psychothérapie.
33. Certains iront même jusqu'à reconnaître Erickson derrière le person-

nage du sorcier yaqui dépeint par Carlos Castaneda. Voir, par exemple, *L'Herbe du diable et la Petite Fumée*, *Voir*, *Le Voyage à Ixtlan*, *Histoires de pouvoir*, etc., tous publiés chez Gallimard, dans la collection « Témoins ».

34. Allusion au titre de la traduction française (1984) de l'ouvrage que Jay Haley (1973) consacrera à Erickson, *Milton H. Erickson. Un thérapeute hors du commun.*

35. Extrait d'un cas raconté par Jay Haley *in* Haley, ed. (1967), p. 404.

36. Ernest L. Rossi, *in* Erickson, Rossi *et al.*, eds. (1983), p. 36.

37. Mead (1977), p. 4.

38. *Ibid.*, p. 5.

39. Zeig (1985a), p. 110.

40. Cité *in* Rosen (1982), p. 53.

41. *Ibid.*, p. 56.

42. Haley (1985), p. VII.

43. Sidney Rosen, dans sa préface à l'ouvrage d'Erickson et Rossi (1979), p. IX. On notera au passage que cette citation met en évidence le monde de différence qui sépare Erickson de Bateson, pour qui le « but conscient » était à la source de tous les maux de notre société ! Un paradoxe de plus lorsqu'on sait le respect que les deux hommes avaient l'un pour l'autre…

44. Cité *in* Zeig (1985a), p. 115.

45. *Ibid.*, p. 111.

46. Cité *in* Rosen (1982), p. 47.

47. Malarewicz et Godin (1986), p. 24.

48. Cité *in* Zeig (1985a), p. 107.

49. Haley (1963), p. 44.

50. Cité *in* Zeig (1985a), p. 149.

51. Erickson, Haley et Weakland (1959), p. 49-84.

52. John Weakland, *in* Zeig, ed. (1982), p. 166.

53. *Ibid.*, p. 167.

54. *Ibid.*, p. 167-168.

TROISIÈME PARTIE
Le MRI et le Centre de thérapie brève

Introduction

1. Jackson, ed. (1968). Le premier volume porte le sous-titre de *Communication, Family and Marriage*, le second, de *Therapy, Communication and Change.*

8. Les débuts du MRI

1. C'est ainsi que Jackson décrit la secrétaire dans le texte de présentation de l'ouvrage *Human Communication* (Jackson, ed. [1968]). John Weakland

nous a précisé que, face à Jackson, n'importe quelle secrétaire pouvait paraître timorée. Il se peut que cette secrétaire fût en fait Janet Beavin, coauteur d'*Une logique de la communication* (Watzlawick, Helmick-Beavin et Jackson [1967]), mais Weakland n'en était pas certain.

2. Jules Riskin, entretien avec les auteurs.

3. *Ibid.*

4. *Ibid.*

5. Les informations concernant Virginia Satir proviennent surtout des membres du MRI qui l'ont connue personnellement, et en particulier de Jules Riskin et de William Fry. De plus, une interview de Satir, conduite par Michael Yapko, a été publiée dans *The Milton H. Erickson Foundation Newsletter*, vol. 8, n° 3, 1988 ; nous en citons de larges extraits.

6. Virginia Satir, interview de Michael Yapko.

7. Nous reparlons de ce document plus loin dans ce chapitre.

8. Interview de Michael Yapko.

9. John Weakland, entretien avec les auteurs.

10. Steve Heims (1991), p. 167. Il ajoute : « Cette utilisation de sujets naïfs dans les recherches sur le LSD illustre à quel point le soi-disant "élan vers la vérité" des hommes de science et le soi-disant "élan pour guérir" des psychiatres peuvent être manipulés, dans ce cas-ci par la CIA, au point de violer les règles les plus élémentaires de la dignité humaine » (p. 168).

11. « Dans les années 60 [en fait, c'était un peu plus tôt, comme l'atteste l'émission de télévision dont nous parlons plus loin], j'ai servi de cobaye à un psychologue, Joe Adams, qui étudiait les phénomènes psychédéliques. Il m'administra une dose de LSD, et, lorsque la drogue commença à agir, je me mis à lui dire ce que j'attendais de cette expérience [...]. A un certain moment, il me dit : "Gregory, tu penses trop. – Penser c'est le travail de ma vie", répondis-je. Plus tard, il s'en alla et revint avec un bouton de rose qu'il avait cueilli au jardin. C'était un très beau bouton, tout frais. Il me le donna et me dit : "Arrête de penser. Jette un coup d'œil à ça." Je pris le bouton de rose et commençai à le regarder – il était complexe et beau. Alors, identifiant le processus de l'évolution et celui de la pensée, je m'écriai : "Dis donc, Joe, pense à toute la pensée qui est contenue là-dedans !" » (Bateson et Bateson [1987], p. 99-100).

12. Jackson (1962), p. 435.

13. Le premier atelier de l'institut d'Esalen eut lieu en 1962. Il était intitulé : « The Expanding Vision », et les animateurs n'étaient autres qu'Aldous Huxley et Alan Watts. (Nous remercions P. De Visscher pour ces informations. Les lecteurs intéressés par l'évolution du mouvement du « potentiel humain » et autres pratiques de groupe pourront consulter son très complet ouvrage, *Us, Avatars et Métamorphoses de la dynamique des groupes*, 1991.)

14. Dans les biographies des deux hommes, on trouve trace de cet épisode, et tous deux font référence à Bateson. Kerouac raconte une anecdote qui montre à quel point celui-ci était lié à la contre-culture : au cours de

leurs discussions passionnées, ils refont le monde et préparent un « gouvernement idéal » pour les États-Unis ; Bateson est choisi pour en être le ministre des Sciences et de la Culture !

15. John Weakland, entretien avec les auteurs.

16. *Ibid.*

17. Jay Haley, entretien avec Teresa García.

18. Haley (1963).

19. Fry (1963), p. 172.

20. Jules Riskin, entretien avec les auteurs.

21. *Ibid.*

22. Sauf précision contraire, les citations de Paul Watzlawick proviennent d'entretiens avec les auteurs.

23. Paul Watzlawick, entretien avec les auteurs.

24. *Ibid.*

25. Jules Riskin, entretien avec les auteurs.

26. Carlos Sluzki, entretien avec Teresa García.

27. Publié en français aux Éditions du Seuil, Watzlawick et Weakland, eds. (1977).

28. Carlos Sluzki, entretien avec Teresa García.

29. Il est actuellement directeur du département de psychiatrie du Berkshire Medical Center de Pittsfield, Mass.

30. Virginia Satir, interview de Michael Yapko.

31. Le sociologue Robert Castel considère que, en plus des « psychanalystes reconvertis », la thérapie familiale s'adresse surtout à « ceux qui occupent des positions subalternes dans le champ, pour qui la thérapie familiale offre la possibilité d'un *training* raccourci, qui ne passe pas par toutes les longueurs et rigueurs de la psychanalyse, tout en garantissant un certain sérieux "technique", contrairement aux "pop-thérapies", comme on les appelle parfois aux États-Unis, du genre *Gestalt*, bio-énergie, etc. » (Castel, interviewé par Yves Winkin dans *La Quinzaine littéraire*, 419, 16-30 juin 1984, p. 17).

32. Watzlawick (1964).

33. Watzlawick, Helmick-Beavin et Jackson (1967), p. 7.

34. Dont voici la traduction : « L'invention du magnétophone, l'utilisation croissante des films sonores et de la salle d'observation équipée d'une glace sans tain ont introduit une nouvelle objectivité dans l'étude de l'interaction humaine. De plus, les progrès de la théorie de la communication et des techniques thérapeutiques ont amené une nouvelle récolte de concepts théoriques. Cette anthologie représente une tentative pour réunir ces deux types de progrès. Les nouveaux concepts théoriques sont encore si vagues qu'il nous faut recourir à des moyens de communication monstratifs si nous voulons les discuter. Il est indispensable d'avoir des données que nous pouvons montrer du doigt si nous voulons nous faire clairement comprendre lorsque nous utilisons ces nouvelles abstractions. Et, à l'inverse, il est nécessaire de disposer de concepts clairement définis lorsque nous examinons les données.

« J'espère que de nombreux chercheurs dans ce domaine pourront suivre l'exemple du docteur Watzlawick en rendant leurs données accessibles sous cette forme. Ce n'est qu'ainsi que nous pourrons garder les pieds sur terre pendant que notre tête est dans les nuages. »

35. Pour des détails sur cette collaboration, voir Pryor (1975).

36. John Weakland, entretien avec les auteurs.

37. Paul Watzlawick, entretien avec les auteurs.

38. Dans un langage cybernétique, nous dirions que, au lieu de se laisser enfermer par les processus morphostatiques, les chercheurs de Palo Alto ont été amenés, dès le départ, à envisager le phénomène de la morphogenèse, comment amener un système loin de l'équilibre à faire une expérience « nouvelle » qui engendrera une autre stabilité, plus satisfaisante.

39. Richard Fisch, entretien avec les auteurs.

40. Paul Watzlawick, entretien avec les auteurs.

41. Virginia Satir, interview de Michael Yapko.

42. Jay Haley, entretien avec les auteurs.

43. Jules Riskin, entretien avec les auteurs.

44. Wendel Ray, entretien avec les auteurs. Nous remercions le docteur Ray pour tous les renseignements qu'il nous a fournis sur Don Jackson. Nous signalons au passage qu'il est en train de rédiger une biographie de Jackson, et également de rassembler au MRI tous les documents et archives qu'il a pu réunir à son sujet.

45. *Ibid.*

9. L'insoutenable froideur de la thérapie brève

1. Nous avons bien conscience du fait qu'en français le qualificatif « bref » appliqué aux termes « thérapie » et surtout « thérapeute » peut sembler inapproprié, ou en tout cas peu judicieux. Il est vrai qu'il se réfère à une méthode thérapeutique de courte durée. Nous avons délibérément choisi de le conserver, parce qu'il a été consacré par l'usage, mais surtout parce qu'il permet d'établir une distinction entre les divers types de thérapie de courte durée, que ce soit une psychanalyse ou une thérapie comportementale « de courte durée », ou tout autre modèle thérapeutique établissant une distinction entre une approche focalisée sur le symptôme et le processus thérapeutique « normal » qui peut commencer lorsque ce symptôme a été éliminé. Pour la « thérapie brève » de Palo Alto, la thérapie concerne uniquement la disparition du symptôme, comme nous le verrons dans ce chapitre. Lorsque nous parlerons de « thérapie brève », nous ferons donc exclusivement référence au modèle mis au point par l'équipe du MRI.

2. Notamment Paul Watzlawick, John Weakland et Richard Fisch. De nombreuses réunions formelles et informelles avaient lieu à cette époque au MRI. John Weakland rapporte qu'il a eu de longues discussions avec Jay Haley à propos de ce qui devait devenir *Strategies of Psychotherapy*.

3. Il faut souligner que le décodage que font les membres du groupe Bateson et quelques membres du MRI du travail d'Erickson leur est propre. Erickson interpréta ses interventions selon des grilles différentes, sans avoir toutefois jamais refuté la version de Haley ou du CTB.

4. Haley (1963), p. 41.

5. *Ibid.*, p. 53.

6. Située à quelques blocs du MRI.

7. John Weakland, entretien avec les auteurs.

8. Richard Fisch, entretien avec les auteurs.

9. Richard Fisch (1982), p. 158.

10. « Certains mouvements thérapeutiques étaient dirigés par l'idée de relation symétrique et complémentaire ; par exemple, lorsqu'un couple présentait des relations symétriques, on demandait à l'un des partenaires de faire quelque chose qui induisait une complémentarité ponctuelle, souvent dans un autre domaine que celui où le problème se posait » (Richard Fisch, entretien avec les auteurs).

11. *Ibid.*

12. *Ibid.*

13. *Ibid.*

14. *Ibid.*

15. L'article a été repris dans *The Interactional View*, édité par Watzlawick et Weakland (1977). Dans le même ouvrage, on trouve un autre article publié la même année : « De certains thérapeutes marginaux » (Watzlawick, Fisch, Weakland et Bodin [1972]), réponse ironique du Centre de thérapie brève aux thérapeutes familiaux qui critiquent leurs recherches. Le point central de l'article est le « Danger d'Oublier la Théorie Établie », ou DOUTE qui s'empare de certains thérapeutes et les conduit à s'écarter des chemins bien tracés de la systémique. Cet article souligne bien le caractère « hérétique » de cette approche focalisée sur l'intervention plutôt que sur les théories explicatives du comportement dans les milieux de la psychothérapie. Cette pratique reste d'ailleurs très marginale aujourd'hui encore.

16. Dont le titre original anglais est *Change. Principles of Problem Formation and Problem Resolution.*

17. Notamment, Watzlawick (1983, 1988).

18. Watzlawick (1976, 1987). Le *Guide non conformiste pour l'usage de l'Amérique* aborde le choc de réalités culturelles différentes et les malentendus qui en résultent.

19. Watzlawick (1978) ; Fisch, Weakland et Segal (1982) ; Herr et Weakland (1979). Ce dernier ouvrage (*Counseling Elders and their Families*), non traduit en français, expose les applications possibles de la thérapie brève aux difficultés rencontrées par certaines familles pour s'occuper de leurs parents âgés.

20. A notre sens, la force principale de l'équipe du CTB est la complémentarité de ses trois membres fondateurs. Les différences apparaissent net-

tement dans ce récit de Dick Fisch concernant la manière dont le livre a été conçu et rédigé : « Paul insistait (et nous étions d'accord) pour en être l'auteur principal. Nous nous réunissions à trois pour discuter les idées et Paul rédigeait à partir de là. Nous n'avions pas parlé du tout de cette théorie [des groupes] en relation avec le travail. Il est donc venu nous soumettre ces deux premiers chapitres, et nous nous sommes dit : "D'où sortent ces idées ?" Nous avions peur parce que le livre s'adressait principalement à un public de thérapeutes, et, en général, l'orientation mathématique ou physique des thérapeutes est plutôt pauvre (comme c'est une discipline qui vient des sciences sociales). Alors nous pensions que cela serait un obstacle pour certaines personnes, mais Paul voulait que nos idées soient mises dans un contexte théorique. Nous étions d'accord mais nous voulions que la théorie vienne après, vers la fin du livre. Nous craignions que les gens ouvrent le livre et, pan ! directement se trouvent confrontés à des théories mathématiques. Paul a dit que c'était vraiment d'un abord facile, nous avons accepté. Et, de fait, il y a des gens qui ne comprennent pas bien au départ.

«*Tactiques* est arrivé parce que beaucoup de gens nous ont dit que *Changement* était intéressant mais qu'ils avaient beaucoup de difficultés pour le relier à la pratique. Écrivons un compagnon, un "livre de recettes", ou comment introduire la théorie de *Changement* dans la pratique. A ce moment-là, nous en savions plus sur la difficulté des applications, nous nous sommes dit qu'il serait bien de reprendre à partir d'une petite introduction théorique. Mais notre vision théorique avait évolué. Surtout dans le sens de simplifier les affirmations théoriques. Penser en termes de types et des groupes n'était peut-être pas nécessaire. L'idée centrale de notre modèle est que, si quelqu'un est engagé dans un comportement qui ne fonctionne pas, on peut assumer que cela est précisément ce qui maintient le problème, c'est pourquoi la distinction entre changement de premier et de deuxième ordre n'était plus nécessaire. [...] Mais Paul n'a pas été intéressé par une démarche de ce type. Nous lui avons dit : "Mettons-nous ensemble", mais Paul est moins intéressé par les applications cliniques que par les principes. Ma vision de l'équipe est la suivante : Paul est notre théoricien, John notre stratège et moi je suis le tacticien » (Richard Fisch, entretien avec les auteurs).

21. Notons que les deux théories présentées dans le livre ont en commun le fait qu'elles étudient deux formes de groupement d'éléments. Le fait de grouper des choses constitue l'élément le plus profond, le plus indispensable de notre perception et de notre conception du réel. « [...] c'est parce qu'on ordonne le monde en groupe d'éléments ayant en commun une propriété importante (groupes qui se recoupent d'une façon complexe et se superposent) qu'on donne une structure à ce qui ne serait autrement qu'un chaos, une fantasmagorie » (Watzlawick, Weakland et Fisch [1974], p. 20).

22. Même si la théorie des types ne permet aucune prédiction sur l'issue de la transcendance, sinon qu'elle aboutira à une nouvelle structuration du système global.

23. Watzlawick, Weakland et Fisch (1974), p. 28.
24. *Ibid.*, p. 41.
25. *Ibid.*, p. 42.
26. *Ibid.*, p. 50.
27. *Ibid.*, p. 54.
28. Traduction édulcorée de : *Life is one damn thing after the other, a problem is the same damn thing again and again.*
29. Watzlawick, Weakland et Fisch (1974), p. 97.
30. Voir, en particulier, Watzlawick (1984).
31. Watzlawick, Weakland et Fisch (1974), p. 98.
32. *Ibid.*, p. 99 *sq.*
33. « [...] je pense que personne n'a jamais nié que les diverses attitudes humaines, les craintes, les espoirs et tout le reste, trouvent leur origine dans le passé. Je suis, effectivement, le résultat de toute ma formation et de toutes mes expériences antérieures, et des élaborations de mes expériences, et des interprétations de mes élaborations de ces expériences. Mais nous pensons que, pour changer ce qui constitue un problème ici et maintenant, il n'est pas nécessaire de remonter dans le passé et de comprendre toutes les causes » (Paul Watzlawick, extrait de l'entretien mené par Carol Wilder, repris et traduit en français dans l'ouvrage d'Yves Winkin, ed. [1981], p. 321).
34. Pour utiliser les concepts systémiques, nous pourrions dire que le thérapeute va considérer le système relationnel comme équifinal et non pas comme régulé autour d'un objectif défini. La disparition du symptôme pourra entraîner un nouveau fonctionnement du système autour d'un nouvel équilibre.
35. Nous avons choisi de reprendre le terme de « plaignant » pour insister sur le fait qu'il ne s'agit pas automatiquement de la personne qui présente le symptôme, c'est-à-dire celle que l'on désigne généralement sous le terme « patient », mais de celle qui souffre de la situation, qui s'en plaint.
36. Pour des précisions sur cette terminologie cybernétique, voir la partie « Synthèse, perspectives et conclusion » de cet ouvrage.
37. Nous avons bien conscience du fait que cette position peut soulever l'indignation. « Comment peut-on conserver pareille attitude face à des enfants battus, violés, ou à des adolescents drogués qui gisent dans le caniveau, ou encore à des patients "chronifiés" dont plus personne ne se préoccupe depuis des années ? Cela signifie-t-il que nous devions assister, impuissants, à la mort de ceux qui n'ont même pas la force de se plaindre ? » Non, bien sûr. Il est évident que le modèle de la thérapie brève n'implique pas que nous nous conduisions en citoyens irresponsables ; il est des situations où une action s'impose, qu'il y ait un demandeur ou non. Nous voulons seulement insister sur le fait que cela ne signifie pas qu'il est inutile de se poser la question : « Qui est le plaignant ? » Que la réponse soit tout simplement « nous-même » ou « la justice » n'enlève rien à sa pertinence. Par contre, cela permet d'éclaircir les enjeux de l'intervention et d'éviter, par exemple,

que l'intervenant ne se trouve dans une relation ambiguë par rapport au système concerné et n'agisse « comme si » quelqu'un était, ou même *devait être*, insatisfait par la situation ; cela modifie complètement le contexte de l'intervention thérapeutique et la rapproche d'une situation de contrôle social, qui nécessite le recours à d'autres formes d'intervention. Pour l'illustration de ces réflexions, voir notamment Seron et Wittezaele (1991).

38. Watzlawick, Weakland et Fisch (1974), p. 133.

39. Paul Watzlawick, entretien avec les auteurs.

40. Un père peut, par exemple, punir son fils adolescent qui est rentré trop tard à la maison ; il peut durcir ses punitions si les premières sanctions ont été inefficaces, mais il peut aussi lui faire la morale, lui expliquer tous les risques et essayer de le convaincre ; il pourra également faire appel à d'autres personnes de son entourage (un oncle, un voisin, le commissaire de police ou le garde-champêtre, etc.) pour le menacer. Dans ce cas, on peut dire que la classe, la caractéristique commune de toutes ses tentatives de solution, est qu'il veut contrôler le comportement de son fils. Notons, pour qu'il n'y ait pas de malentendu, que le contraire peut également se rencontrer, à savoir un père qui se refuse à intervenir dans la vie de son fils ; dans ce cas, c'est la conduite inverse qu'il faudra susciter. Encore une fois, chaque cas est unique, et ce sont les particularités de cette situation précise qu'il faut connaître. Nous avons toujours en mémoire la réaction d'un journaliste à qui nous avions exposé cet exemple et qui titra le lendemain : « Le conseil du centre Gregory Bateson aux parents d'enfants difficiles : "Arrêtez de les contrôler !" »

41. Watzlawick, Weakland et Fisch (1974), p. 133.

42. Paul Watzlawick, entretien avec les auteurs.

43. Watzlawick, Weakland et Fisch (1974), p. 138.

44. Fisch, Weakland et Segal (1982), p. 120.

45. Dans un langage un peu différent, on pourrait dire que nous allons dresser ici une liste des « erreurs épistémologiques » courantes qui peuvent engendrer des problèmes psychologiques. Notons que les ouvrages « grand public » de Paul Watzlawick, tels que *Faites vous-même votre malheur* (1983) ou *Comment réussir à échouer* (1986), illustrent abondamment ces erreurs courantes par de nombreux exemples tirés de la littérature ou de situations concrètes de la vie quotidienne.

46. Watzlawick, Weakland et Fisch (1974), p. 66.

47. Lors de nos différents séjours à Palo Alto, nous avons eu maintes fois l'occasion de voir les tristes conséquences de cette poursuite du « bonheur total » annoncé par certains charlatans du mouvement du « potentiel humain » californien. Nous nous souvenons notamment d'une femme qui, à quarante ans, et complètement désespérée, venait chercher de l'aide au BTC ; quinze ans plus tôt, elle avait abandonné son travail, son mari avocat et ses enfants en bas âge (autant de freins à sa « réalisation personnelle ») pour suivre le gourou qui lui promettait le paradis clés en main.

48. Segal a fait partie de l'équipe du Centre de thérapie brève pendant de

longues années. Il a corédigé, avec Richard Fisch et John Weakland, l'ouvrage *Tactiques du changement* (1982) et est l'auteur du *Rêve de la réalité* (1986).

49. Cette histoire est retracée dans un film, *Crossing the Sound Barrier*. Lynn Segal rapporte notamment l'anecdote dans une cassette vidéo réalisée par le MRI lors du symposium d'août 1985 et que l'on trouve dans les archives du MRI.

50. Watzlawick, Weakland et Fisch (1974), p. 116. Dans un langage cybernétique, nous dirions que le recadrage consiste à modifier les limites des ensembles de référence des messages concernés.

51. Watzlawick, Weakland et Fisch (1974), p. 117.

52. *Ibid.*, p. 125.

53. Watzlawick (1978), p. 108.

54. Comme le format de recherche est limité à dix séances, les patients qui interrompent le traitement plus tôt ont la possibilité de revenir consulter jusqu'à épuisement du nombre maximal de séances. Que ce soit parce qu'ils se sentent mieux et n'éprouvent plus le besoin de continuer, ou parce que l'équipe souhaite qu'ils fassent l'expérience d'un changement qui se profile avant de poursuivre des séances inutiles, le message qui leur est adressé dans ce cas est du même type : « Il vous reste *x* séances “à la banque” et vous pouvez les utiliser à l'avenir si le besoin s'en fait sentir. » (N'oublions pas que ce langage quelque peu commercial convient parfaitement à la mentalité américaine.)

55. Suzuki (1972), vol. 1, p. 390-391.

56. Paul Watzlawick, entretien avec les auteurs.

57. Il s'agit de réussite du point de vue des patients. Des questionnaires leur sont soumis trois mois puis un an après la fin du traitement. Nous n'avons pas de statistiques récentes mais, aux dires des membres du CTB, il semble que les pourcentages donnés dans *Changements*, et établis sur la base des quatre-vingt-dix-sept premiers patients suivis par l'équipe, restent d'actualité : « Ces patients ont été suivis entre trois et six mois après leur traitement. Ils présentaient des problèmes très divers, et chacun a reçu, en moyenne, sept heures de thérapie. Le problème a été entièrement résolu dans quarante pour cent des cas (c'est-à-dire que le but fixé pour le traitement a été atteint). Dans trente-trois pour cent des cas, l'amélioration a été significative sans être totale, tandis que les vingt-sept pour cent restants ont été des échecs » (Watzlawick, Weakland et Fisch [1974], p. 137).

58. McCulloch (1965), p. 298.

59. Le critique le plus violent des dogmes psychanalytiques est probablement Warren McCulloch. Dans un pamphlet acerbe où il attaque tous les aspects de la psychanalyse, voici ce qu'il dit des postulats freudiens : « Je sais qu'il peut paraître incroyable qu'un homme puisse persuader ses congénères que des idées et des buts ne sont en fait que vulgaires matière et changement. Mais ce n'est pas aussi dur à avaler pour moi que le fait que la monstrueuse absurdité des écrits de Freud puisse être prise sérieusement.

Lisez ses principaux écrits et une douzaine de numéros du *Psychoanalytic Quarterly* et souvenez-vous qu'il n'existe aucune raison scientifique d'en croire le moindre mot et pensez alors qu'un million peut-être de vos concitoyens considèrent cela comme l'Évangile de ce siècle. [...] Son credo, il n'y a pas d'autre mot, peut être enseigné tout à fait légalement dans nos écoles publiques. [...] En 1921, je me suis tourné, de la logique, de la sémantique et de la philosophie des sciences, vers la psychologie ; j'ai lu tout ce que les hommes de science ont écrit sur la théorie de la connaissance d'Alcmaeon de Croton (600 avant J.-C.) jusqu'à mes contemporains. Cela incluait tous les écrits des premiers psychanalystes. C'était, et cela reste, de la physique absurde, de la pseudo-logique, de la sémantique spécieuse, de la mauvaise théorie ; et, pire encore, tout cela est fondé sur des observations fausses et des données viciées » (*ibid.*, p. 299-300).

60. Watzlawick (1990), p. 34-35.

61. Watzlawick, Weakland et Fisch (1974), p. 106.

62. McCulloch (1965), p. 291-292.

63. *Ibid.*, p. 292-293.

64. Watzlawick, Weakland et Fisch (1974), p. 107.

65. Comment, sur base des concepts énoncés précédemment, peut-on envisager la question d'un point de vue informationnel ? Nous ne pouvons que proposer les grandes lignes d'une hypothèse. Lorsque nous sommes à l'état de veille, en général, tant que nous sommes en activité, nous agissons « spontanément ». Lorsque cesse l'action, c'est-à-dire plutôt lorsque notre cerveau n'est plus assailli de stimuli externes, se développe une activité cérébrale interne à partir des éléments d'information persistant à l'état de traces, de mémoire (même si nous ne pouvons préciser davantage les définitions de ces concepts). C'est en fait probablement comme dans les rêves, une espèce de balayage des traces mnémoniques, un peu comme une tête chercheuse balaierait les signaux et suivrait un tracé au fil des mouvements. Les associations semblent favorisées par ce processus, les idées ayant évoqué un même type de réactions globales – « émotionnelles » par exemple – risquent fort d'être associées lors de ce balayage, ou encore des associations sémantiques, ou d'autres types encore qu'il serait sûrement utile d'arriver à préciser...

66. En effet, en parler avec le patient signifie déjà que l'on considère que le lien est important, ce qui le renforce d'autant plus. Le passé n'est important que pour qui en est persuadé.

67. Paul Watzlawick, entretien avec les auteurs.

68. Voir notamment son ouvrage *Si tu m'aimes ne m'aime pas* (1989).

69. Le thérapeute doit notamment garder à l'esprit l'intrication des contextes. Une étudiante nous fit un jour remarquer que si des parents sont amenés à mentir à leur enfant à des fins stratégiques, et si ce dernier s'en rend compte, le résultat risque d'être catastrophique pour les relations au sein de la famille... Les partisans du café décaféiné saisiront parfaitement le problème : si un garçon, à l'insu de son client, lui sert un « vrai » café en

place de l'ersatz demandé, il peut effectivement empocher le bénéfice de la commande ; toutefois, si le client s'aperçoit de la duperie, il risque fort de ne plus remettre les pieds dans l'établissement. La relation de confiance est d'un type logique supérieur à la transaction ponctuelle !

70. Carlos Sluzki, entretien avec les auteurs.

Synthèse, perspectives et conclusions

Introduction

1. Heinz von Foerster, *in* Watzlawick (1984).

2. Pour une étude plus détaillée du « constructivisme radical » de von Foerster, le lecteur pourra consulter l'ouvrage de Lynn Segal (1986) qui lui est entièrement consacré, ainsi que Watzlawick, ed. (1984). Ses travaux, en partie réalisés avec McCulloch, ont montré que l'objectivité est un mythe, même (surtout) du point de vue neurophysiologique : nous construisons le monde dans lequel nous vivons, nous créons les choses que nous pensons découvrir.

3. Von Foerster (1990).

4. Magoroh Maruyana (1963), *in* Buckley, ed. (1968), p. 304.

5. Pour un exposé plus détaillé de l'utilisation de ces concepts en thérapie familiale, voir notamment Elkaïm (1989).

6. Prigogine et Stengers (1988), p. 92.

7. « Si ces fluctuations, provoquées par des perturbations venant de l'extérieur ou de l'intérieur du système, s'amplifient suffisamment, le système peut emprunter la voie d'un changement d'état. On arrive donc à une phase critique qui, en terme technique, est appelée "bifurcation" ; en ce point, le système peut évoluer vers des états stationnaires différents, imprévisibles *a priori* » (Prigogine et Stengers [1977], p. 168).

8. René Thom, dont la « théorie des catastrophes » s'efforce de « décrire les *discontinuités* qui peuvent se présenter dans l'évolution du système » (Thom [1980], p. 60).

9. Prigogine et Stengers (1988), p. 65.

10. Les deux faces du changement

1. « Coévolution : système stochastique de changement évolutif dans lequel deux ou plusieurs espèces sont en interaction de façon telle que les changements qui interviennent dans l'espèce A préparent le terrain pour la sélection naturelle des changements intervenant dans l'espèce B. Les changements ultérieurs intervenant dans l'espèce B préparent, à leur tour, la sélection d'autres changements similaires dans l'espèce A » (Bateson [1979a], p. 233).

2. Voici la définition de ce terme présentée par Bateson dans le glossaire de *La Nature et la Pensée* (1979a) : « Stochastique (du grec *stokhazein*, “tirer à l’arc vers une cible” ; c’est-à-dire disperser des événements de façon partiellement aléatoire, certains résultats étant préférés aux autres). On peut dire d’une séquence d’événements qu’elle est *stochastique* quand elle présente un caractère aléatoire associé à un processus de sélection, de sorte que seuls certains résultats auront la possibilité d’être durables. »

3. L’ambiguïté de cette formule étant bien sûr liée à un amalgame sémantique entre deux niveaux, l’ensemble de l’organisme maintenant un état global semblable au prix de modifications multiples de ses éléments constitutifs.

4. Notons aussi que ce qui est considéré comme hasard à un niveau d’analyse peut s’avérer correspondre à une nécessité pour la régulation du système plus large, c’est-à-dire que l’on pourrait peut-être dégager un ordre, des liens, entre cet élément aléatoire et le reste de l’environnement si notre vision était plus générale, plus globale (voir la discusssion sur le contexte comme *Gestalten* de plus en plus larges et signifiantes).

5. Nous laisserons aux métaphysiciens la tâche de décider si notre monde est le résultat d’un heureux hasard ou s’il évolue selon les desseins d’un « Grand Ordonnateur ». Pour nous, étant donné notre niveau de connaissance, le résultat est le même.

6. Bateson (1979a), p. 48.

7. George Steiner lors de l’émission *Caractères* (n° 18) de Bernard Rapp.

11. Conclusions : l’éthique de Palo Alto

1. Nous utilisons le terme dans son acception batesonienne : « En tant que science, l’épistémologie étudie comment les organismes isolés et les ensembles d’organismes *connaissent*, *pensent* et *décident*. En tant que philosophie, elle étudie les limites nécessaires et les autres caractéristiques des processus de connaissance, de pensée et de décision » (Bateson [1979a], p. 234).

2. Thomas Kuhn (1970) définit un paradigme comme suit : « D’une part, il représente tout l’ensemble de croyances, de valeurs reconnues et de techniques qui sont communes à un groupe donné. D’autre part, il dénote un élément isolé de cet ensemble, les solutions concrètes d’énigmes qui, employées comme modèles ou exemples, peuvent remplacer les règles explicites en tant que bases de solutions pour les énigmes qui subsistent dans la science normale » (p. 238).

3. On déconseillait, par exemple, aux étudiants brillants de la fin du XIXe siècle de se lancer dans l’étude de la physique, qui n’offrait plus guère de possibilités de découvertes importantes. C’est en tentant de préciser les quelques « détails » qui restaient en suspens que Poincaré, Planck, Einstein et quelques autres allaient secouer les fondements mêmes de toute la démarche scientifique.

4. Waddington (1970).

5. Prigogine et Stengers (1979), p. 281.
6. Buckley, ed. (1968), p. XIX.
7. Notamment la question traditionnelle qui touche à la « manipulation » du patient par le thérapeute, comme nous l'avons signalé plus haut.
8. C'est ce titre que Carol Wilder et John Weakland ont donné à l'ouvrage rassemblant les interventions de diverses personnalités lors d'une conférence en hommage à Bateson qui s'est tenue à Asilomar, Californie, du 15 au 18 février 1979. Voir Wilder et Weakland, eds. (1981).
9. Peut-être sera-ce le cas pour la notion même d'information s'il s'avère, par exemple, que la métaphore holographique gagne en précision.
10. Nous étions aux États-Unis pendant la guerre du Golfe et, d'un point de vue communicationnel, il était intéressant d'assister à l'homogénéisation des opinions à partir du moment où la guerre est devenue inévitable. Une seule ponctuation des faits s'est imposée, accompagnée de pressions et de menaces d'exclusion sociale pour les opposants, les groupements pacifistes y compris : « Si vous ne soutenez pas l'action du gouvernement, vous ne soutenez pas nos troupes ; vous ne défendez pas la démocratie, vous feriez donc bien mieux de quitter notre pays ! » L'aveuglement prend alors des proportions gigantesques et finit par officialiser et promouvoir une campagne de tromperies :« Nous ne voulons pas savoir ce qui va mal sur le terrain, aussi nous souhaitons que l'on nous cache les informations désagréables. Si des journalistes osent aborder ces sujets tabous, ils ne peuvent être que des traîtres à leur patrie ! » C'est ainsi que l'on a vu apparaître, notamment, de nombreux commentaires critiques adressés à la chaîne américaine CNN et qui suggéraient que son envoyé spécial à Bagdad, Peter Arnett, avait des sympathies communistes et soutenait une campagne de propagande orchestrée par Saddam Hussein afin de démoraliser les Américains. Messages, mensonges…
11. Bateson (1972), t. II, p. 183.
12. G. Bateson et M. C. Bateson (1987), p. 228.
13. M. C. Bateson (1980), p. 7.

Annexe I

1. Richard Fisch, entretien avec les auteurs.
2. Les périodes les plus riches en activité vont de mi-janvier à mi-mai, et d'octobre à mi-décembre.
3. Voir plus loin.
4. *Le Tao de la physique* (1975), *The Turning Point* (1982), *Uncommon Wisdom* (1988).
5. Il faut signaler que certaines pratiques de Selvini ont d'ailleurs à leur tour influencé celles du MRI ; en particulier le « questionnement circulaire » et la « connotation positive ». Pour en savoir plus sur l'aproche de Selvini, voir notamment Selvini, Boscolo, Cecchini et Prata (1980).

6. Amatea (1989).
7. Chubb et Evans (1990).
8. Les citations de cette section proviennent toutes d'entretiens avec Lucy Gill.

Annexe II

1. Signalons que le modèle de la thérapie brève a également été appliqué au domaine judiciaire à Liège, et plus particulièrement aux interventions visant à la réinsertion des mineurs placés par le tribunal pour enfants. Voir Seron et Wittezaele (1991).
2. Jules Riskin, entretien avec les auteurs.

Annexe III

1. Palo Alto Medical Research Foundation.

Annexe IV

1. Remarque : nous ne donnons les adresses suivantes qu'à titre indicatif et sans prétention à l'exhaustivité. A notre connaissance, il n'existe aucune liste officielle des organismes ou institutions appliquant le modèle de Palo Alto. Pour connaître les personnes travaillant dans cette optique (ou en tout cas ayant suivi une formation au MRI), contacter le secrétariat du MRI.

Index

Abduction, 42-43.
Abramson, Harold, 85-86, 228-229.
Acclimatation, 324.
Ackerman, Nathan, 191, 194, 224, 240.
Adaptation, 107 ; – au milieu, 272, 275-276, 310, 319, 322, 326, 346.
Amatea, Ellen, 353.
Analogie, 102 ; raisonnement analogique, 43-44,70. *Voir aussi* Explication.
Analogique et digital, 97, 403. *Voir aussi* Codage, Communication.
Apprentissage, 48, 106, **113-121**, **126-130**, 162, 206, 295 ; théoric batesonienne de l'–, 39,48, 92, 112, **114-121**, 135, 321-323 ; – secondaire, **117-120**, 143, 158, 324 ; niveaux d'–, 160. *Voir aussi* Bateson, Communication, Contexte, Hiérarchie.
Approche interactionnelle, *voir* Interaction.
Aristote, 99.
Art, 169, 185, 236.
Ashby, Ross, 61, 401, 402.

Baining, 37.
Bali, 47, 113-114, 175, 178, 398, 399.
Balinese Character : A Photographic Analysis, 47.
Bateson, Gregory, 11-14, 19, 23, 28, 240-241, 300, 309-310, **315-316**, 352, 398, 399, 400, 402 ; – contexte familial, **29-48**; –, anthropologue, 35-48 ; – et la cybernétique, 49, 52-64, 81, 83, 344 ; – et l'étude de la communication, 88-103 ;– et l'apprentissage, 113-121, 126-129 ; – et la double contrainte, 133, 137, 139-140, 143, 145-146, 148, 150-152, 154-160, 166-170, 181-187 ; – et le MRI, 171, 221-231, 315, 325, 339, 341, 413-414 ; – et Erickson, 173-175, 411 ; – et la psychothérapie, 175-179, 186-187, 407 ; – et Jackson, 179-181, 225, 227-230, 234 ; – et l'évolution, 321-325 ; – et le but conscient, 325, 347-348 ; – et l'écologie, 397 ; – et la communication, 403 ; – et les processus mentaux, 403, 412 ; – et la communication animale, 414 ; mort de –, 349-350. *Voir aussi* Apprentissage, Erickson, Esprit, Watzlawick, Weakland.
Bateson, John, 32, 33.
Bateson, Martin, 32, 36.
Bateson, Mary Catherine, 316, 349, 399, 408, 423.
Bateson, William, 30-37, 397.
Bavelas, Alexander, 180.
Beavin, Janet, 108, 231, 241, 244, 245-246, 398, 402, 404, 407, 413.
Benedict, Ruth, 39, 141.
Berger, Milton, 183, 409.
Bernard, Claude, 50, 60, 148, 399.
Bertalanffy, Ludwig von, 403, 404.
Bigelow, Julian, 50, 52, 56-57, 67.
Birdwhidstell, Ray, 237, 403, 404, 407.
Blake, William, 30-31, 34.
Bodin, Arthur, 18, 262-263, 360.
Boîte noire, 52, 63.
Boltzmann, Ludwig, 76, 78-79.
Boszormenyi-Nagy, Ivan, 194.
Boucles de régulation, *voir* Régulation.
Bowen, Murray, 184, 194, 226, 252.
Brand, Stewart, 55-64, 185, 400-401.
Brosin, Henry, 57, 85-86, 404, 407.
Brown, Jerry, 316, 400.
But conscient, 31, 177, 325, 333. *Voir aussi* Bateson, Objectif.
Butler, Samuel, 31, 34.

Cadre de référence, 122, 269.
Calibrage, 70, 167, 318, 324-325.
Clausius, Rudolf, 74, 76.
Campbell, Jeremy, 402.
Cannon, Walter, 50, 60, 148, 399.
Capra, Fritjof, 352, 423.
Caractère, 47-48, 113 ; – et apprentissage, **117-120**.

INDEX

Carte et territoire, 42, 73, 92, 341.
Castaneda, Carlos, 411.
Castel, Robert, 413.
Causalité, 178 ; – circulaire, 54, 62, **68-70**, 108.
Centre de thérapie brève, 14-15, 165, 186, 195, 222, 247-248, 252, 259, 281, 283, 294, 307, 316, 352 ; évolution du –, 273-275 ; fonctionnement du –, 18-23, 419 ; histoire du –, 262, 415-416 ; activités du –, 351, 395, 396. *Voir aussi* Fisch, Watzlawick, Weakland.
Changement, 13, 117, 150 ; techniques de –, 103, 176 ; – thérapeutique, 172 ; stratégies de –, 176 ; généralisation du –, 264 ; théorie du –, 268-271 ; – de type 1 ; **269-270**, 272, 275, 282, 325 ; – de type 2 ; **269-271**, 282, 292, 325 ; – et insight, **298**; – intentionnel, 321, **325-335**; – somatique, 323-324. *Voir aussi* Tactiques, Stratégies.
Changements – paradoxes et psychothérapie, 267-268, 419.
Chesnut Lodge, 147, 153.
CIA, 228, 412.
Circuit, *voir* Cybernétique, Régulation.
Circuit autocorrecteur, *voir* Régulation.
Cluckhon, Clyde, 142.
Coévolution, 96, 107, 330, 332-333, **421**.
Codage, 92, 94, 97, 108, 244, 286, 309, 330-331 ; – analogique, **99-100**, 244 ; – digital, **100**, 244 ; – iconique, **100-101**; – « partie pour le tout », **101**; – holographique, **101-103**.
Columbia (université), 141-142, 228.
Communication, 27-28, **87-112**, 121, 133 ; nouvelle –, 11, 135 ; science de la –, 14, 91 ; théorie de la –, 28, 92 ; pragmatique de la –, 47, 221, **243-246**; niveaux de la –, 67, 94, **109-112**, 150, 155, 160, 181, 301, 346 ; méta –, 93, 109, **110-112**, 156-157, 162 ; – et apprentissage, 114 ; – interpersonnelle, 217 ; – des médias 345-346. *Voir aussi* Bateson, Watzlawick.
Conditionnement, – pavlovien, 115, 117 ; – skinnérien, 115, 117.
Conférences Macy, **49-86**, 88, 98, 156-157, 176-177, 299, 352.
Constructivisme, 11, 17, 195, 202, 273, 316, 340, 344, 352, 421. *Voir aussi* Watzlawick.
Contexte, 13, 22, 105, 110, 112, 196, 259, 306, 310, 346, 420 ; – et apprentissage, 113, 115, 117, 119, **121-129**; indicateurs de –, 116, 123-124 ; – familial, 160-162, 164, 166, 169, 177 ; – du patient, 286, 288, 290. *Voir aussi* Apprentissage.
Contraintes, 80, 82, 105, 113, 120.
Contrôle, 80, 112, 170, 177, 185, 270, 333, 339 ; – social, 342, 418.
Course aux armements, 46, 58-59, 271.
Creatura, 340, 403.
CTB, *voir* Centre de thérapie brève.
Cybernétique, 11, 13-14, 28, 48, 91-92, 112, 114, 133, 135, 139, 149, 157, 167, 189-190, 197, 245, 254, 299, 333, 343, 399, 410 ; principes de la –, **49-86**; origine de la –, 400 ; circuit –, 403 ; – de deuxième ordre, 308, **316-320**, 352. *Voir aussi* Bateson, Erickson, Explication.

Darwin, Charles, 30, 32, 34, 36, 60.
Dauphin, 118-119, 124, 127, 231, 315.
Descartes, René, 68, 337, 401.
Deutéro-apprentissage, *voir* Apprentissage.
De Shazer, Steve, 311.
Délinquance, 270, 324.
Dépression, 265-266, 272.
Diagnostic, 84, 145, 157 ; – familial, 238.
Différence et information, 36, **94-97,** 403-404.
Double contrainte, 13-14, 121, 133, 135, 160, 179-180, 399 ; théorie de la –, 135-136, 149, 158-159, **161-187**, 229 ; – thérapeutique, 185, 215, 217, **289 ;** – scindée, 407. *Voir aussi* Bateson.

Ecologie, 31, 103. *Voir aussi* Bateson, Esprit.
Eidos, 41.
Elkaïm, Mony, 308, 319, 421.
Emard, Patricia, 19.
Emergency Treatment Center, 360-361.
Emotions, 214, 284, 420 ; rôle des – en thérapie, **300-303**.
Energie, 75-79, 96 ; – et information, 81-86, 339. *Voir aussi* Métaphore.
Ensemble de référence, **104-105,** 123, 126.
Entreprise (intervention en –), 269, 355, 357.
Entropie, 76-78, **79-81**, 87, 321, 346 ; – et information, 75.
Environnement, *voir* Adaptation.
Epiménide, 72, 156.
Epistémologie, 12, 27, 41-43, 79, 89-90, 98, 112, 177-178, 182, 330, 331, 335, 337, 349, **422**.
Equifinalité, 325, 417.
Erickson, Milton, 11, 14, 19, 23, 147, 187, 190, **202-217**, 259, 331, **410**; – et la cybernétique, 52, 55, 59, 62, 415 ; – et Bateson, 151-152 ; – et l'hypnose, 164 ;– et Palo Alto, 171-174, 246-248, 263, 265-266, 278, 310 ; – et la manipulation, 250, 408. *Voir aussi* Haley, Jackson, Watzlawick, Weakland.
Erikson, Erik, 191.
Erreur du concret mal placé, 42, 168.
Esalen, 230, 412.
Esprit, 78, 83, 96, 344 ; – et matière, 78 ; écologie de l'–, 325, 397 ; conception batesonienne de l'–, 340.
Estime de soi, 225-226, 235.
Ethique, 15, 30 ; – et psychothérapie, 307 ; – de Palo Alto, **337-350**.
Ethos, 41, 42.
Evaluation, – du traitement, 307, 419 ; – familiale, 232, 239 ; – du problème, 356.
Everstine, Diana, 352, 360, 362.

INDEX

Evolution (théorie de l'–), 34, 60, 186, 316, 321, 338. *Voir aussi* Bateson.
Explication, 87 ; nature de l'–, 27, 37, 41-42, 44 ; – analogique, 84 ; – causale, 97, 108, 304 ; – cybernétique, 116, 344.

Famille, *voir* Système familial.
Family Process, 23, 194, 240.
Feed-back, **51-53**, 57-59, 62-63, 70, 82, 108, 167, 201, 318, 333, 403. *Voir aussi* Cybernétique.
Fisch, Richard, 11, 247-248 ; 252, **259-261**, 290-292, 351-352, 395, 414, 415, 416 ; – et le CTB, 18-23, **263-267**; – et Jackson, 406. *Voir aussi Changements – paradoxes et psychothérapie*, et *Tactiques du changement*.
Foerster, Heinz von, 11, 54, **64-67**, 74, 299, 308, 316, 317, 352, 401, 402, 421.
Fondation Macy, 49, 51, 53, 66, 159, 228, 399.
Fondation Rockefeller, 133, 142.
Fondation Wenner-Gren, 177.
Formation, 260 ; – en thérapie familiale, 227, 234, **242-243**; – du MRI, **363**. *Voir aussi* Hypnose, Thérapie brève.
Fortune, Reo, 36, 39-40.
Franck, Lawrence, 52, 61, 400.
Frankl, Victor, 246.
Fremont-Smith, Frank, 53, 57, 85-86, 159, 228.
Freud, Sigmund, 56, 81, 90, 138, 189, 237, 278, 295-296, 299, 419.
Fromm, Erich, 191.
Fromm-Reichmann, Frieda, 147, 148-149, 154, 181, 192, 406.
Fry, William, 71, 144, 145-146, 148-149, 152, 174, 233, 252, 406, 408, 413 ; – et Jackson, 406.

Galilée, 78.
Gestalt, 13, 39, 100, 124-125, 128, 135, 151, 331, 422 ; psychologie de la –, **121-122**, 127-128, 331, **404**. *Voir aussi* Thérapie.
Gill, Lucy, 19-21, 355, 395.
Ginsberg, Allen, 230.
Glace sans tain, 19, 242, 262, 266, 291.
Gödel, Kurt, 297.
Goffman, Erving, 403.

Haley, Jay, 11, 37-38, **143-144**, 149-150, 152-153, 155, 160, 164-165, 168, 171-173, 177-178, 180, 183-186, 191, 194, 204-205, 212, 215-216, 223-224, 227, 231-232, 240-241, 246-247, 249-251, 262-263, 397, 398, 409, 413-414 ; – et Erickson, 408, 410, 411 ; – et la thérapie stratégique, **257-259,** 414.
Hall, Edward, 403.
Hasard, 114, 118, 136, 177, 321-322, 338, 422.
Hawaii, 118, 316.
Heims, Steve, 158, 228, 400, 412.
Herr, John, 415.
Hiérarchie, 44, 93, 110, 178 ; – d'apprentissage, **114**; – des systèmes, 328.
Hologramme, *voir* Codage.
Homéostasie, 50, 60, 125, 149, 172, 195, 247, 268, 269, 277, 317, 410.
Horney, Karen, 62, 191.
Horrower, Molly, 57.
Hull, Clark, 204.
Humour, 21, 150, 156, 158, 169, 185, 233, 259.
Hutchinson, Evelyn, 57, 61, 85-86.
Huxley, 32 ; Aldous –, 205, 229, 410, 412.
Hypnose, 52, 150, 164, 166, 172, 202, 204, 205, **207-209**, 250, 260 ; formation à l'–, 352. *Voir aussi* Erickson.

Iatmul, 39-40, 42-44, 58-59, 108, 178.
Illinois Psychiatric Institute, 225-226.
Illumination, 229, 271.
Inconscient, 294, **295-298**.
Indicateur (de contexte), *voir* Contexte.
Individu et système, 15, 113.
Information, 13, 27-28, **74-86**, 88, 92, 114, 124-125, 339, 403 ; traitement de l'–, 327. *Voir aussi* Différence, Energie, Entropie, Thermodynamique.
Injonction, 160, 162, 167 ; – comportementale, 21, 209, 259, 284-285, **287-293**, 302, 306, 309 ; – paradoxale, 187, **288-293**.
Input, 52, 62-63, 98.
Insight, 124, 211, 248, 253-254, 258, 296, **297-298**, 300, 304.
Intentionnalité, 52. *Voir aussi* Changement.
Interaction, 44-45, 47, 68, 87, **103-107**; définition de l'–, 403-404 ; – observateur-observé, 78-79, 233, 317, 338 ; approche interactionnelle, 12, 14, 42, 46, 49, 68.
Interprétation, 22, 214, 296.
Interventionisme, *voir* Thérapeute, Thérapie.

Jackson, Don, 11, 14, 19, 23, 108, **147-149**, 153-154, 160, 171, 179-181, 183, 190, **194-202**, 221, 223-225, 227-228, 231, 237, 239, 240-241, 244, 245-246, 248, 402, 404, 406, 411 ; – et Satir, 226, 235, 249-250, **251-252**; 260, 262, 266, 270 ; – et Erickson, 408. *Voir aussi* Bateson, Fisch, Sluzki, Watzlawick, Weakland.
Jeu, **156**, 157, 158.
Jordan, Lynn, 360.
Jung, Carl Gustav, 90, 279 ; Institut Carl-Jung, 236.

Kerouac, Jack, 230, 412.
Kesey, Ken, 144.
Kôan, 165, 349.
Korzybski, Alfred, 73, 401.
Kubie, Laurence, 52, 55-56, 85-86, 147, 299.
Kuhn, Thomas, 395
Laing, Ronald, 176, 238, 408, 409.

Langage, 28, 403 ; – non verbal, 203, 237 ; – du patient, 212-213, 259, 280, 285, 286-287.
Larsen, Ferøl, 362.
Levy, David, 191.
Lewin, Kurt, 54, 57-58, 401.
Liberté de manœuvre du thérapeute, 302.
Lidz, Theodore, 194.
Lilly, John, 183, 231, 315.
Lipset, David, 178, 183, 398, 408.
Logique, 28 ; *Une – de la communication*, 88.
Lorenz, Konrad, 145.
LSD, **228-231**, 412. *Voir aussi* Psychose.

Machine à vapeur, 50, 60, 400.
Malinovski, Bronislaw, 36.
Maladie mentale, 28, 133, 160.
Manipulation, 178, 254, 309, 333-334. *Voir aussi* Erickson, Stratégies.
Maruyama, Magoroh, 201, 318, 421.
Maturana, Humberto, 352.
Maxwell, Clarck, 60-76, 400.
McCulloch, Warren, 52-53, 56, 60-61, 65-67, 85-86, 109, 296, 299, 419-421.
Mead, Margaret, 36, 39-40, 47-48, 52-53, 55-64, 67, 89, 113, 141, 205, 210, 316, 398, 400, 401, 411.
Mendel, Gregor, 33.
Mental Research Institute, 12-13, 14-15, 17-23, 49, 88, 94, 151, 165, 171, 179-180, 183, 190, 194, 200-202, 210, 215, **221-252**, 253, 262, 266, 311, 316, 349 ; – aujourd'hui, **351-357**; activités du –, 359 ; clinique du –, 359. *Voir aussi* Bateson, Formation, Watzlawick, Weakland.
Métacommunication, *voir* Communication.
Métarègles, *voir* Règles.
Métaphore, 27, 84, 99, 157, 209, 212, 303 ; – énergétique, 90, 295. *Voir aussi* Orchestre.
Miller, Henri, 230.
Minuchin, Salvador, 250-251.
Modélisation, 51, 70, 99, 327, 331, 331, 343.
Moi (théorie du –), 190.
Moley, Vincent, 395.
Morgenstern, Oskar, 407.
Morphogenèse, *voir* Système.
MRI, *voir* Mental Research Institute.
Motivation (du patient), 214, 258, 280.

National Institute for Mental Health, 159, 226-227, 234.
Nature et la Pensée (La), 31, 114, 145, 316, 403.
Naven, 40-42, 52, 58-59, 61, 92, 168.
Nelson, Scott, 362.
Névrose, 45, 192.
Neumann, John von, 52, 57, 61, 79, 168.
New School for Social Research, 88, 137, 139, 140, 244.
Newton, Isaac, 30, 76, 78, 81, 337, 402.
NIMH, *voir* National Institute for Mental Health.
Niveaux logiques, 119, 133, 174, 302, 326, 330. *Voir aussi* Types logiques.
Non-normativité, 202, 276.
Normalité, 67, 199-200.
Normes, 70, 198 ; – de fonctionnement, 269, 271, 323.

Objectif, – minimal thérapeutique, 211, 257, **278-279**, 291, 296, 307, 332 ; définition d'un –, 331, 356, 357.
Objectivité, 68, 78, 121, 126, 129, 337-338, 343.
Observateur-observé, *voir* Interaction.
Orchestre, métaphore de l'–, 325, 403.
Output, 52, 62-63, 98.

Paradigme, 12, 150, 185, 337, 338, **422**; – systémique, 15, 293.
Paradoxe, 21, 23, 72, 93, **112**, 129, 133, 146, 150, 153, 157, 160, 171, 186, 233, 246, 269, 402 ; – de l'autoréflexivité, 91, 233, 308, 332, 349 ; – de l'intervention psychothérapeutique, 201 ; – pragmatique, **284**. *Voir aussi* Injonction, Techniques.
Passé, importance du – dans la thérapie, 258, 275, **298-300**, 417, 420.
Patient désigné, 265. *Voir aussi* Plaignant.
Pattern, 61, 103, 108, 176, 185, 203.
Patterns of culture, 39.
Pensée, *voir* Système.
Personnalité, *voir* Caractère.
Phénomènes convergents et divergents, **325-326**.
Phobie, 266, 274, 289.
Pitts, Walter, 52, 61.
Plaignant, **276-277**, 287, 308, 356, 417. *Voir aussi* Contexte, Prémisses.
Plainte, *voir* Plaignant, Problème (psychologique).
Pleroma, *voir* Creatura.
Ponctuation des séquences, **108-109**, 116-117, 120, 127, 309, 345, 346-348.
Position du patient, **208-281**, 285, 302.
Poulpes (communication chez les –), 231.
Pouvoir, 177-178, 340.
Prégnance, 122, 331, 404.
Prémisses, 85, 90, 103, 111, 120, 245, 255, 270, 345 ; – du thérapeute, 263, 296, 311 ; – du patient, 271, 286 ; – autovalidantes, 341. *Voir aussi* Thérapie brève.
Pribram, Karl, 101-102.
Prigogine, Ilya, 76, 308, 319, 320, 338, 402, 421, 423.
Principia Mathematica, 71, 153, 155. *Voir aussi* Russell, Whitehead.
Prise de conscience, *voir* Insight.
Probabilité, 76-79, 116.

Problème (psychologique), 103 ; résolution du –, 248-249, **273-281**; nature du –, 261, 271-273, **281-284**, 325, définition du –, **277**, 331, 356, 357. *Voir aussi* Evaluation.
Processus circulaires, 51. *Voir aussi* Cybernétique, Feed-back.
Processus mentaux, *voir* Bateson, Système (de pensée).
Processus stochastique, **422**.
« Projet Bateson », 14, 23, 135, **135-160**, 171, 221, 224, 246. *Voir aussi* Double contrainte, Weakland.
Prophéties auto-accomplissantes, 199, 333.
Pryor, Karen, 414.
Psychanalyse, 39, 45, 147, 153, 171, 184, 189-190, 193-195, 239, 253, 261, 297, 300, 413, 419-420. *Voir aussi* Thérapie brève.
Psychédélique, 60.
Psychose, 45, 169, 172, 192 ; – et LSD, 229-230. *Voir aussi* Schizophrénie.
Psychothérapie, 15, 28, 46, 89, 150, 157, 171. *Voir aussi* Bateson, Ethique, Thérapie, Thérapie brève, Objectif.

Qualité et quantité, 77-78.
Questionnement en thérapie brève, **304**.

Radcliffe-Brown, A. R., 36, 38.
Ray, Wendel, 251-252, 406, 414.
Réalité, *voir* Constructivisme.
Recadrage, 22, **286-287**, 290, 298, 300, 304, 308.
Redondance, 92, 98, 101, **105-107**, 112, 114, 120, 197, 270, 296, 302.
Règles, 111-112, 157 ; – relationnelles, 67, 107, 296, 302, 307 ; – familiales, 195, **197-198**, 270 ; méta –, **198**.
Régulation, 70, 301 ; auto –, 53, 400 ; boucles de –, 177, 333, 347 ; mécanismes de –, 268, 269, 318, 271, 275, 356.
Relation(s), 47, 118 ; – humaines, 28, 177 ; analyse de la –, 46 ; – symétrique et complémentaire, 47, 59-60, 110, **108**, 235, 245 ; – symétrique, 89 ; – interpersonnelles, 107, 198 ; – familiales, 189, 347 ; – thérapeutiques, 211, 265, 275, 300, 308, 341 ; – internationales, 347. *Voir aussi* Règles, Système.
Relativité, – des points de vue, 105, 126, 276, 286, 310, 339 ; théorie de la –, 338.
Renforcement, **115,** 119, 125, 162.
Résistance (au changement), 213, **288**.
Résonance, 103.
Rétroaction, *voir* Feed-back.
Richardson, L. F., 58-59.
Riskin, Jules, 18, 180, **224-226**, 227, 233-234, 240, 251, 351, 361, 413 ; – et Jackson, 406.
Rituel, 158.
Rôle, 190 ; – familial, 191, 197.
Rosen, John, 151, 237.
Rosenblueth, Arturo, 50-52, 56-57, 59-61.
Rosenthal, Robert, 200.
Ruesch, Jurgen, **89-93**, 142, 146, 245, 402, 403, 404.
Russell, 32 ; Bertrand –, 70-74, 92, 112, 151, 155, 182.

San Francisco, 17, 28, 89, 142, 147, 173-174, 224, 226, 231, 260, 349, 352.
Santé mentale, 27.
Satir, Virginia, 11, 224, **226-227**, 234, 239, 241-243, 247-249, 252, 406, 407, 411, 413-414. *Voir aussi* Jackson.
Savage, Leonard, 57, 61.
Scheflen, Albert, 184, 237, 403.
Schismogenèse, **42-47**, 52, 58-59, 92, 108.
Schizophrénie, 48, 136, 146, 150. *Voir aussi* Double contrainte, Psychose.
Schlanger, Karin, 18-19, 353.
Sciences naturelles, 40, 91. *Voir aussi* Communication.
Segal, Lynn, 18, 286, 395, 418-419, 421.
Selvini, Mara, 353, 423.
Sepik, 38-39, 58-59.
Seron, Claude, 418, 424.
Seuils de perception, 83, 100.
Shannon, Claude, 53, **79-81**, 92, 97, 101, 105.
Silicon Valley, 17, 148.
Sluzki, Carlos, **240-241**, 310, 407, 421 ; – et Jackson, 406.
Snyder, Gary, 230.
Soi, 120, 233.
Spengler, Oswald, 78.
St John's College, 30, 33.
Stabilité, 69.
Stanford (université), 17, 143, 147, 231, 244.
Statistique, *voir* Probabilité.
Steiner, George, 333.
Stengers, Isabelle, 76, 320, 338, 402, 421, 423.
Stevens, Janice, 184-185, 409.
Stratégie, 21 ; – de changement, 213, 279, **284-293**, 300, 302, 331-332 ; – et manipulation, 333-335 ; – optimale, 407. *Voir aussi* Changement, Techniques, Thérapie.
Structure, – qui relie, 27, 31, 177, 321 ; – dissipative, 135, **319**.
Subjectivité, 78, 105, 121, 123, 126, 129.
Sulka, 38.
Sullivan, Harry S., 147, 154, 191, 246, 260, 406.
Survie, 98, 322, 357.
Suzuki, D. T., 152, 407, 419.
Symétrie, 34-35, 43.
Symptôme(s), 164, 172, 258, 263, 277, 294, 297, 310 ; prescription du –, 185, 289 ; fonction du –, 247, 263, 267, 275-276 ; déplacement du –, 247, 270, 294.
Syndrome d'utopie, **282-283**, 327.
Système, 59, 82, 96, 103-104, 112, 121, 125, 129, 135, 181, 196, 269, 339 ; – familial, 167, 172, 275 ; – de pensée, 269-270, 298,

303, 309 ; – relationnel, 302 ; auto-organisation du –, 308 ; – et morphogénèse, 317-320 ; évolution de –, 324. *Voir aussi* Contexte (familial), Diagnostic (familial), Evaluation, Hiérarchie, Règles, Relations, Rôle, Théorie générale de systèmes, Thérapie.
Systémique, 11, 13, 84-85, 89, 104, 149, 187, 189, 339, 343. *Voir aussi* Thérapie, Paradigme.
Szasz, Thomas, 199-200, 401.

Tâches, 18, 21. *Voir aussi* Injonctions (comportamentales).
Tactiques, 22 ; – de changement, 280. *Voir aussi* Stratégies.
Tactiques du changement, 290, **416**, 419.
Techniques de changement, *voir* Changement, Double contrainte.
Techniques paradoxales, 259. *Voir aussi* Injonction, Paradoxe, Stratégies.
Télégraphe (analogie du –), 79, 403.
Téléologie, 54, 56, 61.
Tentatives de solution, 20, 267, 275, **278**, 286-287, 292, 298.
Terribles simplificateurs, **282**, 327.
Théorie, – de l'information, 14 ; – générale des systèmes, 14, 63, 69, 135, 190, 245 ; – des jeux, 52, 61, 168, 407. – des types logiques, 90, 92, 401, 416. *Voir aussi* Apprentissage, Changement, Communication, Double contrainte, Energie, Evolution, Moi, Relativité, Types logiques.
Théories énergétiques, 56. *Voir aussi* Energie.
Thérapeute (rôle du –), 257. *Voir aussi* Liberté de manœuvre, Prémisses.
Thérapie, – de la Gestalt, 253, 413 ; – familiale, 11, 23, 107, 133, 135, 166, 170, 171, 173, 184, **189-194**, 202, 225, 239, 241, 261, 263, 317, 408 ; – stratégique, 247, 408 ; – systémique, 247. *Voir aussi* Changement, Double contrainte, Emotions, Formation, Haley, Objectif, Paradoxe, Passé, Relations, Thérapie brève.
Thérapie brève, 13, 21, 166, 215, 247-248, **253-311**; évolution de la –; 261-267 ; prémisses de la –, 414 ; – et psychanalyse, 293-306 ; critique de la –, 306-311 ; formation à la –, 352 ; applications « hors thérapie » de la –, 353-357. *Voir aussi* Changement, Entreprises, Evaluation.
Thermodynamique, 13, 75, 81, 86, 319, 338 ; – et information, **75-79 ;** définition de la –, 402
Thermostat, 71.
Thom, René, 319, 331, 404, 421.
Transe, 164, 171-172, 205, 207, 209.
Types logiques, 120, 155, 157, 164, 233, 282, 421 ; théorie des –, 42, 68, **70-74**, 158, 269. *Voir aussi* Niveaux logiques.

VA, *voir* Veterans Administration.
Varela, Francisco, 308, 352.
Verón, Eliseo, 240, 407.
Vers une écologie de l'esprit, 245, 316, 400.
Veterans Administration, 143-144, 148-149, 153, 182, 224, 226-227, 404.
Vidéo, 18, 20, 242, 291.

Waddington, Conrad, 42, 338.
Wallace, Alfred Russel, 60.
Watts, Alan, 152, 164, 230, 412.
Watzlawick, Paul, 11, 14-15, 18-23, 198, 223, **235-240**, 241, 271, 323, 353, 417 ; – et la pragmatique de la communication, 47, 88, 108, 221, 243-246, 279-280, 404, 413-414 ; – et Bateson, 185, 238, 243-246, 315 ; – et le constructivisme, 195, 202, 273, 316, 319, 333, 340, 344, 421 ; – et Erickson, 248-249 ; – et Jackson, 248-249, 252, 406 ; – et le CTB, 261-263, 291-292, 307, 352, 355 ; – et les idéologies, 282-283.
Weakland, John, 11, 18-23, **136-143**, 240-241 ; – et Bateson, 37-38, 398, 423 ; – et le « projet Bateson », 71, 149-150, 174-175, 183-184, 227, 231 ; – et Erickson, 164, 171-173, 205, 215-216, 246, 408 ; – et le MRI, 180, 221, 223, 231-232, 244, 249, 352, 360, 414 ; – et le CTB, 260-263, 273, 355 ; Anna Wu et –, 396 ; – et Jackson, 251-252, 406.
Wheeler, John, 396.
Whitaker, Carl, 184, 194.
Whitehead, Alfred North, 42, 70-74, 92, 112, 151, 155, 182.
Whorf, Benjamin, 196.
Wiener, Norbert, 50-52, 56-57, 59-63, 67-68, 79-80, 85-87, 89, 139, 157-159, 399 ; – et Bateson, 407.
Wilder, Carol, 417, 423.
Winkin, Yves, 395, 399, 403, 417.
Wittezaele, Jean-Jacques, 418, 424.
Wynne, Lyman, 184, 194, 234.

Zeig, Jeffrey, 206, 210, 411.
Zen, 19, 120, 129, 150, 152, 164-165, 294, 349, 350.

Table

Remerciements 7

Avertissement 9

Introduction 11

Carnet de route 17

Première partie

1. Gregory Bateson 29

2. Les « conférences Macy », la révolution conceptuelle 49

3. L'étude de la communication 87

4. Apprentissage et contexte 113

Deuxième partie

5. Chroniques d'un projet 135

6. La double contrainte 161

7. Jackson, Erickson et la thérapie familiale 189

Troisième partie

8. Les débuts du MRI 223

9. L'insoutenable froideur de la thérapie brève 253

Synthèse, perspectives et conclusions

10. Les deux faces du changement 321

11. Conclusions, l'éthique de Palo Alto 337

Annexes

I. Le MRI aujourd'hui 351

II. Informations pratiques sur le MRI 359

III. Repères chronologiques 364

IV. Adresses utiles 369

Bibliographie 371

Notes 395

Index 425

RÉALISATION : ATELIER PAO ÉDITIONS DU SEUIL.
IMPRESSION : NORMANDIE ROTO IMPRESSION S.A. À LONRAI (61250).
DÉPÔT LÉGAL : NOVEMBRE 1992. N° 13626 (I2-1956).